JN184717

新訂第5版

安全保障

防衛大学校安全保障学研究会◉編著

武田康裕＋神谷万丈◉責任編集

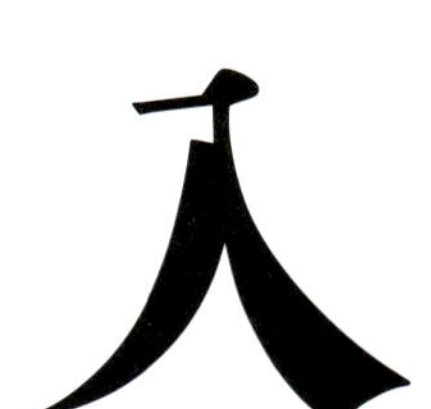

Introduction to Security Studies, 5th edition

亜紀書房

新訂第5版

安全保障学入門

Introduction to Security Studies, 5th edition

新訂第5版へのはしがき

平成一〇年二月の初版刊行から二〇年余り、本書は、版を重ねて読み継がれ、ここに新訂第5版を上梓することができた。安全保障に関する日本語でははじめての体系的入門書として世に送り出された本書は、幸いにして多くの大学で教科書に採用され、学会でも定評を得た。若手・中堅の安全保障研究者から、かつては本書の読者だったと告げられることも少なくない。われわれ防衛大学校安全保障学研究会一同にとってこの上ない喜びである。

新訂第4版の刊行から九年の間に、世界の安全保障環境は大きく変化した。そこで今回の版では、三つの新章を追加するなどの大幅な改訂を行うとともに、第2部についても、近年の日本の安全保障政策の改革に対応した内容に書き改めた。その中で、全体の構成や内容については可能な限り従来の版との継続性を維持し、学術的水準を保ちつつも衒学的態度を排し初学者にもわかりやすい記述を心がける、という執筆姿勢も堅持したつもりである。

台頭する中国が自己主張を強め、深刻化した北朝鮮の核・ミサイル問題が初の米朝首脳会談で重大な局面を迎えている今日、安全保障は、日本人にとってますます身近な問題として意識されるようになっている。本書が、不確実性に満ちた安全保障問題を理解するための道標とならんことを期待する。

平成三〇年六月

防衛大学校安全保障学研究会

責任編集　武田康裕　神谷万丈

初版へのはしがき

本書は、安全保障問題に学術的関心を持つ学生と社会人を対象に編まれた入門書である。戦後の日本では、国民の間における強い平和主義的傾向のいわばマイナスの副作用として、国際政治学者による安全保障研究が近年まで極めて低調で、安全保障に関する講座を設ける大学も皆無に等しかった。それは、諸外国において安全保障研究が国際政治学の不可欠の一要素とみなされていることとは対照的であった。幸いにしてこの状況は徐々に改善されつつあるが、これから安全保障問題について学ぼうとする人が最初に手に取るに適した体系的かつ入門的な教科書は、未だ見当らない。本書は、その必要性に応えるべく企画されたものである。

本書の目的は、これまでに蓄積されてきた研究成果を、できる限り体系的に紹介すると同時に、さまざまな問題視角を提示することによって、安全保障問題を理解し考えていくための手がかりを提供することにある。ポスト冷戦期の不安定な国際環境の中で、ある程度の時流にも耐えうるスタンダードな教科書たることを目指した結果、本書では目前の情勢変化に対する記述的分析は極力避け、理論的考察に比重が置かれることとなった。これが本書の第一の特徴であり、安全保障入門でなく安全保障学入門と題することにした所以である。

第二の特徴は、日本の防衛政策についての具体的な説明を最小限にとどめたことである。なぜなら、日本の防衛政策の問題は実際の政治の場やマスコミその他ですでに盛んに議論されており、関連する優れたいくつかの文献が存在する。また、日本の防衛政策の展開を歴史的に知るための案内書も、比較的容易に入手可能だからである。

本書は、防衛大学校の社会科学教室総合安全保障研究科と防衛学教室に所属する教官の有志で構成する「安全保障学研究会」によって編集、執筆されたものであり、安全保障問題の諸側面を理論的に考察した章からなる第一部と、関連する基本的用語の解説を行う第二部とで構成されている。執筆者は、安全保障の軍事的側面と非軍事的側面を総合的に考慮して議論を進めるという理解を共有している。しかし、本書の執筆にあたっては、各執筆者の専門と関心を生かすために、あえて方法論を統一することはせず、各自が担当のテーマについて自由に論じることにした。全体としての整合性にはそれなりの配慮を払ったつもりであるが、もし本書の内容や体裁において不十分なところがみられるとすれば、それはわれわれ全体の責任である。特に、現代の安全保障を考える上で欠かすことのできない危機管理や情報など、本書でふれていない諸問題については、当研究会の宿題として他日を期すこととしたい。

本書の刊行にあたっては多くの方々のお世話になった。なかんずく、プロジェクトの発足後にわれわれの同僚となられた田所昌幸氏（防衛大学校社会科学教室教授）には、原稿に細かく目を通していただき、貴重なコメントを寄せて頂いた。深く感謝したい。また、本書の計画を当初から強く支持してくださった亜紀書房の棗田金治氏、並びに編集を担当して下さり、われわれの原稿の完成を気長に待って下さった阿部唯史、大戸毅の両氏には心より御礼申し上げたい。

平成一〇年二月

防衛大学校安全保障学研究会

新訂第5版

安全保障学入門

目次

新訂第5版　安全保障学入門

第1部　安全保障学入門

第1章　安全保障の概念　3

神谷万丈

第2部　日本の安全保障政策の基礎知識

第1部 安全保障学入門

第1章 安全保障の概念①

神谷万丈

1 普遍的定義の欠如

安全保障（security）という言葉には、万人に受け入れられた明確な定義が存在せず、その意味はきわめて曖昧かつ多様である。「安全保障の概念」と題された本章がこのように書き出されることは、これから安全保障について学ぼうとする読者を少なからずとまどわせるのではないかと思う。しかし、安全保障の問題を論じた文献のいくつかに実際に目を通してみれば、安全保障という言葉が論者によってさまざまに異なった意味で用いられていることは一目瞭然である。

なぜこのような事態が起こっているのか。その最も重要な理由としては、①安全保障の定義には、定義を行おうとする者の持つ価値観や世界観が不可避的に反映すること、および、②安全保障の具体的内容は、時代や状況によって異なることの二点を指摘することができる。

安全保障をごく抽象的に定義するならば、一例として、「ある主体が、その主体にとってかけがえのない何らかの価値を、何らかの脅威から、何らかの手段によって、守る」といったものが考えられる。この抽象的な定義に異を唱える向きは少なかろう。しかし、このような定義では漠然としすぎていて、分析概念としてはほとんど役に立たない。そこで、次のステップとして、この定義の中の「ある主体」（誰が守るのか）、「その主体にとってかけがえのない何らかの価値」（何を守るのか）、「何らかの脅威」（何から守るのか）、「何らかの手段」（何によって守るのか）という四つの概念をさらに特定することが必要になる。ところが、これらの概念の具体的内容をどのように認識するかは、その人の持っている価値観や世界観によって大きく左右されるのである。

たとえば、国際政治学には世界観を異にするいくつかの学派が並立して論争を繰り広げているが、それぞれの学派がいかに異なった安全保障概念を唱えているのかを、ごく単純化した形で概観してみよう。

まず、国際政治学において長く主流の位置を占めてきたリアリズム学派の世界観によれば、国際システムはアナーキーの状況（中央政府を欠いた状態、無政府状態）にあるので、各国は原則として自らの主権と独立と繁栄を自らの手で確保しなければならない。したがって、各国は常に、軍事力を中心とする自国のパワー（国力）を高めようと努力することになるが、ある国のパワーの増大は他の国のパワーの相対的低下を意味するわけであるから、すべての国家が同時にパワー・ポジションを向上させることはありえない。そのため、自国と他国とのパワーの比較が国家にとっての最大の関心事となり、国際政治は不可避的にパワーをめぐる国家間の競争と対立を基調とすることになる。そして、主権国家の上に立つ権威が存在しない以上、競争的・対立的な国際政治は各国のパワー関係によって調整・管理されるほかはない。それがさらに、国家のパワーに対する関心を高める。このように国際政治の競争的・対立的側面を強調し、国際政治における軍事力の役割を重視するリアリズム学派は、その当然の帰結として、安全保障を、「国家が、自国の領土、独立、および国民の生命、財産を、外敵による軍事的侵略から、軍事力によって守る」といった形で定義することになる。

一方、リアリズム学派に対する最も有力な対抗学派とされるリベラリズム学派の世界観では、国際政治における協調の可能性が強調される。リベラリズム学派によれば、国際システムがアナーキーの状況にあるために国家間関係に競争や対立が持ち込まれやすく、したがって国際政治では軍事力が一定の役割を果たしていることは確かであるが、だからといって、国家間に協調の余地がないわけではない。国内で個人間あるいは集団間の利益の調和が可能であるように、国家間の利益を調和させ、国際協調を促進することも、人間の努力と工夫によって相当程度まで実現できるはずである。国際協調が進んだからといって国際社会における対立や紛争が完全になくせるわけではないとしても、国際社会における問題のかなりの部分を少なくとも緩和できるはずである。そうであるとすれば、国際協調の促進もまた安全保障を高めるための道筋の一つであるということになる。そして、国際協調を促進する要因として特に重要なのは、国際法や国際制度の発達、経済的相互依存の深化、民主主義の普及などである。このような世界観に基づき、リベラリズム学派は一般に、リアリズム学派の安全保障概念を過度に軍事中心的であるとして批判し、政治や経済などの安全保障の非軍事的側面にも目を向けるべきだとする。また、リアリズム学派の安全保障観が基本的には国家安全保障、すなわち一国による個別的な自国の安全保障の追求を念頭に置いたものであるのに対し、リベラリズム学派は、諸国家が多国間の相互的な関係の中で、国際システム自体の安定を協力して追求することによって安全保障を実現するという国際安全保障概念を選好する傾向がある。

これら両学派に対して、「コスモポリタニズム学派」（あるいは「グローバリズム学派」）とでも呼ぶべき第三の学派も存在する。[2] これは、現代の世界を一つの地球大の（グローバルな）人間社会システムとして捉え、その基本単位である人間の平等性に立脚して、紛争の防止・解決、人権の推進、民主的な諸制度の発展、「持続可能な開発」による人類の福祉の向上、人類の生存に適した環境の維持、といった諸価値の実現を目標とする地球秩序を未来志向的に追求することが人類の生存にとって今後不可欠であると説く。そして、リアリズム学派やリベラリズム学派の世界観は国家中心的にすぎて不適切であり、より人間中心的な方向への視座の転換が行われなければならないと主張する。

したがって、コスモポリタニズム学派の見解では、現代における安全保障の最重要課題は国家の安全を軍事的に追求することではなく、紛争を未然に防止するためのグローバルなシステムを確立するとともに、全人類が生命や人権の保障された公正な社会に暮らすことができるという「積極的平和」の状況を作り出す努力をグローバルな市民の連帯によって行うことである[3]。すなわち、国家安全保障よりも「人間の安全保障（human security）」と、その人間の住む「地球の安全保障（global security）」を、というのがコスモポリタニズム学派の安全保障観である[4]。

さらに、過去三〇年ほどの間に、これら三つの学派のいずれとも異なる世界の見方を唱える、「コンストラクティヴィズム（社会構成主義）学派」も台頭してきた。この学派は、安全保障を含む社会現象を理解しようとする際には、人間のものの考え方や行動とは無関係に存在する「物理的事実」と、人間の考えや行動の相互作用の結果として形をとっている「社会的事実」を区別しなければならないと主張する。たとえば、オタマジャクシはカエルの子であるとか、月は地球の衛星であるといったことは物理的事実であり、人間の営みから影響を受けない。だが、われわれが一万円札と呼んでいる福沢諭吉の肖像が印刷された紙切れが一万円の価値を持つものとして通用するのは、そのような認識が人々によって受け入れられ、共有されているからこそである。すなわちそれは、事実は事実でも、人間の社会的な営みの結果として出現した（「構成された」）事実なのである。同様に、世界はおよそ二〇〇の国に分かれているとか、それらの国はそれぞれが主権を有するといったことは、いずれも物理的事実ではなく、社会的事実にほかならない。コンストラクティヴィズム学派は、勢力均衡、同盟、国際レジームといった、国際関係において重要とされる事象の大半が、社会的事実であることに注意を喚起する。社会的事実は、それを生み出した人間の考えや行動の相互作用が変化すれば、それに伴って変動する。たとえば、リアリズム学派やリベラリズム学派が理論的前提とみなす国際社会のアナーキー性でさえも、決して物理的事実ではない、とコンストラクティヴィストはいう。それは、国家間に、世界が無政府状態にあるとの共通認識が存在するがゆえに、はじめて形をとった社会的事実なのであり、前提となる共通認識が変化すれば、国際社会はアナーキーとは別の状態に変化することになる。[5]
国家や人間は、人間の社会的な営みにより「構成された」世界の中で生きている。国家や人間の行動は、世界のあり方（「構造」）によって制約を受けるが、世界のあり方も、国家や人間の行動によって変化していく。ここで重要になるのは、人間社会に存在する規範、理念、文化、共通認識、アイデンティティなどの役割である。ところが、リアリストやリベラリストは、国際関係におけるこうした「概念的要素（ideational factors）」の役割に十分に目を向けなかったため、国際システムの変動（たとえば冷戦の終結）を満足に説明することができない。それは、両学派の限界を如実に示している。コンストラクティヴィストは、このように批判する。[6] そして、世界がどの程度安全（あるいは不安全）であるかは、パワーの分布のような物質的な条件だけではなく、国家や人間がそれをどのように認識しているかによっても大きく左右されるのであるから、安全保障には、人間のものの見方や考え方を変化させることを通じて世界の状態を改善するという視角が含まれなければならないと主張する。また、コンストラクティヴィストの立場からすれば、そもそも何が安全保障問題なのか（何を安全保障上の脅威とみるのか）という点が、人間のものの見方や考え方に応じて変化するということにもなる。
これらの例からも明らかなように、論者がどのような世界観や価値観を採用するかによって、安全保障概念の規定のされ方は大きく違ってくる。したがって、安全保障に関する文献を読み、あるいは議論に耳を傾けようとする際には、それぞれの論者が安全保障という言葉を、どのような世界観、価値観に基づいてどのような意味で用いているのかということについて、常に十分な注意を払い、無用の誤解を避けるようにしなければならない。[7]
安全保障の具体的内容は、時代や状況にもまた大きく左右される。たとえば、冷戦期の米国では、安全保障政策の最も中心的な目標は、自由、民主主義、平等といった基本的価値の体系に基づく自国の社会体制をソ連の脅威の下で守り通すことであった。米国市民の大多数は、自国の基本的価値体系が、ソ連の掲げる共産主義、社会主義の価値体系に優越することを堅く信じていたから、米国にとってのソ連の脅威の本質は、そのイデオロギーの力にあるのではなかった。米国市民が心配しなければならなかったのは、ソ連がその強大な軍事力を利用して米国の独立を脅かし、あるいは米国社会にソ連的な価値を押しつけようとすることであった。そこで、冷戦期の米国においては、安全保障とは、第一義的には自国の独立をソ連の軍事的脅威から軍事力によって守ることを意味したのであった。このような時代背景の下で、米国における安全保障研究とは、長く「軍事力による威嚇、軍事力の使用、および軍事力の制御の研究[8]」が中心であり、安全保障の非軍事的側面に対する関心は、総合安全保障概念が早くから発達した日本などと比べるときわめて低かった。

　ところが冷戦の終結により、この様相は短期間に大きく変化した。ソ連の崩壊によって、米国の本土に対する直接的な軍事的脅威はほとんど消滅したと考えられるようになった。自国の軍事的安全が当面の間はほぼ保障されているという認識の下で、米国民の安全保障上の関心は、核戦略や同盟などの従来中心的であった問題から、核兵器をはじめとする大量破壊兵器の拡散、国連の平和機能といったこれまでは副次的な関心の対象でしかなかった問題へ、さらには、経済、エネルギーをはじめとする安全保障の非軍事的側面へと、相当程度移行した。そのような流れの中で、環境、人権、エイズなどの感染症の世界的大流行（パンデミック）といった、従来は安全保障とは別の分野の問題と考えられてきた諸問題を安全保障問題とみなして対処すべきだとの主張も強まった。さらに、二〇〇一年九月一一日に同時多発テロ（九・一一テロ）が米国を襲った後には、米国民にとっては、国際テロリズムへの対処が、安全保障上の最大の関心事となった。時代状況の変化が、米国民の安全保障観に、急速な拡張や転換をもたらしたのである。

　以上で、安全保障という概念が普遍的な定義を欠き、その意味がきわめて曖昧である理由が明らかになった。もっとも、このようにいったからといって、安全保障の定義は各人が各々の判断に基づいて恣意的に行ってよいというわけではないのはむろんである。

たとえば、一部の過度に楽観的なリベラリストは、冷戦後の世界では軍事的安全保障の重要性が著しく減じ、経済力などの非軍事的手段による安全保障の時代が始まったといった類の主張を行っている。しかし、このような主張は、いかなる政治秩序も何らかの強制力によって支えられる必要があるという当然のことを忘れ、しかも現実の世界では第三世界を中心にきわめて多数の人間が軍事的な脅威に直面して生きることを余儀なくされているという事実に対する想像力を欠いた、観念的な空論というよりほかはない。

また、一部のラディカルなコスモポリタニストには、環境汚染やパンデミックといった人類生存の可能性にかかわるグローバルな諸問題に対処するためには、国家以外の主体が担いうる役割に積極的に目を向ける必要があることを強調するあまり、現実の国際政治において国家が占めている位置を不当に軽視する傾向がみられる。しかし、少なくとも予見しうる将来においては、国家安全保障を超えた国際安全保障やグローバル安全保障（それらをどのように定義するにせよ）を実現するのも、根本的には個々の国家の行動の集積による以外にない。この現実から目を背けた安全保障論は、国際政治の現状に対する批判としての意義はともかく、世界の平和を促進していくための力を欠いた独善的かつ空想的なものに終わることを免れない。

さらに、人間のものの見方や考え方の変化が世界の安全保障状況の改善につながりうるというコンストラクティヴィストの主張は基本的に正しいが、その可能性の過大評価は、やはり独善的な空想主義につながる。世界のあり方（構造）は、人間の社会的な営みにより「構成された」ものであるが、それは、人間が自由にそれを変更できるということを意味しないからである。人間の行動や考えは、国際社会の構造によってさまざまな制約を受けており、「時に、社会的構造は、変革のための戦略（transformative strategies）が不可能であるほどに、行動を制約する」[9]のである。

要するに、われわれは、安全保障の概念がある意味では不可避的に曖昧であり、多様であることを理解した上で、あまりにも特殊な世界観、価値観や誤った時代認識に基づいた、現実の世界からの乖離が著しい安全保障概念が主張された場合には、これに適切な批判を加え、排除していく必要があるということである。

2　伝統的な安全保障概念とその変容

安全保障という言葉は、伝統的には、前節でみたリアリズム学派の安全保障概念（「国家が、自国の領土、独立、および国民の生命、財産を、外敵による軍事的侵略から、軍事力によって守る」）に近い形で定義されるのが普通であった。

なぜなら、かつては、領土こそが国のパワーの源であった。最も広大な領土を保有する国家こそが最大の人口と最も豊富な資源や生産物に恵まれ、最大の富と力を持つことになるであろうと考えられた。したがって、各国は競って領土を拡張しようと努めたが、その目的を達するためには、戦争に勝利して他国に領土を割譲させることが必要であった。このような状況の下では、他国の軍事的脅威から自国の領土、独立、および国民の生命、財産を守ることが国家の最優先の目標であり、そのための中心的手段は当然軍事力だったのである。

現在でも、自国の領土、独立、および国民の生命、財産を守ることが国家にとって最も重要な目標であることはいうまでもない。しかし、産業化や情報化の進展に伴って、今や国の繁栄は領土の拡張によってではなく、主に国内の経済発展や自由な国際的経済活動を通じてもたらされるものとなった。加えて、ナショナリズムの興隆により、他民族を統治、支配することが著しく困難になったため、他国から領土を獲得しても、それが自国にもたらすものは、利益どころかむしろ膨大なコストであるという考えが一般的になっている。また、第一次世界大戦以降、版図の拡大を目的とした侵略戦争を非合法とみなす考えが次第に広まり、今では国際社会に定着している。さらに、核兵器に代表される近代兵器の破壊力の飛躍的向上と、弾道ミサイルに代表されるそうした兵器の運搬能力の発達によって、戦争は多くの場合勝者にも耐え難いほどの損害と苦痛をもたらすものと認識されるようになった。そして、産業化や情報化の進んだ社会は、軍事力の行使に対して特に脆弱である。そのため、先進国を中心に、軍事力の使用に対しては従来に比べてきわめて抑制的な態度がとられるようになった。

こうしたことの結果、少なくとも先進国の間では、国家間戦争が生起する蓋然性は顕著に低下したと考えられるようになった。米国ロチェスター大学（当時）のジョン・ミューラー教授は、今や先進工業国の間では戦争は時代遅れになったとさえ主張している。[10]

このような変化に伴って、安全保障の非軍事的側面の重要性が、次第に強く認識されるようになっていった。すなわち、安全保障の手段として軍事力のみを整備しても現代では不十分であり、経済力や外交力などを重視する必要があるという考え方や、安全保障の目標についても、他国の軍事的脅威から自国の領土、独立、および国民の生命、財産を守ることだけでなく、経済力を高めることによって世界の変動に対する自国の適応力を高めることをはじめ、非軍事的分野をも重視すべきであるという考え方が、徐々に広がっていったのである。また、兵器の破壊力が高まる一方で相互依存の深化した現代の世界においては、従来のような一国（あるいは同盟諸国）による個別的な努力だけではもはや安全保障の達成は困難であり、多国間による協調の必要性が高まっているという認識も強まってきた。

もっとも、冷戦期には、安全保障を先にみたような伝統的な形で、その軍事的側面に焦点を絞って定義することがなお一般的であった。なぜならこの時期、安全保障問題をめぐる議論を主導した欧米諸国、特に米国にとっては、先に述べたように、ソ連の軍事的脅威こそが何よりも深刻な安全保障上の脅威だったからである。しかしながら、欧米以外の国々では、安全保障を非軍事的側面まで含めた形でより広く捉えるべきだとする考え方の萌芽が早くからみられた。その典型例が、日本における総合安全保障概念の発達である。また、一九八〇年代に入ると、いわば冷戦の主戦場であったヨーロッパにおいても、相手方との協調によって安全保障を達成しようとする「共通の安全保障」という概念が登場してきた。

冷戦の終結は、伝統的な安全保障概念の変容を一気に加速させた。先に米国についてみたように、ソ連という明確で恒常的な軍事的脅威が消滅した結果、欧米諸国においても安全保障の非軍事的側面に対して相対的に強い関心が寄せられるようになり、同時に、環境、人権、エイズといった諸問題を安全保障問題とみなすべきだとの主張が急増した。また、ソ連の消滅により、世界の多くの国が特定の脅威に常時対峙するという状況からにわかに解放されることになったため、冷戦後の世界における安全保障上の脅威とは、不特定で潜在的なものであると考えられるようになった。そのため、友敵関係を前提とした、自国の国力強化と他国との同盟によって外敵の脅威に対抗しようとする安全保障という従来の考え方に対して、潜在的な敵性国を含む多国間の協調によって脅威の顕在化を予防し、明確な外敵の存在しない良好な国際環境を維持しようとする安全保障という新しい考え方が主張されるようになってきた。

さらに、冷戦後の世界では、国家間戦争の脅威が遠のいた反面、各地の民族的、宗教的、歴史的な対立を根源とする内戦型紛争の頻発が大きな問題となった。内戦型紛争では、武力紛争法（戦時国際法）という一定のルールの下で戦われるという建前がある国家間紛争とは異なり、敵方の一般民衆に対する攻撃、虐殺、民族浄化といった非人道的な暴力行使が横行しやすい。そのため、安全保障が「何を守るのか」に関して、国家の安全だけではなく、個々の人間の安全を守るという視点が重要であるとの主張が強まった。そのような立場からは、国家による安全保障政策はどうしても国家の安全の追求が中心になりがちであるとして、安全保障における国家以外の主体の役割の拡大の必要性も唱えられるようになった。

九・一一テロは、安全保障概念の変容にさらなる一頁をつけ加えた。科学技術進歩の結果、世界秩序を動揺させる規模で暴力を行使できる非国家主体がすでに出現しており、しかもその中には、自らの命を捨てて無差別大量殺人を犯すことを厭わない者さえあることを九・一一テロはあからさまにした。国際社会では、これまでも、国家以外の個人や集団が何らかの政治的目標を追求して暴力を行使することがなかったわけではない。しかし、国境を越えて活動するテロリスト集団が、唯一の超大国である米国に対してさえ甚大な規模の打撃を加えうることが明らかになったことで、そうした非国家主体がもたらす脅威に国家や国際社会がいかに対処すべきかという問題が、差し迫った安全保障課題としてにわかに浮上した。同時に、内戦型紛争により政府が機能不全に陥った破綻国家がテロリストの根拠にされやすいという事実が、深刻に受けとめられるようになり、紛争地に「平和を作り出す」ための平和構築や国家再建といった活動の国際安全保障上の重要性が、特に先進国によって強く意識されるようになった[11]。

3 新しい安全保障の諸概念

以上の議論をふまえて、本節では、冷戦後の安全保障論議の中にしばしば登場する新しい安全保障の諸概念のうち、特に重要と思われるものについて概観しておくことにしたい。それらは、総合安全保障、集団安全保障、共通の安全保障、協調的安全保障、人間の安全保障の五つである[12]。

(1)総合安全保障 (comprehensive security)

総合安全保障とは、安全保障政策を構想する場合に、目標についても手段についても、軍事的側面と非軍事的側面の両方を考慮に入れ、さらには、国外からの脅威ばかりではなく、国内からの脅威や、自然からの脅威までも考慮する、というものである。この概念は、日本が第二次世界大戦後、「国家の安全保障を考える場合、目標として、単に他国からの軍事的な侵略に備えることだけではなく、より広く経済など他の分野の目標も高度に重要な国家目標として掲げ、さらにそれらの目標を達成するにあたって軍事的な要素を最小限に抑え、非軍事的な手段を最大限に活用する[13]」という安全保障戦略を実践する中から生まれ、一九八〇年に提出された大平正芳総理の「総合安全保障問題」研究のための政策研究会報告書において定式化された。

報告書は、「安全保障とは、国民生活をさまざまな脅威から守ることである。そのための努力は、脅威そのものをなくすための、国際環境を全体的に好ましいものにする努力、脅威に対処する自助努力、およびその中間として、理念や利益を同じくする国々と連帯して安全を守り、国際環境を部分的に好ましいものにする努力、の三つのレベルから構成される[14]」と述べた上で、日本の総合安全保障政策の主要目標には、

・日本の領域を軍事的侵略から防衛すること。
・自由で開かれた国際秩序を維持すること。
・エネルギー安全保障を実現すること。
・食糧安全保障を実現すること。
・大地震などの大規模自然災害に対する対策を講ずること。

などの幅広い問題が含まれるとの認識を示した。また、これらの目標を達成するための手段についても、たとえば、

・米国との協力関係の維持・強化。
・日本の防衛力を必要最小限の拒否力にまで漸増すること。
・ソ連との関係改善。
・主要産油国、石炭産出国、ウラン産出国との関係緊密化。
・国際協力によって新エネルギー技術開発や代替エネルギー利用を進めること。
・エネルギー備蓄の増大を図ること。
・海上交通路の安全確保。

・世界の食糧生産の増大に貢献すること。
・高い食糧生産能力を維持すること。
・大地震等に対する総合的な対応策を準備すること。

など、軍事、外交、経済などのさまざまな方策が総合的に推進されるべきことを提唱した。

また、日本とは別に、ＡＳＥＡＮ諸国においても、総合安全保障的な安全保障政策が独自に実践されてきたことが知られている。ＡＳＥＡＮ諸国においては、独立以来、国内の共産主義ゲリラ、民族集団、宗教集団などによる反政府運動や分離主義運動が、長く最も深刻な安全保障問題と考えられてきた。すなわち、これらの諸国にとって、安全保障上の脅威は、国外からくるものではなく、国内に存在するものであった。そのため、ＡＳＥＡＮ諸国の総合安全保障概念においては、国内の経済的・社会的発展、政治的安定の実現、ナショナリズムの涵養などが重視されており、日本の総合安全保障概念と比較すると内向き傾向の強いものとなっている。

なお、非軍事的な安全保障政策の必要性を主張する安全保障概念は、総合安全保障だけではない。非軍事的な分野において、非軍事的脅威に対する安全保障を、非軍事的手段による対応を中心に達成すべきことを主張する概念として、経済安全保障、エネルギー安全保障、食糧安全保障、環境安全保障、情報安全保障などが唱えられてきている。ただし、これらの諸概念の場合、安全保障の軍事的側面にはあまり関心が払われない[15]。こうした安全保障概念の拡大を安易に行えば、政治的に実現が望ましいと思われる事柄はすべて「安全保障問題」と呼びうることになり、分析概念としても政策概念としても、安全保障という概念の意味が失われてしまうのではないかという批判もある[16]。先に紹介した大平総理の「総合安全保障問題」研究のための政策研究会報告書の内容からも明らかなように、総合安全保障の概念は、こうした非軍事的安全保障の諸概念を包摂し、軍事的安全保障への目配りと両立させようとする試みとして理解することができる。

（2）集団安全保障（collective security）

次に、集団安全保障、共通の安全保障、協調的安全保障の諸概念は、その根底に、多国間協調による国際環境の整備・改善という発想がある点で共通している。

このうち、集団安全保障とは、ある国家集団において、構成国が、①相互に武力を行使せず、構成国間の紛争を平和的に解決すること、②それに違反して武力を行使した国に対しては、ほかのすべての構成国が力をあわせて軍事力の使用を含む集団的な強制措置（制裁）をとること、を約束することによって侵略を抑止し、相互に安全を保障しようとする制度である。集団安全保障体制は、同盟体制が外部の脅威に対抗するためのシステムであるのとは異なり、対立関係にある国をも含めてすべての国が体制に参加した上で、諸国が力を結集することによって体制内の不特定の構成国による平和破壊行為に対処しようとするものである。

集団安全保障の概念は、第一次世界大戦後に創設された国際連盟においてはじめて具体化された。現在では、国際連合が集団安全保障を代表するが、第7章において詳述するように、国連の集団安全保障体制は、実は創設以来一度として憲章に予定された形で正常に機能したことはない。なぜなら、ある国家集団において集団安全保障が有効に機能するためには、少なくとも以下の三条件を満たした安全保障機構が創設されなければならないが[17]、国連についてこれらの条件が満たされたことはないからである[18]。

①機構が、いかなる平和破壊者をも圧倒できるだけの軍事力を持つこと。

②構成国、特に主要国が、自国の国益を集団全体の利益に従属させ、機構の集団的強制措置の発動に協力する意思を持つこと。

③構成国、特に主要国が、どのような平和が守られるべきか（維持されるべき現状をどのように定義するか）、そ

してどのような行為を平和破壊的と認定するかについて共通の認識を持つこと。

国際社会が主権国家の上に立つ権威を欠いた状況にあり続ける限り、すなわち国際システムの性質がこれまでとは根本的に変化してしまわない限り、これらの三条件が同時にすべて満たされる状況を考えることは難しい。実際、これらの条件をすべて満たした集団安全保障体制は未だかつて存在した例がないし、今後も、少なくとも予見しうる将来においては、出現する見込みはない。

(3)共通の安全保障(common security)

共通の安全保障とは、冷戦期のヨーロッパにおける東西対立に対処する方策として生まれた概念である。冷戦期のヨーロッパにおいては一九七〇年代前半以降、東西両陣営が、敵対関係を継続する中で、お互いの間に戦争が起こればその被害は双方にとって耐え難いものになり、したがってそのような戦争を避けることが共通の利益であるとの認識を深めるようになった。このような認識に基づき、敵と協力して望まない戦争を回避するための安全保障の枠組みを作ろうとしたのが共通の安全保障であり、その具体的な表現が七五年の欧州安全保障協力会議(CSCE、現在のOSCE 欧州安全保障協力機構の旧名称)の発足であった。

共通の安全保障という言葉がはじめて用いられたのは、一九八二年のパルメ委員会報告書『共通の安全保障――生存のための青写真』においてである。[19] 報告書は、誤認や事故をきっかけとしてお互いが望まない戦争が生起してしまう可能性があることを認識した上で、「戦略的相互依存の世界において生存を保障するための、敵同士の間での協力の必要」を強調し、従来のゼロサム的で競争的な安全保障観を否定した。報告書は、お互いが望まない戦争を確実に回避するためには、敵同士が相互に先制攻撃のおそれがないことを再保障し合うことが重要であるとし、お互いが防衛力を高める一方で相手を挑発しかねない攻撃力のある兵器や軍事システムを排除していくことが必要であるとした（「防衛的防衛［defensive defense］」あるいは「非挑発的防衛［non-provocative defense］」）。また、実際のＣＳＣＥのプロセスにおいては、軍事予算や軍隊の展開などの軍事情報の交換、大規模な軍事演習や部隊移動の事前通告、軍事演習へのオブザーバーの招聘、ホットラインの敷設といった内容の「信頼醸成措置（confidence-building measures）」を中心として、東西両陣営間の再保障が実践された。

（4）協調的安全保障（cooperative security）

協調的安全保障は、一九九〇年頃からＣＳＣＥ参加国間で唱えられ始めた新しい安全保障概念である。

共通の安全保障が恒常的に対立し合う敵同士の関係を前提にしているのに対し、協調的安全保障とは、対立構造が不明確で不安定な地域における、敵でも味方でもない国々の間の関係を安定させるのに有効と考えられるシステムである。協調的安全保障は、懸念の源となる国や対立関係にある国をも含めて域内のすべての国が体制に参加した上で、諸国の協調によって体制内の不特定の潜在的脅威が顕在化して武力衝突につながることを予防し、紛争の平和的解決を図り、また万一武力衝突が勃発してもその規模を限定するための枠組みを作ろうとするものである。協調的安全保障を特徴づけるのは、制度化された安全保障対話、安全保障に対する総合的アプローチ（安全保障の手段として、軍事分野のみならず経済、人権などの非軍事分野をも考える）、信頼醸成措置の実施などである。協調的安全保障は、集団安全保障とは異なって強制措置を含まず、もっぱら非対決的な方法を用いて参加国間に平和の構造を根づかせていこうとするものであるため、軍事次元よりもむしろ政治、外交などの非軍事次元に重点を置く傾向が強い。

ある地域において協調的安全保障が有効に機能するためには、少なくとも以下の三条件が満たされていなければならない[20]。

①域内の主要国の中に顕在的敵性国が存在しないこと。

②潜在的敵性国を含めて域内の全主要国が多国間協議に参加すること。
③潜在的敵性国を含めて域内の全主要国がその後共同行動に参加する意思を持つこと。
（ただし、ここで顕在的敵性国とは、域内の大多数の国が明白な安全保障上の脅威とみなしている国、潜在的敵性国とは、域内の大多数の国が現時点では敵でも味方でもないが将来は脅威に変わるおそれがあるとみている国をいう）

協調的安全保障は、冷戦終結後のＯ（Ｃ）ＳＣＥの拠って立つ理念となった。また、アジア太平洋地域でも、一九九〇年代の半ば頃から発達してきたＡＳＥＡＮ地域フォーラム（ＡＲＦ）をはじめとするＡＳＥＡＮを核とする一連の地域安全保障協力の場には、実効性に問題があるとはいえ協調的安全保障的な機能が認められる。

協調的安全保障は、武力紛争の予防を非強制的な手段で達成しようとするところにその特徴があるが、それゆえに、それが完全に武力衝突の可能性をなくすことに成功しない限り、侵略や武力紛争が実際に起こった際にそれに軍事的に対処する装置として、同盟ないしは集団的安全保障を別途必要とする。[21] 実際、冷戦後のヨーロッパにおいては、集団防衛体制（同盟）[22]であるＮＡＴＯが安全保障構造の核となり、それを協調的安全保障の枠組みであるＯＳＣＥが補完するという重層的な安全保障構造の成立がみられた。[23] アジア太平洋においても、いずれＡＲＦが実効性を持つ協調的安全保障枠組みに成長した暁には、日米安保体制に代表される米国と東アジア諸国との二国間同盟と一体となって同様の重層的安全保障構造を形成することが構想された。[24]

(5)人間の安全保障 (human security)

人間の安全保障とは、安全保障の課題として、国家の安全を実現しようとするだけでは不十分であり、一人一人の人間の安全の確保が目指されるべきだという考え方から生まれた概念である。この概念が唱えられ始めたのは一九九〇年代の半ば頃であるが、その背景には、現代の世界において人々の生存を脅かしている重大な問題の多くに対し、国家と軍事力を中心にした伝統的な安全保障の発想や手法だけでは十分に対処できないという認識があった。

冷戦後の世界では、内戦型の地域紛争、虐殺、人権の抑圧、貧困、飢餓、難民といった諸問題が第三世界を中心に深刻さを増しつつあり、多くの人々が生存の危機に直面し、あるいは悲惨な状況下での生活を余儀なくされている。また、環境破壊、国際テロリズム、麻薬、パンデミックなどの「地球規模の課題群（global issues）」と呼ばれる国境を越えた全世界的な社会問題が、人類の生存環境を緩やかにではあるが長期的に悪化させつつあるという問題にも関心が寄せられている。人間の安全保障とは、これらの問題から個々の人間を守ることを安全保障の主眼とみる立場である。「人間の安全保障」という言葉を、国際社会で最初に用いたとされる国連開発計画（ＵＮＤＰ）の一九九四年の『人間開発報告書』は、人間の安全保障には、「恐怖からの自由」と「欠乏からの自由」という「二つの主要な構成要素」があるとした[25]。前者は、暴力を伴う紛争や抑圧のない状態を指し、後者は、経済面や社会面での困窮のない状態を指す。

明らかに、軍事力だけでそうした目的を達成することは難しい。また、これらの問題に有効に対処することは、ほとんどの場合一国だけでは不可能である。強権的な国家が、国民を守るのではなく、逆に迫害する場合もある。そこで、人間の安全保障の議論においては、経済開発、紛争当事者間の信頼醸成、社会的統合の促進、人権意識の向上、統治能力を持った政府の育成、難民の帰還支援といったさまざまな措置を状況に応じて組み合わせる必要があることや、国家の役割が重要であることはむろんであるが、国連をはじめとする国際機構や非政府組織（ＮＧＯ）など、国家以外の主体を含めて国際社会全体で対応していく必要があることなどが、強調されることになる[26]。

人間の安全保障概念の最大の意義は、伝統的な安全保障論では中心的問題とみなされてこなかった個々の人間の安全という課題の重要性を示し、実現への方策を提唱しようとした点にある。ただし、この概念は、伝統的な安全保障論にとって代わるものではない。前述したような人間の安全保障を実現するための諸措置の実施主体として、国家には依然中心的な役割が期待されているし、内戦型紛争や虐殺など、この概念が重視する問題の多くは、軍事力抜きでは対応が難しいものである。また、個々の人間の安全が確保されるためには、国家間の武力紛争によって生命や財産が脅かされないことが大前提になるが、そのためには伝統的な安全保障の発想や手法が必要になる。さらに、内戦型紛争、虐殺、難民といった諸問題が、主に最低限の統治能力すら欠く「破綻国家（failed states）」やそれに準ずる国でみられる現象であることからも明らかなように、国家の枠組みがしっかりしていることは個々の人間の安全が確保されるためのもう一つの大前提である。国家レベルでの伝統的な意味での安全保障が実現されていなければ、人間の安全保障の実現もおぼつかないことを、的確に認識する必要がある。

二〇一〇年代も終わりに近づいた今日、安全保障の意味は、かつてなく不明確になっている。ソ連の消滅からすでに三〇年近くが過ぎ、九・一一テロを経た世界において、何を安全保障上の脅威とみなし、いかなる手段で対処すべきなのか。この大疑問に答えようと、さまざまな論者がさまざまな安全保障概念を提示してきた。

こうした状況の下で安全保障を学ぶにあたり何よりも重要なのは、「軍事力を中心とした安全保障の要素も見失うことなく、しかも広い意味での安全保障を考える」という姿勢であろう[27]。戦後の日本では、欧米とは異なり、総合安全保障という広い安全保障概念が早くから発達した。これは、冷戦後、そして九・一一テロ後の安全保障を考える上で有利である。しかし、実は日本では、すべての軍事的なるものに対して極端に警戒的な戦後国民の姿勢を反映し、「総合」安全保障といいながら、安全保障の軍事的側面が不当に軽視、あるいは罪悪視される傾向が続いてきた。

冷戦の終結や九・一一テロの勃発により、世界の安全保障環境が大きく変動してきたことは確かである。国際テロリズムへの対処を含め、軍事的手段だけでは対処しきれない諸問題が安全保障上の課題として重要性を増している。しかし、世界は軍事的安全保障の問題から解放されたわけではない。二〇〇八年のロシアとジョージア（グルジア）

の戦争、二〇一四年以降のロシアのウクライナとクリミアに対する行動などは、その現実をあらためてみせつけた。日本周辺をとってみても、北朝鮮の核兵器や弾道ミサイルの脅威は、本稿執筆中に進展した南北融和や米朝対話の動きはあっても日本、米国、韓国などにとって依然として深刻であり、中国の南シナ海や東シナ海などでの力による領有権主張の強まりも地域の安全保障秩序を揺るがせている。中台問題も秩序不安定化要因として残存している。人間の安全保障や内戦型紛争、テロなどへの対応も、軍事力抜きでは難しい。

二一世紀の日本の、そして世界の平和と安全を考えるために必要とされているのは、安全保障の伝統的概念と新しい諸概念にバランスよく目を配った、真の意味での総合的な安全保障概念なのである。

1 本章の執筆にあたって参考にした文献は数多いが、その中でも、注に引いたもの、および巻末の文献紹介リストに挙げたもののほかに、読者の便宜のために、日本語文献に限って特に以下を挙げておく。岡部達味「安全保障と同盟」『国際政治の分析枠組』（東京大学出版会、一九九二年）、公文俊平「経済安全保障とは何か―概念分析的試論」衞藤瀋吉他編著『日本の安全・世界の平和』（原書房、一九八〇年）、納家政嗣「冷戦の終焉と安全保障問題の変質」蝋山道雄編『激動期の国際政治を読み解く本』（学陽書房、一九九二年）、蝋山道雄「現代の安全保障―その理論的考察」有賀貞他編『講座国際政治五　現代世界の課題』（東京大学出版会、一九八九年）、赤根谷達雄・落合浩太郎編著『改訂増補版「新しい安全保障論」の視座』（亜紀書房、二〇〇七年）。

2 コスモポリタニズムとは、「世界市民主義」の意である。本書の最初の三つの版（初版［一九九八年］、新版［二〇〇一年］、最新版［二〇〇三年］）においては、筆者はこの学派を「グローバリズム学派」と呼んでいた。新訂第４版（二〇〇九年）以降、それに代わって「コスモポリタニズム学派」という呼称を採用したのは、初版発行以来一〇年余りの間に、「グローバリズム」という語の意味が大きく変わってしまったからである。グローバリズムは、かつては、「平和、発展（開発）、人権、環境などの諸問題」を含む地球規模の課題群に関する諸「価値の実現を全地球的な規模で実現しなければ、人類の福祉が達成できないと考える」立場を指す言葉であった。（武者小路公秀「グローバリズム（地球主義）」川田侃・大畠英樹編『国際政治経済辞典』［東京書籍、一九九三年］一三八頁。地球規模の課題群については、本書第15章「二一世紀の安全保障」を参照）。それは、基本的人間ニーズ（basic human needs）を重視し、「戦争のない状態」としての「平和」、「工業化が進んだ状態」としての「発展ないし開発」、「人間の権利が守られている状態」としての「人権」、「人間社会の開発が維持できる自然の条件が満たされている状態」としての「環境」という四つの価値の「包括・統合」がなければ、「現代社会の成長を支えているものが、その反面では地球的な規模の問題を引き起こしている」という状況に対応できないと主張するなど（武者小路前掲文献）、理想主義的志向・人間中心主義的志向の強い世界観に基づいていた（当時の日本における国際政治学の代表的なテキストが、グローバリズムをそのように解釈していたという例として、松本三郎・大畠英樹・中原喜一郎編『テキストブック国際政治〔新版〕』［有斐閣、一九九〇年］六七頁を参照）。ところが、一九九〇年代末以降、グローバリズムという言葉は、これとはまったく違った意味で使われるようになってしまう。グローバリゼーションが急進展する中で、①それが米国中心で進められており、②先進国と途上国の貧富の差を拡大している、③途上国に、米国ほかの先進国が中心になって作った国際的な基準、ルール、制度等の性急な受け入れを強いている、④大企業や産業界の利益が優先され、労働者や零細企業・商店等の社会的弱者が犠牲にされやすい、⑤同様の理由で、自然環境も軽視されやすい、⑥文化面でも、世界のアメリカナイゼーションにつながり、各地において地元の伝統文化やアイデンティティに打撃を与えている、といった理由から、反グローバリゼーションが世界的に唱えられるようになると、グローバリズムは、世界にそうした負の結果をもたらしつつある（と主張される）現在のグローバル化を推進しようとする立場を指す、負のイメージを伴う言葉として使用されることが多くなってしまったのである。そのため、この第三の学派を単に「グローバリズム学派」と呼ぶことは、今や誤解を招きかねないと判断せざるをえなかった。なお、「コスモポリタニズム学派」という呼称を採用した理由は、右に述べたようなかつてのグローバリズムが、実はコスモポリタニズム的色彩のきわめて強い概念だったからである。コスモポリタニズムとは、元来、個々の人間を国家・民族を超越した世界共同体の一員として位置づける世界観を指すが、現代では、地球規模の課題群等に対し「狭い国益や国籍にとらわれずに全人類的視野から問題解決を期する立場から地球人、地球主義という主張がなされる」（多賀秀敏「コスモポリタニズム」川田・大畠編『国際政治経済辞典』二六一頁）際にも用いられる語となっているのである。

3　ここでいう「積極的平和」（positive peace）は、安倍晋三政権が日本の外交・安全保障政策の指針として掲げている「積極的平和主義」（proactive pacifism）とはまったく別の概念である。

4　ただしこれは、「人間の安全保障」を重視すべきことを唱える論者が、すべて「コスモポリタニズム学派」に属するということを意味しない。たとえば、人間の安全保障に関する研究では日本における第一人者である栗栖薫子は、「人間の安全保障論は、国家や国民の大多数の安全を提供する国家の安全保障に対置するものでも代替するものでもない」と述べているが、これは、コスモポリタニズム的立場とは明らかに一線を画する主張である。栗栖薫子「人間の安全保障」『国際政治』第一一七号（一九九八年三月）九九頁。

5　アナーキーに対するこうした見方をはじめて表明した論文として、Alexander Wendt, "Anarchy Is What States Makes of It: The Social Construction of Power Politics," *International Organization*, 46-2 (Spring 1992) を参照。

6　特に、一九八〇年代以降に米国を中心とした国際政治学界で中心的位置を占めたネオ・リアリズムとネオ・リベラリズムにおいては、国際システムの構造がシステム内の主体（国家、人間）の行動をいかに制約するか（そしてその制約を緩和する術はどこまであるのか）に議論が集中し、国家や人間が国際システムの構造にどのような影響を与えてどのような変化を引き起こしうるのかという点には、まったくといってよいほど関心が払われなかった。たとえば、拙稿「国際安全保障研究の新たな理論的枠組みを目指すために―日本の学界におけるネオ・リアリズム誤解の実情と批判」『新防衛論集』第二〇巻第四号（一九九三年三月）七一頁を参照。

7　以上、国際関係をみる視角の代表例として、リアリズム、リベラリズム、コスモポリタニズム、コンストラクティヴィズムを挙げ、採用する視角によって安全保障観が大きく異なってくることをみてきたが、実は「リアリズム」「リベラリズム」「コスモポリタニズム」「コンストラクティヴィズム」という四つの用語がそれぞれ具体的に何を指すのかという点についても、万人の合意が得られているわけではない。本章では、数多くの文献を参考にして、四つの用語をそれぞれ最大公約数的に定義した。そのほとんどは英文文献であるが、読者の便宜のために、日本語文献に限って特に以下を挙げておく。リアリズムの世界観については、ポール・R・ビオティ／マーク・V・カピ（デヴィッド・J・ウェッセルズ／石坂菜穂子訳）『国際関係論第二版―現実主義・多元主義・グローバリズム』（彩流社、一九九三年）第二章が包括的に論じている。また、近年書かれた教科書として、野口和彦「リアリズム」吉川直人・野口和彦編『国際関係理論』（勁草書房、二〇〇六年）第四章をも挙げておく。リベラリズムの世界観をリアリズムのそれと対比する形で書かれた著作としては、リチャード・ローズクランス（土屋政雄訳）『新貿易国家論』（中央公論社、一九八七年）などが代表的である。リベラリズム学派の全体像を把握するためには、杉山知子「リベラリズム」吉川・野口編『国際関係理論』第五章が便利である。また、一九八〇年代以降、米国を中心にネオ・リアリズムとネオ・リベラリズムの間で大論争があったが、これについての同時代的文献として以下の拙稿を参照。「ネオ・リアリズム国際政治理論―日本の研究者のためのイントロダクション」『防衛大学校紀要』第六五号（一九九二年九月）社会科学分冊、「アナーキーの下での協力と『適度のあいまい性』―ネオ・リアリズム、ネオ・リベラル・インスティテューショナリズムを超えて」『国際政治』第一〇六号（一九九四年五月）。コスモポリタニズムの世界観については、松本・大畠・中原編『テキストブック国際政治〔新版〕』六三―七六頁、ビオティ／カピ『国際関係論第二版』第四章、最上敏樹「世界秩序論」有賀貞他編『講座国際政治一　国際政治の理論』（東京大学出版会、一九八九年）、遠藤誠治「国際政治から世界政治へ―移行期をとらえるひとつのパースペクティヴ」鴨武彦編『講座・世紀間の世界政治五　パワー・ポリティクスの変容―リアリズムとの葛藤』（日本評論社、一九九四年）、佐藤幸男「地球的共（協）生学としての『国際協力』―グローバル・セキュリティの視点から」鴨武彦編『講座・世紀間の世界政治六　日本の国際化―新しい世界秩序への模索』（日本評論社、一九九四年）、坂本義和『地球時代の国際政治』（岩波書店、一九九〇年）第四章などが参考になる。コンストラクティヴィズムの世界観についての日本語文献は、多くが衒学的にすぎ、満足できるものは少ない。とりあえず、石田淳「コンストラクティヴィズム」田中明彦・中西寛編『新・国際政治経済の基礎知識』（有斐閣、二〇〇四年）、石田淳「コンストラクティヴィズムの存在論とその分析過程」『国際政治』第一二四号（二〇〇〇年五月）、大矢根聡「コンストラクティヴィズムの視座と分析」『国際政治』第一四三号（二〇〇五年一一月）、佐藤敦子「コンストラクティヴィズム」吉川・野口編『国際関係理論』第八章などを参照。

8　Stephen M. Walt, "The Renaissance of Security Studies," *International Studies Quarterly*, Vol.35, No.2 (June 1991), p.212.

9　Alexander Wendt, "Constructing International Politics," *International Security*, 20-1 (Summer 1995), p.80.

10　John Mueller, *Retreat from Doomsday: The Obsolescence of Major War* (New York: Basic Books, 1989).

11　九・一一テロの国際安全保障上の意味や影響については、本書第15章「二一世紀の安全保障」を参照。

12　総合安全保障、集団安全保障、共通の安全保障、協調的安全保障、人間の安全保障の定義については、以下の文献を特に参考にした。邦文文献としては、衞藤瀋吉・山本吉宣『総合安保と未来の選択』（講談社、一九九一年）、内閣官房内閣審議室分室・内閣総理大臣補佐官室編『大平総理の政策研究会報告五　総合安全保障戦略』（大蔵省印刷局、一九八〇年）、山本吉宣「協調的安全保障の可能性—基礎的な考察」『国際問題』第四二五号（一九九五年八月）、植田隆子「協調的安全保障とは何か」『世界』一九九五年八月号、香西茂『国連の平和維持活動』（有斐閣、一九九一年）七—九頁、ＵＮＤＰ（国連開発計画）『人間開発報告書 一九九四』（国際協力出版会、一九九五年）、栗栖「人間の安全保障」『国際政治』第一一七号、栗栖「人間の安全保障—主権国家システムの変容とガバナンス」赤根谷・落合編著『改訂増補版「新しい安全保障」論の視座』。英文文献として、David Dewitt, "Common, Comprehensive, and Cooperative Security," *The Pacific Review*, Vol.7, No.1 (1994); Muthiah Alagappa, "Comprehensive Security: Interpretations in ASEAN Countries," in Robert A. Scalapino, *et al.*, eds., *Asian Security Issues: Regional and Global* (Berkeley, California: Institute of East Asian Studies, University of California, 1988); Olaf Palme, *et al.*, *Common Security: A Blueprint for Survival* (New York: Simon and Shuster, 1982); Ashton B. Carter, William J. Perry and John D. Steinbruner, *A New Concept of Cooperative Security*, Brookings Occasional Papers (Washington, D.C., The Brookings Institution, 1992); and Roland Paris, "Human Security: Paradigm Shift or Hot Air?" *International Security*, 26-2 (Fall 2001).

13 衞藤・山本『総合安保と未来の選択』五五六頁。

14 『大平総理の政策研究会報告書』一〇頁。

15 こうした「〇〇安全保障」の概念のうち、例外的なのは、近年急速に重視されるようになってきているサイバー安全保障である。サイバー攻撃は、非キネティック（非運動力学的）な手段によるものではあるが、現代社会の基盤となっている情報通信、金融、電力などの死活的なインフラストラクチャを物理的に停止、混乱、破壊することが可能であるために、もたらされる損害は軍事的な攻撃にも等しいものとなりうる。そのため、多くの国が、サイバー空間を陸・海・空・宇宙空間と並ぶ軍事領域（ドメイン）として認識し、米国をはじめ、サイバー攻撃への軍事的対応を考慮するようになってきている国も少なくないのである。

16 この批判を含め、非軍事的脅威に対する安全保障を非軍事的手段による対応を中心に達成すべきことを主張する安全保障の諸概念については、本書第12章「安全保障の非軍事的側面」を参照。

17 集団安全保障の成立条件については、以下の文献を参考にした。Hans J. Morgenthau and Kenneth W. Thompson, *Politics among Nations: The Struggle for Power and Peace*, sixth edition (New York: Alfred A. Knopf, 1985), pp.452-457〔改訂第五版の日本語訳として、H・J・モーゲンソー（現代平和研究会訳）『国際政治—権力と平和』（福村出版、一九八六年）〕、

18 香西『国連の平和維持活動』三四―三六頁。

19 国連における集団安全保障の条件の欠如については、本書第7章「集団安全保障と国連」を参照。

20 Palme, *et al., Common Security.*

21 この三条件は、西原正が、安全保障の分野における多国間協調主義が効果的に機能するための条件として列挙している三条件を参考にして案出したものである。西原正「多国間協調主義の脆弱性―移行期の安全保障体制を考える」『防衛大学校紀要』第六八号(一九九四年三月)社会科学分冊二二頁を参照。

22 山本「協調的安全保障の可能性」八頁。

23 集団防衛は、外部の脅威に対して複数の国家が共同防衛を実施するというものであるが、集団安全保障と混同されることが多く、注意を要する。詳しくは、本書の第二部Ⅸを参照。

24 植田「協調的安全保障とは何か」二六四―二六六頁。

25 たとえば、拙稿「アジア太平洋における重層的安全保障構造に向かって―多国間協調体制の限界と日米安保体制の役割」『国際政治』第一一五号(一九九七年五月)を参照。

26 UNDP『人間開発報告書 一九九四』二四頁。

27 人間の安全保障の議論では、個々の人間の安全の確保を目指すという点では共通の了解があるが、確保されるべき「安全」の内容や、そのためにとられるべき手法については、論者によってさまざまな主張がある。こうした人間の安全保障概念の多義性については、Paris, "Human Security" に特に詳しい。日本語文献では、栗栖「人間の安全保障―主権国家システムの変容とガバナンス」を参照。

27 田中明彦「二一世紀に向けての安全保障」『国際問題』第四三六号(一九九六年七月)九頁。

第2章 戦争と平和の理論

武田康裕

はじめに

古来人類の歴史において、戦争は絶えることがなかった。冷戦終結によって、全面核戦争の危機が遠のいたとはいえ、戦争の脅威が地球上から完全に消失したわけではない。それどころか、冷戦後の世界は、主権国家システムが想定していた国家間戦争に代わり、数多くの内戦に直面することとなった。戦争を防止し、平和のための適切な処方箋を見いだすには、引き続き戦争の原因解明に取り組んでいかねばならない。

本章において、戦争とは「政治単位間の組織的暴力」をいう(1)。それは国家間の武力紛争に限定した狭義の戦争だけでなく、国内の多様な政治集団を戦闘主体とする内戦を含む一方で、武力の行使を伴わない国際紛争や国内の政治紛争とは区別される。また、平和という概念には、戦争の不在を意味する消極的な側面と、貧困、抑圧、差別などの社会的不公正の排除という積極的な側面がある。しかし、消極的平和のないところで積極的平和の実現はありえない以上、ここでは戦争のない状態を平和と定義する。そうした定義の下、本章では戦争を発生させる一般的原因を模索し、それを「戦争と平和の理論」と呼ぶこととする。

個々の戦争には、いうまでもなくそれぞれに固有の原因が存在する。しかし、戦争と平和の問題を体系的に把握するには、戦争現象に共通する法則性を究明する必要がある。第二次世界大戦以降、戦争と平和に関する科学的研究は目覚ましい進歩を遂げてきたが、さまざまな観点から提起された諸理論を相互に関連づけるには至っていない。戦争と平和に関する一般理論へ接近する一つの方法は、経験科学的に導き出された部分的命題の検証を地道に積み重ねていくことであろう。

本章では、戦争の発生場所が国境の内か外かという点で、国家間戦争と内戦とを区別する。その上で、第1節から第3節では、国家間戦争の分析レベルを、①国際システム、②二国間関係、③国家の三つに大別し、各レベルで唱えられてきた有力な理論や論争的仮説の妥当性を、これまでに蓄積されてきた実証研究の成果を基礎に検討する。第4節では、同様の分析レベルを応用して内戦の発生原因を検討してみたい。

1 国際システムからみた国家間戦争の生起

国際社会には、国内社会にみられることの多い共通の社会的、歴史的、文化的基盤が必ずしも存在せず、共通の価値や目標も未成熟である。また、国際社会は、統一的な政府が存在せず、複数の主権国家に力が分散したアナーキーな社会である。そのために、強国の力を規制する社会的規範が脆弱で、国家間の対立はしばしば実力によって解決されることになる。

平和の処方箋は異なっても、戦争発生の主要な原因が、戦争行為を許容する国際社会の基本構造に根ざしているという点で多くの論者は一致する。しかし、アナーキーな国際構造だけでは、戦争の生起についての十分な説明とはならない。なぜならば、そうした国際構造下でも、主要な国家間に比較的長期にわたって平和が維持された時期が存在しているからである。また、国内社会において革命や内戦が起きているように、世界政府の創出が国際社会の平和を必ずしも保障するわけではない。

以下では、まずはじめに、国際システム・レベルの特徴として大国間の力の分布構造（極の数）や世界経済の状態（成長と停滞）が、戦争の発生頻度や規模とどのように関係しているかをみる。次に、同盟の形成と戦争の生起およびその拡散に関して検討する。

(1) 力の分布構造と世界経済の状態

(a) 力の分布構造

戦争の発生原因を、力の分布構造（単極、双極、多極）から説明する論には以下のものがある。

第一に、圧倒的な力を持つ覇権国が存在する場合、最も戦争が起きにくいとする単極平和論がある。オルガンスキーは、戦争が起きるのはそれ以外に目的実現の手段がなく、勝利の可能性が見込める程度に勢力が拮抗している場合であると述べている。圧倒的な力の格差が存在すれば、覇権国に戦争を仕掛ける国は存在せず、覇権国の方も戦争によることなく自己目的を達成できるからである。[2] また、ギルピンは、覇権国が提供する一種の公共財が、国際社会全体に利益をもたらし、戦争によって現状の変更を企てる国家の出現を抑止すると説明する。[3]

第二に、力の拮抗する二つの超大国が存在する場合、最も戦争が起きにくいとする双極平和論がある。ウォルツによれば、戦争の主たる原因は不確実性がもたらす誤認や誤算によって力の均衡が壊れることにある。その点で、双極の場合は相手の変化に注意を集中でき、適切な対応を迅速かつ確実にとることで安定した力の均衡が維持できるため、戦争が発生する可能性は低いという。[4]

第三に、ほぼ力の均衡した複数の大国が並存する場合、戦争の蓋然性は最も低くなるという多極平和論がある。ドイッチュとシンガーによれば、大国の数が増えるほど柔軟な同盟形成が可能となるので、硬直した対立状況を回避でき、戦争に至ることなく勢力均衡の維持が可能となる。また、相互作用の機会が増大するにつれて、一国の注意力とエネルギーは分散するため、過剰反応によって軍拡競争が起きる可能性も低くなるという[5]。

第四に、戦争の頻度だけでなく規模を考慮することで、双極平和論と多極平和論を組み合わせた議論も存在する。ローズクランスは、戦争の規模は利害対立が深刻化する双極の方が大きくなるが、戦争の頻度は誤算が発生しやすい多極の方が高くなると指摘する。そして、二つの超大国と複数の大国からなる双極的多極型が最善であるとの折衷説を展開している。それは、双極よりも対立が緩やかで、多極よりも力の均衡が確保しやすいと考えられるからである[6]。

一四九五年から一九八九年までに発生したすべての戦争（一九八件）を対象にした原田の実証分析によれば、大陸では、単極→多極→双極の順で戦争の発生頻度は高くなるが、戦争の規模は双極→多極→単極の順で大きくなるとの結果が出ている。他方、海洋では、戦争の頻度は多極→単極→双極の順で高くなり、戦争の規模は双極→単極→多極の順で大きくなった。

ここからいえることは、第一に、大陸・海洋のいずれの場合も、双極構造のときに戦争の頻度が最も高く、規模が最も小さくなっており、双極平和論やローズクランスの折衷説は妥当しないということである。第二に、発生頻度に関して、実証結果と完全に一致する仮説は存在しないが、大陸では単極平和論、海洋では多極平和論の妥当性が部分的に検証された（この点に関して、大国間戦争や大国対非大国戦争に対象を限定した山本や田中の分析では、大陸では多極平和論、海洋では単極平和論が支持されている）。第三に、戦争の頻度も規模も最小にするような最善の組み合わせは存在しないことが明らかになった[7]。

(b) 世界経済の状態

世界経済の状態と戦争との関係に関しては、二つの相反する見方が存在する。

一つは、世界経済が停滞期になると、戦争の頻度は増大するというものである。なぜならば、経済が不況や恐慌になると、市場が縮小するため、富の分配をめぐる対立が国内および国家間で激しくなり、戦争の可能性が増大すると考えられるからである。また、経済が繁栄から不況に向かうと、各国は軍事費の増大によって経済の拡大を図ろうとするため、紛争が激化し戦争に至るとも考えられる。

これとは逆に、戦争には多大なコストが必要である以上、世界経済の成長期に起きやすくなるという考えがある。なぜならば、経済の拡張に伴って、各国は市場、資源、および戦略的に重要な領土を求めて競争を激化させる。そして、経済の繁栄が軍事支出の増大を可能にし、軍拡競争を容易にする。また、繁栄が続くと攻撃的で拡張主義的な心理や雰囲気が醸成されるとも考えられる。コンドラチェフは、世界経済には約五〇年を一周期とする長波が存在することを指摘した上で、「長波の上昇期は、(中略)通例、戦争および国内の社会的動揺がもっとも多発し、またもっとも激化する時期に当る[8]」という仮説を提示した。

一四九五年から一九七五年までに大国間で発生した戦争データを分析したゴールドスタインの研究では、成長期の戦争は停滞期の戦争と比べて六倍から二〇倍以上の戦死者数を記録した。しかし、戦争の数に関しては、成長期と停滞期とで大きな差は出なかった。ただし、一七九〇年以降に限れば、一一回の大国間戦争のうち九回は経済の上昇期で発生しており、戦争の規模も頻度も、経済の上昇期に拡大する傾向があることが示された[9]。少なくとも戦争の規模については、経済の上昇期にそれが大きくなるという傾向は、大国間戦争だけでなく大国が関与した戦争についても当てはまることが他の研究者によって確認されている。ただし、戦争の規模を、戦死者数だけでなく、戦争の継続期間、参加国数などから多面的に捉えた原田の分析では、世界経済の状態は、戦争の頻度や規模について統計上有意な影響を及ぼさなかった。

研究者によって、対象とする戦争データや、戦争の規模に関する指標のとり方に違いがあるため、これまでの研究成果を単純に比較することはできない。しかし、多くの実証分析によって概ね支持されていることは、戦争の発生頻度に大きな影響を与えるのは力の分布構造の方であり、世界経済の状態は、一旦発生した戦争の規模に大きな影響を与えるという点である。そして、力の分布構造が戦争の発生頻度に与える効果は、大陸と海洋の力の分布構造によって、また、大国の関与する戦争と関与しない戦争とで異なる。戦争の規模は、戦死者数から判断する限りにおいて、世界経済の成長期の方が大きくなりそうである。

(2)同盟の功罪

アナーキーな国際社会において、同盟の形成は、独力で脅威に対処し国益を擁護することが困難な国家が採用する典型的な安全保障政策の一つである。また、複数の大国で構成される勢力均衡システムの下で、特定の支配的大国の出現を防止し、システムを維持するための方策でもある。こうした同盟が、勢力均衡のための方法であるとともに、平和を維持するための不可欠の手段であると考えられてきたのは、潜在的侵略国にリスクとコストの増大を認識させることで、武力の行使を未然に抑止することができるからである。

しかし、同盟は戦争を発生させるばかりか、戦争参加国と戦域の拡大をもたらす要因にもなるとの反論も根強く唱えられてきた。その根拠として、①ある同盟の形成は不信感と緊張を醸成し、一組ないしそれ以上の対抗同盟の形成を促す、②同盟は、国家の選択や行動の自由を奪い、相互作用機会を減少させるために、長期的には二つの陣営に分極化し戦争に発展する可能性を高める、といったことが指摘されてきた。

また、同盟の性質や構造によって、戦争の生起に与える影響は異なるという意見もある。一般的に、恒久的で結束の堅い同盟の方が、一時的で結束の緩やかな同盟よりも戦争の発生に結びつきやすいと論じられてきた。その理論的根拠としては、第一に、同盟関係の固定化は、潜在的侵略国に応じた柔軟な同盟の組み替えを困難にする。第二に、同盟の外から勢力均衡の維持や回復に貢献するバランサーの数を減少させる。第三に、同盟の結束強化が、戦争に勝利する期待を高め、武力行使の可能性を大きくする、などが挙げられる。

これまでの実証研究では、同盟形成と戦争に関する因果関係を検証するには至っていない。つまり、同盟は戦争を引き起こす原因であるとも、平和を保障する手段であるとも積極的に断定できる証拠は見いだされていない。

たとえば、レヴィの分析[10]では、過去五世紀に形成された一一七件の軍事同盟のうち、同盟締結から五年以内に同盟国の一国を含む戦争が発生した比率は全体の七〇％（一六世紀は一〇〇％、一七世紀は五六％、一八世紀は六七％、一九世紀は二八％、二〇世紀は八七％）に達した。その一方で、過去五世紀に発生した一一五件の大国の関与した戦争のうち、少なくとも参戦国の一つが五年以内に同盟を形成していた比率は全体の二六％（一六世紀は一八％、一七世紀は一四％、一八世紀は三五％、一九世紀は二五％、二〇世紀は六〇％）にすぎなかった。これは、同盟形成後に戦争が発生する確率は高いが、大部分の戦争は事前に同盟が形成されることなく起きていることを示している。換言すれば、同盟形成は戦争の予兆であるかもしれないが、戦争発生の必要条件ではない。つまり、戦争は常に同盟形成の結果として発生するのではなく、同盟以外の要因によっても引き起こされるのである。したがって、同盟を解消することが、平和を導くことには必ずしもならないといえる。

また、同盟の性質や構造と戦争との関連についても、実証的な確証は得られていない。一六世紀から一八世紀までの同盟は、戦争の勃発が予想される状況下で参戦準備を目的に形成された攻撃型で一時的な同盟であったのに対して、一九世紀以降の同盟は、現状の維持と攻撃の抑止を意図して平時に形成された防衛型、長期存続型の同盟であった。ところで、レヴィの分析結果が示すように、二〇世紀の同盟の方が、一九世紀の同盟よりも戦争との結びつきが強いのは、一九世紀に入って同盟構造が強化され、分極化したことが原因であったという推論が一応成り立つ。しかし、この説明は、結束の緩やかな一八世紀以前の同盟が戦争と深く結びついていたことと矛盾することになる。この点に関して、ブエノ・デ・メスキータは、同盟の結びつきの強度それ自体ではなく、強度の変化が戦争発生の頻度とかかわりがあることを発見した。二〇世紀に起きた戦争の八四％において、同盟の結束が強化される時期が戦争に先行していたのである。[11] これは、同盟の結束が緩やかな方向に変化している冷戦後世界にとって、戦争機会の減少を示唆するものである。

同盟形成が、参戦国の増大という点から、戦争の拡大要因となるかどうかについては、サイバーソンとキングの実証研究がある。[12] 一八一五年から一九六五年までの一八八件の参戦行動において、事前に同盟関係にあった国が参戦した比率は全体の五三・二％であった。しかも、一二二件の共同参戦事例だけをみると、事前に同盟を結んでいた比率は六七・九％に上っていた。これは、同盟形成が戦争の拡大を促進する一要因となりえることを示している。しかし、交戦国の一方と事前に同盟関係にありながら参戦しなかった事例が、全体の七六・九％も存在していたことは、すべての同盟が等しく戦争拡大に寄与するわけではないことを物語っている。同盟が結ばれていたにもかかわらず参戦しなかった国のほとんどは小国だった。これは、大国よりも小国の方が、戦争に巻き込まれ難いことを示唆している。

2　二国間関係からみた国家間戦争の生起

戦争は、対立関係にある少なくとも一対の国家間で発生する社会的・政治的現象である。一方の国家が求める利益や目標が、他国の中核的価値と利益を犠牲にするものである場合、両国は潜在的な紛争状況にある。そして譲歩や妥協によって解決する選択肢が排除され、一国の主張や要求を強制的な行動で実現する決定が行われると、潜在的な紛争状況は戦争へと発展する。以下では、まず、開戦の決定に対して、二国間の相対的な力関係や経済的相互依存関係がどのような影響を与えるのかを考察する。そして、敵対する国家関係を特徴づける軍拡競争が、一般に考えられているように戦争に結びつくのかどうかを検討する。

(1)力の均衡

勢力均衡論によれば、国家間の力が均衡していると平和が保障され、不均衡であれば戦争が起きると考えられている。つまり政策決定者は、戦争に勝利する見込みが五分五分の場合、リスクを回避する傾向があり、戦争とは力の強い側から仕掛けられるものと想定している。反対に、勢力優位論は、力の均衡が戦争をもたらし、不均衡が平和に貢献すると主張する。力が不均衡のとき、弱い国から戦争を仕掛けるのはばかげているし、強い国はその必要がないからである。ここでは、戦争に勝利する確率が五分五分であると、政策決定者はリスクを冒す傾向があると想定している。

オルガンスキーとカグラーが、普仏戦争、日露戦争、第一次・第二次大戦を対象に、各戦争勃発前二〇年間の大国間の力の格差を分析した結果、力の格差が二〇%以上開いている場合、戦争はまったく起きていないが、それよりも格差が縮まった場合には戦争発生の確率が約五〇%に上昇した[13]。分析対象となる戦争の数と大国の数を拡大した最近の研究でも、ほぼ同様の結果が得られており、勢力均衡論の妥当性は否定された[14]。つまり、大国間の力の接近が必ず戦争に発展するわけではないが、少なくとも戦争勃発の予兆となることが判明した。

ここで重要なことは、開戦決定に影響を与えるのは、力の均衡という事実そのものではなく、ほぼ力が均衡する時期の力の変容にあるという点である。戦争に勝利する確率は、自国と敵国との相対的な力の計算に基づいて推定されるが、力が変容するとき客観的に力の計算を行うのは難しく、自らの力に対する過大評価や相手の力に対する過小評価が起こりやすい。また、現時点で戦う場合に勝利する確率と将来の確率とを比較して、力関係がより不利になる前に戦う方が得策であると判断することもある。シンガーの実証分析によれば、一八一五年以来、戦争に発展した大国間紛争の七五％で、紛争当事国の軍事力がほぼ均衡しており、しかも紛争前三年間に急速な軍事力の増強が起きている[15]。

ところで、戦争とは、侵略的意図を持つ現状打破国によって引き起こされる悪意の産物であり、時に侵略的意図のない現状維持国の間でも起こりうる悲劇の結果でもある。いわゆる「安全保障のジレンマ」とは、現状維持国間の悲劇の産物であり、現状変更国に対抗する現状維持国との緊張を指すものではない。そして、侵略戦争であれ予防戦争であれ、実際に政策決定者が戦勝の確率計算をする際の基準となるのは、力のバランスというよりもむしろ軍事的能力のバランスにほかならない。特に攻撃が防御よりも優勢と認識された場合、現状打破国には開戦の機会を与え、現状維持国にも不測の事態に対処するための戦争準備を強いることになるからである[16]。しかし、攻撃的な兵器体系や戦略を防御的なそれと区別するのは、客観的にも主観的にも容易なことではない。しかも、開戦の決定は、戦勝の確率だけでなく、戦争にともなう利益と費用、さらには戦争以外の手段の期待効用によっても左右されるのである。

(2) 経済的相互依存

経済的相互依存が、国家関係にとって協力の契機となるのか対立の契機となるのかという問題は、長年にわたる論争点の一つである。自由主義者の主張によれば、貿易を通じた諸国間の経済交流の拡大は、相互利益の増進と協力関係の構築に貢献する。そして、経済的な絆を切断するような武力行使は自制され、平和が維持されるという。こうした考え方は、「平和は貿易の当然の結果である」というモンテスキューの言葉に端的に示されている。

しかし、重商主義者やマルクス主義者からみれば、経済的相互依存は逆に紛争と危機の源泉である。相互交流の機会が増えるほど、国家間の利害関係が錯綜し、紛争や戦争発生の可能性を高める。また、貿易は本質的に権力闘争の一部にすぎず、そこから派生する非対称な対外依存が、互恵的関係ではなく従属関係を作り出すと考えられている。

過去の歴史的事例は、どちらの立場も完全には支持してはいない。たとえば、第一次および第二次大戦の主要参戦国間にかなりの貿易関係が存在していた事実は、経済的相互依存が戦争を防止する効果を持ちえなかったことを例証している。他方で、少なくとも戦後の西側先進諸国間では、激しい経済摩擦を経験しながら、まったく戦争は起きていない。

ポラチェックは、一九五八年から六七年までの一〇年間、三〇カ国を対象に、二国間レベルの紛争行動と貿易量の回帰分析を行った結果、二国間の貿易量が倍増すると、紛争行動は約二〇%減少することを明らかにした。ただし、貿易量の増加は、紛争行動を減少させる効果よりも協力行動を促進する効果の方がはるかに大きいことが指摘された。また、ドムケは、貿易が全般的に後退した戦間期を除いて、貿易依存度の低い国家ほど戦争する傾向が強いことを検証した。注目すべきは、貿易依存度が大きい国が参戦行動に踏み切った場合でも、開戦前の五年間に依存度が低下しているという事実である。[17] コープランドは、経済的相互依存の水準が高い国家間でも、今後の貿易量の増加が見込めない場合には戦争が発生しやすく、貿易量の増加が見込める場合には戦争が抑制されやすいとの説を主張する。[18] しかし、経済的相互依存の量的変化に着目した実証研究では、相互依存の進展が戦争の可能性を低下させるのか、逆に戦争の少ない平和的環境が相互依存を進展させるのかという因果関係の方向性までは明らかにされていない。

ところで、第二次大戦以後、諸国間の国境を越えた交流は、モノだけにとどまらずカネ、サービス、情報、ヒトといった多様な分野で拡大してきた。そして、国家間の相互依存関係は、単なる量的拡大にとどまらず質的な深化をみせている。つまり、各国の経済が対外的な交流に依存を深めるにつれて、国家間の経済は相互に密接に結びつき、他国の政策が与える影響を無視して自国の経済目標を達成することが困難な状況が形成されつつある。

コヘインとナイは、こうした状況を「複合的相互依存」と呼び、その特徴として以下の点を指摘した。第一に、政府以外のさまざまな主体間のチャンネルによって相互の社会が連携を深める。第二に、諸国家が取り扱う課題には固定された優先順位に基づく階層性が存在せず、軍事的な安全保障が常に支配的な争点ではない。第三に、複合的な相互依存が存在する国家間や問題領域では、軍事力の行使が行われ難い[19]。つまり、先進諸国間にみられるような相互依存の深化した国際関係では、いかに経済摩擦や経済戦争といった紛争が発生しようとも、それが軍事力の行使に発展する確率は低いと考えられるのである。経済的相互依存と平和をめぐる命題は、賑やかな議論が展開されているものの、系統的な実証研究に乏しい。理念型としての「複合的相互依存」モデルの妥当性を検証することが、今後の重要な研究課題である。

(3)軍拡競争

古代より戦争の勃発を防止する最善の方策は、最悪事態に備えて軍備を不断に確保することであると考えられてきた。なぜならば、報復的損失を与える能力こそが、敵の攻撃を抑止することになるからである。こうした伝統的な安全保障政策に対して、兵器を不断に蓄積することは、国際的緊張を高め、戦争の可能性を逆に高めるとの根強い批判も存在してきた。その背景にあるのは、軍拡競争がもたらす弊害である。一方の側の軍拡は、敵対国側の軍拡と連動して相互にエスカレートする傾向にあり、こうした作用・反作用の連鎖が、戦争へと導くと考えられてきた。

リチャードソンは、二国間の軍拡競争を一組の連立微分方程式で表し、一国の軍事支出は、①他国の軍事支出、②軍備購入に伴う自国の経済的負担、③他国に対する敵意や不満、という三つの要因によって変化すると指摘した。これにより、他国の軍事支出水準(より正確には支出水準の変化あるいは自国と他国との支出比率)が作り出す脅威と、政治的、経済的、イデオロギー的対立が軍拡の促進要因となるものの、軍拡は無限に連鎖反応を繰り返すのではなく、経済的消耗が軍拡を鈍化させる拘束要因となることを示した[20]。

ただし、リチャードソン・モデルは軍拡競争の過程を明らかにしただけで、軍拡競争と戦争の関係については、両者が結びつく場合もあれば結びつかない場合もあると述べているにすぎない。軍拡競争は二国間の作用・反作用から生じるばかりでなく、官僚政治や軍産複合体といった国内的影響が大きいことも指摘されてきた。しかし、どのような場合に、二国間の緊張が頂点に達して戦争に結びつくのかという予測可能な理論を提示するものは少ない。

ウォーラスは、一八三三年から一九六五年までに発生した九九件の大国間紛争を対象に実証分析を行った。その結果、軍拡競争を伴う紛争の八二%が戦争に帰着したのに対して、軍拡競争を伴わない紛争で戦争に結びついたのは四%で、軍拡競争と戦争との間には高い相関性が存在することが示された[21]。また、スミスは、競争が当初はゆっくりしたペースで始まり、その後急速に激しさを増した場合、力の不均衡が拡大することになるので戦争につながりやすいと論じた[22]。軍拡競争の質的側面に注目し、防御兵器よりも攻撃兵器の競争の方が戦争と結びつきやすいとの主張もある[23]。しかし、これらの仮説も、相関関係の存在を指摘するにとどまり、因果関係の方向性を証明してはいない。

現時点では、せいぜい、軍拡競争が戦争に至る紛争の徴候の一つであるといえるにすぎないが、仮に軍拡競争が戦争を防止するよりも拡大させる可能性の方が高いとすれば、われわれは軍拡のエスカレーションを鎮静化させる方策を見いださなくてはならない。しかも、軍拡競争の背景には、二国間の友敵関係に加えて、無政府状態という国際構造の根本的性質がある。だとすれば、国際構造から派生する「安全保障のジレンマ」を解消することはできないとしても、それを軽減する方策を模索することには一定の意味がある。

「囚人のジレンマ」という二人・非ゼロ和ゲームは、相互協力が両者に利益をもたらすことがわかっていても、相手の背信行為に対する不信感から双方が非協力的行動をとるに至る状況を端的に描き出している（詳細は第3章第2節を参照）。軍拡競争を「囚人のジレンマ」ゲームにあてはめることで、国家間の相互不信を解消する方策の一部がみえてくる[24]。第一に、コミュニケーションを密にして、相互不信を払拭する必要がある。さらに、軍事バランスを劇的に変化させる軍拡を行わない約束を交し、定期的な査察によって相手の違反を早期に発見することが重要である。第二に、明示的な約束が難しい場合には、軍拡を抑止するようなコミュニケーションを図る必要がある。アクセルロッドは、相互協力を導く効果的方法として、相手が協力すれば協力し、非協力ならば非協力という行動をとるという「しっぺ返し（tit-for-tat）」戦略を提唱している。[25] しかし、相互協力によって得られる利益の配分状況が、国家間の相対的パワーの格差に直結するような場合には、協力の実現は依然として困難である。つまり、一方的な軍拡を阻止するような保障措置が存在しても、実際に軍縮を推進することはきわめて難しいのである。

3　国家からみた国家間戦争の生起

国家の対外行動は、国際システムの構造や国家間の相互作用といった外部環境からの刺激に反応した結果であると同時に、国家の内在的要因によっても影響を受けている。ここでは、国家の政治体制や国内社会の属性などから戦争の発生を説明する諸理論を検討する。

(1)民主国家の平和志向性

カントは『永遠平和のために』において、国際平和を制度的に保障する鍵は、各国の政治体制が民主的になることであると説いた。民主国家の方が非民主国家よりも平和志向的であるという考えは、従来、理想主義者に強く支持されてきた仮説であり、最近でも、安全保障政策の一環として民主化の推進を唱える主張がなされている。しかし、戦争遂行の決定が国民の意思に委ねられることで、国家ははたして戦争行動に慎重になるのであろうか。

右記の仮説が成り立つためには、第一に、国内世論が政治指導者の政策決定をコントロールしており、第二に、世論が平和志向的であることが証明されねばならない。一般的に、民主国家の政治指導者は選挙によって公職に就く以上、世論の動向に敏感である。しかし、国民が安全保障問題に関して持つ情報量は限られており、その関心度も他の国内問題ほど高くはない。ここに、政治指導者によって世論が操作される余地が存在する。また、人間の本性に立ち戻るまでもなく、世論が政府を駆り立てて戦争行動を引き起こす場合があることは、過去の歴史が示すところである。

過去二世紀に遡って国家単位の参戦頻度を調べた多くの実証研究は、民主的国家と非民主的国家との間で際だった違いは存在しないという結論に達した。しかも、一九七〇年代前半までは、むしろ民主国家の方が戦争に参加する傾向が高いことが指摘されている。しかし、二国間単位でみた場合には、民主国家同士の戦争はきわめて稀であることが実証されている[26]。つまり、民主国家が平和志向的であるとはいえないが、民主国家同士が戦争をすることはほとんどないということになる。

しかし、右記の実証結果に対する理論的説明は必ずしも十分なものではない。文化的制約説によれば、民主的な政治文化を共有する国家間では、双方の指導者が紛争の平和的解決を期待するため、戦争に発展する確率は低いと説明される。また、制度的制約説は、武力行使が制度的に制限されている国家間では、双方が武力行使に伴う政治コストを考慮して、現状維持か交渉による問題解決が選択される傾向が高いと論じている[27]。どちらの説明も、民主国家の平和志向性を前提とした議論であることに違いはない。したがって、必ずしも平和志向的ではない民主国家が、それらの国同士でなぜ戦争を回避するのかという説明にはなっていないのである。

さらに、これまでの実証研究は、分析方法上もいくつかの問題を抱えている。第一に、少なくとも一九七〇年代前半まで、非民主国家の絶対数が民主国家のそれを圧倒的に上回っている以上、民主国家間の戦争が少ないのはある意味で統計上当然の結果である。第二に、分析対象となるサンプル数が少ないため、逸脱例の存在は仮説の信憑性を著しく損なうことになる。第三に、民主体制の認定基準は研究者によって異なる。仮に複数政党制と普通選挙という形式的要件を満たす場合を民主国家と呼ぶとしても、民主的規範やルールの定着度において、国家間にはかなりの格差が存在するのである。よって民主国家は非民主国家と戦争をしても、民主国家同士は戦わないという仮説を、国家レベルの分析から実証するのは困難である。

民主的な政治体制かどうかではなく、体制移行期の制度的脆弱性にこそ戦争の原因があるとの主張を展開したのがマンスフィールドとスナイダーである。そして、民主化過程にある国家が参戦する確率は、その他の国家（安定した民主主義国、安定した権威主義国、非民主化過程にある国家）と比べて平均六〇％以上も高いことを実証した[28]。仮に民主国家同士の戦争は起こり難いとの経験則を認めたとしても、民主的平和論が想定するように、民主化の促進が世界平和を実現する保証はないのである。

(2)成長圧力と対外膨張

戦争発生の契機を国内社会の基本構造に求める諸理論の中で、前述の民主的平和論と並んで強い影響力を与えてきたのは、マルクス主義の帝国主義論であった。帝国主義論は、すべての政治現象が経済的諸力の反映であるとの前提に基づいて、戦争の原因を資本主義的な経済体制に求めた。つまり、資本主義社会には、余剰生産物のための市場と余剰資本の投資機会を得るために、外国市場を支配下に置こうとする傾向があるというのである。レーニンは、その著『帝国主義』の中で、①資本の集中、②資本の海外流出、③資本間対立、④国家間対立、⑤戦争、という図式を提示し、戦争が資本主義の必然的産物であると主張した[29]。

しかし、一八七〇年以降大国が関与したほとんどの戦争は、多くの外交史家が指摘するように、ボーア戦争（一八九九年～一九〇二年）やチャコ戦争（一九三二年～三五年）を別にすれば、経済的動機が背景要因の一つであったとしても、それだけを主たる原因としたわけではない。また、社会主義国家が平和を導くという帝国主義論の処方箋も、戦後の歴史的事実によって否定されている。帝国主義論の問題は、第一に、限られた歴史的経験から普遍的法則を引き出したこと、第二に、経済膨張という戦争の原因を、資本主義に固有の経済的動機に求めたところにある。

経済体制のいかんにかかわらず、工業化を推し進める国家の成長過程から生じる対外膨張の力学に着目したのが、シュークリとノースによる側圧（lateral pressure）理論である。(30) ここで提起された基本仮説は、国内の成長圧力が、国家間の利害衝突の可能性を高め、その激化が軍事支出の増加や同盟の形成を促し、ひいては戦争を引き起こすという連鎖反応である。人口増加、技術革新、資源需要の三要素が成長圧力の源泉であり、戦争に至る過程の起点となっているのがその特徴である。しかし、成長圧力を戦争発生の直接原因とみなしていない点で、帝国主義論の経済決定論とは一線を画している。

シュークリとノースは、一八七〇年から第一次大戦に至るヨーロッパ列強の行動から仮説の検証を行い、各国の武力行動の契機は国内の成長圧力に起因していたことを明らかにした。実証分析の結果と前節の結論をあわせると、軍拡競争には国内的影響力と作用・反作用の国際的な影響力の双方が機能しており、国内の影響の方が幾分大きなものであるということになる。ただし、後発国であるドイツについては、第一次大戦前に人口密度の上昇率が英仏両国よりも高かったにもかかわらず、武力行動の契機となったのは、むしろ他国の武力発動という国際環境であった。また、側圧理論が提起した興味深い論点の一つは、技術的・経済的な成長を通じて国際的な経済格差を是正することが、戦争の蓋然性を低下させるという通説に対して、大きな疑問を投げかけたことである。

(3)国内紛争の転嫁

戦争の原因を国内紛争と結びつける議論の中で、最も幅広い支持を得てきたのは、「転嫁理論（もしくはスケープゴート理論）」と呼ばれる考えである。これは、政治指導者による開戦の決定が、国内問題から国民の関心を逸らし、政権基盤の再強化を図るという政治的動機に基づいているというものである。たとえば、クリミア戦争（一八五三年～五六年）へのフランス参戦や日露戦争（一九〇四年～〇五年）におけるロシア側の開戦動機は、革命を回避するための典型的な転嫁行動であった。また、第一次大戦に至るヨーロッパ列強の行動も、社会的緊張の解消という観点から説明が可能である。

転嫁理論の妥当性は、数多くの歴史的事例によって裏付けられてきたにもかかわらず、統計解析を導入した計量分析では検証されるには至っていない。たとえば、ラメルは、七七カ国を対象に一三の対外紛争変数と九の国内紛争変数とを因子分析した結果、対外紛争行動と国内紛争とはまったく関係がないと結論づけた(31)。そして、その後の多くの研究もラメルの結論を支持している。こうした事例研究と数量分析のギャップを埋めるべく、最近、転嫁理論の再検討が進められてきた(32)。

まずはじめに、転嫁理論は、外敵の存在が集団内部の結束を強化する傾向があるという社会学上の知見に基づいて組み立てられている。しかし、この仮説は小集団に最も適応するものであり、多様な社会集団から構成される国家にも妥当するかどうかは疑問である。特に、転嫁行動の対象国との間に利益や価値を共有し、また民族、宗教上の理由から親近感を抱く集団が国内に多数存在する場合には、転嫁行動は国内の亀裂を一層深刻化させることになる。したがって、転嫁行動をとるに際しては、最低限の社会的結束が維持されていなければならない。

次に、転嫁行動として、対外的な武力行使が常に選択されるとは限らない。通常、政治指導者が国民の関心を逸らすための手段としては、武力行使に至らない外交行動の方が費用対効果は大きいはずである。とすれば、軍事的な転嫁行動にまで及ぶ場合の諸条件が明らかにされない限り、転嫁理論は対外行動の説明にはなりえても、戦争の理論としては不完全なものにならざるをえない。

そこで再検討が必要な課題は、第一に、軍事的な転嫁行動が最も発生しやすい状況は何かという問題である。転嫁行動によって政治指導者が期待する成果を達成するためには、対外的軍事行動のコストはできる限り小さなものでなくてはならない。転嫁行動の成功が当該国と相手国との軍事バランスによって決定されるとすれば、相対的な軍事力において優位に立つ側の方が転嫁行動を起こす確率は高い。換言すれば、転嫁理論は、一般的には大国もしくは大国の同盟国の行動に対して妥当な説明ということができる。

第二の課題は、国内問題の深刻度と軍事的転嫁行動との関係である。ブレイニーが指摘するように、深刻な国内危機に直面している場合、対外的な軍事行動に出るのはリスクが大きすぎるため、転嫁行動を差し控えて治安維持に専念することになる。また、軽微な政情不安にすぎない場合には、軍事行動を引き起こすコストは利益に見合うものにはならない(33)。したがって、内戦に至らない程度の、いわば中程度の国内紛争が存在するときに、最も戦争を引き起こす可能性が高いことになる。

しかし、政策決定者が常に合理的な費用便益計算をするとは限らない。たとえば、政策決定者の政治的権威がすでに大きく損なわれている場合、国内紛争がいかに深刻なものであろうともあえてリスクの高い行動に出ることもありうる。また、危機的状況が深刻になるほど誤認や誤算が起こる確率は高くなる。したがって、国内紛争が深刻になり転嫁行動の必要性が大きくなるほど、政治指導者はそれに伴うコストとリスクを小さく見積もる傾向がある。その結果、国内紛争の拡大につれて、転嫁行動として武力行使が選択される可能性が高くなることもありうる。

第三は、右記とかかわる問題でもあるが、転嫁行動の原因となる国内問題の具体的態様である。この点について、これまでの研究は十分な成果をあげていない。モーガンとビッカーズは、国民全体の支持の低下ではなく、核となる支持基盤の脆弱化が転嫁行動の直接原因であると指摘している(34)。支持基盤とは、民主体制では有権者の過半数を構成する複数の利益集団や政党支持者であり、非民主体制では強制装置や経済システムを支配する支配集団を指す。その根拠として、支持基盤以外の支持が低下したとしても、国内にスケープゴートを見いだすか、最悪の場合には警察力の行使によって危機を回避できるからだという。

最後に、国内問題の国際化という現象に対して、転嫁理論は部分的な説明力しか持ちえないとすれば、別の理論モデルによる説明が提示されねばならない。それは、国内問題による国力の低下が既存の勢力均衡を崩し、外国の武力介入を誘発するというシナリオである。具体的には、一九七九年のソ連のアフガン侵攻や一九八〇年のイラン・イラク戦争などが挙げられる。特に、レバノン紛争のように国内危機が人種、宗教、イデオロギーなどによる亀裂に基づく場合、外国の武力介入は一層容易になる。一八一五年から一九三九年までに発生した大部分の戦争は、転嫁理論が想定するように内紛を抱えた国家によって始められたものではなかった。また、一九四五年から七六年までに起こった一二〇の局地戦争のうち、約七割が外国による介入によって引き起こされたものであった[35]。

4　内戦の発生原因

(1)冷戦終結と「新しい戦争」の発生

元来、国家以外の多様な交戦主体による内戦のメカニズムは複雑であり、一つひとつが個性を持った戦争である以上、一般的な傾向や原因を見いだすのは難しいと思われてきた。また、「低強度紛争」とも称される内戦が、国際の安全と平和に与える影響は国家間戦争よりも小さいと認識されてきたため、内戦に十分な光が当たることはなかった。しかし、冷戦終結後に生起した戦争の圧倒的多数が内戦であるという現実によって、内戦は「新しい戦争」として脚光を浴びると同時に、内戦は冷戦終結の産物との認識が定着することにもなった。

「新しい戦争」論に共通する仮説の第一は、冷戦の終結が内戦の拡散をもたらしたというものである（被害規模と継続年数に関しては第8章第1節を参照)。たとえば、ウプサラ大学のデータによれば、一九四六年から二〇〇六年までの六一年間に、年間戦死者数が二五名以上の戦争は合計二三二件で、そのうち一二二件は一九八九年以降に発生した。つまり、全体の約五三%が冷戦終結後の一七年間に起きている。この間、国家間戦争はわずか七件にすぎず、残る九四%を占める一一五件はすべて内戦であった。その結果、冷戦期よりも冷戦後の方が、内戦は増大傾向にあるという認識が定着した(36)。

しかし、一九九二年の五一件をピークに、内戦の年間発生数は減少傾向を示しており、二〇〇六年には三二件にまで減っている。確かに、四六年から九二年まで内戦は一貫して増大傾向にあり、〇四年の内戦件数が六〇年代半ば以前のどの時期よりも多いのも事実である。しかし、第二次大戦以降の主権国家の増大を考慮すると、冷戦後の一カ国当たりの内戦発生頻度は、五〇年代末とほぼ同じ水準であって、その後のどの時期よりも低いという結果が出ている。しかも、新たな内戦の発生は冷戦終結直後の二～三年に集中しており、二〇〇〇年以降は年間三件以下にすぎない(37)。つまり、一般的な認識に反し、内戦は拡散してはおらず、冷戦の終結は内戦の発生頻度の増大とは無関係であることがわかる。

ところで、冷戦終結とそれに付随した国際システムの変化を、内戦拡散の原因とみなした論拠は何であったのか。第一に、統治原理としての社会主義イデオロギーの権威の失墜が、連邦国家の解体や破綻国家の出現をもたらした。第二に、双極構造の崩壊が、それまで抑制されていた国内対立を武力紛争化した。第三に、両陣営内の諸国に対する超大国の援助の引き揚げが政府の力の優位を崩すことになった、というものである。しかし、冷戦終結が生んだいずれの力学も、一律に内戦の発生だけに作用するのではなく、内戦の終息にも作用するものであろう。

「新しい戦争」論が提起した第二の仮説は、冷戦終結が内戦の性質を変えたというものである。カリヴァスは、「旧い」内戦と「新しい」内戦の相違を、①目的と動機、②支持、③暴力の三点から整理し、集団的不満、民衆の支持、管理された暴力を特徴とする「旧い」内戦に対し、「新しい」内戦は、私的な略奪、民衆の支持の欠如、理由なき暴力によって特徴づけられるとした。しかし、「旧い」内戦と「新しい」内戦の区別はそれほど明確ではなく、冷戦の終結を明確な転換点として両者が区分されるわけでもない[38]。戦争の目標、方法、資金調達の点から「新しい戦争」論を最初に展開したカルドーも、冷戦終結そのものではなくグローバリゼーションが要因であると主張している[39]。

(2) 紛争主体間の相互関係からみた内戦の生起

国際社会における国家間戦争の発生が、国家の生存を保障する世界政府の不在にあるとすれば、政府が存在する国内社会において内戦は稀にしか起きない現象のはずである。にもかかわらず、第二次大戦以来、戦争の頻度と被害規模の双方において、内戦が全体の八〇％以上を占めてきたのはなぜであろうか。

ネオリアリズム学派は、国家間戦争と同様の論理で、中央政府の弱体化による無政府状態の出現が「安全保障のジレンマ」を引き起こした結果であると説明する。確かに、旧ユーゴスラヴィア、リベリア、ソマリア等における冷戦後の内戦は、連邦国家の解体や破綻国家の出現と連動していた。また、六〇年代に脱植民地化の過程で勃発した多くの内戦も、無政府状態を作り出した「弱い国家」におけるものであった。しかし、インドネシア、ミャンマー、カンボジア、エチオピアなどのように、無政府状態には至っていない「強い国家」においても内戦は起きているし、チェコとスロバキア、旧ソ連内の共和国のように、国家の解体が内戦に結びついていない事例もある。

そもそも、「安全保障のジレンマ」は無政府状態かどうかにかかわらず、不確実性の高い状況下で発生するものであり、「安全保障のジレンマ」それ自体が戦争の直接原因ではない。また、国際社会において無政府状態は所与であるが、そうではない国内社会で、なぜ無政府状態が生まれたのかがまず説明されねばならない。つまり、政府が独占する暴力と支配の正統性に、反政府勢力が交渉によってではなく暴力によって挑戦する条件が問題である。このように、分権的な国際社会と集権的な国内社会という構造的な相違で、戦争の発生頻度を十分に説明できないとすれば、分析の焦点を紛争主体間の相互関係に移す必要があるだろう。

勢力優位論によれば、内戦は政府と反政府勢力の相対的戦力が接近するほど生起しやすいとされる。なぜなら、反政府勢力は武力による現状変更の可能性を高く認識し、政府は不利な勢力関係が出現する前に反政府勢力を武力で封じ込める動機が働くからである。他方で、勢力均衡論によれば、戦力の格差が拡大するほど、内戦は生起しやすいとされる。なぜなら、戦力に優る政府が交渉で妥協する必要性は低く、武力弾圧の誘引が強く働く一方で、反政府勢力の側は将来に不利な状況を招く前に武力による現状変更に賭ける動機が働くからである。

上記の対立仮説は、紛争主体の戦力測定が困難なため、十分な検証が行われていない。多数派を形成する民族集団と少数派民族集団の人口変化を戦力に見立てたトフトの実証分析によれば、一九四〇年から二〇〇〇年までに年平均一〇〇〇名以上の戦死者を出した一三四件の内戦を対象に、多数派と少数派の規模の接近と内戦の勃発には有意な相関があることが証明された[40]。紛争主体間の勢力均衡化が内戦に結びつきやすいという検証結果は、ある意味で内戦の原因を「弱い国家」に求める議論に通じるものでもある。同時に、国家間戦争のところでも述べたように、勢力均衡化が戦勝の確率の不確実性が高まることを意味するとすれば、政府・反政府の双方で、交渉よりも戦争手段を選択する強硬派や過激派が、主導権を握っていることを間接的に裏付けるものでもある。

ただし、こうした集計データに基づく統計分析の結果は、勢力格差の大きい「強い国家」で発生する内戦の存在とどのように整合するのであろうか。たとえば、分離独立運動を展開する反政府勢力との内戦は、中心部で優勢な政府の戦力が、分離独立を求める周辺部には行き届いておらず、局地的に勢力均衡化が起きたことに起因するという説明になる。実際、交渉で政府から譲歩を勝ち取る可能性が乏しい脆弱な反政府勢力であっても、抵抗を続ける程度の戦力を保持することは可能であろう。

このように、紛争主体の相互関係に着目した研究成果は、内戦の論理をかなり説明してはいるが、紛争主体間の勢力変化を引き起こす要因にまで分析の射程は及んでいない。ここで登場するのが国外勢力からの支援問題である。前項では、冷戦終結による超大国の支援の引き揚げに焦点が当てられたが、国内の紛争主体に対する支援は必ずしも超大国からのものだけではない。実際、第二次大戦以降に国外からの介入があった内戦のうち、超大国の介入件数の約三倍は近隣諸国によるものであった。多くの実証研究も、内戦当事国と近隣諸国との関係が内戦発生の確率に最も大きな影響を及ぼしていることを指摘している。つまり、内戦研究にあたっては、国内における紛争主体間の相互関係だけでなく、国外勢力との相互作用まで視野に入れた分析が必要であろう。[41]

(3) 内戦発生の国内要因——民族構成、経済発展、政治制度

冷戦後、旧ユーゴやアフリカ諸国で発生した多くの内戦において、アイデンティティが主要な争点であったことは間違いない。そこから、民族的差異そのものを内戦の主要な原因とし、民族的な多様性に富む社会ほど内戦が起こりやすいとの仮説が提起されてきた。確かに、政治権力やイデオロギーをめぐる内戦（モザンビーク内戦、カンボジア内戦、ニカラグア内戦など）は冷戦終結とともに解決した。パワーや利益の分配と比べて、アイデンティティをめぐる紛争は妥協が困難であろう。しかし、異なる民族や人種が内戦以前には平和的に共存してきた事実を考えれば、民族の相違自体を内戦の原因に直結させる見方は短絡的である。事実、統計的データによれば、民族的多様性と内戦の発生確率との間には有意な相関はみられず、むしろ民族的多様性は内戦の発生確率を下げるといった分析結果さえ存在する。[42] 問われるべき課題は、民族的相違を政治紛争化し、政治紛争を内戦へと導く要因を明らかにすることである。

第一に、民族やエスニシティを構成するさまざまな社会的亀裂の中で、妥協不能な政治的亀裂に発展しやすい要素に着目した研究では、宗教上の差異が最も暴力を伴う政治的亀裂を引き起こしやすいとの議論がある。なぜならば、

複数の言語や人種的起源をあわせ持つことはあっても、同時に二つの宗派に属する人はいないという点で、宗教は最も排他的なアイデンティティである。また、異なる人種や言語を話す人々が同一の世界観を共有することはあっても、異なる宗派の信徒が同一の世界観を共有することはきわめて難しいからである。ある実証研究では、数多くの宗派が単に混在する社会ではなく、異なる宗派がほぼ等しい比率で分極化した社会で、最も内戦が発生しやすいとの結果を提示している。(43) しかし、こうした本質的な差異が内戦の原因であるとすれば、内戦は不可避であり、平和の処方箋を見いだすことは困難となる。アイデンティティは内戦を発生させる間接的要因であったり、内戦をエスカレートさせる要因であるかもしれないが、直接的要因とはいえない。

第二に、上記の民族的差異を強調する民族本質論を否定するのが経済発展説である。そこでは、近代化に伴う急速な経済・社会的変化が、希少な資源の分配をめぐって民族集団間の対立を促進すると説明する。しかし、富の不均等配分に対する不満は、被差別集団が反乱を起こす動機を説明することはできても、動機の存在が常に内戦に直結するわけではない。また、ジニ係数を使用した分析でも、経済・社会的不平等と内戦の間には有意な相関は見いだせなかった。何よりも、チャド内戦やスーダン内戦のように、近代化の遅れた国々で内戦が頻発している現実に反する。

むしろ経済発展説とは逆に、貧困が内戦の原因であるとの仮説が提起されている。この仮説を支えるのが反乱の費用対効果から説明する合理的選択論である。所得や教育水準の低さは、失うもののない人々が反乱軍に参加する機会費用を下げる一方で、政府軍の反乱鎮圧能力の低下をもたらすために反乱軍が勝利する確率を高めるからと説明される。しかし、政府軍・警察の能力は、必ずしも当該国の経済水準と一致するわけではない。また、貧困と内戦全般との間に存在する有意な相関は、民族紛争に限定した場合に見いだせないという実証分析が存在する。(44)

第三に、民族紛争における争点が、経済格差ではなく民族的アイデンティティを脅かす政治・社会的差別にあるとすれば、被差別集団の政治的権利や市民的自由を保障する政治体制ほど内戦発生の確率は低下すると考えられる。事実、多くの実証研究は、異議申し立ての機会が保障された民主主義体制下では、非暴力的な抗議行動が選択されやすいが、非民主主義体制下では反乱に発展しやすいとの分析結果を支持している。また、民主的水準を政治的包括性という観点から分析した最近の研究では、多民族政党を形成するための多数代表制と、民族間の共存を可能にする比例代表制を組み合わせた政治制度の構築が提唱されている。(45)

しかし、民主主義の水準と内戦発生の関係は、上記のような直線的な関係にはないとする見方もある。なぜなら、上記のような反政府勢力が暴力的な異議申し立て方法を選択する際の機会費用だけでなく、そうした暴力的な異議申し立てが成功する確率によっても、政治紛争が内戦に発展するかどうかは左右されている。その点で、独裁制は民主制よりも異議申し立てを強権発動によって抑圧することが可能である。また、反乱組織の形成にはある程度の自由が許容されていなくてはならない。したがって、独裁制と民主制の中間に位置する混合体制であったり、不安定な体制変動期にこそ、内戦発生の可能性は最も高まるとの仮説が提示されてきた。

おわりに

戦争を防止するには、戦争について知ることから始めねばならない。しかし、われわれが知っていることはきわめて限られており、知っていると信じていることの中には、過去の事実と符合しないものや将来の現実には適用できないものが数多く含まれている。誤った診断に基づく処方箋によって、逆に病を悪化させることのないように留意せねばならない。

本章では、戦争と平和に関する部分的理論を、統計学的手法を用いた行動科学的実証研究の成果に基づいて検証を試みた。多様なデータを体系的に扱う行動科学的分析は、限られた経験的事実から直感的に導かれた仮説や推論を検証し、戦争のような反復性の高い現象から法則を見いだすのに適したアプローチである。しかし、戦争現象は数量化が困難な数多くの要素を含んでおり、行動科学的な実証結果だけで理論の妥当性を判定できないことも認識しておく必要がある。

---

1 ヘドリー・ブル（臼杵英一訳）『国際社会論』（岩波書店、二〇〇〇年）二一五頁。
2 A. F. K. Organski, *World Politics* (New York: Alfred A. Knopf, 1958), pp.338-77.
3 Robert Gilpin, *War and Change in World Politics* (Cambridge: Cambridge University Press, 1981), pp.144-145.
4 Kenneth N. Waltz, *Theory of International Politics* (New York: Random House, 1979), Chapter 8.
5 Karl W. Deutsch and J. David Singer, "Multipolar Power Systems and International Stability," *World Politics*, Vol.16 (October 1963-July 1964), pp.390-406.
6 Richard N. Rosecrance, "Bipolarity, Multipolarity and the Future," *Journal of Conflict Resolution*, Vol.10 (1966), pp.314-27.
7 原田至郎「世界システム・レベルの戦争相関因子」山本吉宣・田中明彦編『戦争と国際システム』（東京大学出版会、一九九二年）二三七頁—二六〇頁。山本吉宣「国際システムの動態と安定」『国際政治』八二号（一九八六年五月）七—二五頁。田中明彦『世界システム』（東京大学出版会、一九八九年）六四—六六頁。
8 中村丈夫編『コンドラチェフ景気変動論』（亜紀書房、一九八七年）一三七頁。
9 ジョシュア・S・ゴールドスタイン（梅本哲也訳）「戦争のサイクルとコンドラチェフの波」『国際政治』八五号（一九八七年五月）一五一—一九二頁。
10 Jack S. Levy, "Alliance Formation and War Behavior," *Journal of Conflict Resolution*, Vol.25, No.4 (1981), pp.581-613.
11 Bruce Bueno de Mesquita, "Systemic Polarization and the Occurrence and Duration of War," *Journal of Conflict Resolution*, Vol.22, No.2 (1978), pp.241-67.
12 R. Siverson and J. King, "Alliances and the Expansion of War, 1815-1965," in J.D. Singer and M. Wallace, eds. *To Augur*

Well: Early Warning Indicators in World Politics (Beverly Hills: Sage, 1979); R. Siverson and J. King, "Attributes of National Membership and War Participation, 1815-1965," *American Journal of Political Science*, Vol.24 (1980), pp.1-15.

13 A. F. K. Organski and J. Kugler, *The War Ledger* (Chicago: University of Chicago Press, 1980), pp.42-53.

14 Henk Houweling and Jan G. Siccama, "Power Transitions as a Cause of War," *Journal of Conflict Resolution*, Vol.32, No.1 (1988), pp.87-102.

15 J. David Singer, "Accounting for International War: The State of the Discipline," *Journal of Peace Research*, Vol.18 (1980), pp.1-18.

16 戦争の発生原因を攻撃と防御のバランスに求める代表的な議論として、Stephen Van Evera, "Offense, Defense, and the Cause of War," *International Security*, Vol.22, No.4, (Spring 1998), pp35-43.

17 Solomon William Polachek, "Conflict and Trade," *Journal of Conflict Resolution*, Vol.24, No.1 (1980), pp.55-78; William K. Domke, *War and the Changing Global System* (New Heaven: Yale University Press, 1988), pp.107-139.

18 Dale C. Copeland, "Economic Interdependence and War: A Theory of Trade Expectations," *International Security*, Vol.20, No.4 (Spring 1996), pp.5-41.

19 Robert O. Keohane and Joseph S. Nye, *Power and Interdependence: World Politics in Transition* (Boston: Little, Brown and Company, 1977), pp.24-29.

20 Lewis F. Richardson, *Arms and Insecurity* (Chicago: Quadraigle Books, 1960).

21 M.D. Wallace, "Arms Races and Escalation: Some New Evidence," in J.D. Singer ed., *In Explaining War: Selected Papers from the Correlates of War Project* (Beverly Hills: Sage, 1979).

22 T.C. Smith, "Risky Races? Curvature Change and the War Risk in Arms Racing," *International Interactions*, Vol.14 (1988), pp.201-228.

23 M. Patchen, "When Do Arms Buildup Lead to Deterrence and When to War?" *Peace and Change*, Vol.11 (1986), pp.25-46.

24 「囚人のジレンマ」で描かれる筋書きは以下のとおりである。相互のコミュニケーションを絶たれた二人の囚人が、別々に尋問され黙秘か自白かの選択を迫られる。その際、双方が黙秘を続ければ二人に一年の刑罰が与えられ、双方が自白すれば二人に二〇年の刑罰が下される。さらに、先に自白した方は釈放されるが黙秘を続ける相手は終身刑になるとの条件が示される。こうした状況下では、相手がどのような行動をとろうと、自分は自白を選択した方が有利となる。その結果、双方が自白をして二〇年の刑罰が確定する。しかし、相手を信頼して双方が黙秘していれば刑期は一年ですんだのである。この「囚人のジレンマ」モデルは、アクター間にコミュニケーションが存在しない一回限りのゲームである。これらの制約条件を取り除くことで、背信行為を防ぐことは可能である。マトリクスを使用した説明は、第3章を参照のこと。

25 Robert Axelrod, The *Evolution of Cooperation*（New York: Basic Books, 1984）.

26 Steve Chan, "Mirror, Mirror on the Wall: Are the Freer Countries More Pacific?" *Journal of Conflict Resolution*, Vol.28, No.4（December 1984）, pp.617-648; Erich Weede, "Democracy and War Involvement," *Journal of Conflict Resolution*, Vol.28, No.4（December 1984）, pp.649-664; Bruce Russett, *Grasping the Democratic Peace: Principles for a Post-Cold War World*（Princeton: Princeton University Press, 1993）（鴨武彦訳『パクス・デモクラティア―冷戦後世界への原理』東京大学出版会、一九九六年）。

27 文化的制約説は、民主国家間の戦争が起こりにくいことだけを説明するのに対して、制度的制約説は紛争当事国の一方に民主国家を含む戦争の頻度が低くなることも示唆している。James Lee Ray, *Democracy and International Conflict: An Evaluation of the Democratic Peace Proposition*（University of South Carolina Press, 1995）pp.1-46.

28 Edward D. Mansfield and Jack Snyder, "Democratization and the Danger of War," *International Security*, Vol.20, No.1（Summer 1995）, pp.5-38.

29 レーニン（宇高基輔訳）『帝国主義』（岩波文庫、一九八五年）。

30 Nazli Choucri and Robert C. North, *Nations in Conflict: National Growth and International Violence*（San Francisco: W.H. Freeman and Company, 1975）.

31 Rudolf J. Rummel, "Dimensions of Conflict Behavior within and between Nations," *General Systems*, Vol.8（1963）, pp.1-50.

32 以下の議論に関しては、Jack S. Levy, "The Diversionary Theory of War: A Critique," in Manus I. Midlarsky, ed., *Handbook of War Studies*（Ann Arbor: The University of Michigan Press, 1989）を参照。

33 Geoffrey Blainey, *The Causes of War*（New York: Free Press, 1973）, p.81.（中野泰雄他訳『戦争と平和の条件―近代戦争原因の史的考察』新光閣書店、一九七五年、一〇四頁）。

34 T. Clifton Morgan and Kenneth N. Bickers, "Domestic Discontent and the External Use of Force," *Journal of Conflict Resolution*, Vol.36, No.1 (1992), pp.25-52.

35 Blainey, *The Causes of War*, Chapter 5. 高橋進「世界軍事秩序論―現状と構造」『講座平和学Ⅰ』（早稲田大学出版部、一九八五年）八三―八四頁。

36 Lotta Harbom and Peter Wallensteen, "Armed Conflict, 1989-2006," *Journal of Peace Research*, Vol.44, No.5 (2007), pp.623-634.

37 Erik Melander, Magnus Oberg and Jonathan Hall, "The 'New Wars' Debate Revisited: An Empirical Evaluation of the Atrociousness of 'New Wars'," *Uppsala Peace Research Papers* No.9 (Department of Peace and Conflict Research, Uppsala University, Sweden), pp.11-13.

38 Stathis N. Kalyvas, " 'New' and 'Old' Civil Wars: A Valid Distinction?" *World Politics*, Vol.54 (October 2001), pp.99-118.

39 メアリー・カルドー（山本武彦・渡辺正樹訳）『新戦争論―グローバル時代の組織的暴力』（岩波書店、二〇〇三年）。

40 Monica Duffy Toft, "Population Shifts and Civil War: A Test of Power Transition Theory," *International Interactions*, Vol.33, No.3 (July 2007), pp.243-269.

41 Idean Salehyan, Kristian Skrede Gleditsch, and David Cunningham, "Transnational Linkages and Civil War Interaction," Paper Presented at the Annual Meeting of the International Studies Association, Town & Country Resort and Convention Center, San Diego, California, USA, Mar 22, 2006.

42 Paul Collier and Anke Hoeffler, "Greed and Grievance in Civil War," *World Bank Policy Research Working Paper* 2355, May 2000; James D. Fearon and David D. Laitin, "Ethnicity, Insurgency, and Civil War," Paper Presented for Presentation at the Annual Meeting of the American Political Science Association, San Francisco, Ca, 2001, pp.41.

43 Marta Reynal-Querol, "Ethnicity, Political System and Civil Wars," *Journal of Conflict Resolution*, Vol.46, No.1 (February 2002), pp.29-54.

44 注42を参照。

45 Reynal-Querol, " Ethnicity, Political System and Civil Wars," p.49.

第3章 国際協力の理論——紛争の回避と対処

武田康裕

はじめに

国際協力を扱う数多くの文献において、協力（cooperation）という言葉が明確に定義されることはめったにない。しかし、厳密な概念規定が不要なほど、協力の意味は自明ではない。協力という概念は、往々にして人助けという心情が付着することがあり、援助（assistance）や貢献（contribution）という概念と互換的に使用されることがある[1]。事実、発展途上国に対する経済援助を経済協力と呼び、国連平和維持活動を国際協力や国際貢献と言い換えることが日常的に行われている。また、協力を良い目的を実現する場合だけに限定して使用する傾向もみられるが、いわゆる悪巧みであってもれっきとした協力である。このように協力の道義的側面を強調しすぎると、国際協力の効果・効率という戦略的な視点を見失うことにもなりかねない。

協力とは、「実際のあるいは予想される他者の選好と自分の行動とをすり合わせる」行為や過程を指す[2]。この選好や行動のすり合わせを一般に調整（adjustment）という。そもそも国際協力とは、国家間に何らかの関係が存在してはじめて成立する概念である。言い換えれば、相互作用のない国家間では、協力も紛争も発生しない。ところが、一旦関係が発生すると、国家と国家の間には利害の一致や不一致が起きる。一国の優先的選択肢の追求や実現が、他国の優先的選択肢の追求や実現にも役立つ場合、両国は「共通利益」を共有することになる。反対に、一国の優先的選択肢の追求が、他国の優先的選択肢の実現を排除するか困難にする場合、両国の間には「対立利益」が存在することになる[3]。

一定の比率で共通利益と対立利益を共有する二つの国家は、共通利益が多いほど協調的関係にあり、対立利益が多いほど対立的関係にある。当然のことながら、協調的関係にある国家間にも対立利益は存在し、対立的関係にある国家間にも共通利益は存在する。対立利益の存在が紛争や戦争に直結するわけではないように[4]、共通利益は協力の必要条件ではあるが十分条件ではない。実際、国際協力論の主要な関心は、協力すれば共通利益が実現できるにもかかわらずなぜ国家は協力できないのか、というジレンマの解明に向けられてきた[5]。

ある二国間関係が、共通利益か対立利益かのどちらか一方だけに完全に支配されるような状況（純粋協調や純粋対立）が出現することは、実際にはほとんどない。戦争の目的が敵対国を抹殺することでない限り、交戦状態にある国家間においてすら、被害の最小化という共通利益が存在する。無条件降伏を求める場合でも、戦争を終結させるためには戦勝国と敗戦国との間で一定の協力が必要となる[6]。このように、現実世界における国家間の利害関係には、大抵の場合、共通利益と対立利益が混在しており、協力の契機は紛争と隣り合わせで偏在しているともいえよう。

本章が焦点を当てる安全保障分野における国際協力とは、紛争を回避したり、紛争に対処するための調整である。以下では、国際協力の可能性を左右する争点の基本的性質、国際協力を阻害する要因とその処方箋をゲーム理論を使用して考察した後、紛争の回避と対処を目的とする持続的な安全保障協力の制度的枠組みを整理しておこう。ゲーム理論とは、対立と協力をめぐる意思決定や戦略の相互性を単純化して理解するのに優れた分析手法の一つである。

1　国際協力が不要または不可能な状況

（1）利得構造と解

国際協力の可能性は、個々の争点を特徴づける「利得構造」によって決まる。この利得構造とは、協力（Cooperation: C）と非協力（Defection: D）という二つの選択肢を有する二つの国家が、自国の選択肢と相手国の選択肢の組み合わせに応じた配点（payoff）と選好順位で示されたマトリクス（行列）である。たとえば、A国が協力し、B国も協力した場合をCC、反対にA国が協力したのにB国が非協力の場合をCDと表記する。逆に、A国が非協力であるのに、B国が協力した場合をDC、最後にA国もB国も非協力の場合をDDと表記する。ここで、仮にCCを4点、CDに3点、DCに2点、DDに1点を配点すると、四つの組み合わせの配点の高い順に、CC>CD>DC>DDという選好順位が決まる。

話を分かりやすくするため、A国もB国も同じ選好順位であると仮定した上で、A国の選択肢の協力Cと非協力Dを縦軸の上行と下行に、B国の選択肢CとDを横軸の左列と右列に配置したマトリクス（図1）を作成してみよう。その際、四つの箱の前方にA国の配点、後方にB国の配点を書き入れることとする。たとえば、図1の左上は、A国がC、B国もCを選択した組み合わせで、A国にとってもB国にとってもCCの配点は4点であるから、〈4、4〉と表記される。図1の左下は、A国がD、B国はCを選択した組み合わせであるから、A国にとってDCの配点は2点、B国にとってCDの配点は3点となり、〈2、3〉と表記される。同様に、右上は、A国がCDでB国がDCの組み合わせであるから〈3、2〉と表記され、右下はA国もB国もDDであるから〈1、1〉と表記される。この利得構造の下で両国が自己利益の最大化を目指して合理的に行動した結果を、ゲーム理論では解と呼ぶ(7)。以下では、この利得構造にさまざまな事例を当てはめながら、何が解として出現しやすいのかという視点から国際協力の可能性を概観しておこう。

(2)国際協力が不要な場合——「調和」ゲーム

すべての国際関係において、常に国際協力が必要とは限らない。相手国との行動や選好のすり合わせを一切必要とせず、両国の利益が自動的に増進される場合、協力は不要である。こうした両国の利害が完全に一致し、共通利益しか共有しない場合を「調和（harmony）」ゲームという。調整なしに出現する「調和」と、調整の結果として出現する協力とを区別しておくことは、無用な外交努力をしないという点で重要である。

調和ゲームの具体例として、緊急食糧援助の供与（C）と非供与（D）という選択肢を持つA国と、餓死しようとしている自国民の救済（C）と放置（D）という選択肢を持つB国を想定してみよう。両国にとって援助供与と餓死者救済の組み合わせ（CC）が最善であり、援助もなく餓死者が放置される場合（DD）が最悪である。人道目的で支援を行うA国にとっては、B国が餓死者の救済をすれば援助を供与しない選択肢（DC）よりも、B国が餓死者を救済しなくても援助を供与する選択肢（CD）の方が優先される。より多くの国民の救済を優先するB国にとってもA国の援助が供与されれば餓死者救済をしないという選択肢（DC）よりもA国の援助が供与されなくとも餓死者救済を行う（CD）を優先するに違いない。つまり、こうした状況は、A国もB国も、CC>CD>DC>DDという選好順位を設定しており、先の図1と同じ利得構造が出現

図1　国際協力を左右する利得構造

A国	B国 協力(C)	B国 非協力(D)
協力(C)	4、4	3、2
非協力(D)	2、3	1、1

することになる。

この場合、両国は常に相互協力（CC）を選択することになり、調整は不要である。なぜなら、図2において、①の矢印が示すように、B国が協力（C）を選択した場合、A国が協力すれば4点で非協力なら2点であるから、当然協力を選択することになる。反対に、矢印①'が示すように、B国が非協力（D）を選択した場合、A国が協力なら3点、非協力なら1点であるから、この場合も協力を選択することになる。今度はB国の立場になってみると、矢印②が示すように、A国が協力（C）を選択した場合、B国が協力すれば4点で非協力なら2点であるから、当然協力を選択することになる。反対に、矢印②'が示すようにA国が非協力（D）を選択した場合、B国が協力なら3点、非協力なら1点であるから、この場合も協力を選択することになる。つまり、両国は、相手国が協力であれ非協力であれ、自国は協力を選択することになるので、解は相互協力CCとなる。

「調和」ゲームを導いた利得構造の特徴は、両国のCC>CD>DC>DDという選好順位の中で、特にCD>DCという点にある。(8) つまり、両国が、裏切る（DC）よりも裏切られる（CD）ことを望み、ある意味で「利他的」行動を優先するような状況では、(9) 自己利益の追求が自動的に相互協力を保証することになる。たとえば、先進国と途上国の関係において、途上国の貧困救済や経済発展を目的とする先進国による人道援助や開発援助には、この「調和」ゲームに相当するものが多いことがわかる。冒頭で指摘した、協力を貢献や援助と呼ぶような場合は、大抵「調和」ゲームであることが推定される。安全保障の分野であれば、共通の脅威を共有する国力の非対称な同盟関係において、軍事援助を供与する大国と、国軍の増強や近代化を推進する小国の関係がこれに相当する。

図2 「調和」ゲーム

B国（② ←、②' ←）／A国（① ↑、①' ↑）

A国 ＼ B国	協力(C)	非協力(D)
協力(C)	4、4	3、2
非協力(D)	2、3	1、1

（3）国際協力が不可能な場合――「デッドロック」ゲーム

次に、協力が不要な「調和」ゲームとは逆に、協力が不可能な「デッドロック（Deadlock）」といわれるゲームを確認しておこう。こちらは、ある争点において、関係する国家間が完全に対立し、「対立利益」しか共有しない場合である。調整をしても協力が不可能な「デッドロック」と、調整すれば協力が可能な状況とを区別しておくことは、結果の出ない交渉に貴重な外交資源を浪費するのを防ぐという点で重要である。

歴史上、デッドロックの典型例としてよく引き合いに出されるのが、一九四一年の日米開戦に至る状況である[10]。日本にはインドシナから満州まで軍隊を撤退させる選択肢（Ｃ）と、中国および東南アジアを力で支配し大東亜共栄圏を構築する選択肢（Ｄ）が存在した。米国には石油と原材料の対日輸出を認め、アジアにおける日本の覇権を甘受する選択肢（Ｃ）と、対日禁輸と力による日本の拡張阻止という選択肢（Ｄ）が存在した。日本にとって最善は大東亜共栄圏を米国が容認するＤＣであり、最悪は軍隊を撤退させても対日禁輸を受けるＣＤである。その他の選択肢に関しては、制裁下での大東亜共栄圏の構築によって戦争になるＤＤの方が、インドシナから撤退して石油供給を確保しつつ、日中戦争の泥沼化を招くＣＣより望ましい。つまり日本の選好順位はDC>DD>CC>CDとなる。同様に、米国にとって最善は対日禁輸と日本軍の撤退ＤＣであり、最悪は資源提供と大東亜共栄圏の確立ＣＤである。また、米国にとっても戦争（ＤＤ）は東アジアの戦略的・経済的喪失（ＣＣ）より望ましいものと認識されていた。つまり、米国の選好順位もDC>DD>CC>CDとなる。

両国の選好順位と配点を配置したのが図3である。この場合、両国は常に相互非協力（ＤＤ）を選択することになり、協力は不可能である。なぜなら、図3において、矢印①が示すように、Ｂ国が協力（Ｃ）を選択した場合、Ａ国が協力すれば2点で非協力なら4点であるから、当然非協力を選択することになる。同様に、矢印①'が示すよう

図3　「デッドロック」ゲーム

A国＼B国	協力（C）	非協力（D）
協力（C）	2、2	1、4
非協力（D）	4、1	3、3

に、B国が非協力（D）を選択した場合も、協力なら1点、非協力なら3点であるから、この場合も非協力を選択することになる。B国の戦略は、矢印②が示すように、A国が協力（C）を選択した場合、B国が協力すれば2点で非協力なら4点であるから、当然非協力を選択することになる。同様に矢印②'が示すように、A国が非協力（D）を選択した場合、B国が協力なら1点で非協力なら3点であるから、この場合も非協力を選択することになる。つまり、両国は相手国が協力であれ非協力であれ、自国は非協力を選択することになるので、結果は相互非協力（DD）となる。

相互非協力＝戦争が必然的結果であったとはいわないまでも、当時の政策当局者の認識と歴史的結果から推定する限りにおいて協力が不可能な状況に陥っていたことになる。「デッドロック」の特徴は、DC>DD>CC>CDという選好順位の中で、相互非協力（DD）が相互協力（CC）よりも優先されている点（DD>CC）にある。つまり、当事者が、戦争を回避して不利益を被るよりも、戦争の危険を冒しても利益を追求するような場合、「デッドロック」となり、協力は不可能になることを示唆している。これは、北朝鮮の核・ミサイル開発をめぐり、米朝両国が戦争の回避を最重視しているとすれば、交渉による事態打開の可能性が残されていることを示唆している。他方で、日中両国の排他的経済水域が重なり合う東シナ海の中間線付近での資源開発問題で、少なくとも中国が相互協力よりも相互非協力の方を重視しているとすれば、状況は限りなく「デッドロック」に近いといえよう。

2 国際協力の可能性

(1)「囚人のジレンマ(Prisoner's Dilemma)」ゲーム

次に、相互に協力すれば最善の利得が得られるにもかかわらず、裏切りの誘惑に駆られて相互非協力の結果を招いてしまう「囚人のジレンマ」ゲームを考えてみよう。「囚人のジレンマ」で描かれる筋書きは以下のとおりである。独房に収監されて相互のコミュニケーションを絶たれた二人の囚人が、別々に尋問され黙秘（C）か自白（D）かの選択を迫られる。その際、双方が黙秘（CC）を続ければ二人に一年の刑罰（3点）が与えられ、双方が自白（DD）すれば二人に二〇年の刑罰（2点）が下される。さらに、先に自白した場合（DC）は釈放（4点）されるが、黙秘を続けて相手が先に自白した場合（CD）は終身刑（1点）になるとの条件が示される。つまり、両者の選好順位は、DC>CC>DD>CDとなる。図4が示すように、こうした状況下では、相手がどのような行動をとろうと、自分は自白を選択した方が有利となる。その結果、双方が自白を選択した結果として、二〇年の刑罰が確定してしまう。しかし、相手を信頼して双方が黙秘していれば、刑期は一年ですんだのである。

この「囚人のジレンマ」ゲームに相当する状況は、さまざまな国際関係で垣間見ることができる。たとえば、北朝鮮の核開発をめぐる米朝協議において、北朝鮮は米国から体制保証を受けながら核開発を継続（DC）する選択肢を最善と考え、以下、体制保証と引き

図4 「囚人のジレンマ」ゲーム

B国 ② ②'
A国 ① ①'

A国 ＼ B国	協力(C)	非協力(D)
協力(C)	3､3	1､4
非協力(D)	4､1	2､2

換えに核開発を放棄（ＣＣ）、体制保証のないまま核開発を継続（ＤＤ）、核開発を放棄しても体制保証が得られない（ＣＤ）場合を最悪と考えると仮定しよう。反対に、米国の方も体制保証をせずに北朝鮮に核開発を放棄（ＤＣ）させることを最善と考え、以下、体制保証と引き換えに核開発を放棄（ＣＣ）、体制保証をしないまま核開発が継続（ＤＤ）、体制保証をしても核開発が継続する（ＣＤ）場合を最悪と考える。米朝双方の選好順位がDC>CC>DD>CDとなり、「囚人のジレンマ」に陥って相互非協力に終わることを示している。

相互非協力が解となる点で先の「デッドロック」と同じではあるが、「囚人のジレンマ」ゲームには、協力の可能性が潜在する点で「デッドロック」とは異なる。前述の筋書きは、囚人同士にコミュニケーションが存在しない一回限りのゲームであることが、背信行為を誘発した条件として示されていた。つまり、両者にコミュニケーションが存在すれば、ＣＣ（３、３）の方がＤＤ（２、２）より配点が高いことを確認できる。また、仮に明示的なコミュニケーションがないとしても、ゲームが繰り返されていれば、双方が利得構造を正しく認識することで背信行為を防ぐことは可能である。

現実の北朝鮮の核開発をめぐる米朝協議は、双方にコミュニケーションが存在し、しかも一回限りのゲームでもない。それにもかかわらず、実際の米朝協議には相互協力の道筋がなかなかみえてこない。これは、少なくとも北朝鮮の選好順位がDC>CC>DD>CDではなくデッドロックのようなDC>DD>CC>CDである可能性を強く示唆する。つまり、体制保証と引き換えに核開発を放棄（ＣＣ）するよりも体制保証のないまま核開発を継続（ＤＤ）する方を優先していると考えられる。

（２）「鹿狩り」ゲーム

「囚人のジレンマ」以上に相互協力の可能性が高い利得構造が「鹿狩り」ゲームである。これは、二人の狩人に、持ち場を守る（C）か、獲物の独り占めを狙って持ち場を離れる（D）という選択肢が存在する。双方が持ち場を守って鹿を山分けする（CC、4点）方が、持ち場を離れて兎を独り占めするより良い（DC、3点）。しかし、相手が持ち場を離れたのに自分だけが持ち場を守ると何も手にできず（CD、1点）、双方が持ち場を離れて結果的に兎を山分けする（DD、2点）という状況を想定してみよう。つまり、選好順位はCC>DC>DD>CDとなり、「囚人のジレンマ」ゲーム（DC>CC>DD>CD）との相違は、第一位と第二位の選択肢がDC>CCとなるかCC>DCとなるかにある。その結果、図5の矢印①が示すように、B国が協力すればA国も協力した方が4点対3点と配点が大きく、矢印①'が示すように、B国が非協力ならA国も非協力の方が2点対1点と配点が大きくなる。同様に、矢印②が示すように、A国が協力すればB国も協力した方が4点対3点と配点が大きく、矢印②'が示すように、A国が非協力ならB国も非協力の方が2点対1点と配点が大きくなる。二つの矢印が重なり合う解は、「鹿狩り」ゲームにはCCとDDの二カ所が存在し、相互非協力（DD）だけが唯一の解である「囚人のジレンマ」よりも協力の可能性が高い。しかし、相互協力だけを唯一の解とする「調和」ゲームと比べれば、相互非協力（DD）に陥る可能性も秘めている。したがって、「鹿狩り」ゲームでは、いかにしてDDではなくCCを実現させる調整を行うかが鍵となる。

図5 「鹿狩り」ゲーム

B国 ②（←） ②'（→）
A国 ①（↑） ①'（↓）

A国 ＼ B国	協力(C)	非協力(D)
協力(C)	4、4	1、3
非協力(D)	3、1	2、2

ここで「囚人のジレンマ」と「鹿狩り」の利得構造の相違を利用して、核開発後のインドとパキスタンの安全保障関係の変化を特徴づけてみよう。無論、両国が直面するカシミール問題は、一方が得た利得がそのまま他方の損失となるゼロサム・ゲームを基本的特徴とする以上、領土問題自体はある意味で「デッドロック」の状況にある。しかし、印パ両国が一九九八年に核兵器を保有する前後で、軍事侵攻をした場合（D）としない場合

（C）の選好順位が「囚人のジレンマ」から「鹿狩り」へと変化した可能性がある。核兵器保有の前は、印パ双方に先制攻撃の誘惑が存在したとすればDC>CCであった。しかし、核戦争の危機が双方の先制攻撃の誘惑を抑制する作用を持ったと想定すれば、CC>DCに変化したとみなすことができる。事実、核保有以前は、一九四七年、六五年、七一年と三度の印パ戦争を繰り返した両国であるが、核保有後は停戦ラインを越えて両軍が小規模な衝突を起こした一九九九年のカールギル紛争以外には、戦争に発展するような事態は発生していない。こうした状況は、印パ紛争が「鹿狩り」ゲームに転じた結果、衝突（相互非協力ＤＤ）の可能性を排除するものではないが、軍事行動の相互抑止（相互協力ＣＣ）が効いているからといえよう。

（3）「チキン」ゲーム

「囚人のジレンマ」の選好順位を基本にすると、第三位と第四位の選好が入れ替わった際のゲームが、「チキン」ゲームである。すなわち、選好順位はDC>CC>CD>DDとなり、裏切られた場合（ＣＤ）よりも相互非協力（ＤＤ）の方が回避すべき最悪事態として想定されている。チキンゲームは、二台の車が一直線に互いに向かって猛スピードで走行する肝試しのゲームにたとえられることがある。衝突を回避すべくハンドルを切れば協力（C）、衝突を恐れずアクセルを踏み続ければ非協力（D）とする。このゲームで最も配点が高いのは、自分はアクセルを踏み続けて直進し、相手は先にハンドルを切って衝突を回避した結果、自分は勇者として称賛される場合（ＤＣ、４点）である。次に、双方がハンドルを切って衝突を回避した場合（ＣＣ、３点）、自分が恐怖から先にハンドルを切ってチキン（臆病者）として屈辱を味わう場合（ＣＤ、２点）と続く。最悪は、双方がハンドルを切らずに走り続けて衝突という大破局を招く場合（ＤＤ、１点）である。

図６で矢印①が示すように、Ｂ国が協力する場合、Ａ国が協力なら3点、非協力なら4点となり、非協力を選択し

た方が配点が大きく、矢印①'が示すように、B国が非協力ならA国は協力なら2点、非協力なら1点となり、協力の方の配点が大きくなる。同様に、矢印②が示すように、A国が協力すればB国は非協力の方が配点は大きく、矢印②'が示すように、A国が非協力ならB国は非協力より協力の方が配点が大きい。二つの矢印が交叉するナッシュ均衡は、下線で示すように左下のDCと右上のCDの二カ所に存在する。

利得構造から指摘できる特徴として、チキンゲームは、相互非協力（DD）だけが唯一の解である「囚人のジレンマ」よりも協力の可能性が高く、ナッシュ均衡の一つに相互協力（CC）を含む「鹿狩り」ゲームほど協力の可能性は高くないという点である。チキンゲームは、CDとDCがパレート最適でナッシュ均衡であるが、平等という観点を持ち込めばパレート最適であるCCも望ましい解として浮上する可能性がある。ただし、チキンゲームを繰り返しても、協力の可能性は大きくならない。なぜなら、一度恐怖に駆られてハンドルを切ったことが、相手に対して次回も同じようにリスクを回避する可能性があるというメッセージを与えてしまうからである。

チキンゲームは、破局的事態に向かう戦略や緊張状況が強調され、瀬戸際外交や核戦力による恐怖の均衡などの説明に応用されること多い。ただし、チキンゲームの利得構造が示唆する本質的な論点は、DCかCDかという二つのナッシュ均衡の内、自国に有利な解をどのように導くかにある。シェリングは、チキンゲームにおいて自分に有利な結果を実現する手段として、プレイヤーが事前にとるべき行動を公表し、将来確実にその行動を実行するという意思表明（コミットメント）の重要性を指摘した(11)。先の自動車レースを例にとれば、ハンドルを引き抜いて相手に見えるように車外に投げ出すことで、相手がハンドルを切らざるをえない状況を作り出すことがそれに相当する。北朝鮮の核・ミサイル開発

図6　「チキン」ゲーム

B国 ②（→）

A国	協力(C)	非協力(D)
協力(C)	3、3	2、4
非協力(D)	4、2	1、1

①（↓）　①'（↑）　②'（←）

をめぐり、「すべてのオプションが机上にある」とのメッセージを繰り返したり、政策決定者が予測不能な自己イメージを醸成することは、危険ではあるが、チキンゲームに勝つ確率を高める方略であることを意味している。

(4)「男女の争い(Battle of Sexes)」ゲーム

ここまで紹介してきた利得構造は、共通利益よりも対立利益を共有する紛争状態の国際関係を想定したモデルであった。そこでは、いかにして相互非協力という事態を回避するかが調整の主たる目的であった。しかし、協力の動機は、調整をしなかった場合の損失の発生を防止することだけに限られるわけではない。単独では獲得できない価値や共通利益を実現するための行動の調整も、協力の範疇に含めるべきであろう。[12] 対立利益の存否にかかわらず、新たな共通利益の創出という動機が協力を発生させることもある。山本吉宣が指摘するように、ある問題で双方が得をするポジティブ・サムの状況でも、それが双方にとって最も望ましい状態に至るまでは協力の余地がある。[13] ここでいう最も望ましい状態、すなわちパレート最適(他のプレイヤーの利得を減少することなしには、自分の利得を増加できない状態)が自動的に保証されているのが、前述した「調和」モデルである。要は、ポジティブ・サム的状況でもパレート最適には達していない行動空間、言い換えれば、パレート改善的状況においてさまざまな形態の協力が出現する。

一般に、国際協力には、対立利益の解消や縮小を目的とする「消極的な協力」と、共通利益の拡大や創出を目的とする「積極的な協力」とに大別される。[14] 前者の典型が紛争を予防し、戦争被害を抑制するための軍縮や軍備管理である。後者には、共通の脅威に対処するための同盟国間の防衛協力や国連平和維持活動への加盟国間の安保協力などが含まれる。国家安全保障のための措置にすぎなかった軍備管理が、国際安全保障に資する軍縮に進展すれば、消極的な協力は積極的な協力に転化することになる。また、同盟が、相互不可侵のような「内向き」の調整を指向すれば消極的な協力であるが、共通の外敵に対する「外向き」の調整を指向すれば積極的な協力となる。[15]

共通利益の創出という側面を軽視し、対立への対応だけに限定した協力概念には、第三者や外部環境に対する「外向き」の協力が捨象される傾向がある。それは、同盟という安全保障分野の中心的な政策調整を、国際協力論の分析対象から除外することになる。[16]しかし、国家間の利益が完全に一致するのであれば同盟を形成する必要はない。また、国家の自律性を部分的に犠牲にせざるをえない以上、脅威の共有が自動的に同盟の形成を促すわけでもない。同盟における協力は、同盟内の対立利益の軽減を第一義的な動機とするのではなく、あくまで第三者に対する共通利益の実現と拡大にある。

こうした状況を端的に示すのが図7の「男女の争い（Battle of Sexes）」ゲームである。一組の男女がデートを計画しているが、男性はプロレス観戦を、女性は遊園地に行くことを望んでいるとしよう。ここで、相手の選好に合わせる行為を協力（C）、自分の選好を貫く行為を非協力（D）とする。その場合、男性にとって最善の組み合わせは女性がプロレス観戦に付き合ってくれること（DC）で、次善の組み合わせは自分が遊園地に付き合うこと（CD）となる。そして、デートが実現しない場合でも自分一人でプロレス観戦をする場合（DD）の方が、遊園地に行ったにもかかわらずデートも実現しなかった場合（CC）よりはましとなる。このように男女双方がDC>CD>DD>CCという選好順位を抱く状況では、ナッシュ均衡はマトリクスの左下と右上の二カ所（DCかCD）存在し、どちらもパレート最適である。つまり、デートという共通利益を実現するには、男女のどちらか一方が相手に合わせればよいのであり、双方が相手に合わせることは必要でも望ましいことでもない。

「外向き」の協力では、第三者に対する戦略が調整の対象であり、第三者に対する効果的な戦略を採用することがプレイヤー双方にとっての協力の成果となる。つまり、「囚人のジレンマ」ゲームにみられる「内向き」の協力は、「利害の調整」による協働（collaboration）が問題であった。これに対し、「男女の争い」ゲームでは、損得を超えて一

図7　「男女の争い」ゲーム

男性 ＼ 女性	プロレス観戦(C)	遊園地(D)
遊園地(C)	1､1	3､4
プロレス観戦(D)	4､3	2､2

緒に行動することに合意できるかが問題となる。こうした「男女の争い」ゲームでの協力は、「選好の調整」による協調（coordination）が必要になる[17]。また、「囚人のジレンマ」ゲームでは協働行動を阻害する裏切りの誘惑が常に存在したのとは異なり、ここでは裏切りの心配は存在しない。なぜならば、DCもCDもパレート最適であると同時にナッシュの均衡でもある安定した均衡解であるからである。本ゲームの興味深い点は、二つのパレート最適のどちらに決まるかが、プレイヤーの力関係によって左右されることである。つまり、男性が強ければプロレス観戦、女性が強ければ遊園地となる。また、隠れた問題として、DCとCDはパレート最適ではあるが、常に利得差が発生しており、一方が他方に対して不利な立場に置かれることである。

現実の国際関係において上記ゲームに相当する状況は、先に「外向き」の協力として紹介した同盟国間の関係において出現することが多い。たとえば、日米間で共同作戦を実施するに当たり、日本がα方式、米国がβ方式の通信システムを採用しているとする。共同作戦には通信の接続が不可欠であるが、α方式にするかβ方式にするかは両国の力関係によって決まる。同様に、北朝鮮に対する対話と圧力のどちらを重視するかに関しても、日米の力関係が対話か圧力かを決定し、その結果次第で日米間に利得の差が発生することが予想される。

3　国際協力の阻害要因と処方箋

国際協力を妨げる要因は数限りなく存在しうる。その中で、検討に値する阻害要因は、協力すれば双方が得をすることがわかっているにもかかわらず、協力できない原因になっているものであろう。前節の利得構造を用いて言い換えるならば、国際協力が不要な「調和」ゲームでは阻害要因は存在せず、国際協力が不可能な「デッドロック」ゲームでは阻害要因は自明である。「調和」と「デッドロック」以外のさまざまな利得構造下で展開される調整を妨げる要因のほとんどは、約束遵守問題か相対利得問題に大別される。

(1) 約束遵守問題と処方箋

中央政府が不在の国際社会では、国家間の合意が守られる保証はない。国際社会には、約束を遵守するという社会秩序を支える規範が脆弱であると同時に、何よりも契約や合意の違反に対する罰則規定や違反行為に制裁を加える仕組みが整備されていないからである。その結果、自国が協力しても相手国が非協力を選択する際のリスクやコストが、協力をためらう要因になる。同様に、相手国の協力が予想される場合に自国が非協力を選択することで得られる利得の誘惑が、協力を妨げる要因になっている。こうした裏切られる損失や裏切る利得が引き起こす協力の阻害要因を、約束遵守問題と呼ぶ。

約束遵守問題を克服する処方箋は、当該争点に固有の利得構造を協力の可能性の大きな利得構造に変化させる方法と、一定の利得構造の下でナッシュ均衡をパレート最適に導く方法とに大別される[18]。

第一に、利得構造自体を変化させる方法とは、プレイヤーの選好順位を変更することである。すでに述べたように、「囚人のジレンマ」ゲームより「鹿狩り」ゲームの方が協力の可能性が高いとすれば、プレイヤーの選好をDC>CC>DD>CDからCC>DC>DD>CDに変更すればよい。単一の争点ではDC>CCつまり、第一選好のＤＣより第二選好のＣＣの方が利得が大きくなるように操作すればよい。米国トランプ政権による対中政策には、安保と通商のイシュー・リンケージや南シナ海問題と台湾問題のリンケージ戦略が垣間見られる。また、「囚人のジレンマ」より「チキン」ゲームの方が協力の可能性が高いのであれば、プレイヤーの選好をDC>CC>DD>CDからDC>CC>CD>DDに変更すればよい。つまり、第三選好のＤＤの方が第四選好のＣＤよりも損失が大きくなるように操作すればよい。相互確証破壊のリスクとコストを強調することで、核の先制使用の選択肢を封じたり、戦略核弾頭の軍備管理交渉を進めてきた事例があてはまる。

第二の協力の処方箋は、当該ゲームを一回限りとせず複数回の繰り返しを可能にすることである。国家が将来の利益を現時点で重視する程度を表す認識的要素を、「将来の影（the Shadow of Future）」と呼ぶ。このような「将来の影」を伸ばすことにより、短期的には魅力的にみえていた裏切り行為が、長期的には決して得策ではないことを悟ることになる。「囚人のジレンマ」では自白よりも黙秘が、「鹿狩り」では兎より鹿を追う方が、合理的な選択であることを認識させる方法である。裏切ることによる利得もさることながら、裏切られた場合の損失のリスクも、将来にわたってゲームを反復する方が軽減される。特に、安全保障の分野では、一度限りの裏切りでも、それは国家の存続を脅かすほど回復不能な事態を招きかねない。欧州安全保障協力機構（ＯＳＣＥ）やＡＳＥＡＮ地域フォーラム（ＡＲＦ）のような協調的安全保障の枠組みは、定例会議を制度化することによってコミュニケーションの機会を継続的に確保することで、相互協力の可能性を増大させる機能を果たしている。

将来の影を伸ばす典型的な方策が、相互主義戦略である。通称「しっぺ返し（tit-for-tat）」は、相手が協力すれば協力し、相手が非協力な行動をとれば自分も非協力な行動をとるという戦略である。北朝鮮の核・ミサイル開発をめぐる一連の交渉過程で、「行動対行動」と呼ばれる原則が関係国から提起されるのはその例である。ただし、この相互主義が有効に機能するためには、協力と非協力の意味が双方のプレイヤーの間で明確に認識されていなければならない。また、相手が実際に非協力行動をとったか否かを確実に探知できる透明性が必要である。たとえば、実際にとられた行動が、軍備管理条約で禁止されている行動に合致するのかどうかが不明瞭であったり、検証のメカニズムが不十分なために本来禁止されている行為が秘密裡に進行するようなことがあってはならない。核兵器不拡散条約（ＮＰＴ）と化学兵器禁止条約（ＣＷＣ）には検証制度が存在するが、生物兵器禁止条約（ＢＷＣ）には一九七五年の発効以来検証制度が作られていない。北朝鮮に対して、国際社会が「完全で検証可能かつ不可逆的」な核・ミサイルの廃棄を迫ることは、その意味でも理に適った要求といえよう。

さらに、将来の影を伸ばす方策として、裏切りのコストとリスクを下げるイシュー分割がある。たとえば保有する核弾頭のすべてを一回の交渉で全廃する場合、自分が全廃したにもかかわらず相手がごくわずかでも核弾頭を保有すれば、それは国家の安全保障に甚大で取り返しのつかない事態を引き起こす。そこで、全廃に到る段階を数回に分けることで、その危険性を分散することが可能になる。事実、米ソ間で一九六九年から開始された戦略攻撃兵器をめぐる交渉は、二次に及ぶ戦略兵器制限条約（SALT: Strategic Arms Limitation Talks: SALTⅠ―一九六九年～七二年、SALTⅡ―一九七三年～七九年）と、三次に及ぶ戦略兵器削減条約（START: Strategic Arms Reduction Treaty）に分割され、戦略核弾頭数は冷戦期の約六〇％になった。北朝鮮の核・ミサイル問題に関する六者協議において、「朝鮮半島の非核化」「経済・エネルギー支援」「日朝関係正常化」「米朝関係正常化」「北東アジアの安保協力」の五つの作業部会が設置されたことも、ある意味でイシュー分割という方法が実践されたとみなすことができる。

第三の処方箋は、プレイヤーの数を減らすことである。一般的に、プレイヤーの数が増えると、政策調整に伴う取引コストと情報コストが増大すると考えられるからである。たとえば、ある国家の行為が国連憲章や禁止条約に対する違反として認定するかどうかは、関係する国の数が増えるほど認識の一致は難しくなる。また、他国の将来の行動を予測したり、現在の対立と将来起こりうる協力の利得とを比較考量する作業も、関係国が増えるほど困難にならざるをえない。仮に特定の行為を違反行為と認定したとしても、当該違反行為に対する制裁を実施すべきか否か、実施するとすればどの程度の制裁を発動すべきかに関して、関係国が増えるほど意見の一致を達成することは困難であり、制裁決議には合意しても制裁行動には参加しない国が出現する可能性も拡大する。二〇一七年四月の国連安全保障理事会では、シリアのアサド政権による化学兵器の使用をめぐる非難と立ち入り調査が議論された。決議案を作成した米英仏を含む一〇カ国が賛成したが、ロシアとボリビアが反対し、中国を含む他の三カ国が棄権して決議は採択されなかった。より数の少ない六者協議の枠組みであっても、北朝鮮の軍事的挑発や核実験が国連決議に違反する行為かどうかを認定し、これにどのような制裁を科すべきかを関係国で一致させるのは決して簡単ではなかった。

(2)相対利得問題と処方箋

国際協力を阻害する要因として、ある意味で約束遵守問題より深刻なのが相対利得問題である。中央政府が不在の国際社会では、国家の安全は自助によって確保するのが基本である。したがって、ある協力によって発生する相対利得と相対損失が、プレイヤー間の能力やパワーの格差に反映すれば、相対利得を得たプレイヤーの安全水準は高まるが、相対損失を被るプレイヤーは安全を損なう可能性がある。したがって、特に安全保障の分野では、約束遵守問題だけでなく相対利得問題が国際協力を阻害する重要な要因として浮上する。[19]

たとえば、ミサイルの保有数をめぐる軍備管理交渉を想定してみよう。A国が二〇〇基、B国が一〇〇基のミサイルを保有しており、今後五年間に双方が拡大可能なミサイルの上限を一〇〇基ずつに制限する協力を模索したとする。増加基数は同数であるが、削減の前後でA国とB国の保有比は二対一から三対二へと縮小する。つまり両国の絶対利得は同じでも、この軍備管理交渉は、A国の安全保障環境を合意前よりも悪化させることになるので、協力は成立しない可能性が大きくなる。一九二二年に署名されたワシントン海軍軍縮条約では、英米日の主力艦艇の保有比率は、五：五：三と定められた。英米間の均等と日本の対米六割という数字は、建造中のものを含めた主力艦の現勢力比を反映しており、所要海軍力という観点からの対米七割という日本の主張は退けられた[20]。しかし、一九三一年の満州事変以後、対米協調の中で締結された対米六割の比率は、その不平等性と国防の不安感を醸成し、日本による条約廃棄へとつながっていった。こうした一連の海軍軍縮交渉は、相対利得問題に配慮した協力と非協力の歴史であったといえよう。

それでは相対利得問題を克服する処方箋とはいかなるものであろうか。実は、約束遵守問題を克服するために提示された利得構造の変更、将来の影の延長、プレイヤーの数の増加といった方策は、相対利得問題に対応する際には無意味であるか逆効果でさえある。

第一に、相対利得問題を利得構造の変更によって克服することはできない。協力によりプレイヤーAが六〇ポイントの絶対利得を獲得し、プレイヤーBが四〇ポイントの絶対利得を獲得する場合でも、プレイヤーAにはプレイヤーBに対するプラス二〇の相対利得が発生し、プレイヤーBにはプレイヤーAに対するマイナス二〇の相対損失が発生する。プレイヤーが絶対利得を考慮する限り協力が不要な「調和」ゲームでさえ、プレイヤーが相対利得を重視するとゼロサム・ゲームが展開され、協力は不可能な「デッドロック」になるからである。つまり、いかなる利得構造であっても、相対利得問題が発生すると、協力は考えられなくなるのである。

第二に、相対損失が発生する危険な交渉からは、できる限り早く離脱する方が安全であり得策であるとすれば、将来の影はできる限り短い方がよいことになる。さまざまな方策の中でも、イシュー・リンケージは、約束遵守問題を克服する重要な施策であった。それは将来の影を伸ばす方法であり、異なるイシューを連結して抱き合わせて処理することで、単独であれば非協力を選択するプレイヤーに協力を促すものであった。しかし、イシュー・リンケージは、相対損失を補償するサイドペイメントとして期待できる反面、ある争点で発生した相対利得もしくは相対損失に基づくパワーの格差は、別の争点と連結されることで、有利な側をより有利に、不利な側をより不利な状況に導く累積効果を生む可能性がある。

第三に、プレイヤーの数が少ない程、相対利得問題は先鋭化し、数が多い程曖昧になる。事実、冷戦期の米ソ関係では、両超大国間の利得の差は一方の相対利得と他方の相対損失となり、それが相対的なパワーの差となって緊張を高めた。反対に、多極構造下では、大国間の注意と関心が分散し、相対的な力関係も複雑かつ曖昧なものとなった。たとえば、A国がB国、C国、D国、E国と別々の二国間協力を行い、A国が各五ポイント、他の四カ国が八ポイントずつ獲得したとしよう。特定の二国間関係だけに注目すれば、A国はそれぞれに対してマイナス三ポイントの相対損失を被るが、五カ国全体でみればA国の絶対利得は二〇ポイントとなり、各一二ポイントの相対利得を獲得することになる。また、多国間交渉において、A国が一〇ポイント、B国が一二ポイントと、C国が一五ポイント、D国が二〇ポイントを獲得する状況を想定してみよう。ここでC国とD国の二国間関係に限定すると、C国はD国に対してマイナス五ポイントの相対損失、D国はC国に対してプラス五ポイントの相対利得が発生している。しかし、C国はA国にはプラス五ポイント、B国にはプラス三ポイントの相対利得が発生しており、これがD国に対するマイナス五ポイントの相対損失と比べてどのような意味を持つのかは四カ国間の友敵関係による。(21)

約束遵守問題と相対利得問題への処方箋が相反する効果を与えるとすれば、約束遵守問題と相対利得問題がどのような条件下で出現する可能性が高いかを考察することが重要になる。これを相対利得問題に対する感受性ととらえた場合、その感受性を左右する要因を、国家の属性、国家を取り巻く環境、国家間関係に分けて考えることができる。

国家の属性に関しては、固有の歴史や指導者の性質もさることながら、現状維持国家か現状変更国家かによって一定の傾向を導くことが可能である。現状維持国家を安全の極大化を志向する国、現状変更国家をパワーの極大化を志向する国と置き換えると、現状変更国家の方が相対利得への感受性は強いといえよう。現状維持国家は、安全が脅かされない限りパワーの格差を許容するが、現状変更国家は既存の安全保障水準にかかわりなくパワーの格差の発生を許容できない（あるいは追求する）からである。

国家を取り巻く環境に関しては、伝統的な「遠交近攻」が物語るように、特に安全保障分野では、地政学的な位置と距離が持つ意味は、技術の進歩にもかかわらず、依然として大きい。地理的な距離が近いほど相対利得問題が発生しやすく、距離が離れるほど約束遵守問題だけに限定されやすいといえよう。

国家の属性や国家を取り巻く環境以上に、相対利得の感受性に直結する要因は、国家と国家の関係性であろう。国家間の勢力が拮抗するほど相対利得問題に対する感受性は高まり、勢力の格差が開くほど感受性は低下する傾向がある。また、相手国が安全保障上の脅威となる敵性国家なのか、そうした脅威に対抗する同盟国や友好国かによっても感受性は左右されるであろう。したがって、非対称な同盟国同士では最も相対利得への感受性が低く、力の拮抗した敵対関係が最も感受性が高まると考えられる。つまり、今後数年間に勢力が接近することが予想される米中間では相対利得問題が発生するが、米朝間では依然として約束遵守問題に終始することになる。そうであれば、北朝鮮の核・ミサイル開発の問題は、六者協議という多国間枠組みよりも米朝協議という二国間枠組みで処理する方が解決の可能性は高いといえよう。反対に、冷戦期の米ソ両超大国間で繰り広げられた軍備管理・軍縮交渉は、約束遵守問題以上に相対利得問題の方が阻害要因になったはずである。その点で、一九八七年に署名された中距離核戦力全廃条約が、相対利得問題をどのように克服して、両国が保有する射程五〇〇〜五五〇〇キロの地上発射型弾道・巡航ミサイルの全廃を決めたのかが興味深い課題である。

（3）国際協力の制度的枠組み

アドホックな国際協力を持続的な国際協力に変える制度的枠組みを、一般に国際レジームと呼ぶ。国際レジームは、国家間関係を統御する規範やルールのセットと定義されるが、利得構造の異なるゲームに応じて、求められるレジームの形態は異なる[22]。

約束遵守問題が課題となる場合、協力の合意を確保するレジームと、合意を着実に履行させるレジームとに大別できる。たとえば、「囚人のジレンマ」であれば、ナッシュ均衡の相互非協力（DD）からパレート最適の相互協力（CC）へ移動する協働問題（collaboration problems）を克服するため、協力を約束させるとともに、その約束を遵守させる枠組みが求められる。そのため、ルール違反を監視し、透明性を高めて不正を隠蔽しにくくし、違反に対して制裁を加えるようなレジームが必要になる。「鹿狩り」では、相互協力がナッシュ均衡でありパレート最適でもあるため、協力の約束を強制し、約束違反を制裁する仕組みは不要である。ただし、もう一つのナッシュ均衡である相互非協力に相手の意図が変わりうる保障問題（assurance problems）を克服するため、信頼醸成や情報交換の枠組みが必要である。「男女の争い」では、パレート最適のナッシュ均衡が複数存在する。裏切りの動機は発生しないが、どの均衡点を選択するかという調整問題（coordination problems）を解決するためのルールが必要になる。

他方で、相対利得問題が発生し、国家の選好がゼロサム的となる場合、共通の利益を求めて協力するというレジームは成立しえない。レジームは協力を促進する装置であると同時に、それ自体が協力の産物でもあるからである。したがって、相対利得問題が先鋭化しやすい安全保障分野では、協力が困難であり、レジームが形成されにくいと指摘されるのはそのためである[23]。しかし、紛争の回避と対処のため、持続的な安全保障協力を可能にする装置としてさまざまな国際安全保障体制が発展してきたのも事実である。

図8　安全保障体制の諸類型

	脅威の性格	
脅威への対応	特定の脅威	不特定の脅威
脅威への対抗（紛争対処）	①集団防衛	②集団安全保障体制
脅威との協力（紛争回避）	③共通の安全保障	④協調的安全保障

出典: 武田康裕･神谷万丈責任編集『新訂第4版　安全保障学入門』（亜紀書房、2009年）59頁に基づき作成

国際安全保障体制は、脅威への対応（対抗・協力）と脅威の性格（特定、不特定）に応じて、四つの類型が考えられる（図8参照[24]）。まず、紛争対処を目的とするものには、特定の脅威に対抗する①集団防衛（collective defense）体制と、不特定の脅威に対抗する②集団安全保障（collective security）体制がある。①は力の均衡によって相互に攻撃できない状態を作ることで安全を確保する体制で、冷戦期の北大西洋条約機構（ＮＡＴＯ）や米韓同盟がその典型例である。これに対し、②は圧倒的な力の優位によって平和破壊行為の抑止と制裁を行う体制で、国際連盟や国際連合によって採用された。力の均衡という①の前提を引き継ぎながらも、不特定の脅威に対する抑止と対処を目指す冷戦後の日米同盟やＮＡＴＯは、②に変容したとみなすこともできる。

集団防衛体制は、外部に特定の脅威を想定する点で伝統的な同盟と変わりない。しかし、便宜的な結合と柔軟な組み換えを前提に、安全を確保する範囲内で最大限の自律性を享受する同盟と異なり、集団防衛体制は互恵と相互防衛の原則に基づき、持続的な安全保障協力が条約上の手続きで規定されている。また、協議機関の設置や共同訓練といった平時の軍事的調整によって同盟が制度化されている。そのため、同盟よりも密接かつ持続的に構成国を結合する一方で、構成国の自律性は同盟よりも制限される。

集団安全保障体制は、一定の国家集団内での不当な武力行使を合意で禁止する点で内向きの協力ではあるが、ひとたび合意が破られ、脅威が顕在化した場合には、違反国に対して武力制裁を加える制度である。集団防衛が脅威となる国家の能力に焦点を当てるのに対し、集団安全保障の焦点は不特定国家の攻撃的意図や政策にある。特定の仮想敵国に対する相互防

衛協力を事前に約束した集団防衛とは異なり、平和破壊国家の認定と制裁に関して、少なくとも大国を中心とする主要な構成国間に利害の一致が得られるかどうかに集団安全保障は不確実性を残す。

集団防衛体制も集団安全保障体制も、脅威となる国家を排除した構成国間では、協力を維持・促進するためのさまざまなルールが設定され、それがレジームとなる。集団防衛体制下での兵器調達と相互運用性をめぐる国家の選好分布は「男女の争い」ゲームになりやすい。集団防衛体制下での負担やコストの分担をめぐる国家の選好分布は、「囚人のジレンマ」ゲームが展開されることも予想される。

次に、紛争回避を目的とするものとして、特定の脅威と協力する③共通の安全保障（common security））体制と、不特定の脅威と協力する④協調的安全保障（cooperative security）体制がある。③が対立する国家・陣営間で力の均衡を前提とするのに対し、④は必ずしも力の均衡を前提としない。たとえば、ＮＡＴＯとワルシャワ条約機構とが対峙した冷戦期の全欧安全保障協力会議（ＣＳＣＥ）から冷戦後のＯＳＣＥへの変容は、③から④へのシフトを示している。アジアでは、冷戦後に形成されたＡＲＦが協調的安全保障体制である。

共通の安全保障は、特定の脅威を対象とする点で集団防衛と類似するが、脅威を内部に取り込んで協力を模索する点で異なる。また、共通の安全保障は、敵味方双方が武力紛争の回避を共通の利益として認識し、危機的状況の回避、相互の信頼醸成、軍備管理などを模索する。協力の必要性が大きい反面、協力が困難な体制でもあり、一方的な非協力（裏切り）行為をいかに防止するかが鍵となる。そのためには、軍事的勝利を可能な選択肢として認識させないよう、対立する国家（陣営）間に軍事的均衡が成立している必要がある。つまり、国家間の選好の分布は「囚人のジレンマ」に近い形になり、「協働問題」に対応したレジームが必要になる。

共通の安全保障が、特定の脅威を対象に、奇襲や偶発戦争の防止という短期的な予防効果を求める敵同士の協力であるのに対し、協調的安全保障は、敵味方を区別しない不確実な環境下で、潜在的な敵性国家との安定した協調関係の構築という長期的な予防効果を求めるものである。特定の脅威を想定しない点で集団安全保障と類似するが、侵略国に軍事的に対抗するのではなく、潜在的脅威と協力して平和的環境を構築する点で異なる。したがって、無用な緊張や対立の種を早期に摘み取る安全保障対話や信頼醸成措置といった非強制的な手段が中心となる。協調的安全保障における代表的な選好の分布は「鹿狩り」で、「保障問題」を克服するレジームが必要となる。

おわりに

国際協力を、国家と国家がそれぞれの選好や行動をすり合わせる行為や過程と定義すると、協調関係よりも対立関係が支配する安全保障領域にも、紛争を回避し対処するための国際協力が隣り合わせて遍在していることに気が付く。紛争を回避し、紛争に対処するには、まず、当該争点の基本的性質を把握することである。国家の選好順位と配点を配置したさまざまな利得構造から、国際協力が不要な場合と不可能な場合、そして国際協力の可能性の違いがみえてくる。次に、国際協力を阻害する要因が、約束遵守の問題なのか相対利得（損失）の問題かによって、正反対の処方箋が浮上することに留意する必要がある。その上で、相対利得問題が深刻化する場合には、脅威に対抗する国家同士による紛争対処のレジームとして集団防衛体制や集団安全保障体制が構築され、相対利得問題が深刻化しない場合は、脅威との協力による紛争回避のレジームとして、協調的安全保障や共通の安全保障が構築されてきた。国際協力という分析概念を切り口に、国家や国際社会が直面する安全保障問題の本質と対応策がみえてくる。

1　稲田十一・下村恭民・辻一人・深川由紀子『国際協力』（有斐閣選書、二〇〇一年）では、国際協力は海外での人助けと

定義され、経済協力より広く国際貢献よりも狭い概念として位置づけられている。また、ウィッセルズは、協力とは「共通の努力によって目標を定め価値を共有するという意味」での「共同の行動」と定義する。「攻撃的な戦争の遂行は協力的ではないが、人権の基準づくりは協力的である」と指摘されているように、ここには特定の価値の実現だけを協力の目的に限定しようとする意図が垣間見られる。デヴィット・ウィッセルズ「国際協力の理論」廣瀬和子・綿貫譲治編『新国際学』（東京大学出版会、一九九五年）六〇頁—六六頁。

2 Robert Axelrod and Robert O. Keohane, "Achieving Cooperation under Anarchy: Strategies and Institutions," in Kenneth A. Oye ed., *Cooperation under Anarchy*, Princeton: Princeton University Press, 1986, p.226.

3 A・M・スコット（原彬久訳）『国際政治の機能と分析』（福村書店、一九八七年）一四八—一四九頁。

4 ボールディングが指摘するように、二つの行動単位の潜在的な位置が相互に両立しない場合、両者は競争（competition）状態にあるが、当事者が両立しえないことを意識し、かつ他者の欲求と両立しない位置を欲求しない限り、紛争には発展しない。K.E.ボールディング（内田忠夫・衛藤瀋吉訳）『紛争の一般理論』（ダイヤモンド社、一九七四年）七—一一頁。

5 後述するようなゲーム理論を用いた国際協力論の多くが、「囚人のジレンマ」ゲームを用いて国際協力の障害やそれを克服する処方箋について論じるのは、まさにそのジレンマの故である。

6 Thomas C. Schelling, *The Strategy of Conflict*, Cambridge: Harvard University Press, 1963, pp.4-5.

7 相手の戦略に対して自分の利得を最大化する最適反応戦略を相互に採用した場合の解を「ナッシュ均衡」と呼ぶ。あるゲームで「ナッシュ均衡」は複数出現することがある。その場合、「ナッシュ均衡」が、両者にとって最適な状況「パレート最適」とは限らない。「パレート最適」とは、他のプレイヤーの利得を減少することなしには、自分の利得を増加できない状態を指す。

8 Kenneth A. Oye, "Explaining Cooperation under Anarchy: Hypotheses and Strategies," in Kenneth A. Oye, ed., *Cooperation under Anarchy*, Princeton: Princeton University Press, 1985, p.5.

9 こうした「利他的」行動は、国家を自己利益を追求する合理的アクターとする国際協力論の前提と矛盾するわけではない。なぜならば、一見「利他的」にみえる行動の多くは、条件付きであったり、将来の自己利益を拡大するための手段である場合がほとんどであるからである。この点については、Arthur A. Stein, *Why Nations Cooperate: Circumstance and Choice in International Relations*, Cornell University Press, 1990, pp.170-171.

10 Glen H. Snyder and Paul Diesing, *Conflict among Nations: Bargaining, Decision Making, and Sysem Structure in International Crisis*, Princeton: Princeton University Press, 1977, pp.124-127.

11 Thomas C. Schelling, pp.24-28.

12 Seyom Brown, *International Relations in a Changing Global System: Toward a Theory of the World Polity*, Boulder: Worldview Press, 1992, p.28.

13 山本吉宣「国際経済における対立と協調─理論と政治過程」日本国際政治学会編『国際政治』第一〇六号、「システム変動期の国際協調」（一九九四年五月）pp.一一─一四。

14 衛藤瀋吉・渡辺昭夫・公文俊平・平野健一郎『国際関係論』（東京大学出版会、一九八二年）一二〇─一二一頁。

15 ウォルファースは、同盟はすべて「外向き」の協力であると指摘する。Arnold Wolfers, *Discord and Collaboration: Essays on International Politics*, Baltimore and London: The Johns Hopkins University Press, 1962, pp.27-29.

16 グレーザーが指摘するように、アナーキーな国際システム下での国際協力の可能性に悲観的な立場をとる構造的現実主義にとって、同盟は協力ではなく対立の文脈で処理されている。Charles L. Glazer, "Realists as Optimists: Cooperation as Self-Help," in Benjamin Frankel ed., *Realism: Restatements and Renewal*, London: Frank Cass, 1996, p.124n4.

17 Arthur Stein, pp.25-54.

18 Kenneth A. Oye, pp.1-24.

19 Joseph M. Grieco, *Cooperation among Nations: Europe, America, and Non-Tariff Barriers to Trade*, Ithaca: Cornell University Press, 1990, pp.27-50.

20 川尻融「ワシントン海軍軍縮条約廃棄問題─日米関係の変化の視点から」『法学政治学論究』第一〇〇号、二〇一四年三月、4頁。

21 Randall L. Schweller, "Neorealism's Status-Quo Bias: What Security Dilemma?" in Benjamin Frankel ed., *Realism: Restatements and Renewal*, London: Frank Cass and Company, p.112.

22 安全保障レジームとゲーム理論の型との対応に関しては、山本吉宣『国際レジームとガバナンス』（有斐閣、二〇〇八年）第3章と第7章を参照。

23 Robert Jervis, "Security Regimes," *International Organization*, Vol.36, No.2, (Spring 1982) p.357-378.

24　国際安全保障体制に関しては、武田康裕・神谷万丈責任編集『新訂第4版　安全保障学入門』（亜紀書房、二〇〇九年）第3章を参照。

第4章 安全保障とパワー

神谷万丈・武田康裕・宮坂直史・久保田徳仁

1 現代国際政治におけるパワー

神谷万丈

(1) パワー(力)とは何か

安全保障論を含め、政治学で最も普通に用いられるパワーの定義は、「AのBに対する働きかけの結果、Bがそうでなければとらなかったであろう何らかの行動をとったとき、AはBに対してパワーを行使したという」というものである。すなわち、パワーとは、他者の意思や行動を自己の利益にかなう方向に制御しようとするものだというわけである。だが、なぜこのような複雑な定義(「関係的〈relational〉なパワー概念」という)が必要なのか。一見したところでは、パワーは経済における貨幣に相当するものとみることができそうである。貨幣が経済において望ましい価値を入手するための媒介であるのと同様、パワーは政治において望ましい結果を実現するための媒介だというわけである。ある主体の経済力が資産(貨幣に換算できる)の保有量で測定できるのと同様に、パワーの大きさも、天然資源、工業力、軍備、人口といった諸資源の保有量の総和として理解すれば、わかりやすいのではないか。

ところが、現代の政治学は、この見方（「実態概念としてのパワー」という）をとらない。それは、貨幣とパワーとの類推には次のような限界があるからである。まず、貨幣には、明確な測定基準が存在するので、比率や間隔を測定できる。つまり、一〇万円は一万円の一〇倍であるとか、一〇万円と一一万円の差は二〇万円と二一万円の差に等しいといったことがいえる。ところがパワーの場合、明確な測定基準がなく、比率や間隔を正確に測定しえない。兵力一〇万人の国が一万人の国の一〇倍のパワーを持つことにはならないし、戦略核ミサイル一〇発と一千発の差が一万発と一万九九〇発の差に等しいということもできない。

より根本的な点として、貨幣の場合には、原理的には、それを①誰が、②誰に対して、③どのような財やサービスと交換するために使用しても、効用は一定である。ところがパワーでは、同じ資源でも、①誰が、②誰に対して、③どのような問題領域で何を実現するために使用するのか、により、発揮される政治力の大小は変動する。

たとえば、米国の軍備は、対ソ冷戦に勝利する上では有効であったが、他国との経済摩擦の有利な解決には、直接的には役立たない。これは、同じパワー資源でも、問題領域により効果が同じではないことを示す。また、かつてヴェトナムやアフガニスタンでは、超大国米ソがはるかに弱小なはずの相手に勝利できなかった。こうした、一見パワーに大差のありそうな国家間の争いで、強そうにみえる側が弱そうにみえる側に勝てないというパラドックスは、パワーは貨幣と異なり、誰に対して使用しても同じ効用が得られるわけではないために起こる。また、日本が米国の強大な核戦力を怖れることがまったくないのに、それよりもはるかに小規模な北朝鮮の核に震撼するという事実は、パワーが貨幣と異なり、誰が使用しても効用が同じというわけではないことを物語っていよう。

しかも現実には、パワーの源泉となる資源は多様である。たとえばハンス・J・モーゲンソーは、国力の要素として地理的条件、天然資源、工業力、軍備、人口、国民性、国民の士気、外交の質、政府の質を挙げたが[1]、それらを数値化して「保有量の総和」を求めようとしても、共通の尺度が存在しない。

したがって、ある主体のパワーの源泉となる資源の保有量を計測し、それをパワーの量に換算するという考え方は成立しない。むろん現実には、主体の保有する資源の量と、他者の行動を制御する能力の間には関連が認められる。そこで、外交や安全保障の現場では、各国の保有するさまざまな資源の量から彼我の国力をできるだけ的確に評価・比較する作業が行われている。だが、それは、あくまでも便宜的なものであることを認識する必要がある。

(2) ハードパワーとソフトパワー

ところで、近年の安全保障論や国際政治学の議論では、国のパワーを語る際に、ハードパワーとソフトパワーという二つの概念が対比される形で用いられることが多い。これらの概念は、いかなるものなのであろうか。

ハードパワーとソフトパワーの概念が、ジョセフ・ナイによってはじめて提示されたのは、米国が、冷戦には勝利したものの経済の低迷にあえぎ、米国民の間に自国の覇権の衰退への不安感が広がっていた一九九〇年のことである。ナイは、自信を喪失した米国民が内向きになり、米国の国際的リーダーシップが阻害される事態を懸念した。米国に匹敵するパワーを持つ国が近い将来に登場する可能性はなく、「世界にはもはや米国だけでできることは少ないかもしれないが、米国抜きでできることはいまだに少ない」とみていたからである。九〇年に発表した一連の著作の中で、ナイは次のように説明して、米国の力は決して衰退していないのだと訴えた。[2] 従来国力とは、「ある国が、脅迫や報奨によって、他国にそうでなければしなかったであろうことをさせる能力」として理解され、その源泉としては、軍事力や経済力が特に重視されてきた。米国の力は、こうした伝統的な意味での国力に関しても、決して喧伝されているほどには衰えをみせていない。米国は依然として世界最強の軍事力を有し、米国経済も世界最大である。だが、より重要なこととして、近年急速に重要性を増しつつある新しい力の一形態に関し、米国は他国を寄せつけない強みを発揮している。それは、「ある国が、自国の望むことを他国も望むようにさせることによって、望ましい結果を得る能力」とでもいうべきもので、その源泉として特に重要なのは、文化や価値、イデオロギーなどの魅力であり、国際社会における課題（アジェンダ）設定能力である。ナイは、前者の伝統的な国力の形態をハードパワーと呼び、それに対するものとして、後者の新しい国力の形態をソフトパワーと名づけた。そして、相対的に低下したとはいえ依然世界最大のハードパワーと、他を圧するソフトパワーを兼ね備えた米国の、世界一の大国としての地位は揺るぎなく、国際的指導力を発揮する責任があると主張したのである。

ナイによる両概念の定義を、より詳しく分析してみよう。[3] ハードパワーの場合、パワーを行使する側（A）とされる側（B）の、選好（preference）や利益（interest）が対立しているという基本認識がある。Bが望ましいと考え、とりたいと思っている行動が、Aには望ましくないときに、Aがアメやムチを用いてBに働きかけてより自分にとって望ましい行動をとらせようとする。その結果、Bが本来はとりたくなかった行動をとるようになる。それに成功した程度に応じて、AはBにハードパワーを行使したといえるのである。

これに対し、Bの選好や利益がAのそれと近いものであれば、Aは、アメやムチを使ってBに働きかけなくとも、自然に好ましい結果を得られる可能性が大きい。ソフトパワーとは、命令や強制ではなく、自らの魅力などによってそのような状況を生み出し、自らにとって望ましいことを他者にも知らず知らずのうちに望ましいと思わせる力のことをいう。ナイは、ソフトパワーとは、「他の国々が、自国の選好や国益と一致するような形の選好を持つようになり、あるいは国益を定義するようになる、そうなるように状況を作り上げるある国の能力」だと述べている。[4]「他者を引きつける力」であるソフトパワーの源泉としては、文化や情報力が重要である。たとえば米国の場合、魅力的なポップ・カルチャーや、自由、民主主義、平等といった理念や価値が、世界の多くの人々を引きつけてきた。経済発展の成功モデルや高い情報力、魅力的な多国籍企業などもソフトパワーの源泉となりうる。

ただし、文化的な魅力や情報力がソフトパワーであり、ハードパワーとは軍事力や経済力のことだという理解は正しくない。たとえば、情報力がハードパワーの源泉となることもあれば、軍事力がソフトパワーの源泉になることも考えられるのである。仮に米国がある同盟国に対し、ある外交案件について自らに同調しなければ軍事情報を提供しないと警告したとすれば、それは、情報力によるハードパワー行使の試みである。一方、米国の軍事力の質や量をみて、他国が安全保障問題については米国に同調するのが得策だと自然に判断するようになったとすれば、軍事力を源泉とする米国のソフトパワーが他国に及んだということを意味する。

また、ある国が文化の魅力や情報力を高めたからといって、自動的にその国のソフトパワーが高まるというわけでもない。たとえば日本には、禅、歌舞伎、能などに代表される魅力的な伝統文化があるし、アニメをはじめとするポップ・カルチャーも国際的に人気を高めているが、それは必ずしも日本の政治力向上につながっていない。

さらに、ある国のソフトパワーの源泉は情報力や文化だけではない。ある国が、国際的な規範、標準（standard）、制度、レジームといったものを操作し、国際社会における課題の設定や議論が行われる枠組みの形成に影響を与えて、他国の選好や利益観を知らず知らずのうちに自国に好ましい方向に導いていくような能力も重要である。ある国が、自らの掲げる価値や理念と整合的な国際的規範や、自らの望ましいと考える行動を正統化する（望ましくない行動は非正統化する）国際制度・ルールといったものを確立することに成功したならば、それはその国にとって望ましい行動を他国にとらせる上で大きな力となるであろう。さらに、ある問題についての交渉が開始されるにあたり、どのような形で課題が設定され、議論の枠組みがどのようなものになるのかということが、交渉の結果に大きく影響することはよく知られている。したがって、ある国の課題設定能力や枠組み形成能力が高ければ高いほど、その国にとって望ましい交渉結果を他国が自ら選好する可能性がより高まるであろう。

さらに、ソフトパワーの大小は、その国の評判や信用性にも大きく左右される。評判や信用性が芳しくない国の場合、いかに強大な軍事力や経済力を有していたとしても、他国がその国にとって望ましい行動を進んでとってくれる可能性は低い。そのため、近年の国際社会では、諸主体の間で、自らの評判と信用性を高め、他者のそれを低下させることを目指した「ソフトパワー競争」（筆者の造語）が展開されるようになってきている。たとえば、中国によるいわゆる歴史問題をめぐっての対日批判には、日本の評判と信用性に対する中国の攻撃という側面もみてとれる。

(3)国際政治におけるパワーのあり方の変容[5]

ソフトパワーという現象自体は、決して新しいものではないが、それが近年注目を集めているのは、以下にみるような理由により、国際政治におけるパワーのあり方が大きく変化したからである。

(a)国家目標の変化

まず、国家が追求する目標が変化した。かつて、国際政治におけるパワーの最大の源は、国の領土であった。最も広大な領土を保有する国家こそが最大の人口と最も豊富な資源や生産物に恵まれ、最大の富と力を持ちえたからである。この時代の国際政治において、国家が追求した基本的な目標は、自らの領土を他国の侵略から守ることであり、可能であれば、他国からさらなる領土を奪うことであった。そのために必要なパワーとは、何よりも、他国との戦争に勝利するための軍事力であった。ところが、その後ナショナリズムが興隆すると、他国民の統治・支配は困難となり、他国から領土を獲得しても、それがもたらすのは利益どころか膨大なコストであるとの考え方が一般的になった。また、産業化や情報化の進展に伴って、国の繁栄は領土の拡張によってではなく、主に国内の経済発展や自由な国際的経済活動を通じてもたらされるものとなった。国家間の競争が、領土をめぐるものよりもむしろ経済的な繁栄をめぐるものへと変化するにつれて、経済力などの非軍事的パワーが重視されるようになるのは当然のことであった。

二〇世紀の後半になると、国際的相互依存の発達と深化が、国家が他の国々との協力を真剣に目指さざるをえない状況を生み出した。諸国が相互依存によってさまざまな形で結びつくという状況においては、国の独立も繁栄も、他国との何らかの協力なくしては達成できないからである。近年の、いわゆる非伝統的脅威の顕在化も、国家に国際協調を促すものである。国が領土獲得競争をやめたことにより、他国による軍事的侵略の蓋然性は多くの国にとって大幅に低下したが、その一方で、一九九七年のアジア通貨危機や二〇〇八年以降の米国発の世界金融危機のような突発的な国際経済の擾乱、九・一一テロやイスラミック・ステート（ＩＳ）のような国際テロリズムや過激派の問題、アフリカの多くの国やシリア、アフガニスタンなどにみられるような内戦型紛争、地球温暖化をはじめとするグローバルな環境問題、エイズやエボラ出血熱などの感染症の世界的大流行（パンデミック）といった諸問題が、安全保障上の非伝統的脅威としてますますクローズアップされるようになってきている。こうした脅威に対応するためにも、国家間の協力が不可欠である。

以上のような国家の目標に関する変化は、後述する他の要因ともあいまって、パワーに二種類の重要な変容をもたらした。第一に、パワーにおける軍事的要素の中心性が揺らぎ、非軍事的要素の重要性が相対的に高まったことである。第二に、他国から自国にとって望ましい協調を引き出すためのパワーの重要性が高まったことである。

(b)アメやムチの行使に関する制約の強まり

次に、国際社会では、国家目標を達成するための諸手段の有効性に関する認識も大きく変化してきている。先に述べたように、パワーとは、伝統的には、ある主体がアメやムチによって他の主体に働きかけて、そうでなければしなかったことをさせる能力として理解され、そのための手段としては、軍事力や経済力が中心的であると考えられてきた。ところが、現代の国際社会においては、こうしたアメやムチの行使に関する制約がさまざまな形で強まり、その有効性の低下が広く認識されるようになった。特に、国策の手段としての軍事力の有効性は、第二次大戦後の世界で大幅に低下してきている。

その原因としては、まず、武力行使のコストの上昇を挙げなければならない。過去数十年の間に、核兵器やハイテク通常兵器など、兵器の破壊力は劇的に増大した。その一方で、九・一一テロであからさまになったように、産業化や情報化の進んだ先進社会は、物理的破壊に対する脆弱性を著しく増した。しかも、今日の戦争では、勝者も無傷でいられるとは限らない。過去の戦争においては、相手の国土や国民を——もし望むならば——蹂躙することができたのは勝者のみであったが、核や弾道ミサイルなどの先進兵器を手にした国は、たとえ戦争に敗れても、勝者の国土や国民に甚大な被害を及ぼす能力を持つ。

加えて、近年、先進民主主義国を中心に、「人命の価値」をかつてなく高く見積もる傾向が強まっている。その傾向は米国において特に顕著であり、湾岸戦争やイラク戦争では、それが大規模な戦争であるにもかかわらず、戦死者が一人でも出ると、その兵士の出身州周辺では大ニュースとして報道された。しかも、近年では、米国をはじめとする先進民主主義諸国では、武力を行使する際に敵方の犠牲（特に民間人などの巻き添え）をもできる限り出すべきではないと考えられるようになってきている。

さらに、国際的相互依存の発達と深化の影響は、ここでも重要である。先進諸国を中心に、多くの国々が、他国との相互依存関係が断ち切られる代償を耐え難いものと見積もるようになったために、政治的対立を解決するための手段としての軍事力の有効性は、特に主要国間で著しく低下したのである。

武力行使の道義的コストもまた増大している。かつて、戦争は国策遂行のための正当な手段とみなされていた。ところが、一九二八年に「国際紛争解決ノ為ノ戦争ニ訴フルコトヲ非トシ」た不戦条約が調印されて以来、国際社会には、自衛と平和破壊者に対する国際的な共同行動以外の戦争を非合法とする流れが、ゆっくりとではあるが強まっている。しかも、これと平行して、世界では、自由主義的民主主義国の数が顕著に増加した。これらの国の国民には、軍事力をできるだけ用いずに平和的な紛争解決を目指すべきだとする規範が広く共有されている。こうした変化の結果、今や国家による武力行使は、明白な正当性を主張できるような理由がない限りは道義的に悪と認識されるようになった。正当性を十分に示せぬままに武力を用いた国は、イラク戦争における米国に典型的にみられたように、国際社会からの強い非難を覚悟しなければならない。また、自由主義的民主主義国政府の場合には、国民からも批判されて選挙に敗れ、政権を失うリスクも考慮しなければならない。

武力行使のコストが高まるにつれて、経済などの非軍事分野での軍事力の効用も著しく低下した。かつて、軍事的に劣勢な側は、交渉が決裂して相手方が問題の解決を戦争に訴えたときに何が起こるかを、常に念頭に置かなければならなかった。そのため、軍事的優越は、外交交渉を有利に進める上できわめて有効なパワーの源泉たりえた。だが今や、交渉が決裂しても、すでにみたような理由から武力行使は軍事的に優勢な側にとってもコストがきわめて大きく、ほとんどの場合実行に移しにくいのである。

こうした軍事力の有効性の低下に伴い、パワー手段として「経済力が過去に比べてより重要になった」ことは確かである。だが、国際社会におけるアメやムチの行使に関する制約の増大は、軍事的手段に限定された現象ではないことに注意が必要である。現代の世界では、軍事力に限らず、自らの意思を相手に押しつけるような「むき出しの力」の行使全般に対する許容度が低下している。強者が弱者に対して経済援助や経済制裁をアメやムチとして用いようとする際にも、今日の国際社会では、その道義的正当性への要求が、かつてなく高まっている。経済制裁については、それが対象国の一般民衆を苦しめることを理由に、実施に反対する意見が頻繁に聞かれるようになっているし、経済援助についても、真に現地の人々の利益になる援助を行うべきだとして、その政治利用への批判が強まる傾向にある。

パワー手段としての経済力の有効性は、国際的相互依存の深化によっても制約されている。先にも述べたように、今日では、先進諸国を中心に、世界の多くの国々は、他国との相互依存関係なくしては自らの繁栄を維持できなくなっているため、この関係に打撃を与えるような政策は、非軍事的なものであってもとることは難しい。たとえば、中国は巨額の米国債を保有しており、それを売却するとの脅しは、理論的には対米交渉上の有力なカードになるはずである。ところが、現実には、売却は国際金融市場の大混乱を招き、中国自身にも大損失をもたらすため、そうした脅しには信憑性が乏しいのである。

かくして、今日の国際社会においては、伝統的なハードパワーを行使するための手段としての軍事的・非軍事的なアメやムチの有効性が低下してきているのである。

(c)国際的なパワー分布の変動の影響

さらに、国際政治によるパワーのあり方は、中国をはじめとする新興諸国の台頭による近年の国際的なパワー分布の変動によっても影響を受けている。

第二次大戦後の米国は、その巨大なパワーを比較的自制的に行使することにより他国を安心させ、自らを中心とする世界秩序の比較的円滑な維持に成功してきたとされる。この間、米国は、自らが中心となって構築した国連、ＩＭＦ、ＧＡＴＴなどの国際制度のルールを自ら相当程度尊重し、国際協調を重視してみせた。だが近年まで、米国の主な協調相手は、主に西欧や日本といった、米国と自由、民主主義、人権といった基本的な価値や理念を同じくする先進民主主義国に限られていた。それらの国々は、第二次大戦後七〇年以上にわたり、一貫して米国のリーダーシップを受け入れてきた。

ところが、新興諸国の急速な台頭により、今や米国は、これまでよりもはるかに幅広い国々との協調なくしては、そのリーダーシップを維持していくことが難しくなっている。二〇〇八年の世界金融危機の発生後、米国がそれまでのＧ７（主要国首脳会議、ロシアが参加していた時期にはＧ８と呼ばれた）の枠組みとともに新たなＧ20を重視するようになってきていることが、その一つの証左である。

しかし、米国が新たに協調を重視しなければならなくなった新興諸国の多くは、米国と価値や理念を必ずしも共有していない。中国のように、米国のリーダーシップに対してさまざまな形で異を唱えてきた国も含まれている。

こうした国々から自らにとって望ましい協調を引き出すことは、米国にとって、先進民主主義諸国が相手の場合よりもはるかに難しい作業であろう。そうした協調なくして、米国の国際的なリーダーシップがもはや十分に機能しえないことも明らかである。近年の世界において、国際協調を実現するためのパワーとしてのソフトパワーがにわかに脚光を浴びている背景には、こうした国際システムの構造変動も存在するのである。

以上みてきたような変化は、いずれも、他者にいうことをきかせるという伝統的なパワーの有効性がかつてよりも低下し、他者を自らの魅力で引きつけ、協力を引き出すための新たなパワーの重要性が高まってきていることを裏付けるものであるといえる。

(d) スマートパワー

ソフトパワーの概念は、イラク戦争後の米国において脚光を浴びることとなった。九・一一テロの衝撃により自国の安全への不安感を極端に強めた米国には、軍事力を中心とした力に頼る、単独行動主義的傾向が目立つようになった。特に、イラク、北朝鮮などの「ならず者国家」の大量破壊兵器入手を阻止するためには、米国単独での行動や先制攻撃をも辞さないとする「ブッシュ・ドクトリン」が出され、それがイラク戦争において国連決議を欠いたままの攻撃という形で実践されると、国際社会の対米懸念は急速に高まった。イラクの戦後処理が順調に進まず、イラクのみならずアフガニスタンまでもがかえってテロの巣窟となりかねない状況が生まれたことで、米国への風当たりはさらに強まり、米国の評判は世界の大半の国で極端に下落した[6]。

ブッシュ政権末期以降、米国ではこうした状況が深刻に受けとめられ、改善策が論じられたが、その際多くの論者がキーワードとしたのがソフトパワーであった。①ブッシュ政権のハードパワーに頼った単独行動主義は、米国のソフトパワーと国際的リーダーシップを傷つけた上、②ソフトパワーの低下は、米国の行動への国際協力のとりつけを難しくするといった形で米国のハードパワーの有効性にもはねかえってきている、という反省である。

ソフトパワーを重視する姿勢は、ブッシュ政権末期にはその主要閣僚たるゲーツ国防長官にも共有されるようになり、同政権を引き継いだオバマ政権では、一層顕著になった。

とはいえ、現実の世界では、ソフトパワーがいかに重要になったとしても、軍事力や経済力を源泉とするハードパワーの必要性は決して失われない。ソフトパワーだけであらゆる問題が解決できるわけではないからである。特に、ナイもいうように、安全保障にとってはハードパワーの維持が不可欠である[7]。たとえば、北朝鮮の核兵器・弾道ミサイルの問題やISの問題にソフトパワーだけでは対処できないことは明らかであろう。ナイは、これからの国際政治においては、ハードパワーとソフトパワーがともに必要なのだという。二〇〇七年には、彼やリチャード・アーミテージ元国務副長官らの超党派専門家グループにより、「ハードでもソフトでもなく……両者の巧みな組み合わせ」である「スマートパワー」の概念が唱えられ、米国はハードパワーとソフトパワーを統合した「スマートパワー戦略」をとるべきだとの提言がなされている[8]。

(4)パワー行使の諸形態[9]

なお、パワーの行使のされ方（影響力の及ぼされ方）にはさまざまな形態がある。ハードパワーとソフトパワーの区別についてはすでにみたとおりであるが、ハードパワーの行使にも、代表的なものとして以下のような形態が区別できる。
①他の主体が現にとっている行動を、やめさせたり、別の行動に変えさせたりすること。
②他の主体が現にとっている行動を、放置すればやめてしまうおそれがあるときに、その行動を続けさせること。
③他の主体が、放置すれば何らかの行動をとるおそれがあるときに、その行動をとらせないようにすること。

安全保障論や国際政治学では、このうち①を「強制」、③を「抑止」と呼ぶ（軍事力の機能をいう場合には、後述するように、①に相当するのは「強要機能」であることに注意）。抑止や強制は、最も普通には懲罰の脅迫による場合が多い。しかし、相手が特定の行動をとらないならば相手にとって好ましい何らかのものを与える、という約束をすることで、望ましくない行動を思いとどまらせるという「報奨による抑止」も論理的に成立する。「報奨による強制」についても同様のことがいえる。

ところで、ハードパワーが特定の相手の行動に直接的に働きかけて制御しようとするものであるのに対し、それ以前に、社会の構成員が従うべきルール、規範、制度、権利・義務の体系（社会構造）などが、ある主体（Aと呼ぼう）の価値や利益などに沿ったものとなっていれば、そのような働きかけをせずとも、他者がAにとって望ましくない行動をとる可能性はそもそも低いことになる。このようなパワー行使の形態を「構造的パワー」と呼ぶ。ハードパワーがAによる他者の行動選択に対する働きかけであるのに対し、構造的パワーとは、他者の選択肢そのものがあらかじめAの影響力によって制約されることをいうため、ある意味では、直接的な働きかけによるパワー以上に当該主体の行動を縛ることになる。したがって、国際社会におけるパワー行使を分析しようとする際に、ある国が他国に実際に働きかけた事例のみに注目するのでは、構造的パワーの発揮を見落とす可能性があり、不十分なのである。

以上の説明からもわかるとおり、ソフトパワーの概念には、このような構造的パワーの概念と、重なる部分がある。Aが社会構造への影響を通じて他者の選好や利益を自らのそれに近い方向に変化させれば、ソフトパワーが発揮されたことになるからである。

2　軍事力

武田康裕

(1)軍事力とは何か

軍事力（military power）は、単なる実力（force）や暴力（violence）とは異なる。軍事力という言葉を、腕力のある屈強な個人や、殺傷兵器で武装した強盗犯に対して使用することはない。また、たとえ組織的な暴力であっても、マフィアのような私的な犯罪集団のそれとも異なる。軍事力は時に戦力（war capability）とも称されるように、戦争という特殊な社会現象と国家の存在を前提に使用されてきた概念である。

元来、人間社会で発生するさまざまな暴力的衝突の中で、少なくとも国家を一方の当事者とする武力紛争が戦争である。また、ここでの国家は、一定の領域を支配し、対内的・対外的な主権を有する主体であり、前近代に出現した多様な集団や共同体とは区別される。したがって、軍事力とは、戦争を前提に主権国家が独占する組織的暴力であって、きわめて近代的な概念といえる。[10] 一般に、軍事が民事（civil affairs）に対応した言葉として使用されるのは、国家と社会、公と私、そして軍人と文民の分化を特徴とする近代の産物であるからである。

一国の軍事力は、概ね以下のような三層構造で構成される。①中核は戦闘機能を担う兵器と兵士、およびそれらを運用する戦略と戦術で構成される。②その外延には、戦闘機能を支援する通信、情報、兵站などが位置する。③周辺部には、経済力、工業力、技術力、天然資源、人口など国力の構成要素のうち、軍事に動員可能な部分から成る。①と②をあわせたものが狭義の軍事力で、軍隊の戦闘遂行能力を示す部分である。それは活動領域に応じて、陸上戦力、海上戦力、航空戦力に区分される。また、管轄する組織別の軍種として、陸軍、海軍、空軍にも区分される。戦力と軍種は必ずしも一致しない。たとえば、陸上戦力である海兵隊が海軍に帰属したり、航空戦力である戦闘機やミサイルを陸軍が保有することがある。そして、①～③のすべてを広義の軍事力といい、戦争を遂行するための潜在的能力を指す。軍事力の強弱は、これら構成要素の量的・質的な水準と要素間のバランスによって決まる。

今日、軍事力が行使される領域は、宇宙空間にまで拡大した。コンピュータ技術の発達により、サイバー空間における戦闘を指摘する声もある。また、新たな技術を利用可能にする組織と戦略・戦術からの要請で、陸軍、海軍、空軍を統合運用する傾向にある。加えて、特にポスト冷戦期になって、正規の国軍同士の戦闘を意味する通常戦（conventional warfare）よりも、さまざまな形態の非通常戦（unconventional warfare）が多発することになり、非対称戦闘を遂行する特殊部隊と各軍種の統合運用が一層重視されることになった[11]。

（2）軍事力の意義

軍事力が他のパワーと決定的に異なるのは、その物理的な破壊力である。軍事力の持つこの突出した価値剥奪機能は、他国の安全を脅かす危険なパワーであり、同時に自国の安全を守るためのパワーでもある。こうして攻撃にも防御にも使用可能な軍事力の二面性が、安全保障と軍事力の関係について相反する評価を与えてきた。

一方で、軍事力は、国際法を強制し、また、勢力均衡を維持する手段として、国際社会に秩序を提供するという積極的な側面が評価されてきた。他方で、戦争の主要な手段である軍事力は、人類の安全を脅かす元凶である。したがって、国際社会の平和と安定のためには、軍備の削減や管理を通じて軍事力は封じ込めねばならない存在とみなされてきた[12]。こうした見方の違いはあるにせよ、軍事力が安全保障にとって重要な役割を担ってきたことに疑いを差し挟む余地はない。

軍事力の意義を決定付けているのは、何といっても戦争の存在である。アナーキー（無政府状態）な国際システムでは、軍事力の行使に対する制度的拘束が乏しいため、戦争が生起する蓋然性は常に存在する。いつの時代にも、戦争は国際システムを形作る基本的要因として登場し、国家の生存とパワーを左右してきた。戦争において重要なことは、圧倒的な軍事力とそれを行使するための準備を整えておくことである。その結果、国家は生存のため、また国家目標を実現する手段として、軍事力という組織的暴力を合法的かつ独占的に保有してきたのである。

戦間期におけるパワーポリティクスの代表的論客Ｅ・Ｈ・カーは、戦争が国際政治の支配的要因である限り、軍事力の重要性が衰えることはないと指摘した。国家が行使する経済力にせよ、世論を支配する力にせよ、それらは軍事力と結びつくことでパワーとなりうる。つまり、軍事力は国家活動の本質的要素であり、単に手段であるだけでなく、それ自体が目的であるとする。その根拠として、過去の主要な戦争は、自国を軍事的により強大にするために戦われたのであり、他国が軍事的により強大となるのを防ぐために戦われてきたのだという。(13)

カーの主張を整理すると、第一に、軍事力は、国家の独立と安全を保障するための重要な手段である。第二に、軍事力は、国家にとって安全以外の政治目的を実現するための重要な政策手段である。第三に、軍事力の拡大は、国家が追求すべき目標である。

しかし、軍事力に対するこうした絶対的評価は、第二次大戦後の国際システムや戦略環境の変化とともに、大きく揺らぐこととなった。軍事力による領土拡張を目指した「富国強兵」の時代は、貿易による福祉の拡大を目指す「富国富民」の時代へと変化した。(14)しかも、冷戦終結を境に、国家が独占してきた組織的暴力の私有化が進み、犯罪集団や準軍事集団などの非国家主体が大挙して戦争に参入し始めた。(15)こうして、軍事力の前提となる国家の主権が浸食され、戦争の形態も変容し始めた。その結果、少なくとも、軍事力の増強それ自体が国家の最優先すべき目標とはいえなくなった。しかし、それは同時に、安全保障手段や政策手段としての軍事力の意義が低下したことを意味するのであろうか。

(3)核兵器とグローバリゼーションの影響

第一に、軍事力の安全保障手段としての意義を低下させた原因として指摘されるのは、核兵器の出現である。核兵器の強大な破壊力のおかげで、通常戦争から核戦争へのエスカレーションを怖れる政策決定者は、軍事力の行使に慎重にならざるをえなくなった。その結果、軍事力はリスクの限定された状況でしか使用できない手段になったといわれる。[16]

しかし、それは核を保有する国同士の関係にのみ当てはまることであり、非核保有国同士や核保有国と非核保有国との関係においては、依然として軍事力の効用は肯定されてきた。しかも、核保有国の増大に加え、小型化・軽量化によって核兵器自体が使用可能な兵器になりつつあり、テロ集団やゲリラ集団のような非国家主体に拡散する危険すら生まれている。

もともと軍事技術の発達は、戦争の形態と軍事力の使用方法に大きな影響を与えてきたが、軍事力の意義を後退させたことはない。たとえば、兵器の技術革新は攻撃と防御の優劣を左右してきたし、核兵器と長距離ミサイルの登場は、防御から抑止へと軍事力の役割を変化させた。そして、最近の情報革命を中心とする「軍事上の革命(RMA)」は、防御よりも攻撃が優位な状況を作り出しただけでなく、兵器の精度を飛躍的に向上させた結果、敵国の非戦闘員の被害と味方兵士の被害を最小化することが可能となり、軍事力の使用コストを劇的に低下させた。[17] いずれにせよ、核兵器にしてもRMAにしても、主権国家システムと戦争の関係を根本的に変化させるものではないという点で、軍事力の意義の低下をもたらしてはいない。[18]

第二に、軍事力の政策手段としての意義の低下を指摘する根拠とされるのが、グローバリゼーション(世界的規模での相互依存の深化）である。なぜならば、緊密な経済交流と社会相互の連携が深まった国家間や地域では、戦争によって相互依存関係が断ち切られる代償はあまりに大きく、軍事力は問題解決手段として不適切なものとなった。軍事力を背景に非軍事分野の交渉を有利に展開することも困難であるため、軍事力を政治目的に利用できる範囲は狭くなったといわれる。[19]その結果、クラウゼヴィッツがかつて指摘した「戦争は他の手段による政治の延長」ではなく、戦争は政策の失敗であるとさえ指摘されることもある。

しかし、ナイとコヘインが理念型として提示した右のような「複合的相互依存」状況は、グローバル化の時代においても一部の先進諸国間でしか出現していない。パワーポリティクスの支配する世界と相互依存の深化した世界とが混在する世界において、軍事力が効果的に実現しうる政策目標の幅は縮小しつつあるとはいえ、依然として政策手段としての軍事力の効用が全面的に失われたわけではない。

確かに第二次世界大戦後、軍事力の行使が抑制され、戦争が発生する蓋然性が著しく低下したのは事実である。その結果、安全保障上の脅威は、他国からの侵略以外に多様な危険や脅威へと拡散した。そして、国際テロ、環境破壊、難民、越境犯罪、食糧・エネルギー危機、といった非伝統的脅威に対応する上で、軍事力の有用性は低下したという議論も展開されている。しかし、こうした国境を越える非伝統的脅威に対し、一国が軍事的に対処するのは困難であるとしても、多国間の軍事的協力が求められる場面は増えている。何よりも、国家間戦争が激減したという事実は、軍事力の意義が低下したことを意味するものではなく、軍事力の抑止効果による側面もあることを見落としている。軍事力が、安全保障手段としても、政策手段としても、一概に今日的意義を喪失したと論じるのは早計である。

（4）軍事力の安全保障機能と効果

軍事力が担う主要な安全保障機能は、①強要機能、[20]②抑止機能、③抵抗機能に大別される。国軍による対外防衛であれ国内の治安維持であれ、あるいはまた国連の平和維持活動（PKO）であれ、軍隊の戦闘能力を活用する限りにおいて、①〜③の機能が状況に応じて使い分けされている。これらはいずれも、軍事力の価値剥奪機能を利用した紛争の防止や処理にかかわる伝統的な安全保障機能である。これに対し、近年、紛争後の平和構築や大規模自然災害の救援活動などにおいて、軍隊の非戦闘能力が注目されるようになってきた。いわば、軍事力の価値付与機能に着目した「新しい」安全保障機能といえよう。これを④民生支援機能と呼んでおこう。以下では、各機能別に、軍事力の有用性と効果を検討してみよう。

（a）強要機能

強要機能とは、敵対勢力がすでに行った行為をやめさせたり、まだ行っていない行為をさせるために、軍事力を直接または威嚇的に使用することである。直接的使用の例としては、一九六五年、南ヴェトナムにおける反政府武装勢力への北ヴェトナムの支援を停止させるため、米軍が開始した北爆が挙げられる。つまり、軍事力の物理的使用により、実際に損害を与える行為が直接的使用である。また、威嚇的使用とは、一九六二年のキューバ危機の際、米国が核使用の脅迫をしてソ連にミサイルの撤去を迫ったように、相手の行動の変更を要求する「強制外交」を指す[21]。核による威嚇に先立って臨検のような限定的な軍事力の使用があるように、軍事力の直接的使用と威嚇的使用は、強要機能の異なる側面ではなく、連続した局面として明確に区別できない場合もある。一般に、強制外交は、相手の面子をつぶすことになるため、目的の達成が難しいといわれる。いずれにしても、相手が要求に応じなければ軍事力の使用をエスカレートさせなくてはならない点で、軍事力の威嚇的使用は戦争に結びつきやすい。その際、個別的・集団的な自衛という範疇を超えた軍事力の行使には、国内外からの厳しい反発を覚悟しなくてはならない。二〇〇三年三月のイラク戦争に至る米国の強制外交の失敗と開戦への反発は、軍事力の強要機能に付随する困難性を物語っている。

(b)抑止機能

抑止機能とは、軍事的報復を威嚇することで、潜在的な敵対行動を事前に防止することである。抑止が有効に機能するには、第一に、抑止する側と抑止される側の双方が、費用対効果を合理的に計算し評価する能力を持っていなくてはならない。その点で、玉砕を厭わない国家や自爆を尊ぶテロリストなどに対して、軍事力の抑止効果は期待できない。第二に、威嚇した報復が確実に実施される信憑性がなくてはならない。そのため、抑止者は報復の意思と決意を正確に被抑止者に伝えねばならない。同時に、当然のことながら威嚇した報復を実施するに足る軍事力が必要であるが、それは抑止したい相手の行動と釣り合っていなければ信憑性は低下する。つまり、核兵器のように破壊力が大きい軍事力ほど抑止効果が高いというわけではなく、通常兵器に対する抑止には通常兵器が求められるのである。

したがって、ある意味で強要機能以上に抑止機能を制約する条件は多い。また、現状維持の効果が軍事力の抑止機能によるということを証明するのは困難である。しかし、相手が現状を維持する限り軍事力が実際に行使されることはなく、軍事力の抑止機能は強要機能ほど戦争に直結する危険は大きくない。事実、ソマリアや旧ユーゴスラビアなど限定的に実施された「平和強制」と比べて、停戦監視や部隊の引き離しといった抑止機能を果たす伝統的な国連PKOは依然として多用されている。

(c)抵抗機能

抵抗機能とは、武力攻撃や軍事的威嚇を受けたとき、自国の被害を軽減し、あるいは攻撃国にできる限りの損害を与えるために軍事力を使用するものである。これは典型的な軍事力の防衛機能であり、抑止が失敗した後で防御的に反撃したり、攻撃が差し迫ったとき、もしくは攻撃が不可避と判断された際の先制的あるいは予防的な攻撃を含む。抑止機能と抵抗機能は、共に敵の攻撃から守るための機能という点で同じであるが、抑止は相手の攻撃後に甚大な損害を与えることのできることを示す機能であるのに対し、抵抗は相手の攻撃自体のコストを高める機能である。たとえば、小国は大国の攻撃を抑止し、戦争に勝利することは難しいが、大国の攻撃コストを高め、戦争を阻止することは不可能ではない。これは多くのゲリラ戦において、政府軍が反政府勢力を完全に弾圧できない状況と同じである。また、設立当初の自衛隊は抵抗機能だけを担う軍事力として組織され、米軍の前方展開が抑止機能を分担した。軍隊が常に抑止機能と抵抗機能を備えているわけではない。しかし、国軍を保有しないコスタリカやリヒテンシュタインのような例外を別にすれば、いかなる国家も軍隊を保有するのは、軍隊の規模にかかわらず軍事力には常に一定の抵抗機能が期待できるからにほかならない。

(d)民生支援機能

民生支援機能とは、緊急医療、物資輸送、インフラ整備、災害救援、地雷除去、武装解除など多様な民生分野の支援に、軍事組織に特有の自己完結性と機動性を活用するものである。ポスト冷戦期の戦略環境の変化によって、にわかに国際安全保障の分野で必要性が高まった機能である。しかし、第二次大戦後の連合軍による占領統治や、発展途上国において治安維持を主任務とする内向きの軍隊が果たす政治・行政・経済・社会機能にみられるように、従来から存在してきた機能でもある。九〇年代半ば、「戦争以外の軍事作戦(MOOTW)」という考え方が登場した。そこで非正規戦や国際平和活動を想定したさまざまな非伝統的任務は、(a)~(c)の機能に基づく「軍事作戦」であるが、それ以外に民生支援機能や軍民協力の重要性が指摘されていた。現在では民生支援機能に特化した部隊を作る国が増えている。自衛隊においても、二〇〇七年以降、海外での後方支援や災害支援が本来任務に格上げされた。

以上のように、軍事力の効果と使用に対する制約は、強要機能が最も大きく、以下、抑止機能、抵抗機能、民生支援機能の順に制約は小さくなっていく。特に、民生支援機能という古くて新しい分野に軍事力の有用性が拡大する傾向にある。ただし、こうした非戦闘機能の拡大は、練度や予算の減退を招いて軍の戦闘能力や専門職業水準を低下させる可能性があることも事実である。つまり、軍事力の価値剥奪機能と価値付与機能はトレード・オフの関係にあることに留意しなくてはならない。

(5)「新しい戦争」と軍事力

軍事力の機能が多様化したとはいえ、軍事力の本質がその価値剥奪機能にあることに変わりはない。ただし、軍事力が使用されてきた近代の国家と戦争という基本的な文脈は、総力戦で幕を閉じた第二次世界大戦を最後に、劇的な変化をみせている。「旧い戦争」と呼ばれる国家間の通常戦争は減少する一方で、「新しい戦争」と呼ばれる国家と非国家主体との非通常戦争が拡大している。[22] そして、「旧い戦争」と比べて、「新しい戦争」における軍事力の効用は格段に低下した。

非国家主体による組織的暴力の特徴に応じて、ロシア革命以降の在来型の非通常戦争と、冷戦終結を契機とする「新しい戦争」と呼ぶにふさわしい非在来型の非通常戦争とに大別できる。

在来型の非通常戦争は、発展途上国を舞台に、政府と反政府勢力が国内の政治体制を争う内戦である。通常戦争における国家間の正規戦では、軍事力は領域支配のための手段であり、交戦は必至であった。しかし、内戦におけるゲリラ戦・対ゲリラ戦では、領域支配の鍵は民心の掌握にあり、大規模な軍事力の投入と交戦は可能な限り回避された。冷戦期の内戦は、東西対立の中の国家間抗争の一環として戦われた点で在来型の非通常戦争であり、主権国家を基本単位とする国際秩序を揺るがすものではなかった。

非在来型の非通常戦争における非国家主体の典型は、破綻国家に出現する国際テロ組織や私的武装集団である。在来型のゲリラ戦において、反政府勢力は自由戦士としてイデオロギーに基づいて住民の支持と動員を求め、彼らの組織的暴力の対象は政府の戦闘員であった。他方で、非在来型の組織的暴力は非戦闘員に向けられ、恐怖と排除の論理に基づいて住民を支配する。こうした非領域性に加え、在来型の非通常戦争との決定的相違は、非在来型では非国家主体の組織的暴力が主権国家による国際秩序に挑戦している点である。破綻国家に出現する私的武装集団が、民族解放や分離独立を目標とする反政府組織と同様に、結局は新たな主権国家の樹立に収まる限りにおいて、在来型の非通常戦争の特徴を帯びることになる。

上記二つの非通常戦争に共通する特徴は、交戦主体の非対称性である。戦力と正統性という二重の非対称性がありながら、国家の軍事力がその戦力に比例した効果を発揮できない原因を、クレフェルトは士気の低下に求め、ルトワックは人命重視の姿勢に求める[23]。ただし、領域性を持つ在来型の非通常戦争に対して、軍事力は一定の効果を認識可能であるのに対し、領域性を伴わない非在来型の非通常戦争では、軍事力による勝敗や戦争の終結を期待することすらできない。領域性を持つイスラミック・ステイト（ＩＳ）の拠点を軍事力で奪還することはできるが、そのグローバルなテロ活動は継続していることがそれを示している。

3　経済力

武田康裕

軍事力の本質が、価値剥奪機能を通じた国家の直接的な安全保障にあるとすれば、経済力の特徴は、その価値付与機能に基づく間接的な安全保障にある。しかも、軍事力よりも代替性が高いので、経済力は多様なパワーに変換が可能である。そのため、経済力は軍事力の基盤として外敵の直接侵攻に備えるだけでなく、国家の福祉や民生の安定を通じて間接侵略を予防し、同時に経済制裁や経済封鎖という方法で政治外交基盤をも提供しうる。

（1）経済力と軍事力の相関関係

経済力は軍事力にとって不可欠な基盤である。軍事力が力強い経済を必要とするのは、経済活動による富が戦費や国防予算に計上され、経済活動を通じた情報や技術が軍事行動の基盤を提供するからである。このように軍事力が経済力を必要とする一方で、経済力を拡大し、それを維持するには軍事力が必要である。富の構築を差し置いて、国家の財源を軍事にばかり投入すれば、国家の力は衰退せざるをえない。反対に、富の拡大ばかりに傾注し、軍事力の整備を怠れば、国家の安全は脅かされることになる。

一七世紀中葉以来、こうした経済力と軍事力の相関関係は、「富国強兵」という政策理念に反映されてきた。つまり、「富国」による「強兵」と「強兵」による「富国」が同時に追求されてきた。その意味で、「富国」と「強兵」は不可分であり、両者は共に国益を実現する主要な手段として捉えられてきた。「経済的力は、つねに政治的権力の一手段であった。もっともそれは軍事的手段と結びつくことを通じてそうなのである」[24]とのE・H・カーの指摘は、政治（パワー）と経済（マネー）の分離という自由主義の幻想を厳しく批判したものであった。

しかし、第二次世界大戦以降、軍事力と経済力の相関関係に変化が起きた。国境を越えた社会・経済活動が、量的に拡大し質的にも多様化したことで、特に相互依存関係が深化した地域や先進工業諸国間では、経済力（富国）をめぐる競争と軍事力（強兵）をめぐる競争の直接的連関が断たれることになった[25]。これに、核兵器と長距離ミサイルの出現による安全保障環境の変化が加わり、少なくとも、先進諸国間では利害の相違を相互の軍事力で決着させることは考えにくくなった。また、経済的対立は経済摩擦の域を超えることはなく、「経済戦争」はあくまでレトリックにとどまるようになった。言い換えれば、経済力は軍事力の基盤でありつづけるが、軍事力が経済力の基盤となる側面は著しく後退したといえよう。

その結果、経済力の意義は、軍事的手段と直接結びつくことのない外交・安全保障の分野で拡大した。政府開発援助の供与や経済制裁および禁輸といった国策を通じた報奨や制裁の手段として、経済力は、他国を強制し、あるいは他国の強制から自国を守る能力を形成してきた。総じて、大きな経済力がある国ほど、より大きな経済的便益を報奨として与え、あるいはより大きな経済的損失を制裁として科すことが可能になる。同時に、より大きな経済力を持つ国ほど、報奨の約束や制裁の脅迫に対する信憑性も高まると考えられるからである。加えて、こうした外交基盤を支える資源としての側面だけでなく、スーザン・ストレンジが指摘する「強制的で関係的なパワー」や「間接的で構造的なパワー」としての側面を経済力自体が持つようになった。経済的相互依存の非対称性から生まれる関係的パワーと市場システムを左右する構造的パワーは、ジョセフ・ナイが命名するところのハード・パワーとソフト・パワーの区別に相当する。[26]

二〇〇五年、米国は、マカオにある銀行バンコ・デルタ・アジア（ＢＤＡ）を北朝鮮の資金洗浄に関与しているとして金融システムから締め出した。北朝鮮の取引口座を凍結することで、核・ミサイル開発の廃棄を迫る経済制裁の一環として、これは強制的な関係的パワーの行使であった。同時に、米国財務省が米国の金融機関にＢＤＡとの取引を禁止しただけでなく、預金者の不安と混乱を考慮した世界中の金融機関がＢＤＡと距離を置き、最終的にマオカ政府を介入に踏み切らせたのは、金融システム全体に対する米国の構造的パワーの結果とみることができる。

ところで、一部の地域や国家間において「富国」と「強兵」の直接的連関が断たれたことは、軍事力と比して経済力が重要性を増したことを意味しない。言い換えれば、地経学が地政学に取って代わったわけではない。両者の意義は、あくまでもそれが使用される文脈次第である。経済力が安全保障に与える非軍事的側面については本書第12章であらためて論じることとし、以下では、戦争と経済力との関係に焦点をしぼることとする。

（2）戦争と経済力

古代より、戦争と国家は相互に影響しあいながら変化を遂げてきた。事実、紀元前四〇〇年代に二七年間続いたペロポネソス戦争でも、その勝敗を分けたのは戦費を支えた経済力であり、戦争の結果がギリシャの都市国家を崩壊に導いた。戦争の形態や頻度を規定し、国家のあり方を左右してきたのが軍事力であり経済力であった。とりわけ、一六世紀以降の軍事技術の進歩に伴う戦費の拡大は、国家権力の集中を促し、近代的な主権領域国家を台頭させた。国家の戦争遂行能力を支える経済力は、激しい軍事力の消耗を支え、兵器、兵員、軍需物資を持続的に供給可能な産業的生産力に依存するようになった。

たとえば、一六世紀半ばの火薬革命は、大砲に対応した強靭な要塞システムを通じて防御と攻撃のバランスを防御優位に作用する一方で、マスケット銃の導入を通じた大規模な軍隊の構築を可能にした。近代国家の台頭に有利な条件を準備したのは、こうした一六世紀の軍事的変化と戦費の増大であった。破壊力を増した戦争は、強力な軍事力と経済基盤を備えた強い国家をもたらす一方で、強い国家の出現が戦争の破壊力をさらに拡大することとなった。イギリスは一七世紀末までに、金融市場の育成と増税により、他の大国に先駆けて低金利での戦費の借り入れが可能になった。そのおかげで、戦時支出は一七世紀末の約五千万ポンドから一九世紀初頭の一六億ポンドへと約三〇倍以上も膨らんだが、イギリスは一貫して支出の三割以上を借り入れで賄った[27]。

一九世紀半ば以降の産業革命は、兵器の性能を急速かつ劇的に変えることで再び戦争の形を変容させた。産業革命がもたらした最大の恩恵は、近代化の原動力となる大量生産と分業であった。同時に、経済力という観点から特筆すべきは蒸気エンジンを利用した動力機械の導入によって、国家の生産力が増大し、あわせて生産性が持続的に向上したことであった。特に長距離殺傷兵器の大量生産が、第一次世界大戦のような長引く消耗戦を引き起こし、それを支える大量の兵站を必要とした。一九一四年~一九年までに、イギリスやフランスを中心とする連合国側の戦費は総額五七七億ドル、総動員数が四〇七〇万人に達したのに対し、同盟国側の戦費は総額二四七億ドル、兵力の総動員数は二五一〇万人であった。第一次世界大戦という長期消耗戦の勝敗を分けたのは、経済力と兵力の差であった[28]。

一九三〇年代、軍事支出は一九世紀末の二五倍にのぼり、兵士一人当たりの装備費用は一〇倍強に膨れ上がった[29]。新兵器による長期戦を支えたのは、国家の工業生産力と戦争遂行のために社会全体を動員する能力であった。第一次世界大戦は、金融と商業に依存するイギリスやフランスの経済力の後退をもたらす一方、工業生産力を誇る米国の台頭をもたらした。同時に、金本位制を基盤とする国際金融システムと自由貿易に基づく国際経済が破壊されたことで、原料と市場へのアクセスをめぐる闘争が一九四〇年代の戦争再開の要因となった。そして、戦車と航空機の導入に特徴づけられる戦争の機械化を支えたのは、工業生産力であった[30]。

第二次世界大戦の開戦時、日米間には膨大な経済力の格差が存在していた。一九三七年当時、米国の国民所得は六八〇億ドルで、国防支出の比率は一・五%であった。他方、日本の国民所得は四〇億ドルにすぎず、国防支出の割合は二八・二%であった[31]。三八年の一人当たりGDPを九〇年価格で換算すると、米国の六一三四ドルに対して、日本は二三五六ドルと約二・五倍の格差が存在した[32]。戦争の勝敗は、日本の五倍の経済力を誇る米国が、約二倍の戦費を相対的に軽い負担で賄った結果であったとの別の試算もある[33]。いずれにせよ、日米間の余剰生産力の格差は歴然としていた。

戦費調達の資金源は、国によっても、また同じ国でも戦争によって異なる。一般的に、国民の支持が高く官僚機構の徴税能力が高い場合には増税による調達、反対に国民の支持が低く、徴税能力が低い場合には借入や国債発行で調達する傾向があるといわれる[34]。初期の近代国家において、戦費は国家収入の半分を超えていた[35]。第一次世界大戦時になると、一九一四年~一九年までの戦費は、イギリス、フランス、ドイツ、イタリア、オーストリア・ハンガリーの欧州各国で、実に一九一三年のＧＮＰの二・八倍〜三・二倍も支出されていた。[36]
核兵器の登場により、冷戦期の機械化された通常兵器は、全面戦争で使用するためではなくそれを回避する手段へと変質した。その結果、戦争のたびに戦費を調達し大量動員するのではなく、戦時と平時を問わず、国家は一定の軍事支出を常時維持するようになった。
第二次大戦以降も、戦争がひとたび勃発すれば膨大な戦費が発生したことは間違いない。ただし、経済力の拡大によって、戦費の負担は低く抑えられてきた。たとえば、一九九〇年〜九一年の湾岸戦争での米国の戦費は名目価格で六一〇億ドルで、第一次世界大戦（二〇〇億ドル）の約三倍、朝鮮戦争（三〇〇億ドル）の約二倍であった。また、二〇〇三年〜一〇年のイラク戦争は、湾岸戦争の約一〇倍に相当する七一五〇億ドルで、ヴェトナム戦争（一一一〇億ドル）の六倍強、第二次世界大戦（二九六〇億ドルの）の約二・五倍であった。ただし、二〇一一年の固定価格で比較すると、第二次世界大戦の戦費が四兆一〇四〇億ドルと桁違いで、湾岸戦争（一〇二〇億ドル）の約四〇倍、イラク戦争（七八四〇億ドル）の約五倍であった点に留意する必要がある。固定価格で換算したピーク時一年間の戦費の対ＧＤＰ比を比較しても、第二次世界大戦は三五・八％に達していたが、湾岸戦争は〇・三％、イラク戦争でも一％に収まっていた。[37]
また、兵器の高額化に伴い、第二次大戦以降、軍事支出の絶対額は増大しつづけている。ただし、戦費と同様に年間の軍事支出の対ＧＤＰ比は低く抑えられてきた。ＳＩＰＲＩによれば、一九八八年〜二〇一七年までの世界の軍事支出は、一六年米ドル固定価格で九九年の九九六〇億ドルを底値として増大を続け、一七年には一兆六八六〇億ドルに達した。しかし、対ＧＤＰ比の世界全体の平均値は九九年の九・二％から一七年の六・三％へと縮小している。[38]

（3）経済力の測定

経済力を国家の潜在的なパワーや能力を支える資源として捉える方法は、他国の行動の変化に反映された実際のパワーとは乖離があるものの、測定が比較的容易で予測可能でもある点で有用である。

一般に、経済力は国家の経済規模を意味する国内総生産（GDP）や国民総生産（GNP）で測定するのが常である。ただし、あくまで潜在的なパワーである以上、経済規模自体よりもそれを人口規模で割った国民一人当たりGDPの方が、指標としてはより正確かもしれない。なぜなら、一人当たりGDPが高いということは、基本的な生存に必要な財を上回るだけの資源の余剰があることを意味し、その余剰資源が民生から軍事に転用できるからである[39]。

それを端的に示すのが一九世紀半ばに絶頂期を迎えたイギリスの経済力である。イギリスの富を支え、他国を引き離したのは近代的な工業力で、世界の生産高に占める相対的なシェアは、一七五〇年の一・九％から一八六〇年には一九・九％へと拡大した。当時のイギリスの経済力は、工業化の水準と一人当たりGNPにおいて卓越していたが、GNP自体は他の欧州の大国と比較してそれほどの規模ではなかった。事実、一八五〇年のイギリスのGNPは、一九六〇年のドル換算で一二五〇億ドルで、一二七〇億ドルのロシア、一一八〇億ドルのフランス、一〇三〇億ドルのドイツと肩を並べていた。しかし、同年のイギリスの一人当たりGNPは四五八ドルで、一七五ドルのロシア、三三三ドルのフランス、三〇八ドルのドイツを圧倒していた[40]。

他方で、冷戦初期の一九五〇年、軍事支出は米国が一四五億ドル、ソ連が一五五億ドルで、兵員数は米国が一三八万人、ソ連が四三〇万人であった。軍事支出でも兵員数でも、両超大国は他の大国を圧倒していたが、一九六四年固定価格で換算したGNPは、米国三八一〇億ドルに対しソ連は一二六〇億ドル、一人当たりGNPでは米国が二五三六ドルに対してソ連はわずか六九九ドルにすぎなかった。つまり、GNPで約三倍、一人当たりG

表　国防予算上位10カ国と国内総生産・政府支出の関係—2017年度

順位　国名	国防予算（億ドル）	GDP（億ドル）	一人当たりGDP（ドル）	対GDP比（%）	対政府支出比（%）
1　米国	602.8	19,390	57,558	3.1	8.8
2　中国	150.5	12,014	8,643	1.9	6.1
3　サウジアラビア	76.7	683	21,120	10.3	30.4
4　ロシア	61.2	1,527	10,608	4.3	12.0
5　インド	52.5	2,611	1,982	2.5	9.1
6　英国	50.7	2,624	40,529	1.8	4.7
7　フランス	48.6	2,583	38,205	2.3	4.0
8　日本	46.0	4,872	38,982	0.9	2.6
9　ドイツ	41.7	3,684	42,249	1.2	2.7
10 韓国	35.7	1,538	27,534	2.6	12.1

出典: 国防予算はIISS Military Balance、国内総生産はIMF World Economic Outlook Databaseより筆者作成

NPでは約三・六倍の開きが存在した。八〇年に至っても、米国のGNPが二兆五九〇〇億ドルに対しソ連は一兆二〇五〇億ドル、一人当たりGNPでは米国が一一三六〇ドルに対してソ連は四五五〇ドルにすぎなかった。幾分格差は縮んだとはいえ、GNPで約二倍、一人当たりGNPでは約二・五倍の格差が存在した[41]。こうした経済力の格差は、軍拡競争を通じたソ連経済の破綻と冷戦終結を予想させるものである。

上表は、二〇一七年度の国防予算上位一〇カ国のGDP、一人当たりGDP、対政府支出比をドル換算で比較したものである。第三位のサウジアラビアを除けば、すべてが一兆五千万ドル以上のGDPを誇る。同時に、対GDP比をみると、サウジアラビアだけが一〇％以上で経済規模に比して過大な軍事支出を負担している実態がみえる。また、対政府支出比に目を転じると、サウジアラビアだけでなく、経済規模が相対的に劣るロシアや韓国の比率が一〇％を上回り、財政を圧迫する軍事支出を負担している実態もみえてくる。

他方で、一人当たりGDPに着目すると、上位を占める第二位の中国、第四位のロシア、第五位のインドは、他の先進諸国より見劣りする値であることが分かる。これはBRICSに代

表される新興諸国が、一人当たりGDPで測定した経済力では未だ発展途上国に分類されながら、先進国並みの国防予算を支出する経済規模を誇るまでに成長した実態を示している。それは、軍事力を支える基盤として経済力を測定する場合、潜在力を表す一人当たりGDPの方が理論上は適切であるとしても、実際には総額GDPと連動していることを示している。同時に、新興国の経済力を適切に評価するには、民間部門が創出する富を差し引いた政府の経済力に着目した新たな指標に注意する必要性があるかもしれない。

(4)「新しい戦争」と経済力

国家間で行われる「旧い戦争」の勝敗は、軍事力の優劣とともに経済力の優劣に左右された。国家は、戦争遂行のための資金と物資を、国民から徴収した税金と動員した労働力および同盟国からの援助で賄ってきた。特に総力戦ともなれば、国民経済は軍事力を最大化するために総動員され、行政の中央集権化と経済の自給自足化が進んだ。しかし、一九一八年の第一次世界大戦と一九四五年の第二次世界大戦を最後に、総力戦を支える戦争経済という図式は消滅した。イラン・イラク戦争のように、軍事的膠着と敵の完全打倒という全体戦争の特徴を有する戦争が例外的に出現することはあった。しかし、一九六七年の中東での六日間戦争のように戦力の不均衡が戦争を短期に集結させるか、コソボ紛争に介入したNATO軍のように軍事的関与の目的自体が限定されていた。[42] 核兵器という巨大な破壊力が戦争を抑止し、総力戦の時代から限定戦争の時代へと引き戻すことになった。

他方で、非国家主体との「新しい戦争」の出現は、軍事力の有用性だけでなく、経済力の果たす役割にも変化を与えざるをえなかった。「新しい戦争」は、グローバル化した経済の中で起きている。そこでは、市場に対する国家の優位や、総力戦を勝ち抜く自立した経済という「旧い戦争」における前提はもはや存在していない。にもかかわらず、「新しい戦争」は「旧い戦争」以上に経済力という資源を必要としている。

事実、二〇〇一年～一〇年までに米国がイラクやアフガニスタンなどの対テロ戦争に費やした戦費は、約一兆ドル強に達した。これを二〇一一年ドル固定価格で換算して比較すると、第二次世界大戦を除く過去のいかなる戦争よりも米国は高い戦費を支出してきた。対テロ戦争の戦費は、ベトナム戦争（七三八億ドル）の一・五倍、第一次世界大戦や朝鮮戦争の約三倍、湾岸戦争の一〇倍以上に相当する。[43]

「新しい戦争」では、国家と市場のパワーバランスは逆転し、経済領域における国家のパワーと権威が著しく後退している。市場からの「国家の退場」により経済力は分散し[44]、国家が戦争遂行のために国民経済を動員するのはきわめて困難になった。その一方で、国家に対峙する非国家主体の側は、市場経済ではなくグローバル化したインフォーマルな経済に活動の財源を求める。国境を越えて流れ込む資金や物資、人身売買、薬物、密輸といった種々の不法取引、さらには略奪や犯罪といった「違法」行為で戦闘資金を容易に調達する。非国家主体にとって、彼らの「経済活動」は戦闘の手段であると同時に、それ自体が目的化している。

その結果、「新しい戦争」では、国家と非国家主体が負担する経費にも著しい非対称性が存在する。九・一一米国同時多発テロの実行経費は三〇万ドル～五〇万ドル、米駆逐艦「コール」への攻撃経費は五万ドルにすぎなかった。その一方で、米国はニューヨーク市の治安に一〇五〇億ドル、全米の治安対策に月一二億ドルを費やした[45]。国際テロ組織の資金源は多様で、その実態は不明であるが、二〇一四年九月の時点で、イスラミック・ステート（ＩＳ）の年間資金源は二〇億ドルに達していたとの報告もある[46]。

4　情報とパワー

宮坂直史

(1)政策決定のためのインテリジェンス活動

情報は安全保障政策における意思決定や戦略を策定する際の基盤になるものである。情報は、英語では「インフォメーション（information）」と「インテリジェンス（intelligence）」に区別される。前者は、収集したデータ、情報そのものであり、後者は情報分析官によって分析、評価を加えられ、その情報を利用する「カスタマー」（同じ機関の上司の場合もあるし、機関外の政府高官、国の最高指導者の場合もある）に提供される製品である。インテリジェンスは一般的には知力とか利発さの意味で使われるが、日本語ではインフォメーションもインテリジェンスも「情報」ですますことができる。近年、この分野の研究では、両者を区別し、とりわけ分析や評価を強調するために「インテリジェンス」と表記する傾向にある[47]。

情報が古来変わらぬ重要性を有してきたことは疑いない。有名な「彼を知り己を知れば百戦して殆うからず」という一句を記した中国最古の兵書『孫子』は、戦に先立って敵を知る上で「先知なる者は鬼神に取るべからず。事に象るべからず。度に験すべからず。必ず人に取りて敵の情を知る者なり[48]」と指摘している。換言すれば、占いや神秘的方法、過去の類推、自然の規律ではなくて、コストをかけて間諜（スパイ）に頼ってこそ敵情がわかる、ということである。

情報の収集・分析方法は主に次の四通りがある。①ヒュミント（HUMINT: human intelligence）、②シギント（SIGINT: signals intelligence）、③イミント（IMINT: imagery intelligence）、④オシント（OSINT: open-source intelligence）である。ヒュミントとは、人的情報つまり敵の内部や周辺にいる者やスパイなどを使って情報を得て分析することである。前記した『孫子』の一句もヒュミントであり最も原初的な方法であるが、今日でもたとえばテロリスト組織の内部を知るにはヒュミントに頼らざるをえない。それは命がけの任務でもある。二番目のシギントとは信号傍受の意味であり、通信傍受やラジオ信号の傍受、電磁的な放射から得られる情報の収集と分析である。三番目のイミントは画像情報で、偵察衛星や偵察機からの画像を解析することである。軍隊の動きや施設の建設、兵器の配備など面で捉えるべき事象にはイミントが役立つであろう。最後にオシントであるが、これは特別な作業ではなく、日々の新聞・雑誌・放送など誰もが得られるソースから相手の意図や変化を地道に読み取ることである。かなりの部分はオシントで把握できるし、あらゆる情報活動のベースでもある。(49)

なお、軍が運用し、相手国の軍事関係を諜報するものを特にマシント（MASINT: Measurement and Signature Intelligence）と総称することがある。敵対国や調査対象国の核実験・核爆発の探知と性能評価、発射されたミサイルの種類の特定や性能の解析、潜水艦の位置の探知などを目的として、早期警戒衛星、航空機、地上配備レーダー、観測艦艇などを陸・海・空・宇宙空間で運用して、対象物から発せられる化学物質（たとえばミサイル燃料ガス）、大気中の放射性物質、地震波、水中音波、音響などを捉えて、相手の行動を分析するものである。ちなみに、マシントのmeasurementは「測定」という意味で、signatureは署名とか、その人独自の、トレードマークの、というニュアンスを持つ言葉として日常的によく使われるが、ここでもそれと類義に、対象物が何者でそれがどのような性能なのかを同定するための目印という意味で使われている。マシントは、まさにそのインテリジェンスの方法に合致したネーミングである。

さて、政府内には通常複数の情報機関あるいは情報部局が並立して活動している。それらの間で目標を同じくするとか制度的なつながりがあれば、全体を「インテリジェンス・コミュニティ」といってもよい。連携があってこそ

「コミュニティ」にふさわしい。しかし、情報を扱う者の常として、同じ国の中でも各機関が自然調和的に連携することはなく、同じ問題を分析していても、放っておくとシギント、イミントなど別々に得られた情報をもとに評価の異なるインテリジェンスが「カスタマー」に届けられる。この並立状況は「ストーブパイプ（stovepipe：ストーブのパイプのように平行して縦に配管され、横をつなぐ配管がないために一つひとつが閉じている状況）」と批判的にいわれている。「カスタマー」が自らの上司ではなく、上に行けば行くほど、ましてや国のトップであれば、すべての問題に精通しているはずがないのだから、同一問題でまったく異なる評価が示され、対応の決断を迫られてもどうにもならない。少なくとも国のトップに届ける前の段階で、インテリジェンスの調整、一元化が望まれる。

念のために付言しておくが、同じ国の同じ政府の中でも、そうやすやすと他省庁や他部署と情報交換をしたりすることはない。それは何も安全保障問題に限ったことではなく、「縦割り行政」（sectionalism）と揶揄される通常の姿である。程度の違いはあっても、これは日本だけの問題ではない。しかしそれを放置しておいては、対外的な交渉でも、国家戦略を立てるにしても、国際的な危機に直面して決断をするにしても、国内での大規模災害対処でも、その他いろいろな面で弊害が出てくるから、各国とも千差万別ながら、同一の問題領域では目標や情報を共有できるような制度的な仕組みを作り、その運用に腐心しているのである。

国家にとって情報収集・分析力の強化は、現在の日本でもそうだが、常に課題である。その議論の中心は、大概制度的な改革（情報機関や情報部局の拡充や権限強化、調整機能、指揮系統の見直しなど）や人材の強化（情報のプロの養成のあり方など）になる。しかし、情報部門を強化するだけでは一国の安全の向上に直結しない。なぜならば、重大な意思決定をするのは情報機関ではなく、あくまでも政権中枢、政府高官である。いかなる情報が欲しいのかをリクエストするのは彼ら政策決定者たちである。[50]

両者は時に微妙な関係に置かれることもある。情報機関も政府の一員であり、人事や予算をすべて自分たちで決める権限はない。そうかといって、政策決定者たちの機嫌を損なわないように忖度の塊のような製品を上納すれば、現実を捻じ曲げるおそれがある。二〇〇三年のイラク戦争に突入する前にブッシュ政権の中枢に上げられたイラクの大量破壊兵器の情報は、政権の「それがあるに違いない」という意向に配慮しすぎ、情報機関が分析の中立性を失っていた例であろう。また、分析官が自分の情報分析が国家の危機や死活的利益に関係するものだと感じても、それがすぐに政権トップに伝わるわけではない。組織が巨大であるほど手続きは官僚的になり、幾重もの決済を通過しなければならない。たとえ有益な情報を担当者が発見しても、それを生かすも殺すも、受け取る上司や、政権中枢の問題関心とその優先順位次第になる。

また、機密保持が伴ってこそ情報収集は強化できる。機密の程度に応じて情報にアクセスできる職員を振り分けるセキュリティ・クリアランスの導入が求められるし、とりわけ同盟関係を実のあるものにするためには機密保護の確保は必要となる。同盟国、友好国との間でも情報の取得は原則ギブ・アンド・テイクであり、ましてや相手から信頼されなければ薄っぺらな価値のない情報しか得られない。

(2) 情報の提供と情報の操作

安全保障に関する情報は何も政府内で囲い込むものだけではない。「秘情報」や交渉の行方を左右しかねない内容、相手との信頼関係から表に出せないものなどは除いて、国民には、問題の背景や基本的な知識を積極的に提供しなければならない。国民はまた政策決定プロセスを知り、その是非を判断する権利がある。

情報提供は、海外における自国民の保護（日本の場合は「邦人保護」という）という点でより切実になる。政府は、各国の危険情報を国民に常時知らせ、渡航の是非を勧告し、事件や危機の際にはいち早く伝える。それが自国民に適切な行動をとってもらうための判断材料になる。同様のことは国内の危機でもいえる。日本では国民保護法と国民保護計画に基づいて政府が「国民保護事態」を認定すれば、必要に応じて当該地の住民の避難を指示するのであるから、事態の性質を住民、国民に知らせる必要がある。さらには平時から、住民、国民、政府等の間でリスク情報への理解を深める「リスク・コミュニケーション」がなされていることが望ましい。それがなければ、危機が発生した際に、多くの人々は突然のことで不安に陥り、事態が理解できず、定かでない情報に振り回され、二次災害や風評被害も起きやすい。

他方、情報の提供といっても、国民の冷静な判断と行動を期待するのが目的ではなく、情報や言語の意図的な操作によって敵に対するイメージを決定づけ、憎悪を煽ることで、自らの政治目的を達成しようとすることも少なくない。たとえば、旧ユーゴスラヴィアのボスニア紛争（一九九二年〜九五年）において、ボスニア政府が雇った広告代理店はセルビア人勢力の残虐行為を「エスニック・クレンジング（民族浄化）」と命名した[51]。この衝撃的なネーミングが、反セルビアの国際世論の形成に役立った。また、ルワンダでは一九九四年にツチ族やフツ族穏健派に対するジェノサイドがあったが、それはラジオ放送による組織的な反ツチのプロパガンダによって扇動されたことも知られている。

ところで、安全保障にとどまらず、産業界はじめどの分野においても、いつの時代でも「偽情報」（disinformation）というものが意図的に流されてきた。だが、インターネットとソーシャルメディアが世界に普及している現代においては、政治的な意図を有した個人、組織、国が、いわゆるフェイク・ニュースや偽投稿を大量に流し、自動的にそのツイートの拡散さえできる。それを見た者が偽モノと見抜けないほど巧妙に仕組む。それが他国からの介入となると、二〇一六年の米大統領選へのロシアの介入のように、国家間の争点、対立の原因になる。「偽情報」も相手国に多大な影響をもたらす点においてパワーの行使であり、次に述べるサイバー攻撃の一つになる。

(3)情報システムの破壊

戦争において心理戦や通信妨害は古くからある情報戦の一手段である。だが近年のインフォメーション・ウォーフェアー(information warfare)には、新たな手法が内包されている。米統合参謀本部はそれを、敵の情報基盤に影響を及ぼし、自らの情報基盤は防護し、情報優位を達成する意味で捉えている。一九九一年の湾岸戦争以後、このような攻防が広く意識された。九九年のNATO軍によるユーゴ空爆では戦争のハイテク化と情報戦に一層の関心が注がれた。具体的には、指揮統制通信システムの物理的破壊、コンピュータ・ネットワークへの攻撃、精密誘導兵器の使用による前線の無人化などが含まれる。

インフォメーション・ウォーフェアーが国家による戦争遂行と防御の一戦術とするならば、サイバーテロリズム(cyberterrorism)は、国家以外のアクターが仕掛けるハイテク犯罪の一種と捉えられるが、もとよりその境界は曖昧である。サイバーテロリズムを日本の警察庁は「一般にコンピュータ・ネットワークを通じて、各国の国防、治安等をはじめとする各種分野のコンピュータ・システムに侵入し、データを破壊、改竄するなどの手段で、国家または社会の重要な基盤を機能不全に陥れるテロ行為[52]」と定義している。行為の主体が私人なのか国家組織なのか、この定義ではそこまで決めていないが、実際に起きてきた事案をみると多様な行為主体が入り混じっている。

サイバーテロのタイプとしては、標的型といわれるような情報の窃取もあるが、制御システムを感染させて物理的な破壊や被害をもたらす攻撃もある。たとえば、運輸システムを破壊し鉄道や航空機の安全を損なったり、食品製造過程での添加物混入あるいは医薬品の処方段階でプログラムを変更させ無差別的に人の健康に影響を及ぼすことが考えられるし、金融システム、重要インフラをダウンさせて経済的打撃や社会混乱を引き起こす事案ならば実際に発生している。二〇〇七年四月、NATO加盟国でIT先進国のエストニアは、ロシア国内から大規模で前例のないサイバー攻撃（ＤＤｏＳ攻撃など）を一カ月にわたって受け、すべての政府機関や銀行がダウンした。これをＮＡＴＯが「国家の情報技術基盤を全面攻撃された初のケース」と判断したように、歴史に記される事案になった。二〇〇八年八月のロシアとグルジアの武力衝突でも、その第二戦線ではサイバー攻撃が実施された。

サイバーテロには、実行者にとっていくつかの利点が挙げられる。第一は、攻撃のコストが安い。一人でも可能であり、地理的・時間的制約がない。第二に、実行犯にとってリスクが低い。犯人は特定されにくく、戦略的な攻撃なのかいたずらなのか意図がわからない。ただし、犯人を特定することを「アトリビューション」（原因が〜に帰するという意味）の解明といい、たとえば二〇一五年の米中首脳会談では、当時は異例なことに、米国が中国にサイバー攻撃の証拠をつきつけたことがある。「アトリビューション」がはたして抑止になるのか、それとも新たな攻撃手法を生み出す契機になるのか、どちらともいえないであろう。

こうして、端末を使い相手のシステムを破壊する、情報を盗む、偽情報を流すという、歴史上まったく新しい戦いが現実化した。国家間の対立にサイバー攻撃はつきものになった。国力の大きな国は、サイバー戦においても優位に立っているが、小国であっても大国への攻撃能力を有することはできる。しかも個人がサイバー空間の戦いに参入できる。サイバーの世界は、パワーの分立と脅威の遍在性が特徴である。

5　科学技術とパワー

神谷万丈、久保田徳仁

産業化、情報化、グローバル化などの急速な進展にもかかわらず、世界は、依然としてアナーキーの状況（中央政府を欠いた状態）にある。この現実が根本的に変化しない限り、安全保障においては各国の自助（self-help）が重要であり続ける。自助の基礎となるのは各国のパワー（国力）であり、科学技術はその主要な源泉の一つである。

ハンス・J・モーゲンソーは、国力の主要要素として「工業力」と「軍備」を挙げ、①現代の戦争における勝利は工業力によって決まること、②現代世界においては、「工業施設の質および生産能力」「技術者の技能」「科学者の発明能力」などが工業力を左右する要因であること、③現代世界では国力にとって工業力の重要性が「非常に増大」したこと、および④軍備に関しては、技術革新がリーダシップや軍隊の質・量と並んで重要であることなどを指摘した[53]。

モーゲンソーの議論は、現代世界における科学技術と国力との、主要な二種類の結びつきを明らかにしている。第一に、国家の軍事力は、その国が、兵器に関する技術革新を活発に引き起こす能力を持つかどうかに大きく左右されること、第二に、現代における国家の繁栄の基盤であり、軍事力の基礎でもある経済力そのものが、その国の技術力や技術革新力(「科学者の発明能力」)によって決定されること。

科学技術と国力の密接な関係は、現代に限った現象ではない。古くは古代オリエントの時代に、トルコのアナトリア高原で興ったヒッタイトが、紀元前一六世紀に古バビロニアを滅ぼすなどシリアからエジプト近くにまで及ぶ大帝国を築き上げたのは、後期青銅器時代にはじめて鉄を生産し、その精錬方法を独占していたからだといわれている。また、国際政治学では、一五世紀末のヨーロッパから始まり、大航海時代や植民地時代を経て全世界に拡大して現在に至る近代世界システムにおいて、約一〇〇年ごとに、世界秩序を主導する「世界指導国」(覇権国)が交代してきたとの説が唱えられているが、その代表的論者であるジョージ・モデルスキーは、世界指導国の四条件の一つに、その国が、技術革新により主導的産業を生み出す力を持った「主導的経済」であることを挙げている[54]。冷戦期において米ソは激しい宇宙開発競争を繰り広げた。これは宇宙開発技術における優位を示すことが、所属する陣営のイデオロギー的優越性を示すこととなり、ひいては対立する陣営からの寝返りを期待することが可能だったからである。このように科学技術の優位はその国のソフトパワーの一つの象徴としても強い影響力を持つ。

国力の源泉としての科学技術の重要性は、二〇世紀の特に後半になってさらに高まった。技術進歩の速度(すなわち技術革新の頻度）が幾何級数的に加速するにつれ、この面での優劣が、経済的にも軍事的にも、国のパワーに決定的な影響を与えるようになってきたからである。かつては領土の獲得競争の様相が濃かった国家間競争は、二〇世紀後半には経済的繁栄をめぐる競争に変化し、さらには、科学技術面での進歩をめぐる競争（たとえば最近の生命科学やナノ・テクノロジーなどの分野での技術開発競争を想起せよ）へと重点を移しつつある。軍事面では、兵器のハイテク化と精密化が徐々に加速し、九〇年代の半ば頃からは、「軍事における革命（ＲＭＡ）」が、米国を中心に急進展しつつある。

ＲＭＡの例として、ロボット技術の軍事への応用を挙げることができる。これまでにすでに実用化されている軍事用ロボットには、無人車両、無人航空機、無人水上艦艇、無人潜水艇などがある。米軍は、イラクとアフガニスタンの戦場で、四千台以上の無人地上車両（ＵＧＶ）を、反米武装勢力やテロリストの攻撃から自軍兵士を守るために使用した。米兵が死傷する最大の原因である路上の仕掛け爆弾を捜索・処分するためには、爆発物処理ロボットが用いられている。すでにロボット技術が戦場で重要な役割を果たしているのである。

陸戦・海戦・空戦のそれぞれについて、ロボット技術の軍事への導入の実態を概観してみよう。まず、陸戦についてみると、米陸軍は、偵察用の小型ロボット（ＳＵＧＶ）、輸送・戦闘用の中型ロボット（ＭＵＬＥ）、偵察・戦闘用の大型ロボット（ＡＲＶ）を開発しており、２０１７年に提唱された「ロボティックスおよび自律システム戦略（RAS Strategy: Robotic and Autonomous System Strategy）」においては、陸戦ロボット兵器に大きな役割を期待している。一方、米海兵隊は、戦術無人地上車両（ＴＵＧＶ）「グラディエーター」を導入している。グラディエーターは、重量三トン級の中型戦闘ロボットであり、遠隔操縦・半自動操縦により操作される。遠隔操作式自動火器、障害突破システム、煙幕システムなどを搭載し、斥候、監視、目標補足、核生物化学兵器偵察、直接射撃、障害物の破壊、暴徒鎮圧など、幅広い任務で海兵隊を支援できる。

次に、海戦においては、現在、想定される戦闘海域が外洋から沿岸浅海へと移行しており、この流れの中で、無人水上艦艇（ＵＳＶ）および無人潜水艇（ＵＵＶ）の役割が注目されている。ＵＳＶとＵＵＶは、情報収集、監視、偵察任務に優れており、対テロリズム、艦隊防御、対潜水艦戦、対機雷戦、限定的な対水上戦、対地攻撃などで役割を果たすことを期待されている。たとえば、米海軍は、すでに全長七メートルのＵＳＶ「スパルタン・スカウト」や自律型のＵＳＶ「シー・ハンター」などを開発している。イスラエルとシンガポールも、全長九メートルの硬式ゴム製ボートであるＵＳＶ「プロテクター」を、沿岸警備や港湾内の警備などに使用している。二〇一二年一一月には、米海軍は、ＵＳＶからミサイルを発射する初の実験を行った。ＵＵＶもすでに多くの国で用いられており、その主な任務は機雷の捜索と処分である。米海軍は、完全自律型のＵＵＶの開発を進めており、情報収集、機雷偵察、戦術的海洋データの収集、および沿岸の浅い海域での対潜水艦戦などの任務を期待しているとみられる。

最後に、空戦においては、無人航空機（ＵＡＶ）が一九八〇年代から活発に用いられてきている。現在、米空軍の無人偵察機「グローバル・ホーク」は、高度約二万メートルを三六時間飛行することができ、信号情報収集システムを搭載し電子偵察を行い、衛星通信用パラボラ・アンテナによりデータを送信する。九・一一テロ後の米国のアフガニスタン攻撃に際しては、グローバル・ホークがアラブ首長国連邦に派遣され、アフガニスタンを偵察した。また、イラク戦争でも重要な役割を果たすなど、米空軍の偵察任務は、有人機から無人機に移行したといわれる。

無人航空機は、今後は、偵察任務のみならず攻撃任務に関しても役割を増大させていくとみられている。なぜなら、近年、多くの国で防空態勢が強化され、防空網突破のための危険が大きくなっているからである。

経済成長を背景に近年軍事力の急速な近代化を進める中国も、こうしたロボット技術の軍事利用に熱心である。

このように、陸海空のすべてにおいてロボット技術の軍事利用が進んでいる重要な理由の一つは、近年、特に先進国において、戦争における人的損害が強く忌避されるようになっていることに求められる。こうした忌避感情は、先進諸国政府にとっては、必要な場合（国際平和活動などを含む）にも軍事力の使用を躊躇させる要因として働く。ロボット技術の軍事利用により「戦場の無人化」が進めば、この問題を緩和できると考えられているのである。また、ロボットは人間では不可能な長時間や劣悪な環境下での偵察行動が可能であり、情報収取能力を格段に高めることができる。さらに、財政的な理由もある。無人機による作戦行動は、人間を使った作戦行動よりも概して安価であるため、軍事予算をめぐる環境が厳しい国にとってはロボット技術の利用が魅力的な選択肢となっているのである。日本でも、二〇〇〇年代の半ば過ぎ頃から、経済的伸び悩みと少子化という趨勢の中で、自衛隊の装備としてロボットを重視すべきだとする提言が出されるようになった(55)。

ロボットの軍事利用は、人工知能（ＡＩ）の加速度的な発達と結びついて、さらなる進化を遂げつつある。たとえば、中国は、ＡＩをこれからの最重要技術と位置づけ、二〇一七年には「次世代ＡＩ開発計画」を発表して二〇三〇年までにＡＩの世界的なリーダーとなることを国家目標としているが、習近平政権が掲げる「軍民統合」の方針の下で、民間のＡＩ技術の軍事転用を大々的に推し進めようとしているのである。

ロボット技術以外に重要なのは、たとえばリモートセンシング技術（人工衛星やヘリコプターなどから地表の様子を探査する技術）である。リモートセンシングは軍備管理や環境保護の条約履行監視だけでなく、大量虐殺の証拠として挙げられる埋葬地の発見にも用いられる。核実験の検知には地震計による計測が用いられることは広く知られている。

また、深海探査技術も外交を左右する。二〇〇七年七月、ロシアの潜水艦が北極海に潜り、北極海海底にロシア国旗を立てるという出来事があった。この潜水艦による探査は、ロシアから北極海に向かって北に伸びるロモノソフ海嶺がシベリア大陸の大陸棚の延長であるかどうかを確認するという目的を持っていた。高度な海底探査の技術は領有権問題を優位に処理するために用いられているのである。潜水艦の乗員はこう述べた。「（この探査は）全世界の人々にかく知らしめるであろう。すなわち、ロシアは北極における大国であり、かつ科学大国（Scientific Power）である、と[56]」。このようにリモートセンシング技術や深海探査技術の発達は国家間の関係に「科学的な証拠」を導入し、こうした「科学的な証拠」が外交関係を規定するようになっている。

以上の例からもわかるように、現代では、科学技術の優劣が軍事力の優劣を決し、国際関係を左右するようになりつつある。先に、今や国家間の経済的繁栄をめぐる競争が科学技術面での進歩をめぐる競争に移行しつつあることにふれたが、以上をあわせて考えるならば、二一世紀の世界においては、軍事的安全保障と経済安全保障の両方の基盤として、科学技術力が決定的ともいえる意味を持つに至っているということができよう。

ところで、技術革新の多くが、軍事部門ではなく民生部門において、政府主導ではなく民間主導で生み出されるようになったのも、二〇世紀後半以降の特徴である。利潤を追求する企業や個人による自由な製品開発競争の中から技術革新が生まれ、それが軍事技術にも転用されていくという流れが一般的なものとなったのである。かつての共産主義・社会主義諸国における計画経済は、こうした自由な経済活動を認めなかったために、技術革新力で自由主義的民主主義諸国に徐々に遅れをとっていった。その典型が、冷戦期のソ連であった。ソ連が冷戦に敗北した大きな原因は、科学技術面での米国との格差拡大にあった。アントニー・C・サットンの研究によれば、建国初期から一貫して、ソ連の重要技術の多くは自前ではなく、西側、特に米国に起源を有していた[57]。技術移転は、合法・非合法のさまざまな手法により行われていた。ソ連の米国技術への依存は時を追うにつれて進み、八〇年代に入ると、ソ連の弾道ミサイルには米国製コンピュータ・ゲームのマイクロチップの複製品が、ロゴ入りのままで使われていると伝えられるほどであった。

だが、最近の中国は、政治的には共産党の一党独裁を維持しつつ経済活動については民間に大幅な自由を認め、そこで得られた技術革新の成果を国家が吸い上げる形で軍事転用を進め、軍事力の強化につなげようとしている。先にふれたＡＩ技術やロボット技術の利用は、その典型例である。政治的には自由ではないが経済的には自由度が高い国家による民生技術の軍事転用が、日本や米国を含めた自由主義的民主主義諸国に対して軍事・安全保障上の新たな挑戦を突きつけているのである。

本節でみてきたように、高い科学技術力を有する国家は、経済でも軍事でも国際的に優位に立ち、世界秩序を主導するが、その優位は固定的なものではない。覇権に関する国際政治学の議論（本書第6章を参照）は、他国を圧倒する力を持つ覇権国の優位も決して永続しないことを示しているし、加えて科学技術には、先進地域から後発地域へと移転（技術移転）する性質がある。先にみたソ連の対米技術依存はその一例であり、最近では、安全保障に関し、大量破壊兵器や弾道ミサイル技術の移転（「拡散」と呼ばれる）が問題となっている。先進諸国は、世界秩序の維持のために技術移転を防止しようとするが、歴史は、いかなる手段を用いようとも、移転を遅らせることはできても止めることはできないということを教えている。特に現代では、民生にも軍事にも使用可能な「両用技術（dual-use technology）」が増加しており、その移転防止は困難を極める。日本を含む先進諸国にとっては、国際安全保障上の脅威となるおそれのある国への重要技術の移転をできるだけ遅らせつつ、移転に対応するための新技術の開発にとり組むことが重要である。

1　ハンス・J・モーゲンソー（現代平和研究会訳）『国際政治Ⅰ』（福村出版、一九八六年）第九章「国力の諸要素」。

2　Joseph S. Nye, Jr., *Bound to Lead: The Changing Nature of American Power* (New York: Basic Books, 1990) ジョゼフ・S・ナイ、Jr.（久保新太郎訳）『不滅の大国アメリカ』（読売新聞社、一九九〇年）]; Joseph S. Nye, Jr., "Soft Power,"

3　*Foreign Policy*, No. 80 (Fall 1990).

ナイ自身によるハードパワーとソフトパワーの定義についての文献のうち、日本語のものとして、ジョセフ・S・ナイ（山岡洋一・藤島京子訳）『スマート・パワー――二一世紀を支配する新しい力』（日本経済新聞出版社、二〇一一年）〔原著：Joseph S. Nye, Jr., *The Future of Power* (New York: Public Affairs, 2011)〕、およびジョセフ・S・ナイ（山岡洋一訳）『ソフト・パワー――二一世紀国際政治を制する見えざる力』（日本経済新聞社、二〇〇四年）〔原著：Joseph S. Nye, Jr., *Soft Power: The Means to Success in World Politics* (New York: Public Affairs, 2004)〕を挙げておく。近年のナイの著作は多く邦訳されており、その多くにソフトパワーについての記述がある。

4　Nye, *Bound to Lead*, p.191; Nye, "Soft Power," p.168.

5　本節の記述について、より詳しくは、神谷万丈「ポスト九・一一の国際政治におけるパワー――変容と持続」『国際問題』No.586（二〇〇九年一一月号）を参照。

6　以上の点について、詳しくは、本書第15章第4節を参照。

7　ナイ『ソフト・パワー』二二一頁。

8　Richard L. Armitage and Joseph S. Nye, Jr. cochairs, *A Smarter, More Secure America: Report of the CSIS Commission on Smart Power* (Washington, D.C.: Center for Strategic and International Studies, 2007), p.7. ほかに、Richard L. Armitage and Joseph S. Nye, Jr., "Stop Getting Mad, America. Get Smart." *The Washington Post*, December 9, 2007を参照。ナイは、日本に対してもスマートパワーたることを奨めている。たとえば、ジョセフ・ナイ「硬軟合わせ『スマートパワー』に」（インタビュー記事）『朝日新聞』二〇〇六年四月二六日。

9　本節の議論の基礎とした文献のうち、読者の便宜のために、日本語文献に限り特に以下を挙げておく。K・J・ホルスティ（宮里政玄訳）『国際政治の理論』（勁草書房、一九七二年）二七〇―二七七頁、ブルース・ラセット他（小野直樹他訳）『世界政治の分析手法』（論創社、二〇〇二年）一三六―一三九頁。

10　メアリー・カルドー（山本武彦・渡辺正樹訳）『新戦争論―グローバル時代の組織的暴力』（岩波書店、二〇〇三年）二一頁。

11　軍事力の変遷と諸相に関しては、石津朋之編『戦争の本質と軍事力の諸相』（彩流社、二〇〇四年）を参照。

12　ヘドリー・ブル（臼杵英一訳）『国際社会論』（岩波書店、二〇〇〇年）二二九頁。吉崎知典「戦争と国際社会」加藤朗他『戦争―その展開と抑制』（勁草書房、一九九七年）。

13 E・H・カー（井上茂訳）『危機の二十年』（岩波現代叢書、一九六九年）一四六～一五一頁。

14 リチャード・ローズクランス（土屋政雄訳）『新貿易国家論』（中央公論社、一九八七年）、渡辺昭夫「マネーとパワー」渡辺昭夫・緒田原涓一編『国際政治経済論』（有斐閣、一九八八年）一―三七頁。

15 カルドー『新戦争論』七頁。

16 K・J・ホルスティ（宮里政玄訳）『国際政治の理論』（勁草書房、一九七二年）一一〇頁。

17 John Orme, "Utility of Force in a World of Scarcity," Robert J. Art and Kenneth N. Waltz, eds., *The Use of Force: Military Power and International Politics*, Fifth Edition, New York: Rowman & Littlefield Publishers, Inc., 1999, pp.460-466.

18 Robert J. Art, "To What Ends Military Power?" *International Security*, Vol.4, No.4, Spring 1980, p.14.

19 Robert Keohane and Joseph S. Nye, *Power and Interdependence: World Politics in Transition*, Boston: Little, Brown and Company, 1977, pp.23-29.

20 軍事力の機能としては強要（compellence）と強制（coercion）を区別して使用する。強制は威嚇によって相手の協力を得ることであり、強要にも抑止にも使用される。相手に現状変更を強制するのが強要であり、現状維持を強制するのが抑止である。

21 ゴードン・クレイグ、アレキサンダー・ジョージ（木村修三他訳）『軍事力と現代外交』（有斐閣、一九九七年）第一五章参照。

22 カルドー『新戦争論』一～一七頁。石津編『戦争の本質と軍事力の諸相』一五八～一六四頁。

23 石津、同上、七三頁。エドワード・ルトワック（武田康裕・塚本勝也訳）『エドワード・ルトワックの戦略論―戦争と平和の論理』（毎日新聞社、二〇一四年）一一頁。

24 カー『危機の二〇年』一五一頁。

25 渡辺昭夫・緒田原涓一編『国際政治経済論』一二頁。

26 スーザン・ストレンジ（櫻井公人訳）『国家の退場』（岩波書店、一九九八年）四一～四二頁。

27 ポール・ケネディ（鈴木主税訳）『大国の興亡　上巻』（草思社、一九八八年）一三五頁、第二表。

28 ケネディ、同上、四〇七頁。

29 猪口邦子『戦争と平和』（東京大学出版会、一九八九年）四四頁。
30 ポール・ハースト（佐々木寛訳）『戦争と権力―国家、軍事紛争と国際システム』（岩波書店、二〇〇九年）三八～三九頁。
31 ポール・ケネディ（鈴木主税訳）『大国の興亡　下巻』（草思社、一九八八年）九三頁。
32 ハースト『戦争と権力』三一頁。
33 加谷珪一『戦争と経済の本質』（総合法令出版、二〇一六年）二四～三一頁によれば、日中戦争と太平洋戦争を合わせた日本の戦費総額は、実質ベースで約二千億円、GDPの約八・八倍であった。他方、米国の第二次世界大戦の戦費総額は三千億ドルで、対GDP比は約三・二倍であった。当時の購買力平価に基づく米国のGDPは日本の約五倍で、ドル換算で日本の約二倍の戦費を投入できた。
34 Rosella Cappella, *The Political Economy of War Finance*, Ph.D. Dissertation in Political Science Presented to the Faculties of the University of Pennsylvania, 2012, pp.382.
35 猪口『戦争と平和』四二～四五頁。
36 小野圭司「第一次大戦・シベリア出兵の戦費と大正期の軍事支出―国際比較とマクロ経済の視点からの考察―」『戦史研究年報』第一七号（二〇一四年三月）三六頁。
37 Stephen Daggett, "Costs of Major U.S. Wars," *Congressional Research Service*, June 29, 2010, p.2.
38 〈https://www.sipri.org/sites/default/files/3_Data%20for%20all%20 countries%20from%201988-2017%20as%20a%20 share%20of%20GDP.pdf〉（二〇一八年六月五日アクセス）。
39 ハースト『戦争と権力』三一頁。
40 ケネディ『大国の興亡　上巻』二三一頁、二六五頁。
41 ケネディ『大国の興亡　下巻』一四五頁、二三九頁。
42 ハースト『戦争と権力』五二頁。
43 Daggett, op.cit., p.2.
44 ストレンジ『国家の退場』。
45 Steve Kiser, *Financing Terror An Analysis and Simulation for Affecting Al Qaeda's Financial Infrastructure*, RAND, 2005, p.30.

46 Christine Duhaime, "Terrorist Financing and the Islamic State"〈http://www.duhaimelaw.com/wp-content/uploads/2015/04/White-Paper-Terrorist-Financing-Methods1.pdf#search=%27terrorist+financing+pdf%27〉（二〇一八年六月五日アクセス）。

47 インテリジェンスをメインタイトルに使った初期の主な著作には、大森義夫『日本のインテリジェンス機関』（文春新書、二〇〇五年）、北岡元『インテリジェンス入門』（慶應義塾大学出版会、二〇〇三年）、同『インテリジェンスの歴史』（慶應義塾大学出版会、二〇〇六年）、小谷賢『日本軍のインテリジェンス』（講談社、二〇〇七年）、小谷賢編『世界のインテリジェンス』（PHP研究所、二〇〇七年）などがある。

48 『孫子』金谷治訳注（岩波文庫、一九六三年）一四七―一四八頁。

49 オシントの重要性を、江畑謙介『情報と国家』（講談社現代新書、二〇〇四年）が指摘している。

50 この問題については、北岡『インテリジェンス入門』が理論的に詳しく論じている。

51 高木徹『戦争広告代理店―情報操作とボスニア紛争』（講談社、二〇〇二年）を参照せよ。

52 『サイバーテロの脅威と対策』（警察政策学会資料第七号、平成一二年六月）一二頁。

53 Morgenthau and Thompson, *Politics among Nations*, sixth edition, pp.136-141.

54 ジョージ・モデルスキー（公文俊平・神谷万丈訳）「世界指導国　四つの条件」『Voice』第七〇号（一九八三年一〇月号）二一六―二一八頁。

55 東京財団安全保障研究プロジェクト「新しい日本の安全保障戦略―多層協調的安全保障戦略」（東京財団政策提言、二〇〇八年一〇月）、http://www.tkfd.or.jp/admin/files/081008.pdf（二〇一八年五月一三日アクセス）。

56 Klaus Dodds, "Icy Geopolitics," *Environment and Planning D: Society and Space*. Vol. 26, No. 1 (2008), pp. 1-6.

57 Antony C. Sutton, *Western Technology and Soviet Economic Development: 1917 to 1930* (Stanford: Hoover Institution Press, 1968) ; Sutton, *Western Technology and Soviet Economic Development: 1930 to 1945* (Stanford: Hoover Institution Press, 1971) ; Sutton, *Western Technology and Soviet Economic Development: 1945 to 1965* (Stanford: Hoover Institution Press, 1973).

第5章 勢力均衡と同盟

石川　卓

1　勢力均衡

(1) 勢力均衡システム

「勢力均衡」は、安全保障について論じる上で、不可欠な概念の一つである。国際政治学・国際関係論においても最も基本的な概念の一つであり、特にその主要な理論的潮流の一つであるリアリズムでは、無政府的な国際システムにおいて一定の安定を実現するための基本的な原理としてきわめて重視される。諸国家間で一定の安定が確保された状態は「勢力均衡システム」と呼ばれ、諸国家がその状態を追求することは「勢力均衡政策」と呼ばれる。勢力均衡はきわめて多義的な概念として知られており、九つの意味があるとされることもあるが、概して、勢力均衡システムのように諸国家間に生じる力の分布状況か、勢力均衡政策のように各国の政策かのいずれかを指して使われることが多い。古典的リアリズムの代表的論者であるH・モーゲンソーも、「権力を求めようとする国家はそれぞれ現状を維持あるいは打破しようとするが、その熱望は勢力均衡と呼ばれる形態とその形態の保持を目指す政策とを必然的に生じさせるものである」と述べ[1]、状況と政策とに大別している。ここでは、まず前者にあたる勢力均衡システムからみていくこととしたい。

勢力均衡システムは、力が釣り合っていない状況において互いに力の拡大を監視・牽制し合っているような大国間システムを指して使われることもあるが、概して、諸大国間の力がかなりの程度釣り合った状態にあることを指して使われる。「力の真空」は、外部からの力によって即時に埋められるように、侵略を招きやすいものとされ、主体間の著しい力の格差は力の真空と同様に作用するとされる。逆に、力の格差が少なく、均衡に近い状況にあれば、いずれの側からも侵略は起こりにくくなる。自国と同等の力を持つ他国への侵略には多大な費用がかかり、勝利した場合に得られる利益がその費用を大幅に上回る可能性も低くなるからである。このように、諸国家間の勢力均衡によって、無政府的な国際システムにおいて一定の安定が生まれる、すなわち、戦争を含む、軍事力による現状変更が起こりにくい状況が確保されると主張されるのである。無論、戦争がまったく起こらないというわけではない。あくまでも勢力均衡をなす諸大国同士の戦争は起こりにくくなるということにすぎず、それ以外の文脈においては、しばしば戦争が、諸大国間で失われつつあった勢力均衡を回復させるなど、システム全体にとっての調整機能を果たすものとされる。

特に、勢力均衡を構成する諸国家がその時代の国際システム全体における諸大国と一致する場合、そのシステム全体が安定するものとされる。勢力均衡システムという言葉は、一般的にそのような状況を指して使われるが、それはまた「国際秩序」や「安全保障体制」の類型の一つとされることもある。そして、勢力均衡体制とは異なる力の分布状況に基づく「覇権」型の秩序または安全保障体制や、国際法・国際組織によって無政府状態からの脱却を目指す「集団安全保障」体制、あるいは勢力均衡体制を維持・再生産するためのメカニズムが高度に制度化された「大国間協調」体制と対比される。

勢力均衡システムの実例としては、一九世紀のウィーン体制における五大国（英国、ロシア、オーストリア、プロイセン、フランス）による勢力均衡システム、あるいは二〇世紀の冷戦期における米ソ超大国による勢力均衡システムが挙げられる。そして、ある時代の勢力均衡システムは決して永続せず、力の均衡が失われれば、システム全体が不安定化し、一九世紀のシステムがそうであったように、しばしば戦争につながるとされる。戦争が生じれば、それまで安定を支えていたはずの力がシステム全体に牙をむくことにもなる。それこそが、勢力均衡システムの限界の最たるものであるといえる。大量の核兵器を蓄えた米ソによる勢力均衡システムが平和的に終わりを迎えたのは、全世界にとって僥倖であったといわざるをえない。

限界はほかにもある。まず、力の計測は困難であり、そのため読み誤りが生じやすいことが挙げられる。これは勢力均衡政策の難しさでもある。また、各国の力は常に変化しており、すでに述べたように諸大国間の力関係を長期にわたって維持していくことは難しく、したがって、勢力均衡にシステムの安定化効果があるとしても、半世紀近くも続けば十分に「長い平和」であると考えられてきた。

他方で、具体的にどのような勢力均衡状況がより安定をもたらしうるのかも議論されてきた。一八世紀や一九世紀にみられたような四から六カ国程度の大国からなる勢力均衡システムがより安定すると論じる多極安定論と、冷戦期の米ソのような二つの超大国からなる勢力均衡システムがより安定的であると主張する二極安定論との論争である。古くは、冷戦期中盤に、M・カプランやK・ドイチュらによる多極安定論とK・ウォルツによる二極安定論との間で展開された論争が知られている。[2] 両者の折衷案を示したといえるR・ローズクランスによれば、多極システムでは二極システムに比べて戦争が発生する確率は高くなるが、発生した戦争の烈度はより低くなる可能性が高く、逆に、二極システムでは戦争そのものはより起こりにくいものの、起こってしまえば壊滅的な大戦争になる可能性が高いとされた。[3] 一九七〇年代末以降、二極安定を説くウォルツのネオリアリズム[4]が国際政治学全体に多大な影響を与えたこともあり、八〇年代末以降の冷戦終結期には、早くも冷戦期の二極安定を懐かしむ向きもみられた[5]。冷戦後しばらくして米国一極構造が顕在化すると、一極安定論も台頭した[6]。それは、八〇年代に米国の覇権衰退による国際システムの不安定化を論じた覇権安定論とも異なっており、米国一極構造による安定とその持続性の高さを論じるものであった。

国際システムの極構造と安定性との関係をめぐる論争には明確な決着がついているとはいいがたいが、力の分布状況の急激な変化が不安定化を招くという力の移行論は、特に二〇〇〇年代末以降、再び米国の国力の相対的低下が論じられるようになるなかで、かなり広く受け入れられているように見受けられる。力の移行論では、急速に台頭する挑戦国が衰退する覇権国を追い抜く過程で、戦争の可能性が最も高くなると論じられる。この危険性が特に今日の米中関係の文脈で取り上げられることが増えており、政策決定論で知られるG・アリソンも、近年、台頭する中国と衰退する米国が「ツキジデスの罠」に落ちることに警鐘を鳴らしている。ツキジデスが描いたペロポネソス戦争では、アテネの急速な台頭がそれまで覇権を握っていたスパルタの不安をあおり、戦争を不可避にしたとされる。アリソンは、新興国が覇権国に挑戦した一六の事例のうち、一二の事例で戦争に至り、戦争を回避できた事例でも覇権国側が大きな代償を強いられることが多かったとし、米中がこの罠を避けることができるのかを問うのである[7]。その確たる答えは、当面はわからないままであろう。

(2) 勢力均衡政策

不確実性が高く、特にリアリズム以外の立場からはさまざまに批判されてきたにもかかわらず、しばしば国家は勢力均衡システムの形成・維持を目指す。勢力均衡システムの形成・維持には至らずとも、敵対する、または潜在的脅威とみなされる近隣国の力の拡大に対し、国家はしばしばなんらかの形で力の均衡を図ろうと試みる。後述するように、勢力均衡政策がどれだけ広くみられる国家行動であるかについては議論が分かれているものの、その必要性はかなり日常的に各国の政策決定者を動機づけているように見受けられる。

勢力均衡政策が目標とするのは、いずれかの国家が圧倒的優位の立場を得るのを阻止することである。国家は自らの独立性・自律性を維持するために、他国のそれを尊重し、また自国のそれが容易に侵害されることのないよう他国が抜きん出た力を持つことを阻もうとする。特に、勢力均衡システムによる安定を肯定的に評価するリアリズムは、社会的・文化的な多様性を重視し、支配的な地位にある一国が他の国々に自らの価値規範を押し付けることを忌み嫌う傾向が強い。ゆえに、勢力均衡システムは諸国家が政策目標に据えるべきことと位置づけられ、勢力均衡政策が処方される。特に現状変更勢力に対しては、安易な譲歩は危険であり、力によって対抗する姿勢を示す「バランシング」が肝要であるとされる。このような考え方は、A・ヒトラーに対し宥和を試み、逆にドイツの膨張を許すことになったような失敗を繰り返してはならないとする「ミュンヘンの教訓」によっても正当化されてきた。

しかし、当然ながら、勢力均衡政策にもさまざまな問題がある。すでに述べたように、力の計測は困難であること、力の均衡を実現・維持するための戦争が助長されうることなどが挙げられるが、おそらく最も重大な問題は、「安全保障のジレンマ」を引き起こしやすいという点に集約できる。国家Aが国家Bの力の拡大に対抗して自らの力を増大させれば、その動きに不安を覚えた国家Bはさらに力を拡大させて国家Aの不安を増大させるというように、際限のない軍拡競争が助長され、A・B両国の軍備が増強されていく一方で、A・Bいずれの安全も高まらない、というジレンマ状況に陥ることが懸念されるのである。これは、軍事力の強化によるバランシングに批判的な論者がしばしば強調する点である。軍拡競争の激化はA・B間のみにとどまらず、それ以外の国々にも連鎖的に波及していく可能性も考えられる。そして、安全保障のジレンマゆえに、力の増大は常に安全の増大をもたらすとは限らない。ある段階まで両者は比例関係にあり、この段階では国家は力の極大化を図りがちになるが、ある段階を超えると他国の対抗的なバランシングを招き、その分、安全が損なわれることになるため、国家は安全の極大化に徹することを余儀なくされるといった見方もある。[8]

そもそも勢力均衡政策はそこまで一般的なものではないという批判もある。[9] 勢力均衡論に対し、強者に対抗するバランシングよりも、強者にすり寄る「バンドワゴン」の方がより頻繁にみられる国家行動であるという異論が提示され、[10] リアリズムの潮流内で論争が展開されてきた。米国の一極構造が際立っていた一九九〇年代末から二〇〇〇年代中頃には、実際に米国に対するバンドワゴンが一般化していることが指摘された。[11]

しかし、米国へのバンドワゴンは多分に「フリーライド」であることから、米国による勢力均衡政策の具体的な方法を見直す必要も指摘されるようになった。特にイラク戦争の泥沼化などによって米国の力の相対的低下が意識されるようになると、米国が「オフショア・バランシング」戦略をとるべきと論じる向きが目立つようになった。オフショア・バランシング戦略とは、米軍の前方展開を極力縮小し、かなり極端な主張によれば、ユーラシア大陸における覇権の出現を阻止する必要が生じたときのみに米軍を介入させるというものである。その支持者は、第二次世界大戦後、一貫して米国がとってきた前方展開戦略を「覇権主義」の表れと位置づけ、不要な戦争に巻き込まれやすくなるなど、非常にコストのかかる戦略であるとして批判し、オフショア・バランシングにより、はるかに低いコストで米国の安全を確保できると主張する。[12]

結局、米国がオフショア・バランシング戦略を採用することはなかったが、二〇〇〇年代後半以降、軍事介入に消極的になったことが、新興諸国の必ずしも平和的ではない台頭や拡張行動、あるいは生き残った「ならず者国家」の挑発的な行動を激化させたと一部ではみられている。これは、米国による勢力均衡政策の不十分さを批判するものといえ、勢力均衡政策に対する根強い支持の存在を示している。

2　同盟

(1)同盟とは何か

勢力均衡政策は、内的なバランシングと外的なバランシングに分けられる。前者は自らの軍事力や経済力を増強することで均衡を図ることを意味し、後者は独力では十分に均衡を達成できないと考える国家が、他国と連携して共通の敵または潜在的脅威に対する均衡を図ろうとすることである。[13] 後者の代表例が、同盟である。モーゲンソーは、同盟を「多数国間システムにおいて機能する勢力均衡の必然的な機能」であると位置づけている。[14]

G・リスカも、同盟理論の古典ともいわれる著作の中で「同盟に言及することなしに、国際関係を論じることはできない」と述べているが、[15] 今日でもなお、同盟については一般化した定義の不在が指摘されることが多い。同盟という用語が、「限定的な協力から、北大西洋条約機構（NATO）のような制度化された機構に至るまで、多くのものを意味する」形で使われているともいわれる。[16] ただし、定義が試みられてこなかったわけではなく、たとえば、A・ウォルファーズは、「二つ以上の主権国家間による相互軍事援助の約束」という定義を示している。[17] また、G・スナイダーは、冷戦後の一九九七年の著作で、同盟の「一義的な機能は、共通の敵に対し軍事的な力を結集させることであり、構成国を互いから守ることではない」と論じつつ、「特定の状況下における構成国以外の国に対する軍事力の行使（または不行使）のための諸国家の公式の結びつき」と同盟を定義している。[18]

このように定義が難しいのは、実際の同盟関係のあり方がきわめて多様であるためとも考えられる。NATOのように「一カ国またはそれ以上の締約国に対する武力攻撃は全加盟国に対する攻撃とみなされる」（北大西洋条約第五条）として、攻撃された国への支援を他の締約国すべてに義務づけるような形もあれば、日米安保体制のように、米国が攻撃された場合でも日本が米国を軍事的に支援する条約上の義務が生じないような形も存在する。これらも含め、第二次世界大戦後の米国は世界各地に同盟網を張り巡らせ、近年では「五〇近い国々に対し公式の防衛コミットメントを維持している」ともいわれるが[19]、その同盟国の数は実ははっきりしていない。同盟を、「防衛協定」「攻撃協定」「中立協定」「不可侵協定」「協議協定」の五種類に分類するライス大学の「同盟条約の義務・規定」（ＡＴＯＰ）プロジェクトでは、一九九二年以降、米ロ間に不可侵協定に当たる同盟が存在するとされるが、これは一般的な理解ではないであろう。イスラエルは米国の「同盟国」に数えられることが多いが、両国間に正式な同盟条約は存在しない。また、米国が国交を持たない台湾との間では、台湾が中国に攻撃されたような場合の台湾への支援を米国議会が米国行政府に義務づけた台湾関係法という米国の国内法によって、同盟関係に近い状態が形成されている。

また、米国が戦後に結んだ同盟の多くは異例なほどの長期にわたり存続しつづけているが、その間に役割や機能をかなり拡大・変化させてきた同盟も少なくない。Ｓ・ウォルトは二〇〇九年の論文で、同盟を「各構成国のパワー、安全保障、影響力を増大させることを意図した、複数国間における安全保障協力のための公式の約束」と定義したが[20]、このような広い定義は、既存の同盟の多くが多機能型になってきていたことと無関係ではないものと考えられる。

なお、現代の同盟は、国際連合憲章第五一条を援用して形成されることが多い。つまり、同条で認められている個別的および集団的自衛権に言及して、これらの権利を行使して相互援助を行うことを規定するなどして、加盟国のいずれかが攻撃を受けたような場合には、同条に示されるように「安全保障理事会が国際の平和及び安全の維持に必要な措置をとるまでの間」は、同盟によって対処するという意思を示すのである。日本政府は、集団的自衛権を「自国と密接な関係にある外国に対する武力攻撃を、自国が直接攻撃されていないにもかかわらず、実力をもって阻止する権利」と定義し、二〇一四年七月の閣議決定で変更するまで、日本もこの権利を有してはいるが憲法によって行使は禁じられているという解釈を示してきた。日米安保条約では、「両国が国際連合憲章に定める個別的又は集団的自衛の固有の権利を有していることを確認し」と権利の保有に言及するにとどめており、さらには「自国の憲法上の規定及び手続に従つて」という文言によって、集団的自衛権の行使を日本側の義務から外しておくこともできるようになっていた。

（2）同盟の形成と存続

同盟がいつどのように形成されるのかという問題については、主にリアリズムの潮流内で検討が重ねられてきた[21]。たとえば、国家は他国の力に対抗して均衡を図ると論じたウォルツに対し、ウォルトは、「総合的能力」「近接性」「攻撃能力」「攻撃意図」に基づいて認識される「脅威」に対して均衡を図るという「脅威の均衡」(balance of threat)論の立場から、中東地域における同盟の形成を論じた[22]。対外援助や他国内への社会的な浸透、あるいはイデオロギーの同質性が同盟の形成を促すといった仮説を否定する一方で[23]、その強大な脅威におもねるように強国と同盟するバンドワゴンよりも、脅威に対抗する形で同盟するバランシングがはるかに生じやすいことを明らかにしている。また、バランシングで形成された同盟においては、バンドワゴンにより形成された同盟に比して、より切迫した事情を抱える構成国が同盟の義務を果たす可能性が高いことなども指摘されている[24]。

これに対し、R・シュウェラーはバンドワゴンがより一般的な現象であることを主張し、「利益の均衡」(balance of interests) 論を展開した[25]。シュウェラーは、現状変革国家の存在に焦点を当て、パワーのみならず、現状維持に利益を見いだす勢力の野心と現状変革に利益を見いだす勢力の野心の分布状況が、国家行動を規定する要因になると論じた。そして、バンドワゴンをバランシングに対置させ、強者への屈服と狭く捉えることを批判し、とりわけ現状変革国家の野心ゆえに、新たな価値の獲得を目的とするバンドワゴンが生じやすいことを指摘したのである[26]。具体的には、「強力な現状変革国家に従う」「戦勝の分け前を求めて勝ち馬に乗る（piling on）」「『未来の波』を象徴する強国につき従う」「近隣諸国の動向の『伝染もしくはドミノ効果』」といったパターンもあると論じられた[27]。また、特に第三世界において、国内に脅威を抱える権威主義政権が体制維持のために強力な他国と同盟する傾向がみられることを指摘する「オムニバランシング」論も[28]、バンドワゴンによる同盟の形成を論じる見方の一つであるといえる。

また、T・クリステンセンらは、主体の意図を左右する要素として攻撃優位か、防御優位かという状況に注目し、攻撃優位の状況が無謀な相手との同盟、すなわち「チェイン・ギャンギング」（chain-ganging）を助長して過剰なバランシングをもたらすのに対し、防御優位の状況は必要とされるバランシングの責任を同盟国間で互いに転嫁し合う「バック・パッシング」（buck-passing）の傾向を助長すると論じた[29]。これは同盟内政治の一面を論じたものでもあるが、前述したATOPの分類によれば、特に攻撃協定型の同盟の形成を説明するものでもあった。

このように、リアリズムの潮流は、同盟が「共通の敵」に対抗して形成されるという単純な見方を提示してきたわけではなかった。しかし、冷戦終結後、「共通の敵」であったソ連および東側陣営の解体を受け、冷戦期に形成された西側同盟が終焉に向かう可能性がリアリズムから導かれる予測として示されたこともあり[30]、冷戦後世界における西側同盟の存続はリアリズムを反証するものと一部では捉えられた。

特に冷戦構造の残存が指摘された北東アジアの場合とは異なり、冷戦後のNATOの存続や拡大は説明を要する「パズル」とされることが多かった。そして、NATOは、多様な機能を果たす「安全保障制度」（security institution）へと発展することで、その形成時に存在していた安全保障環境が変化しても存続しうるといった議論が展開された[31]。実際、冷戦期から「多元的安全保障共同体」（pluralistic security community）の基盤になっているといわれてきたNATOは[32]、冷戦後、領域外での危機管理などを新たな任務に加えつつ、民主化・自由化を進める旧ワルシャワ条約機構諸国との「協調的安全保障」を図る枠組みとしても機能してきたのである[33]。NATOに限らず、特に長期間存続してきた同盟の多くは、今日、対外的および対内的に多くの機能を果たすようになっている。[34]

(3)同盟の効用とリスク

スナイダーによれば、同盟本来の主要な機能は、攻撃される可能性の低下（抑止）、攻撃に対処する際の力の増幅（防衛）、同盟国が対立する同盟に参加することの阻止（阻害）とされる。[35]このうち抑止の効果については、一九六〇年代に台頭した行動科学アプローチを象徴する「戦争の相関関係」（ＣＯＷ）プロジェクトで、同盟と戦争の発生との相関関係などが追究され、たとえば、同盟の結集（alliance aggregation）が二極化を促し、戦争の発生を増大させるとの仮説を検証し、一九世紀には相関関係がみられず、二〇世紀前半には高い相関関係がみられるとの結論が示された。[36]しかし、近年でも、戦争と同盟との確定的な相関関係は立証されていないといわれる。[37]平時における一般抑止には効力を持つが、危機時の緊急抑止には効果がないといった見方もある一方で、同盟の態様によって抑止効果は異なるとする見方もある。[38]

また、「相互拘束」（co-binding）や同盟国との関係管理など、同盟の価値を、対外的な効果ではなく、同盟内に及ぼす作用に見いだす向きもある。[39]前述した同盟の制度化も、その一例ないしは類似の効用であるといえる。

他方、同盟の主要なリスクやコストとしては、戦争の危険の増大、および行動の自由の減少が挙げられる。[40]前者は、抑止効果を増幅させるはずの同盟に参加することによって、自らは望まない戦争への「巻き込まれ」（entrapment）の危険性が高まりうることを意味する。しかし、巻き込まれの不安を低下させるべく同盟へのコミットメントを低下させようとすれば、しばしば「見捨てられ」（abandonment）の可能性が高まることとなる。これが、「同盟のジレンマ」である。[41]

特に拡大抑止では、大国から抑止を提供される中小国側の見捨てられの不安の緩和は困難であるといわれる。冷戦期には、米国による「核の傘」(拡大核抑止)をめぐる欧州諸国側の「ディカップリングの不安」がしばしば深刻な問題となった。ソ連が欧州諸国を攻撃(第一撃)した際に、米国は自らソ連による核報復(第三撃)を受けることを知りながら、戦略核兵器を使ってソ連に報復(第二撃)するのかという不安である。一九六〇年代後半に英国防相を務めたD・ヒーリーは、「ロシアを抑止するには、米国による報復の信頼性の五パーセントで足りるが、欧州諸国を安心させるためには、その九五パーセントを要する」と述べたが、このような同盟国への「安心供与」(reassurance)の難しさは「ヒーリーの法則」(Healey's theorem)として知られている。[42]

拡大抑止における同盟国への安心供与の難しさは、同盟国側の「フリーライド」問題によっても助長されうる。同盟内の負担共有問題については、もとより大国側の負担が大きくなる傾向が強いといわれるが、[43]より負担の少なくなりがちな中小国側が大国に対しコミットメントの強化や同盟関係上の義務の履行を要求するのであるから、ただでさえ難しい同盟内政治は一層こじれやすくなる。それでも、同盟を介した米国による拡大抑止・拡大核抑止の提供は、大量破壊兵器(WMD)の不拡散措置という重要な役割を担っていることもあり、米国はかなりの程度寛大であることを余儀なくされるのである。[44]

さらに、見捨てられの不安を緩和すべく同盟の強化に努めれば、巻き込まれだけではなく、被抑止側による対抗を惹起し、安全保障のジレンマに陥る可能性も高まる。これは「複合的な安全保障ジレンマ」(composite security dilemma)と呼ばれる。[45]そのため、これは同盟の結成や強化に限らず、勢力均衡政策全般にいえることであるが、被抑止側に対する「安心供与」もまた重要となる。同じ言葉が使われるため混乱するかもしれないが、被抑止側への安心供与とは、同盟国への安心供与とはまったく異なり、この線を越えれば軍事力を行使するという脅しによる抑止の裏返しとして、その線を越えなければ軍事力を行使することはないということをわからせるということである。その線を曖昧にしておく方が抑止効果が高まる場合があるとみる向きもあるが、これは、抑止の可否は究極的には被抑止側の認識にかかっているという意味で正しくもある一方で、その線に満たない行動までをも極力抑止したいという抑止する側の本音の表れであるともいえよう。

被抑止側への安心供与の主たる目的は、安全保障ジレンマの作用を抑えることである。もともと、戦争を回避するには勢力均衡政策だけでは不十分であり、外交や道義によって補完される必要があることは古典的リアリズムによっても指摘されてきたが、抑止する必要性が高い相手であるほど、それらをバランスよく並行させることは難しくなる。また、超えてはならない線を明確化することは、「安定性＝不安定性の逆説」（stability-instability paradox）の生起を助長してしまうことも懸念される。安定性＝不安定性の逆説とは、冷戦期に米ソ間の相互核抑止について提起された概念であり、『戦略的』な恐怖の均衡の安定性が高いほど、暴力の烈度がより低い次元においては、全体的な均衡の安定性は低下する」ことを意味する。(46) 大規模な武力行使がより確実に抑止されている（「エスカレーションの梯子」の高次における安定）ほど、過剰なエスカレーションは回避できるという安心感から、かえって限定的な武力行使が生じやすくなる（低次における不安定）という逆説である。今日では、特に対米抑止力を強化しつつある中国や、直接的な対米抑止力の保有に急速に迫っている北朝鮮に対する米国あるいは日米同盟、米韓同盟による抑止について、安定性＝不安定性の逆説が生起する可能性や実際の作用が指摘されるようになっている。(47)

勢力均衡も、そして、その代表的な方策である同盟も、戦争の防止あるいは平和の創出という目的の達成に役立てるのは、決して容易なことではないのである。

1　ハンス・モーゲンソー（現代平和研究会訳）『国際政治—権力と平和』第二巻（福村出版、一九八六年）一八〇頁。

2 Morton A. Kaplan, *System and Process in International Politics* (New York: Wiley, 1957), chaps. 2, 5, 6; Karl Deutsch and J. David Singer, "Multipolar Power Systems and International Stability," *World Politics*, Vol. 16, No. 3 (April 1964), pp. 390-406; Kenneth N. Waltz, "Stability of the Bipolar World," *Dædalus*, Vol. 93, No. 3 (Summer 1964), pp. 881-909.

3 Richard N. Rosecrance, "Bipolarity, Multipolarity, and the Future," *Journal of Conflict Resolution*, Vol. 10, No. 3 (September 1966), pp. 314-327.

4 ネオリアリズムによる勢力均衡論および二極安定論については、まずは、ケネス・ウォルツ(河野勝・岡垣知子訳)『国際政治の理論』(勁草書房、二〇一〇年)、第六章。

5 John J. Mearsheimer, "Back to the Future: Instability in Europe after the Cold War," *International Security*, Vol. 15, No. 1 (Summer 1990), pp. 5-56; John J. Mearsheimer, "Why We Will Soon Miss the Cold War," *The Atlantic Monthly*, Vol. 266, No. 2 (August 1990), pp. 35-50.

6 William C. Wohlforth, "The Stability of a Unipolar World," *International Security*, Vol. 24, No. 1 (Summer 1999), pp. 5-41.

7 グレアム・アリソン(藤原朝子訳)『米中戦争前夜—新旧大国を衝突させる歴史の法則と回避のシナリオ』(ダイヤモンド社、二〇一七年)。

8 Davide Fiammenghi, "The Security Curve and the Structure of International Politics: A Neorealist Synthesis," *International Security*, Vol. 35, No. 4 (Spring 2011), pp. 126-154.

9 ややすれ違った議論ではあるが、しばしば代表的な異論に挙げられるものとして、Paul Schroeder, "Historical Reality vs. Neo-realist Theory," *International Security*, Vol. 19, No. 1 (Summer 1994), pp. 108-148. 他にも、Randall L. Schweller, "Unanswered Threats: A Neoclassical Realist Theory of Underbalancing," *International Security*, Vol. 29, No. 2 (Fall 2004), pp. 159–201 など。

10 Schroeder, "Historical Reality vs. Neo-realist Theory"; Randall L. Schweller, "Bandwagoning for Profit: Bringing the Revisionist State Back In," *International Security*, Vol. 19, No. 1 (Summer 1994), pp. 72–107 など。

11 Wohlforth, "The Stability of a Unipolar World"; Thomas S. Mowle and David H. Sacko, "Global NATO: Bandwagoning in a Unipolar World," *Contemporary Security Policy*, Vol. 28, No. 3 (December 2007), pp. 597-618. スティーヴン・M・ウォルト(奥山真司訳)『米国世界戦略の核心—世界は「アメリカン・パワー」を制御できるか?』(五月書房、二〇〇八年)、

12 第四章、など。これに対し、よりみえにくい形で米国への「ソフト・バランシング」が生じているとする異論もみられた。Robert A. Pape, "Soft Balancing against the United States," *International Security*, Vol. 30, No. 1 (Summer 2005), pp. 7-45.

13 クリストファー・レイン（奥山真司訳）『幻想の平和―一九四〇年から現在までのアメリカの大戦略』（五月書房、二〇一一年）。また、ジョン・J・ミアシャイマー（奥山真司訳）『大国政治の悲劇 完全版』（五月書房、二〇一七年）第七章、なども参照。

14 モーゲンソーはまた、敵対国から他国を引き離すために、その他国との同盟が追求されるというパターンにも言及している。Hans J. Morgenthau, *Politics Among Nations: A Struggle for Power and Peace*, 5th ed. Revised (New York: Alfred A. Knopf, 1978), p. 188.

15 Ibid., p. 188.

16 George Liska, *Nations in Alliance: The Limits of Interdependence* (Baltimore: The Johns Hopkins Press, 1962), p. 3.

17 Daniel Byman, "Remaking Alliances for the War on Terrorism," *The Journal of Strategic Studies*, Vol. 29, No. 5 (October 2006), p. 772.

18 Arnold Wolfers, "Alliances," in David L. Sills, ed., *International Encyclopedia of the Social Sciences* (New York: Macmillan, 1968), p. 268.

19 Glenn H. Snyder, *Alliance Politics* (Ithaca: Cornell University Press, 1997), p. 4

20 Bruno Tertrais, "The Changing Nature of Military Alliances," *The Washington Quarterly*, Vol. 27, No. 2 (Spring 2004), pp. 136-137.

21 Stephen M. Walt, "Alliances in a Unipolar World," *World Politics*, Vol. 61, No. 1 (January 2009), p. 86. なお、非公式の約束の場合には「提携」（alignment）になるとされている。

22 土山實男は、「同盟についてのほとんどの命題は、今日なお彼ら（リアリスト）のものだといっても過言ではない」と述べている。土山實男『安全保障の国際政治学―焦りと傲り』（有斐閣、二〇〇四年）二九七―二九八頁（括弧内は筆者）。

23 Stephen M. Walt, *The Origins of Alliances* (Ithaca: Cornell University Press, 1987).

Ibid., chaps. 6-7.

24 Ibid., chap. 5.

25 Schweller, "Bandwagoning for Profit."

26 Ibid., p. 74. 他方、バランシングは既得の価値を保持することを目的にするとされる。

27 Ibid., pp. 93-99.

28 Steven David, *Choosing Sides: Alignment and Realignment in the Third World* (Baltimore: Johns Hopkins University Press, 1991).

29 Thomas J. Christensen and Jack Snyder, "Chain Gangs and Passed Bucks: Predicting Alliance Patterns in Multipolarity," *International Organization*, Vol. 44, No. 2 (Spring 1990), pp. 137-168.

30 Kenneth N. Waltz, "The Emerging Structure of International Politics," *International Security*, Vol. 18, No. 2 (Fall 1993), esp. pp. 75-76; Stephen M. Walt, "Why Alliances Endure or Collapse," *Survival*, Vol. 39, No. 1 (Spring 1997), pp. 156-179 など。

31 John S. Duffield, "NATO's Functions after the Cold War," *Political Science Quarterly*, Vol. 109, No. 5 (Winter 1994-1995), pp. 763-787; Robert B. McCalla, "NATO's Persistence After the Cold War," *International Organization*, Vol. 50, No. 3 (Summer 1996), pp. 445-475 など。

32 Karl W. Deutsch, et al. *Political Community and the North Atlantic Area: International Organization in the Light of Historical Experience* (Princeton: Princeton University Press, 1957). なお、同盟と安全保障共同体の関係については、Taku Ishikawa, "Alliances in Security Communities: Theoretical Perspective on Compatibility," in Benjamin L. Self and Jeffrey W. Thompson, eds., *An Alliance for Engagement: Building Cooperation in Security Relations with China* (Washington, D.C.: The Henry L. Stimson Center, 2002), pp. 30-53 も参照されたい。

33 ＮＡＴＯの存続は、単なる制度化ではなく、新たな任務や役割に順応できる制度になっていたことによるともされる。Celeste A. Wallander, "Institutional Assets and Adaptability: NATO after the Cold War," *International Organization*, Vol. 54, No. 4 (Autumn 2000), pp. 705-735. 冷戦後のＮＡＴＯの変容については、広瀬佳一・吉崎知典編『冷戦後のＮＡＴＯ——〝ハイブリッド〟同盟への挑戦』(ミネルヴァ書房、二〇一二年)を参照。

34 この点については、石川卓「超大国アメリカにとっての同盟——理論的分析への試論」久保文明編『アメリカにとって同盟とはなにか』（中央公論新社、二〇一三年）六二―六四頁、なども参照。

35 Glenn H. Snyder, "Alliance Theory: A Neorealist First Cut," *Journal of International Affairs*, Vol. 44, No. 1 (Spring/Summer 1990), p. 110.

36 J. David Singer and Melvin Small, "Alliance Aggregation and the Onset of War, 1815-1945," in J. David Singer, ed., *Quantitative International Politics: Insights and Evidence* (New York: Free Press, 1966), pp. 247-286 など。

37 Fulvio Attina, "State Aggregation in Defense Pacts: Systemic Explanations," Jean Monet Working Papers in Comparative and International Politics (November 2004), p. 3.

38 Brett Ashley Leeds, "Do Alliances Deter Aggression? The Influence of Military Alliances on the Initiation of Militarized Interstate Disputes," *American Journal of Political Science*, Vol. 47, No. 3 (July 2003), pp. 427-439.

39 G. John Ikenberry, "Institutions, Strategic Restraint, and the Persistence of American Postwar Order," *International Security*, Vol. 23, No. 3 (Winter 1998-1999), p. 67 など。

40 Snyder, "Alliance Theory," p. 110.

41 Michael Mandelbaum, *Nuclear Revolution: International Politics Before and After Hiroshima* (New York: Cambridge University Press, 1981), pp. 151-152.

42 Bruno Tertrais, "The Future of Extended Deterrence: A Brainstorming Paper," *Perspectives on Extended Deterrence, Recherches & Documents*, No. 3, Foundation pour la Recherches Stratégique (2010), p. 6. また、Michael Howard, "The Relevance of Traditional Strategy," *Foreign Affairs*, Vol. 51, No. 2 (January 1973), pp. 253-266 も参照。

43 Mancur Olson and Richard Zeckhauser, "An Economic Theory of Alliances," *Review of Economics and Statistics*, Vol. 48, No. 3 (August 1966), pp. 266-279. この古典的な研究の結論は、現在でも妥当性を持つともいわれる。Walt, "Alliances in a Unipolar World," p. 90.

44 米国による同盟国への負担増大要求は、声高にこれを主張するD・トランプ政権に始まったことではなく、冷戦期から繰り返しみられてきた現象である。トランプ政権は負担増大を求めつつ、「三〇か国以上の同盟国・パートナー諸国に対する信頼できる核の傘」の維持を掲げ、従来どおり、それが核不拡散政策の礎石になると位置づけている。U.S. Department of Defense, *Nuclear Posture Review* (February 2018), p. 70.

45 Snyder, *Alliance Politics*, pp. 194-199.

46 Glenn H. Snyder, "The Balance of Power and the Balance of Terror," in Paul Seabury, ed., *The Balance of Power* (San Francisco: Chandler, 1965), p. 199.

47 高橋杉雄「核兵器をめぐる諸問題と日本の安全保障―NPR・新START体制、『核兵器のない世界』、拡大抑止」『海外事情』第五八巻第七・八号（二〇一〇年七・八月）四八頁、石川卓「北東アジアにおける『戦略的安定性』と日米の抑止態勢」『海外事情』第六一巻第五号（二〇一三年五月）三六―四八頁、倉田秀也「北朝鮮の核保有の修辞と通常兵力増強の論理―『戦略同盟二〇一五』の修正過程と米朝平和協定提案」平成二七年度外務省外交・安全保障調査研究事業『朝鮮半島情勢の総合分析と日本の安全保障』（日本国際問題研究所、二〇一六年三月）八三頁、など。

第6章 覇権

神谷万丈

1 覇権と平和に関する諸理論

国際政治学には、国際システムにおける極（大国）の数とシステムの安定の関係について、二つの対照的な考え方が存在する。一つは、複数の大国が存在し、その間に力の均衡（バランス）が存在する時にシステムは最も安定するというものである。この考え方は勢力均衡（バランス・オブ・パワー）論と呼ばれ、本書では第5章でとり上げる。もう一つの考え方は、システム内に他国を圧倒する力を持った単一の大国が存在してリーダーシップを発揮する時にシステムが最も安定するというものである。このような指導的な大国のことを覇権国と呼び、覇権国の存在がシステムに安定と平和をもたらすという考え方のことを覇権安定論という。

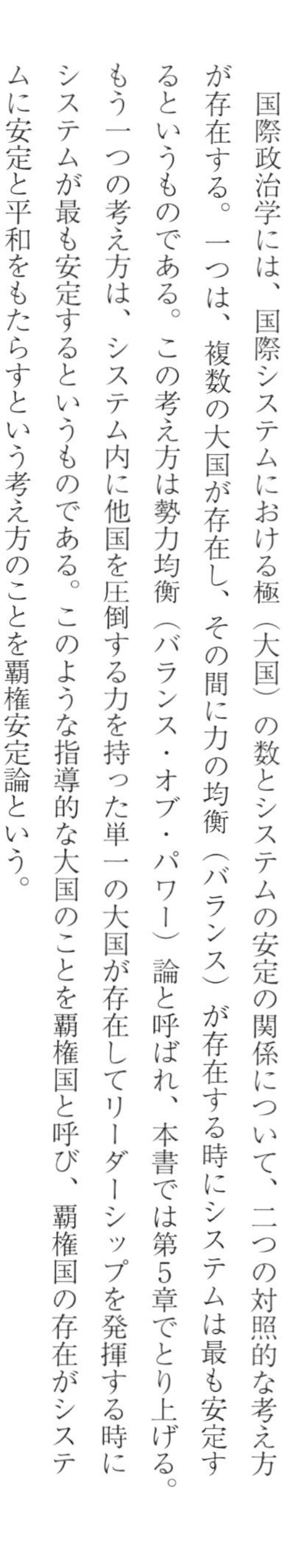

覇権と国際システムの安定と平和の関係については、覇権安定論の考え方を土台としてさらに二つの重要な理論が提示されている。一つは、覇権国の圧倒的な力は永続するわけではなく、いずれ新興の大国が力を伸ばして、力にかげりのみえる従来の覇権国をしのごうとする時がくるが、国際システムはその時に不安定化する可能性が大きいと説くパワー・トランジション論である。もう一つは、近代以降の世界では、覇権国の交代が約一〇〇年周期で繰り返

されてきたと説く覇権サイクル論である。本章では、覇権と国際システムの安定・平和との関係についてのこれらの諸理論をみていくことにする。

2　覇権安定論

勢力均衡論では、ある国が突出して力（パワー）を伸ばすことは、平和と安定を保つという観点から一般的には好ましくないと説かれる。国内社会では法やルールを無視して勝手な行動をとるアクターに対しては政府による制裁や制御が期待できるが、国際社会には中央政府が存在しないため（アナーキー）、他国と比べて圧倒的な力を手にした国に対しては、その行動を抑制できるものがなくなってしまうからである。これに対し、ある国が突出した力を持つ場合でも、その国が、圧倒的な力を自らの狭い国益のためだけに行使するのではなく、その力を使って国際システムの運営を主導しさまざまな「国際公共財」を供給する意志を有するならば、多くの国によって歓迎される形で最も高いレベルの平和と安定が実現される可能性があると主張するのが、覇権安定論である。

覇権安定論の原型は、冷戦時代のかなり早い時期まで遡ることができる。オーガンスキーは、一九五八年に刊行された著書の中で、当時の国際政治学で当然視されていた勢力均衡論に対し、彼自身の分析によれば現実の歴史の中では勢力均衡が実現した期間は例外的であり、しかもそれは戦争の多い時期だったと考えられるとの批判を加えた。オーガンスキーによれば、平和は、力の均衡が存在する時期にではなく、「力の優越（preponderance of power）」が存在する期間に実現することが多い。なぜなら、そのような時期には、圧倒的な力を持つ国が国際秩序を形成・維持するからである。また、他国よりも圧倒的に優越した力を持った国は、自らの望むことを達成するのに戦争に訴える必要はなく、その他の国々も圧倒的に強い国に対して負けるとわかっている戦争を仕掛けることはないため、戦争も起こりにくいからである。オーガンスキーによれば、大国間の力が均衡する時期は、勢力均衡論の主張とは反対に戦争の危険が高まる時期であるという。彼は、最も戦争の危険性が高いのは、新たな大国の力が台頭し、従来力の優越を利用して国際秩序作りを主導してきた「古いリーダー国」に追いつき、追い越そうとする時であると主張した。新興大国は、古いリーダー国を中心とする従来の秩序に不満を抱き、「挑戦国」となりがちであるからである。[1]

国際システムの安定は、その運営に責任を持つ意志のある圧倒的な力を持つ大国が存在する時に保たれるとの考え方は、やや遅れて、国際経済学の専門家によっても唱えられた。キンドルバーガーは、一九七三年に刊行された世界大恐慌の原因に関する著書の中で、国際経済の安定の維持、特に危機に際しての安定の維持は、国際経済システムを管理し安定を維持するためにリーダーシップを発揮する能力と意志を併せ持つ国が存在してはじめて可能であるとの主張を行った。彼は、一九二九年以降の世界大恐慌の根源は、当時の世界にそのようなリーダーシップが存在しなかったことに求められるとした。それまでの世界でそうしたリーダーシップを発揮してきたのは英国であったが、英国は、大恐慌の勃発までにはすでに相対的な力が低下しており、リーダーシップを発揮する意志はあっても十分な能力を持っていないという状態に陥っていた。これに対し、大恐慌までにはすでに国力では英国を追い越していた米国は、リーダーシップを発揮する能力は十分であるがその意志を持たないという状態であった。大恐慌があれほどまでに悪化したのは、このリーダーシップの不在があったがゆえであるとキンドルバーガーは論じたのである。[2]

その後、一九八〇年代に入る頃から、戦後長く圧倒的であった米国の力が相対的に衰えつつあるのではないかという見方が広がると、覇権安定論はあらためて注目を集めることになった。第二次世界大戦後の米国の覇権の最盛期、あるいは一九世紀の英国の覇権の最盛期には、軍事的にも経済的にも圧倒的な力を持ったそれらの覇権国が、自らの利益や価値観、理念に基づいて国際秩序を構想、構築、運営し、世界に安定と平和をもたらしたとの見方が、「米国の覇権後の時代」には何が起こるのかという不安とともに語られたのである。その典型として、ギルピンは、米英などの覇権を有した国は、その力を利用して自らの好む形の国際秩序を形成することにより、一方では自らの掲げる価値や理念を実現して国益を増進させたが、同時に他方では、国際的な秩序の安定や平和、自由貿易体制、国際通貨の安定といった公共財を他の国々に供給していたと主張した。一九世紀の英国と第二次大戦以降の米国の軍事力は、いかなる国家や国家連合もしのぐ強大なものであったし、その経済力は、近代の歴史の中でしばしば国家間に紛争をもたらしてきた保護貿易に代わり自由貿易体制を打ち立てることを可能にした。「パックス・ブリタニカとパックス・アメリカーナは……相対的に平和で安全な国際システムを保証した。英国と米国は、リベラルな国際経済秩序のルールを形成し執行した」というのである。(3)

ここまでの議論から明らかなように、覇権国とは、単に他国よりも力が圧倒的に大きいだけの国をいうのではない。コヘインとナイは、覇権的システムとは、「一つの国が、国家間関係を律する基幹的なルールを維持できるほど強力であって、しかもそうする意志がある」状態をいうと述べている。(4) つまり、圧倒的に強い国に、その力を狭い意味での国益のためだけではなく、自らの掲げる価値・理念・原理・原則に基づいた国際秩序を作り出し維持するために用いる意志がある時に、はじめて覇権国といえるということである。自らの望む秩序を形成・維持することは、むろんどの国よりも覇権国にとって利益となるものである。だが、自らの望む秩序を形成・維持するためには、覇権国はさまざまな国際公共財の供給にリーダーシップを発揮する必要がある。それは他の国々にとっても大きな利益になるため、覇権国以外の国々にとっても覇権国を中心とする国際秩序に支持を与える理由になり、その結果、国際システムが安定する。これが、覇権安定論の基本的な構図である。

3 覇権国と国際公共財の供給

ところで、覇権国がさまざまな国際公共財を供給することにより国際秩序が安定するという覇権安定論の論理を裏返せば、覇権国が存在しない時には国際公共財が十分に供給されず、そのために国際秩序が安定しないということになる。それはなぜなのであろうか。覇権安定論によるこの主張を理解するためには、公共財の概念、およびその対概念である私的財の概念を理解する必要がある。

公共財(public goods)とは、「消費における排除不可能性(非排除性ともいう)と非競合性とを併せ持つ財・サービス」と定義される。排除不可能性とは、ある者を当該財・サービスの消費から排除することが、技術的・物理的に不可能であることをいい、非競合性とは、ある者によるある財・サービスの消費が、他の者の消費を妨げないことをいう。公共財の対概念として、通常の財・サービスのことを私的財(private goods)というが、私的財の特徴は、排除可能性(排除性ともいう)と競合性にある。たとえば、何人かの者がお金を出し合って買ってきたケーキを考えてみよう。このケーキは、お金を出し合った者たちが自分たち以外の者には食べさせない、ということが可能である。つまり、排除可能性があるということである。また、誰かがケーキを食べれば、その分他の者が食べることのできる量は減る。つまり、競合性があるということである。これに対し、たとえば、昔々のある漁村で、近くにある暗礁での事故を防ぐために漁民たちがお金を出し合って灯台を作ろうとした場合を考えてみよう。ほとんどの漁民が灯台を作ることに賛成する中で、一人だけ、俺は金を払うのは嫌だと言い張って協力を拒んだ者がいたとする。それでも、実際に灯台ができてしまえば、金を払わなかった漁民だけに灯台の光を見せないということは事実上無理である。これが、排除不可能性である。また、お金を出し合った漁民たちが、それならば金を出さなかった奴よりも自分たちが灯台を多く使うのだと言って灯台の光を穴のあくほど見つめたとしよう。ところが、彼らがいくら灯台を「多く」利用しようとしたとしても、お金を出さなかった漁民が灯台から受けることのできる便益（灯台の「使い勝手」）はまったく減らない。これが、非競合性である。ケーキは、排除可能性と競合性を併せ持つ私的財であり、灯台は、排除不可能性と非競合性を併せ持つ公共財なのである。

ある財・サービスに排除可能性があるということは、対価（費用）を払わずにその財・サービスを消費しようとする者がいたならば、その者には消費をさせないことが可能であるということである。また、競合性があるということは、対価を支払った者が消費すればするほどその財・サービスは減っていき、その分対価を支払わなかった者が消費できる量は少なくなっていくということである。これらの性質を併せ持った私的財の場合には、費用負担をした者だけが当該財・サービスを消費して便益を受けることができ、また、費用負担をしなかった者には消費をさせず便益を与えないということができる。つまり、費用を負担しないで便益だけを享受するという「タダ乗り（free ride）」はできない。

ところが、ある財・サービスに排除不可能性があるとすれば、費用負担をせずにその財・サービスを消費しようとする者がいても、それを妨げることができないということを意味する。また、非競合性があれば、費用負担をした者たちがどれだけその財・サービスを使ったとしても、費用負担をしなかった者の消費には影響がなく同じだけの便益を享受することができてしまうということになる。これらの性質を併せ持った公共財の場合には、いったんある財・サービスが供給されれば、費用負担をしてもしなくとも誰でも同じようにそれを使うことができる。そのため、他者に費用を支払わせて自分は支払わずに便益だけを享受すれば最も得だという考えが生じてしまう。つまり、公共財には、「タダ乗り」の誘因があるということである。

費用を負担しなくともタダ乗りができてしまう公共財は、市場メカニズムに任せておいたのでは供給がうまくいかない。そこで重要になるのが政府の役割である。先に挙げた灯台以外に、公共財の典型例としては、橋、道路、公園など（有料橋、有料道路、入場料を徴取する公園などを除く）や、警察サービス、消防サービス、国防サービスなどを挙げることができるが、こうした財やサービスは、国内社会では、多くの場合には政府が税金を徴収するなどして集めた資金を用いて供給を行っている。

国際社会にも公共財的なものが存在する。国際的な秩序や平和、あるいはその土台となるようなさまざまなルールや制度といったものは、誰かが費用を負担しなければ十分に供給されないが、いったん供給されればどの国もそこから同じように利益を得ることができるという点で公共財的な性質を有しており、国際公共財と呼ばれる。こうした国際公共財の供給が十分になされないと、国際システムは不安定になりやすく、平和も維持されにくいと考えられる。ところが、国内社会における公共財の供給の場合とは異なり、国際公共財の供給に関しては政府の役割を期待することはできない。国際社会は中央政府を欠いたアナーキーの状況にあるからである。ここでクローズアップされるのが、覇権国の役割である。

ある国が、国際的な秩序を自らにとって都合のよい形で形成・維持できればその国にとって大きな利益となる。国際システムの中で他の国々を圧倒する力を持っている国にはそれができる。そのためそうした国の中には、自らにとって好ましい秩序を作り、維持していくために、他国以上の費用負担をあえて引き受け、場合によっては他国のタダ乗り行為もあえて許容して、国際公共財の供給を行おうとするものが現れることがある。それが、覇権国である。

たとえば、第二次世界大戦後の自由貿易体制の創出に米国が果たした役割は、その典型であるとされる。第二次大戦後の世界では、一九二九年の世界大恐慌後の保護貿易とブロック経済化の風潮が大戦の一因となったとの反省が広く共有され、自由貿易体制（自由無差別の原則に基づく国際貿易体制）を求める声が高まっていた。だが、自由貿易体制が作り出されたとすれば、そこでは、どの国も自由に貿易を行うことができ、ある国が貿易をしたからといって、他の国が貿易をできないということはない（非競合性）。また、ある特定の国にだけ自由な貿易をさせないということも、現実には簡単ではない（排除不可能性）。つまり、自由貿易体制には公共財的な性格があるため、各国は、「自国の市場を開放する」という貿易自由化のコストは負担せずに、他者にばかり市場開放を行わせて自由貿易体制を実現させ、それを利用して貿易を行い、利益を得たいと考えやすくなる。戦後の世界では、敗戦国はむろんのこと戦勝国も、米国以外のほとんどの国々が戦争で疲弊していたため、自らの国内市場を保護しつつ自由貿易の果実だけを得たいとする誘因が強かった。だが、そうした状況のままだと、自由貿易体制は成立しない。

ところが、第二次大戦後の世界には、自由貿易体制を作り出し維持する意思と能力を持った覇権国が存在した。それが米国であった。米国は、第三次世界大戦を防ぐためには自由貿易体制の確立が不可欠であるとの信念の下に、自由貿易拡大のために巨大な自国市場の開放を率先して進める一方、戦争で疲弊した他国の市場開放には猶予を与えた。また、国際通貨基金（ＩＭＦ）や関税及び貿易に関する一般協定（ＧＡＴＴ）といった自由貿易促進のための国際機関を自らのリーダーシップの下で設立し、ＩＭＦ－ＧＡＴＴ体制と呼ばれる枠組みを維持しようとし続けた。さらに米国は、基軸通貨（国際取引の決済に使われる中心的な通貨）であるドルの安定も図った。米国によるこうしたコスト負担がなければ、戦後の自由貿易体制は成立・維持できなかったと考えられている。

このように、覇権国には国際公共財を供給するための費用を負担する動機がある。そのため、覇権国が存在すれば国際公共財の供給が十分に行われ、国際秩序の安定や平和につながる。しかし、覇権国が存在しない場合には、国際公共財は、各国にタダ乗りの誘因が働くために供給されにくく[5]、国際秩序の安定や平和が実現されにくいというのが、覇権安定論の主張なのである。

4 パワー・トランジッション論

だが、覇権国の力は永続的なものではなく、覇権による国際秩序の安定にもやがては終わりが来る。この視点から、特に近現代における覇権国と新興の大国の強さの交代を論じるのが、パワー・トランジッション（力の移行）論である。これは、前出のオーガンスキーが、一九五八年の著書の中で唱え始めた理論である[6]。オーガンスキーは、産業革命以来、国家間の相対的な力が、工業化によって大きく変動するようになったことに注目した。そして、この変動が、国際秩序に対していかなる影響を与えるのかを理論化しようとした。

オーガンスキーによれば、ある国のパワーの大きさや伸びは、その国が工業化のどの段階にあるのかによって重大な影響を受ける。彼によれば、産業革命後、一国の工業化は、伝統的な経済から、テイク・オフ（工業化の開始）を経て、軽工業、重工業に移り、さらに大衆消費の時代へと移行するという過程を経るようになったが、工業化が軽工業、重工業、大衆消費の段階にある時には経済が急速に成長するのに対し、大衆消費の時代を過ぎると経済は成熟期に入り、成長は抑制されるという。そして、諸国がこのような発展段階をたどるとすると、先に離陸した国（以下A）の経済力、そしてそれを基盤とする総合的な国力は他を圧するものとなり、一九世紀のイギリスのように、一つの国際秩序を主導的に構築するようになる。ところが、この優位は永続的なものではない。なぜなら、Aに次いで離陸した国（以下B）が、やがてAとの格差を縮めてくる。そして、Aの経済は、Bよりも先に成熟期に入り、成長が抑制されるようになると考えられるので、やがてBの経済力と総合的な国力は、Aに追いつき、追い越す可能性がある。

このパワーの逆転は、国際システムに何をもたらすのか。オーガンスキーは、新興の大国であるBがそれまでの秩

図1：パワー・トランジッションのイメージ

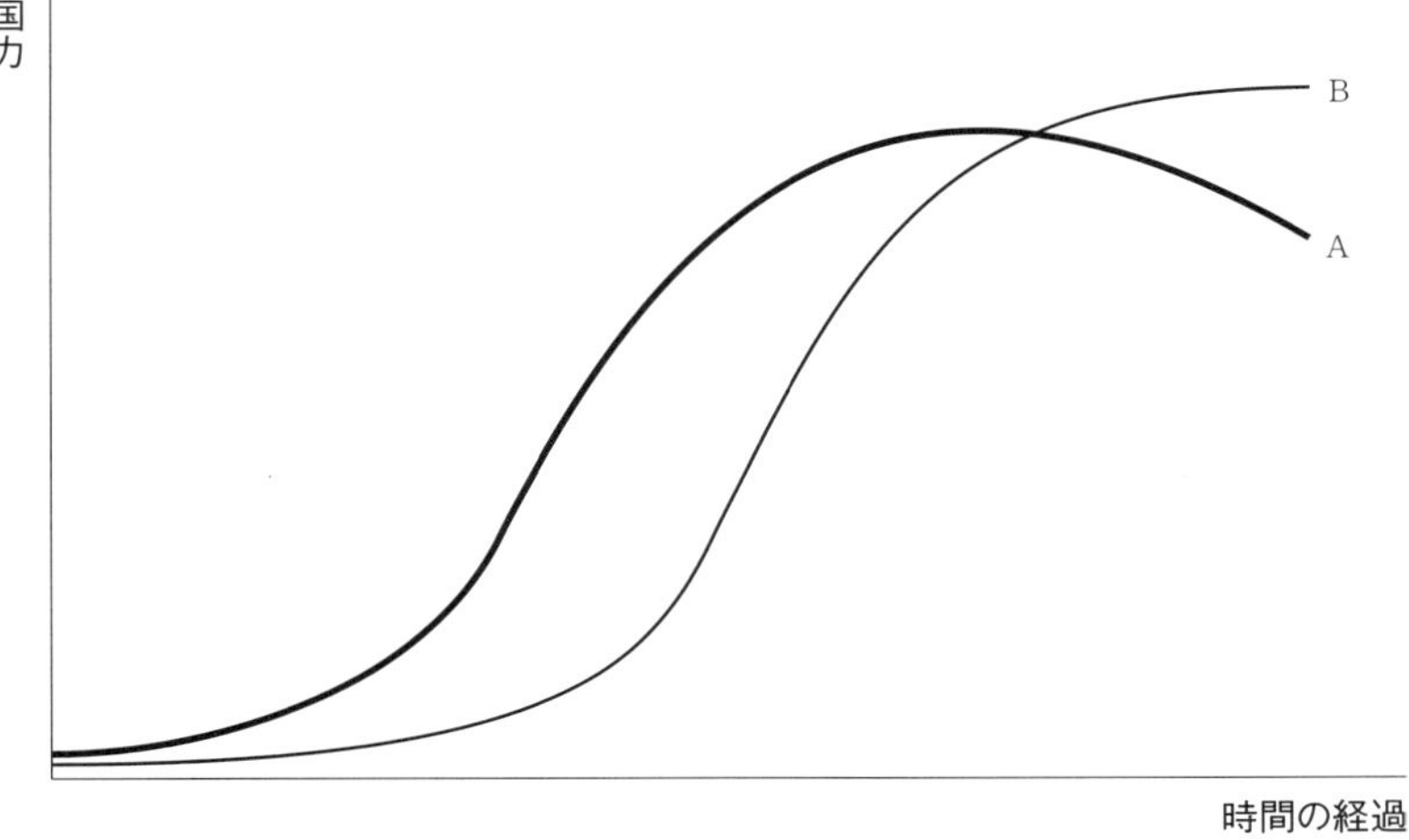

序を受け容れるかどうかによって、対照的な二つのシナリオが描かれることを示唆している。第一のシナリオは、Ｂがそれまでの国際秩序に不満を抱いて新たな秩序の構築を目指す場合であり、この場合には、ＡとＢの間に戦争が起こる危険が大きくなる。その危険が最も高まるのは、Ｂの力がＡの力に追いつき、追い越そうとする時、すなわちＡとＢの力が均衡する時であるとオーガンスキーはいう。このようにＢが既存秩序に対する挑戦者となった典型例は、二〇世紀初頭から前半に英国に対して挑戦したドイツであり、二〇世紀後半の冷戦も、米国の秩序に対してソ連が挑戦したものと解釈できる。これに対し、第二のシナリオとして、ＢがＡの作った秩序に満足してそれに参入し、Ａとともにその秩序を維持しようとする場合も考えられる。その典型的な事例は、一九世紀末以降の米国である。米国は、そのパワーを増大させつつ、英国の形成した自由主義的秩序を否定するのではなくその中に入っていき、英国と協力してその維持者となったのである。オーガンスキーの著書が刊行されて後のことになるが、一九六〇年代末以降の日本や（西）ドイツも、米国に追いつきこそしなかったもののそれに迫る経済力を得たが、米国の秩序（いわゆるリベラル戦後秩序）に挑戦しようと

はせず、米国に協力してともにそれを支えた。現在の世界で、台頭する中国が米国を中心とする戦後リベラル国際秩序を支える一員となるか、それとも新たな中国中心の秩序を形成しようとするのかが注目されているが、その根底には、米中の国力がいずれ逆転する可能性も否定できない中で、新興の大国が既存秩序に対する「現状満足国」と「現状変革国」のいずれであるかが国際システムの安定に大きな影響を持つという、パワー・トランジッション論の発想があるのである。(7)

5 覇権サイクル論

覇権に関する国際政治理論としては、もう一つ、近代以降の世界では、国際秩序の構築と維持に主導的な役割を果たす大国が、周期的に次々に交代してきたとみる「覇権サイクル論」を挙げることができる。この種の議論はさまざまな論者によって唱えられたが、(8)その代表的なものとして、ジョージ・モデルスキーの「長波理論」がある。これは、近代以降の世界システムにおいては、約一〇〇年ごとの周期で、世界大国(あるいは世界指導国)(9)が登場し、交代してきたとみるものであり、その概要は、図2に示すとおりである。一五世紀末から今日までの間に五つのサイクルがあり、第一サイクルではポルトガル、第二サイクルではオランダ、第三・第四サイクルでは英国(第四サイクルでは英国の「返り咲き」が起こった)、そして、今日も継続中の第五サイクルでは米国が、それぞれ世界大国として国際秩序形成を主導してきたというのが、モデルスキーの歴史観である。

モデルスキーによれば、各サイクルは次のような動態を示し、約一〇〇年ごとに世界大国の交代(パワー・トランジッションとほぼ同義)が起こるとされる。(10)

①約一〇〇年に一度、「世界的な拡がりを持った、一世代ほどの期間にわたる、相当に激しい、その結果としてあ

図2：モデルスキーの長波理論(11)

サイクル	世界戦争	世界大国	非正統化	分散化（挑戦国）
I（1494-1580）	1494-1516 イタリアおよびインド洋での戦争（フランス対スペイン、ポルトガル）	1516-1539 ポルトガル	1540-1560	1560-1580（スペイン）
II 1581-1688	1580（?）-1609 スペイン・オランダ戦争（スペイン対オランダ、イギリス）	1609-1639 オランダ	1640-1660	1660-1688（フランス）
III 1689-1791	1688（?）-1713 フランス戦争（フランス[ルイ14世]対イギリス、オランダ）	1714-1739 イギリス	1740-1763	1764-1792（フランス）
IV 1792-1913	1792-1815 フランス革命とナポレオン戦争（フランス[ナポレオン]対イギリス	1815-1849 イギリス（返り咲き）	1850-1873	1874−1914（?）（ドイツ）
V 1914-（2015?～2030?）	1914-1945 第1次、第2次世界大戦	1945-1973 米国	1973-2000	2000-2030（?）（当初想定：ソ連⇒中国へ?）

る一つの国が世界指導国としての地位を保有するに至るような戦争」である「世界戦争」が起こる。

②新しく登場した世界大国は、自ら掲げた世界的な課題の解決にリーダーシップを発揮して秩序を形成し運営する。

③だが、その課題をうまく解決できなかったり、課題自体が変化したりすると、リーダーシップの非正統化が生じる。

④やがて、世界大国の力が相対的に低下して力の構造が分散的になり、新しい課題を掲げる「挑戦国」が現れる。

⑤挑戦国と世界大国との間に秩序をめぐって新たな世界戦争が起き、その後にまた新たな世界大国が登場する。

モデルスキーの議論で特徴的なのは、世界戦争の結果新たな世界大国となるのは、それまでの世界大国でも挑戦国でもないとみていることである。両者は大戦争を戦ってともに疲弊してしまうからである。モデルスキーが、新たな世界大国になることが多いと説くのは、世界大国の側のナンバー二（ツー）の国である。ただし、世界大国は、第四サイクルの英国のように「返り咲き」をする場合があるとされる。

それでは、どのような国が世界大国になるのであろうか。モデルスキーは、「世界指導国の条件」として以下の四点を挙げている。

①島国性（または半島性）

これまでのすべての世界大国は、国土を海に囲まれた島国、あるいはそれに準ずる半島国であった。島国は、大陸国に比べて「余分の安全」と世界交通路へのアクセスを手にすることができ、半島国もそれに準ずる。

②安定性と開放性

すべての世界大国は、安定性と開放性をその最盛期の特色とする社会を有していた。安定した社会は、移民や旅人や出世の途を求める人々を引きつける「取り込み力」を持つ。そして、当該国家は世界の尊敬の的となり、「主導的社会」、すなわち発展のモデルとみなされるようになる。さらに、社会の開放性は、「他国との連携を作り出し維持する能力」と結びついている。

③主導的経済（lead economy）

経済の分野で傑出した成果をあげることは、世界大国にとっての「折り紙」であるが、それは、ＧＤＰ総額で測られる経済の単なる規模や、一人あたりＧＤＰで測られる豊かさの度合いだけではない。世界大国を特徴づけるのは、むしろ産出物の構成や、そのうち技術革新に向けられる部分の比率である。これまでの世界大国は、いずれも、世界経済の成長の中心としての性質を持つ「主導的経済」を有していた。主導的経済の条件は、その時代における最先端の技術革新が盛んに起こっており、世界経済を牽引する産業分野で先頭を走っていることである。技術革新のもたらす利潤は、世界大国に、「世界を舞台とする事業に乗り出し世界的な問題に責任を負うための余剰資源」

を供給する。

④全世界に力を及ぼす（power projection）ための政戦略組織

世界大国には、自らの選択する世界秩序を維持し、世界戦争に勝利できる能力が必要である。そのため、これまでのすべての世界大国は、「世界の大洋に乗り出して来る他のすべての国に対して決定的な優位に立てるだけの」海軍力を有していた。現在では、世界大国のパワー・プロジェクション能力には、海軍力に加え、空軍力および宇宙を軍事的に利用する能力も含まれよう。

図2に示されるモデルスキーの歴史解釈によれば、近代以降これまでに登場した挑戦国の中で世界大国になった国はない。その理由は、これまでの挑戦国がこれらの四条件を満たしていなかったことにあると、モデルスキーはいう。これまでに登場した挑戦国は、いずれも国土は広く、人口は大きく、資源も豊富で、GDPは大きかった。しかし、当時の世界大国に比べて島国性に乏しかったし、国内の安定性も「芳しいものではな」く、その影響は、開放的な社会ではなく、「強制された統合や……閉鎖的な体制を生み出す方向に」働いた。経済面では、挑戦国の「経済運営の実際の記録と技術革新に基づく成長の実績」は、当時の世界大国に比べて概して貧弱であった。さらに、挑戦国は海軍の発展を目指したものの、その「努力の成果はどれも実らなかった」

以上のように、モデルスキーは、近代以降の世界では約一〇〇年の周期でパワー・トランジッション的な現象がみられ、世界大国のリーダーシップの非正統化と力の低下が生じて挑戦国が台頭すると、国際秩序が不安定化することを説く。しかし、陸上国家的な性格の強い挑戦国が世界大国になったことはなく、世界大国の地位は、海洋国家であり、しかも時代の主導的経済を有した国々の間で継承されてきたと主張するのである。

6　中国の台頭と覇権理論

近年、覇権をめぐるこうした諸理論が関心を集めているのは、それらが、中国の台頭とその結果生じている米中のパワー競争を考える上でさまざまな示唆を与えるとみられているからである。

まず、中国の台頭が米国の力の相対的な低下を意味するとすれば、それは、戦後の世界の平和と繁栄の基盤となってきた米国を中心としたリベラル国際秩序にいかなる影響を与えるのか、という問題がある。覇権安定論は、覇権国の力の低下は国際公共財の供給不全につながり、国際秩序の不安定化を招きやすいと説く。だが、これに対しては、一九八〇年代に「米国の覇権後の時代」に何が起こるのかが懸念された際に、覇権国のリーダーシップの下で国際制度や国際レジーム（問題領域ごとの制度やルールの束）がいったん形成されると、それは覇権の低下後も簡単には崩壊せず、一定の自律性をもって機能して国際秩序を支え続けるとの説も唱えられた[12]。今後、いずれの主張が現実をよりよく説明できるのかが注目される。

また、パワー・トランジッション論が、将来もし米中の力関係がより接近し逆転の様相をみせた場合の国際システムの安定性や戦争の可能性に関して示唆的であることは、すでに述べたとおりである。

その前に、そもそも米中間で覇権の交代は起こりうるのかという問題もある。この問題を考える上では、モデルスキーの「世界大国の四条件」が参考になりそうである。彼の理論は、中国が将来の世界秩序を主導する国たる条件を備えているかどうかという問いに対して、興味深い回答を提示するからである。

まず、中国は、経済的な台頭とともに軍事的にも台頭し、近年は、海軍力および空軍力の著しい増強と近代化を行っている。宇宙開発にも熱心であり、すでに有人宇宙飛行や無人探査機の月面軟着陸を実現させたほか、軍事利用も可能な宇宙配備の情報・監視・偵察・航法・気象観測・通信用の各種衛星コンステレーションの拡張を続け、直接上昇方式の対衛星（ASAT）兵器の実験にも成功している。中国のパワー・プロジェクション能力が着々と高められていることは現実である。しかし、米国のパワー・プロジェクション能力は、依然として中国をはるかにしのいでおり、しかも近年米国は、海洋や空間、宇宙空間などの「グローバル・コモンズ（人類が共有すべきであると考えられている空間や領域、ほかにサイバー空間が含まれる）」における優位性の維持の必要性を従来以上に強調するようになった。こうしたことからみて、米中のパワー・プロジェクション能力が逆転するという見通しは、現時点では大きくない。

また、中国が、「島国性」あるいは「半島性」を有したこれまでの世界大国と同様の「余分の安全」と「海上交通路への接近」を確保しうるかどうかには疑問符がつく。中国は、外洋での行動能力を確保することを目指した海軍力の構築を図り、かなりの成果をあげてきている。これは、「余分の安全」と「海上交通路への接近」を高めようとする努力の一環とみることができよう。しかし、中国は基本的に陸上国家であり、海洋国家ではない。そのハンディキャップを克服することは決して容易ではなかろう。

さらに、中国が共産党による一党独裁の政治体制を維持する限り、これまでの世界大国のような社会の安定性と開放性を実現できるかどうかには、さらに大きな疑問符をつけざるをえない。米国の場合、社会の安定性と開放性は、外国の人々を引きつける「取り込み力」をまさに発揮し、米国社会は世界の多くの人々から発展のモデルとみられてきた。米国社会の開放性が、「他国との連携を作り出し維持する能力」に貢献してきたことも確かであろう。これに対して、一党独裁の下で情報や教育を統制し、チベット、ウイグル新疆などの分離・独立運動も力によって抑圧するといった社会が、そのような力を発揮できるとは考えにくい。

ここで重要になるのは、これからの世界における主導的経済となるのは、どこの国かという問題である。数年前までは、中国の技術革新には限界があり、世界経済を牽引する産業分野での最先端の技術革新は中国ではなく米国や日欧を中心に起こっており、中国はそれをとり入れて経済力を飛躍的に伸ばしてはいるものの、主導的経済とはなっていないとの見方が支配的であった。また、中国社会の閉鎖性やその政治体制に対する不信感があいまって、外国企業も、中国における研究開発や中国企業との技術協力には及び腰であった。しかし、近年では、こうした状況が大きく変化し始めているようにもみえる。たとえば、今後の世界経済を牽引するであろう産業分野の筆頭に人工知能（AI）を挙げることができるが、中国は、AIをこれからの最重要技術と位置づけ、二〇一七年には「次世代AI開発計画」を発表して二〇三〇年までにAIの世界的なリーダーとなることを国家目標に掲げた。中国におけるデジタル・エコノミーの急発展ともあいまって、それは十分に実現される可能性のある目標であるとみる論者が多い。もし、中国がAIの分野で米国を上回る技術革新のリーダーとなれば、それは、中国が世界における主導的経済の地位に手をかけることを意味しよう。そうなれば、中国は、世界大国の四条件の中でも重要な一つの条件を満たすことになるのかもしれない。

これからの国際政治・国際安全保障は、米中関係がいかなるものになっていくかによって大きく左右されると考えられる。本章は、将来米中間で覇権国の地位の交代が起こるのかどうかを予測しようとするものではない。だが、以上の議論は、米中関係の将来を展望し、国際政治・国際安全保障の今後の動向を見通そうとする際に、覇権をめぐる諸理論が有用なツールとなることを示しているといえよう。

1 以上のオーガンスキーの議論については、A. F. K. Organski, *World Politics*, (New York: Knopf. 1958), Chapters 11 and 12を参照。なお、オーガンスキーは「覇権国」（hegemonあるいはhegemonic power）という語は用いていない。

2 以上のキンドルバーガーの議論については、Charles P. Kindleberger, *The World in Depression, 1929-39* (Berkeley and Los Angeles: University of California Press, 1973）を参照。

3 以上のギルピンの議論については、Robert Gilpin, *War and Change in World Politics* (Cambridge: Cambridge University Press, 1981）を参照。引用部はp. 144。

4 Robert O. Keohane and Joseph S. Nye, *Power and Interdependence*, third edition (New York: Longman, 2001), p.38.

5 タダ乗りの誘因が公共財の供給を阻害することを理論的に示した代表的な研究として、Mancur Olson, *The Logic of Collective Action: Public Goods and the Theory of Groups*, (Cambridge, MA: Harvard University Press, 1965)。

6 Organski, *World Politics*, Chapter 12.

7 最近では、新興大国の力が台頭して既存の大国の不安が増大することがしばしば戦争につながるという見方が「ツキジデスの罠」と呼ばれ、今後の米中関係のゆくえを示唆するものとして語られることも多い。これは、古代ギリシャの歴史家ツキジデスが、ペロポネソス戦争（紀元前四三一年〜紀元前四〇四年）を避けられないものにしたのは新興大国であるアテネに対する既存大国スパルタの恐怖心であったと書き残したことに由来する言葉であり、米国の政治学者グレアム・アリソンの造語であるとされるが、パワー・トランジッション論の発想に基づく主張といえる。アリソンは、過去五〇〇年間にこの現象は一六回観察されたが、うち戦争に発展したのは一二例であり、米中間の戦争は不可避ではないことを論じている。Graham Allison, *Destined for War: Can America and China Escape Thucydides's Trap?* (Boston: Houghton Mifflin Harcourt, 2017). アリソンの議論には、中国でも大きな関心が寄せられている。

8 たとえば、田中明彦「コンドラチェフの波と覇権サイクル」『国際政治』八二（一九八六年五月）を参照。

9 モデルスキーのいう世界大国あるいは世界指導国は、他の論者のいう覇権国とほぼ同義であるが、彼自身は覇権国という語を用いていない。

10 モデルスキー自身は、パワー・トランジッションという語は用いていない。

11 George Modelski, "The Long Cycle of Global Politics and the Nation-State," *Comparative Studies in Society and History*,

vol. 20, no.2（April 1978）; George Modelski, *Long Cycles in World Politics*（Houndmills: Macmillan, 1987）; George Modelski and Sylvia Modelski, eds., *Documenting Global Leadership*（Houndmills, Mcmillan, 1988）; ジョージ・モデルスキー（公文俊平・神谷万丈共訳）「世界指導国　四つの条件―日本は〝ナンバーワン〟たりうるか」『Voice』七〇号（一九八三年一〇月号）などから筆者が作成。モデルスキーの長波理論に関する本章の記述も、これらの文献による。

12　その代表的な例として、Robert O. Keohane, *After Hegemony: Cooperation and Discord in the World Policical Economy*（Princeton: Princeton University Press, 1984）［邦訳：ロバート・コヘイン（石黒馨・小林誠訳）『覇権後の国際政治経済学』（晃洋書房、一九九八年）］を参照。

第7章 集団安全保障と国連[1]

神谷万丈・久保田徳仁

1 集団安全保障と国際連盟

集団安全保障とは、ある国家集団において、構成国が、①相互に武力を行使せず、国際紛争を平和的に解決すること、②それに違反した国に対しては、ほかのすべての構成国が力を結集して制裁を加えること、を約束することにより、相互に安全を保障しようとする制度である[2]。

集団安全保障的な構想による平和の構想は、近代初期からさまざまな思想家によって提唱されていたが、それが実際に試みられたのは、第一次世界大戦後のことであった。第一次世界大戦前の世界では、平和は勢力均衡（バランス・オブ・パワー）によって達成されるという考え方が一般的であった。一七二〇年に、ある英国人は、「勢力均衡の原理ほど、はっきりした事実であり、市民社会の繁栄にとってより大きく、より一般的な重要性を有し、人類が高い代価を払って学んだ、諸国民の法に関する原理は存在しないと私は信じる」と述べていた[3]。平和のための勢力均衡の重要性に明示的に言及した一七一三年のユトレヒト条約から約二〇〇年の間、勢力均衡は「あたかも国際社会の構成原理であるかのように一般的に語られた」のであった[4]。それだけに、勢力均衡が第一次世界大戦を防げなかったことは、当時の人々にはかりしれない衝撃を与えた。一九一四年七月から一九一八年一一月まで続いたこの戦争は、兵士だけでも一千万人近い戦死者を出し、ドイツ、オーストリア（ハプスブルグ帝国）、ソ連という当時の列強のうちの三つで革命が起こって体制が崩壊するという未曽有の被害を伴った。平和を保つ方式としての勢力均衡の限界が強く認識され、それに代わる平和の方式が模索される中で、米国の大統領ウッドロー・ウィルソンが提唱したのが集団安全保障に基づく国際組織を設立して戦後の平和を保つことであった。その結果、史上はじめての集団安全保障機構として、国際連盟（The League of Nations）が一九二〇年に発足した。

だが、国際連盟は国際平和を保つ上で当初期待された役割を果たせずじまいであった。まず、連盟は、時の大国が力を合わせるという態勢をほとんど築けなかった。構想を提唱した米国は上院の批准が得られなかったために不参加となり、社会主義のソ連は当初招聘されず（後に一九三三年に加盟、一九三九年に除名）、ドイツも一九二六年まで加盟を認められないなど、重要な大国が揃って参加するという形になっていなかった。また、ある行為が侵略にあたるかどうかは全会一致で決定することになっていたため、連盟は実際にはほとんど動けなかった。国際連盟軍が組織できず、軍事制裁への参加が各国の判断に委ねられることになっていたのも連盟の弱点であった。かくして、国際連盟の集団安全保障制度は、小国間の紛争の処理には一定の役割を果たしたこともあったが、大国のかかわる紛争にはほとんど機能することがなかったのであった。

2　集団安全保障機構としての国連

国際連合（国連）は、第二次世界大戦後の世界平和を確保するために、戦勝国、すなわち米国、イギリス、ソ連、フランス、中国の五大国を中心とする連合国が設立した集団安全保障機構である。国連の創設にあたっては、国際連盟の失敗が強く意識され、議決方式は原則として全会一致制ではなく多数決制によるものとされた。また、安全保障理事会（安保理）が設置され、平和と安全に関する権限は安保理に集中された。安保理には、戦勝国中の主要五大国が揃って常任理事国として常に議席を与えられ、時の大国が力を合わせる態勢が形式的には整えられた。また、国連加盟国から提供された兵力によって国連軍を組織することも定められた。

国連憲章の規定する集団安全保障体制の概要は以下のとおりである。まず、国連の主要な目的は、「国際の平和及び安全を維持するため」に「力を合わせ」、「共同の利益の場合を除く外は武力を用いないこと」を「確保」することにある（前文）。この目的を達成するため、加盟国は、攻撃を受けた際の自衛と、平和と安全を維持し回復するための国連の行動に参加する場合を例外として、他国の領土保全や政治的独立を脅かすような武力による威嚇や武力の行使を慎むこと（第二条四項、第四二条、第五一条）、および国際紛争を平和的手段によって解決すること（第二条三項、第三三条）を義務づけられている。紛争の平和的解決手続きについては、第六章（第三三条―第三八条）に詳細な規定がある。そして、もしこの義務に反して武力による威嚇または武力の行使をする国があれば、安全保障理事会の統制の下に全加盟国の集団的な力により段階的に制裁を加えることが、第七章（第三九条―第五一条）に予定されている。

まず、安保理は、「平和に対する脅威、平和の破壊又は侵略行為の存在」を認定する権限を持つ（第三九条）。このような認定が行われたならば、安保理はとりあえず、関係当事者に事態の悪化を防ぐための暫定措置に従うよう要請することができる（第四〇条）。もし暫定措置が失敗すれば、安保理は非軍事的強制措置の適用を決定でき（第四一条）、さらにもし非軍事的措置では不十分と認められる場合には、軍事的強制措置をとることができる（第四二条）。そして全加盟国は、以上のような安保理の決定に従うことを義務づけられている（第二五条）。

ここで注目すべき点は、国連の集団安全保障体制では、経済制裁などの非軍事的措置と軍事的措置のうち、制裁手段として後者が特に重視されていることである。[5] 憲章は、第四三条から第四七条にかけて、国連軍の迅速かつ能率的な編成と使用を可能にするための平時の準備体制について詳しく規定しており、国連軍は、兵力そのほかの便宜の提供に関する安保理と加盟国の間の「特別協定」に基づいて、安保理の統制下に置かれるものとされている。そしてその上で、国連の創設者たちは、国連軍を安保理の五常任理事国の兵力を中心に編成することを想定していた。これは、近代的な装備を持つ強力な軍隊でなければ侵略行為の撃退、制圧を確実には行いえないと考えられたためである。[6]

そもそも国連の英語名称 "The United Nations" は、第二次大戦中の「連合国」の英語名称の転用にほかならない。先に述べたように、連合国側の五大国には、揃って安保理の常任理事国の地位が与えられている。また、憲章は、「国際の平和及び安全の維持のための安全保障理事会の軍事的要求、理事会の自由に任された兵力の使用及び指揮、軍備規制並びに可能な軍備縮小に関するすべての問題について理事会に助言及び援助を与える」ために軍事参謀委員会を設けることを定めているが、この委員会を構成するのも安保理の常任理事国である（第四六条、第四七条）。こうした事実からも明らかなとおり、国連の創設者たちは、大戦中の連合国の軍事協力体制を維持することで、五大国の軍事力を背景にして戦後の世界平和を保障しようと考えたのである。常任理事国が一国でも反対すれば安保理での決議は採択されないという拒否権の制度も、平和の基盤は五大国の協調にあるという彼らの基本認識に基づいて導入されたものであった。

3 冷戦と国連の集団安全保障の空洞化

以上のような国連による集団安全保障の構想には一つの大前提があった。それは、「平和愛好国」である五大国が、いずれも違法な武力行使を慎む一方、平和破壊行為を予防、鎮圧するために一致協力してその軍事力を活用するということである。ところが現実には、枢軸国という共通の敵を失った大国間の協調は戦後ほどなく崩れて冷戦が始まり、国連の創設者たちの描いた構想は、早々に頓挫が明白になってしまったのである。(7)

国連は、安保理の決定がなければ強制措置を発動できない。その安保理では、常任理事国が拒否権を持つため、いったん大国間に対立が生じると、決議の採択はきわめて困難となる。冷戦期の安保理は東西両陣営間の衝突の場と化し、ソ連を中心に拒否権が二七九回も乱発されるなど、ほとんど機能麻痺状態に陥ってしまった。

この状況を打開する試みとして、一九五〇年一一月三日、国連総会は「平和のための結集決議」を採択した。この決議は、安保理が平和と安全の維持に関する責務を大国の拒否権のために遂行できない場合は、代わって総会が兵力の使用を含む集団的措置について加盟国に勧告しうることなどを定めたものであった。しかし現実には、総会がこの決議に基づいて強制措置を勧告したことは、過去に一度もない。

そもそも国連は、憲章第四三条に基づく正規の国連軍を組織することができなかった。一九四六年、軍事参謀委員会は、安保理の要請を受けて国連軍の組織、編成などに関する一般原則の策定作業に入ったが、五大国間の意見不一致からやがて審議は中断され、同委員会は活動を実質的に停止してしまった。この結果、兵力そのほかの便宜の提供に関する特別協定を安保理と締結した加盟国は、現在に至るまで皆無である。

もっとも、冷戦期に、国連が軍事的強制措置を発動したケースが一度だけある。それは、一九五〇年に勃発した朝鮮戦争の際の朝鮮国連軍である。だが、この国連軍は、多くの点で変則的で、憲章が予定した本来の姿からはかけ離れていた。まず、ソ連に支援された北朝鮮に対して安保理が軍事的強制措置の発動を決議できたのは、ソ連の欠席という異常な状況があったからである。(8)また、この時の決議は、加盟国を拘束する憲章第四二条に基づく「決定」ではなく、加盟国の韓国への軍事援助の自発的提供を「勧告」するという形で行われた。この勧告に応じて実際に国連軍に軍隊を派遣した国は、当時六〇あった加盟国のうち一五カ国にとどまった上、派遣された兵力の大半は米軍であり、その指揮権も米国政府に委ねられていた。さらにそもそも、当時の韓国と北朝鮮は、国連の加盟国ではなかった。これらの点からみて、朝鮮国連軍は、国連の集団安全保障制度が正常に機能した例とはいい難い。また、冷戦期の国連は、違法な武力行使をした国に対して非軍事的強制措置をとることもなかった(9)。

このように、国連の集団安全保障制度は、冷戦の中でほとんど空洞化していたのである。

4　国連平和維持活動（ＰＫＯ）の発達

こうした状況の下で、五常任理事国の参加を必ずしも予定しない国連による紛争管理の非強制的な方策が次第に発達した。それが平和維持活動（ＰＫＯ：peacekeeping operations）である。平和維持活動について、憲章には何も規定がなく、また国連による公式の定義もない。なぜなら、この概念は、実際に発生した紛争に何とか対処しようと腐心する国連の実践の積み重ねの中から、いわば苦肉の策として編み出されたものだからである。

平和維持活動とは、伝統的には、紛争当事者間の停戦合意の成立後に、当事者の要請や同意を得て、国連が中立的な第三者としてその権威を象徴する小規模の平和維持軍（ＰＫＦ）や軍事監視団を現地に派遣し、当事者間に介在して緩衝機能を果たし、停戦が崩れて紛争が再開することのないよう努めることを意味する。活動への参加要員は軍人を中心とするが、平和破壊者に対して制裁を加える目的を持つものではなく、憲章第七章に基づく軍事的強制措置とは異なる。その任務は、停戦維持や兵力の引き離しといった活動を中立・非強制の立場から行うことにあり、軍事力の行使は自衛のために限ることが大原則である。このように、伝統的な平和維持活動は、国連の派遣した軍事組織が憲章第六章の紛争の平和的解決手続きの延長線上にある活動を行うものであって、憲章第六章と第七章の中間的性格を持つため、「憲章第六章半の活動」と呼ばれてきた。

国連の平和維持活動は、冷戦下におけるいくつもの地域紛争の拡大防止に大きな役割を果たし、麻痺状態にあった国連の集団安全保障機能をある程度補ってきた。しかし同時に、その限界も明らかであった。まず、一九八八年以前に実施された平和維持活動は、四〇年余りの間に一三件にすぎなかった。八八年から二〇一七年末までに五八件の平和維持活動が新たに創設され、八八年以前からの継続分をあわせると六三件が実施されてきたことと比較して、冷戦期の平和維持活動の実施がいかに細々としたものであったかがみてとれよう。[10]また、伝統的な平和維持活動の場合、維持される平和とは実は紛争当事者間の一時的な停戦を意味するにすぎず、活動が紛争の原因をとり除き恒久的解決をもたらすことは期待されていなかった。さらに、そもそも維持すべき平和、すなわち紛争当事者間の停戦がまず実現していなければ、平和維持活動を行うことはできないのであった。

かくして、冷戦期には、国連は安全保障の分野では積極的な役割を果たしえないとする見方が一般的になっていたのである。

5　冷戦の終結と国連の平和機能の活性化

冷戦の終結により、世界は、平和への希望と深刻な危機が並存する転換期に突入した。冷戦が共産主義体制の挫折という形で終焉したことによって、長年不信感と敵意の源泉となってきたイデオロギー対立は解消され、米ソ間の核戦争勃発の危険が遠のき、政治の民主化と経済の自由化の傾向が世界的となったが、他方では、冷戦秩序の下で抑制されていた民族問題が顕在化し、地域紛争があらためて問題視されるようになった。このような国際秩序の大変動の中で、八〇年代末以降、国連の平和機能に対する関心と期待がにわかに高まった。

冷戦の終結は、第二次大戦後のごく短い期間を除けばはじめて、五常任理事国間に協調の機運を生み出した。五大国が対立よりも妥協を選ぶようになったため、拒否権の行使は稀になり、これに伴って、安保理の招集回数および採択決議数が急増した。特に、一九九〇年八月二日のイラクのクウェート侵攻に対する安保理の対応をみて、国連の集団安全保障体制が活性化しつつあるのではないかというささか過剰な期待感が世界に広がった。このとき、安保理は、侵攻開始一一時間後にイラク軍即時撤退要求決議を行ったのを皮切りに必要な決議を次々に採択。ついに一一月二九日には、クウェート政府に協力している加盟国に対して同地域における国際平和と安全を回復するためのあらゆる必要な手段を行使する権限を与えるという内容の対イラク武力行使容認決議をも採択し、これに基づいて翌年一月一七日、多国籍軍による対イラク軍事行動が開始されたのである。湾岸戦争は、憲章第七章に基づく国連の強制機能の復活の可能性を世界に印象づけた。また、これとともに、平和維持活動や憲章第六章に基づく紛争の平和的解決に対しても、頻発する地域紛争への対応策としてますます高い期待が寄せられるようになった。

こうした中で、一九九二年一月三一日に史上はじめて開催された安保理サミットの要請を受けて、同年六月一七日にブトロス・ブトロス＝ガーリ（以下ガリ）事務総長が提出した国連の平和機能強化に関する報告書が『平和への課題』である。[11]『平和への課題』は、国連の平和機能を予防外交（preventive diplomacy）、平和創造（peacemaking）、平和維持（peacekeeping）、紛争後の平和建設（post-conflict peace building）の四分野に分類し、全加盟国の支持の下にこれらをあわせ行うことが憲章の精神に沿って世界の平和を守ることにつながると主張して、世界中で賛否両論の大反響を呼び起こし、ポスト冷戦期の国連の平和機能強化の可能性と方法を論ずる際のたたき台とみなされるようになった。

『平和への課題』の発表からすでに四半世紀以上が経過しているが、冷戦終結以降の国連の平和機能強化をめぐる試行錯誤の出発点として、その内容を理解することの重要性は依然として減じていない。以下、詳しくみておきたい。

6 『平和への課題』

『平和への課題』に示されたガリの国連平和機能強化構想の大きな特徴としては、第一に、武力紛争の発生前から終結後に至るまでの全局面で国連が平和と安全の維持、回復のために一貫して積極的な役割を果たすべきだという考えに基づき、予防外交から紛争後の平和建設までを一つの連続したプロセスとして提示したこと、第二に、そのプロセスの中で、国連が軍事的な強制行動のオプションを持つことの重要性が特に強調されており、国連の集団安全保障体制を活性化したいというガリの願望が強くうかがえたことを挙げることができる。

ガリ構想の構造を図示したものが図1である。この構想を理解するためには、予防外交、平和創造、平和維持、紛争後の平和建設、および平和強制（peace-enforcement）の五概念の構想における位置づけを、的確に認識する必要がある。そのためには、次の四つの視点が特に重要である。①それぞれの活動は主に紛争のどの局面で実施されるのか、②それぞれの活動の性格は強制的か、それとも非強制・中立か、③それぞれの活動の実施にあたり、国連が当事者間に正当な側と不正な側の認定を行うかどうか、④それぞれの活動において軍事的な要素がいかなる役割を果たすのか。以下では、これらの視点に留意して五概念の意味を検討し、ガリ構想の全体像を概観してみよう。

(1)予防外交

ガリは、国連の平和への貢献は武力紛争の発生以前に開始されるべきだと考えた。そして、紛争が起こりかねない状況が見いだされたならば、国連は、それを未然に防止するための予防外交を行わなければならないと主張した。『平和への課題』は、予防外交を「当事者間の係争の発生や現に存在する係争の紛争へのエスカレートを防止すると

図1　ガリ構想の構造

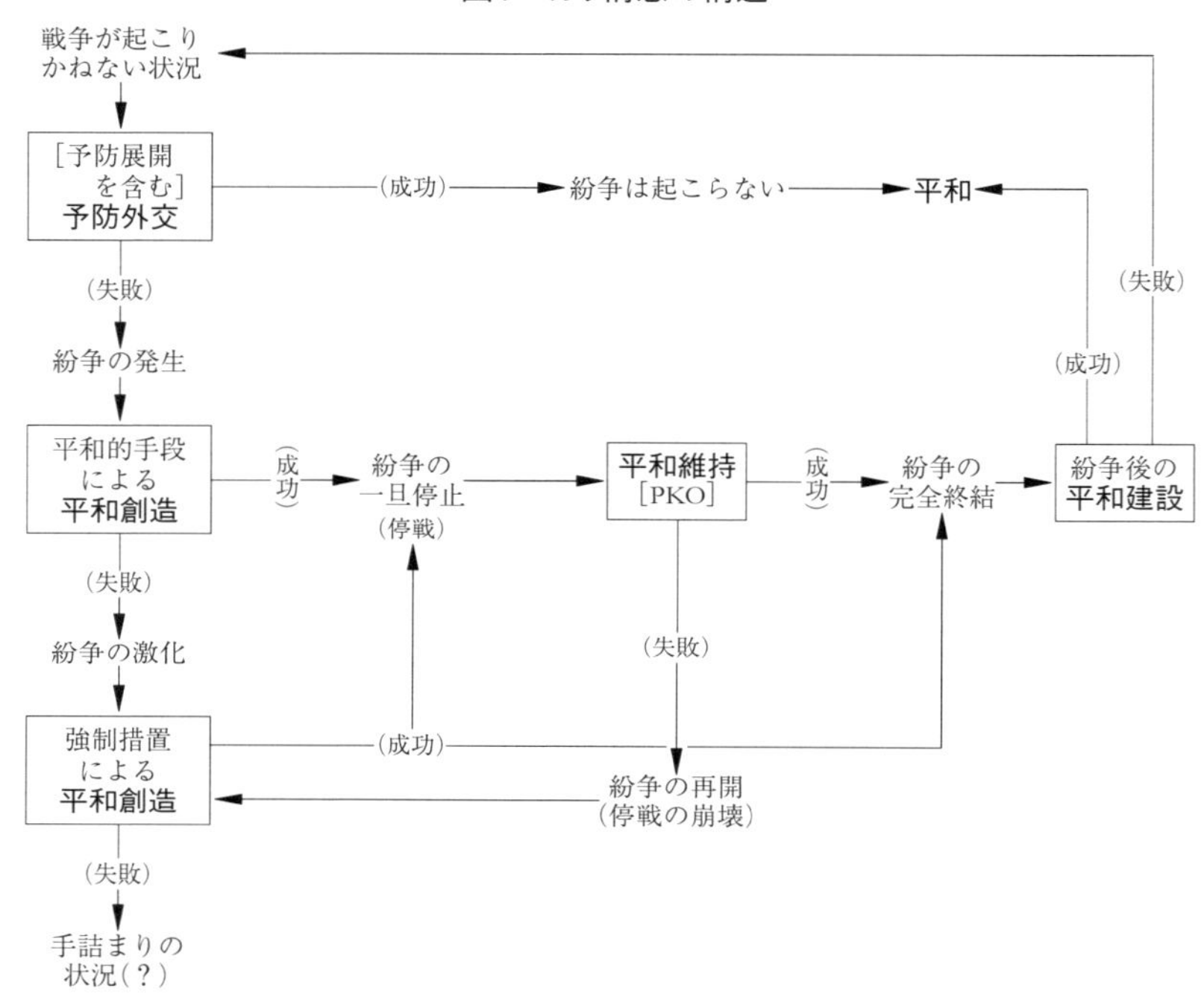

ともに、紛争が勃発してしまった際にはその拡大を限定するための行動」と定義し[12]、その具体的内容として、①当事者間の信頼醸成措置の促進、②紛争発生の可能性に関する事実調査、③紛争の早期警報、④紛争発生のおそれのある地域への国連要員の予防展開、⑤非武装地帯の設置の五つを列挙した。予防展開の要員には軍隊が含まれる可能性が大きいが、その任務は、軍事的強制力を行使して不正な当事者を制裁することにあるのではなく、平和維持軍と同様に、当事者の同意に基づく中立・非強制の立場から、いわば国連の権威と説得によって任務を遂行するのが原則であるとされた。

ただし『平和への課題』は、隣国からの武力攻撃の脅威を感じた国が要請し、安保理がその必要を認めれば、隣国の同意が得られなくとも当該国家領域への予防展開や非武装地帯の設置が行われてしかるべきだと主張した。このような措置が「当事者同意の原則」を満たすかどうかについては、専門家の間でも見解が分かれた。

（2）平和創造

ガリ構想では、予防外交が成功せず紛争が発生した場合、国連は、紛争当事者間に和平を実現するための平和創造活動をすみやかに開始すべきだとされた。平和創造とは、伝統的な定義では憲章第六章に規定された紛争の平和的解決と同義だとされ、憲章第七章に規定された強制措置はこれと区別して平和強制と呼ばれてきた。しかし、『平和への課題』では、平和創造の概念が拡張され、紛争勃発後にそれをもたらした問題を解決して平和を回復する目的で国連が行う活動の総称として、紛争の平和的解決と平和強制をあわせた意味で用いられたところに大きな特徴があった。

（a）紛争の平和的解決（平和的手段による平和創造＝伝統的な定義でいう平和創造）

ガリの構想では、武力紛争が勃発した際にまず試みられるべきは、紛争の平和的解決であった。その手段として『平和への課題』は、①安保理、総会、事務総長による調停、交渉、あっせん、②紛争の国際司法裁判所などへの付託、③紛争の原因となった経済的社会的状況を改善するための援助を列挙した。これらはいずれも、当事者の同意に基づき中立・非強制の立場から実施されるべきものであり、軍事的な要素が直接的な役割を果たすことはない。

ただし、国連による紛争の平和的解決機能は、次のような理由から、実際の紛争の解決に十分効果的とはいい難い。まず、国連による調停的活動は、国連が中立的で公正な第三者としてその権威によって当事者間の和解を促進しようとするものであって、当事者に対して強制力を持つものではない。そのため、当事者側に国連の調停を受け入れて和解を進める意思がない限り、紛争の解決は期待できない。また、安保理や総会は、実際には紛争当事者に対する中立的な第三者機関として機能するとは限らない。次に、国際司法裁判所で紛争を司法的に解決しようとする場合、国内の裁判とは異なり、当事者の合意がなければ紛争を裁判にかけることができない。ところが現実には、大多数の国は、他国との係争の処理を結果の不確実な裁判に委ねることを望まない。さらに、援助は、紛争の平和的解決を促進する手段ではあるが、それ自体が直接的に紛争を解決することはできない。

(b)平和強制(強制措置による平和創造)

もし平和的手段が失敗に終わったときには、安保理の決定に基づいて憲章第七章で規定された強制措置がとられることが、「憲章に含まれた集団安全保障の真髄である」と『平和への課題』は述べた。[13] 強制措置は、軍事的なものであれ非軍事的なものであれ、国連が違法と認定した侵略行為や平和破壊行為を強制的に中止せしめることを目的とする。すなわち平和強制活動とは、そのほかの国連の平和活動(peace operations: 平和維持を中核としつつも、より広く平和を達成・定着させるためのさまざまな活動の総称)が中立・非強制の立場から実施されるのとは対照的に、国連が紛争当事者間に正当な側と不当な側の認定を行った上で力によって正当側を助け、不正側を懲らしめ、平和を回復しようとする活動である。

『平和への課題』は、国際の安全を保障する機構としての国連の信頼性にとって、軍事的強制措置のオプションが不可欠である旨を特に強調した。そのためには、本来は、憲章第四三条に基づく正規の国連軍が創設されるべきである。ところが、ガリも認めざるをえなかったように、その実現の見込みは当面はない。[14] このままでは国連による平和強制は、湾岸戦争型(安保理によって強制行動を授権された一部の加盟国による多国籍軍)あるいは朝鮮戦争型(多国籍軍に近い国連軍)のような変則的な方式によるほかはないという現実に、ガリは直面していた。

そこで生み出されたのが、平和強制部隊(peace-enforcement units)[15] の構想であった。どのような措置によるものであれ、国連の平和創造活動が奏効して紛争当事者間に停戦が実現したとしよう。このとき国連は、停戦を維持して紛争の再燃を防ぐために平和維持活動を行うことになるが、現実には、紛争勢力が停戦合意を遵守せず紛争が再開してしまうことが稀ではない。ガリは、このような場合に停戦を回復するための部隊を、正規の国連軍や従来の平和維持軍とは別個に創設すべきだと提案して、広く注目を集めたのである。これが平和強制部隊であり、憲章第四〇条に根拠を持ち、加盟国が自発的に提供する部隊により編成され、停戦の回復というあらかじめ明確に限定された任務のために安保理の決議に基づいて派遣される、平和維持軍より重装備（国連軍よりは小規模で軽装備）の部隊であると定義された[16]。平和強制部隊は、その規模や装備が正規の国連軍に比べてはるかに軽く、任務も限定されているとはいえ、非強制・中立を原則とする従来の平和維持軍とは異なり、当事者の同意なしに軍事的強制力を行使する部隊にほかならなかった。この平和強制部隊の提案には、平和維持活動の実効性を高めるためには強制力による裏づけが是非とも必要であるとのガリの当時の考えが強く反映していた。

(3)平和維持

伝統的な平和維持活動（これを「第一世代の平和維持活動」と呼ぶことがある）についてはすでに述べたが、平和維持活動は、冷戦末期以来大きな変化を遂げ始めた。まず、国連カンボジア暫定統治機構（UNTAC）などにみられるように、活動の任務や組織が多機能化・複合化し、政治、軍事を含む地域紛争の包括的な解決方式の中に組み込まれるようになった[17]。具体的には、停戦監視や兵力引き離しなどの伝統的な軍事的機能に加えて、選挙の運営や監視、統治機構の再建、行政の監視、人権の促進、難民の帰還、戦後復興の支援などをあわせ行うことによって、紛争の根本的な原因をとり除き平和を実現することが目指されるようになってきたのである（「第二世代の平和維持活動」）。これはすなわち、平和維持、紛争の平和的解決、紛争後の平和建設の三機能の結びつきが強まり始めたことを意味した。また、平和維持軍にノーベル平和賞が与えられ、ソ連が平和維持活動への積極的支持に転じた一九八八年を境にして、平和維持活動は量的にも急増した。
ところが、このような平和維持活動の質的・量的な拡大に伴い、財政、人員、装備、兵站などにおいて国連の能力が国連への要望の増大に追いつかないという深刻な問題が生じてきた。このため、国連はもっぱらこの問題を解決するために加盟国に協力を呼びかけることに終始した。

(4)紛争後の平和建設

武力紛争が一応終結したとしても、平和を強固で永続的なものにするためには、紛争の根本的原因となった政治的不安や貧困、少数民族への差別、抑圧などの問題そのものを解決することが必要である。ガリは、そのための努力も国連が中心になって行うべきだと強く主張し、『平和への課題』の中で紛争後の平和建設という概念を提示した。それは、紛争の再発を防止する目的で「根本に存在する経済問題、社会問題、文化問題、及び人道問題に対処する」活動であり[18]、紛争当事者の非武装化、秩序の回復、難民の送還、選挙監視、人権擁護努力の強化、政府機関の強化、経済的社会的復興活動、さらには当事者間の敵対的な感情を和らげて信頼を強化するための活動など、幅広い分野の諸活動を範疇に含むとされた。

ガリが永続的な平和を実現するための鍵とみていたのは、経済発展と民主主義の確立であり、その実現が紛争後の平和建設の究極的な目的であった。彼は次のように述べている。
「民主主義国が互いに戦うことはほぼ絶対にない。民主化は平和の理念を支持する。一方、平和は発展の前提条件である。したがって、発展が長期にわたって持続するためには民主主義が不可欠である。そして、発展がなければ民主主義もありえない。基本的な安寧幸福の欠如した社会は紛争に陥りやすい[19]。」

ガリは、こうした紛争後の平和建設を、「内戦を終結させる合意を通じて」、あるいは国家間戦争終結後の関係国間

表1　ガリ構想における五種類の平和機能の位置づけ

	(1)予防外交	(2)平和的手段による平和創造(紛争の平和的解決)	(3)強制措置による平和創造(平和強制)	(4)平和維持	(5)紛争後の平和建設
機能が発揮される主な紛争の局面	紛争勃発以前	紛争勃発後	①平和的手段による平和創造の失敗後 ②停戦崩壊後	停戦実現後	紛争終結後
機能の性格	非強制的 中立的	非強制的 中立的	強制的	非強制的 中立的	非強制的 中立的
国連が当事者の正・不正を認定するか	原則としてしない	しない	する	しない	しない
軍事的要素の役割	武力行使を目的としない 現地に駐留する軍事組織は国連の権威を象徴	軍事的要素は直接的な役割を果たさない	不正な当事者に対して軍事力が積極的に行使される	武力行使を目的としない 現地に駐留する軍事組織は国連の権威を象徴	武力行使を目的としない 現地に駐留する軍事組織は国連の権威を象徴

の「具体的な協力プロジェクトの形をとって」実施することを提唱した[20]。その根底には、国連は中立の第三者としてこの活動に携わり、当事者間に正・不正の認定を行わないこと、そして、軍人の派遣はありうるが軍事的強制力によって任務を遂行することはないこと、との想定があったものと解される。

以上が、ガリ構想のあらましである。この構想に登場する五種類の平和機能の特徴を、本節の冒頭に挙げた四つの視点に留意しつつまとめたのが表1である。

7　ガリ構想の実践と挫折

ガリ構想の野心的な内容は、国際の平和と安全を維持するための国連の役割に対する期待と楽観が世界的に未曾有の高まりをみせていた当時としても、驚きとまどいを持って迎えられた。中でも特に論議を呼んだのは、国連要員の予防展開に関する提案、平和強制部隊の創設の提案、平和創造の定義などに関してであった。

たとえば、予防展開に関しては、予防展開の名の下に国連による内政干渉が行われることを懸念する諸国が、当事者同意の原則が常に厳守されることを主張して慎重論を唱えた。また、ガリ構想が平和創造を憲章第六章の紛争の平和的解決と第七章の強制措置をあわせた形で定義したことについては、多くの専門家がこれを批判した。国連が中立的な第三者として振る舞うことが当事者の同意や協力を促進して平和につながる、と期待されている紛争の平和的解決機能と、国連が国際秩序を守る最後の手段として正義の味方となって強制力の行使に踏み切る平和強制機能という、いわば正反対の原理に基づく二種類の機能の混同を招きかねないというのである。同様に、平和強制部隊の創設についても、中立・非強制を原則とする平和維持軍との区別が厳密になされていないため、もし平和維持軍がなし崩し的に平和強制部隊に移行するようなことがあれば、平和維持活動の中立性に対する不信感を生み、その有効性を低下させるおそれが大きいと指摘する専門家が少なくなかった。さらに、平和強制部隊が国連の指揮下に置かれるとされていたことには、多くの国が強い抵抗を示した。

このような論議はあったが、九二年一二月にはマケドニアへの国連要員の予防展開が、翌年三月には平和強制部隊的な性格の強い第二次国連ソマリア活動（ＵＮＯＳＯＭⅡ）の実施がそれぞれ安保理で決定されるなど、事務総長自身の積極的な主導によるガリ構想の着実な具体化を通じて、国連の平和機能強化はとりあえず順調に進むかにみえた。中でも、『平和への課題』発表当時の世界的な国連への期待の高揚と、国連の平和機能強化にかけるガリの意気込みを象徴していたのが、ソマリアやボスニア・ヘルツェゴビナにおける「拡大平和維持」の試みであった[21]。拡大平和維持（「第三世代の平和維持活動」とも呼ばれる）とは、平和維持活動をより効果的にするために、その伝統的諸原則を見直し、憲章第七章に基づく強制力の裏づけを与えようというものである。こうした考えが打ち出された背景には二つの事情があった。第一は、すでに述べたように、国連が平和維持活動を行っているにもかかわらず停戦合意が破られてしまう事態が稀ではないこと、そして第二には、冷戦後の地域紛争において人道危機状況が多発するようになったことである。

冷戦終結後に増加した民族間の対立による内戦型の地域紛争では、事実上の無政府状態の下で紛争当事者による相手方への人道侵害行為がエスカレートし、悲惨な人道危機状況を生み出すことが少なくない。しかも、これらの紛争においては、国家ではない民族集団が戦いの当事者となっていることもあって、国際法の軽視が目立つ上、国連の権威が必ずしも尊重されず、紛争当事者が国連その他の国際機関や非政府組織（ＮＧＯ）による人道援助の実施を妨害することや、あるいは人道援助活動に携わる要員の安全を脅かすことさえも決して稀ではない。このため、近年の平和維持活動においては、難民や少数民族などに対する人道援助を円滑に行える環境を確保することが重要な任務の一つとなってきた。そして、このように平和維持活動と人道援助活動が結びつきを強める中で、ソマリア、ボスニア、ルワンダなどにみられるような大規模な人道侵害や人道援助活動の妨害に対しては、安保理での決議をもって、平和維持活動と並行する形で加盟国による強制措置の実施を認めたり、場合によっては平和維持軍自体に自衛の場合に限定されない強制的な武力行使の権限を認めるべきではないかとの主張が登場してきたのである。

ここで問題となるのは、国連による内戦への軍事的介入が内政干渉にあたるかどうかである。なぜなら、憲章第二条第七項は国連が加盟国の「国内管轄権内にある事項」にかかわる権限を持たないと規定しているし、主権国家による他国への内政干渉は国際法上禁止されているからである。近年、人道問題が深刻な場合には他国への介入は内政干渉にあたらないとする「人道的介入」（本書第8章第3節を参照）の概念が広まりつつあるが、国際法上の原則としては依然未確立である。しかし、憲章第二条第七項には、国連の内政不干渉原則が「第七章に基づく強制措置の適用を妨げるものではない」ことが明記されていることから、安保理は紛争によって生じた人道危機状況や人道援助の実施が妨害されている状況を憲章第三九条にいう「平和に対する脅威」と認定した場合には強制措置の適用を決定できるとの見解が有力となっている。

拡大平和維持が最初に現実化したのはソマリアにおいてであった。九一年一月以降の内戦に旱魃が加わって飢餓の危機にあったソマリアに対しては、当初、従来同様中立・非強制を原則とする平和維持活動である国連ソマリア活動（ＵＮＯＳＯＭ）が、九二年三月の停戦合意を受けて、当事者の同意の下に、停戦監視と人道援助輸送の安全確保を任務として展開された。しかし、事実上の無政府状態の中で任務を遂行できず、中立・非強制の平和維持活動の限界があからさまとなった。現地の情勢は悪化の一途をたどり、その悲惨な状況はテレビを通じて世界中に生々しく伝えられて大きな反響を呼び起こした。そのような中で同年一二月、安保理は、ソマリア紛争を原因とする人道的悲劇を「平和に対する脅威」と認定し、加盟国が憲章第七章に基づいて、人道援助活動のための安全な環境をできる限り速やかに同地に確立するためにあらゆる必要な手段をとることを承認した。この決議に基づき、米軍を中心とする「統一タスクフォース」（ＵＮＩＴＡＦ）と呼ばれる多国籍軍が展開され、ＵＮＯＳＯＭとの協力の下に、治安状況の改善と人道援助物資の実効的な配送の実現を目指した「希望回復作戦」を実施した。これが、中立・非強制の平和維持活動と武力行使が容認された多国籍軍が積極的に協力したはじめての事例となった。

以上のような経緯を経た後、九三年三月に至り、安保理は、ＵＮＩＴＡＦの任務を国連の平和維持活動によって引き継がせることを決定したが、このとき設立されたＵＮＯＳＯＭⅡに、停戦監視や難民支援といった任務に加えて、現地の武装集団に対する強制的な武装解除や国連の要員を攻撃した責任者の逮捕という、武力行使を伴う新たな任務が与えられたことにより、平和維持活動ははじめて拡大平和維持の段階に突入したのである。このＵＮＯＳＯＭⅡは、『平和への課題』で提案された平和強制部隊そのものではなかったが、平和維持活動の主要な職務権限として憲章第七章に基づく武力行使が認められた最初の事例であり、事実上平和強制部隊の構想をはじめて実行に移したものであるとの理解が一般的であった。

拡大平和維持が現実化したもう一つの事例はボスニアであった。旧ユーゴでの国連の平和維持活動は、九二年三月のクロアチアへの中立・非強制の「国連保護軍」（ＵＮＰＲＯＦＯＲ）の派遣に始まるが、ボスニア情勢の急速な緊迫化に伴い、同年六月には、UNPROFORが当事者の同意の下に同地にも展開され、サラエヴォおよびその周辺地域における人道援助物資輸送の支援や、物資搬入の拠点であるサラエヴォ空港の安全確保などの任務にあたることになった。しかし、ボスニアにおける民族間の紛争は激化の一途をたどり、人道援助活動への影響も深刻化したため、同年八月、安保理は、加盟国が憲章第七章に基づいて、人道援助活動を促進するために武力行使をも含むあらゆる必要な措置をとることを承認した。さらに、九月には、ボスニア空域における軍事飛行禁止措置の違反に対しても、同様に加盟国による強制措置が承認された。その後、九三年に入って安保理は、人道援助活動の拠点となるサラエヴォそのほか六都市を「安全地帯」に指定して軍事・敵対行動を禁止し、UNPROFORが同地域の安全と人道状況の監視を行うこととした。以上のような経緯を経て、同年六月、安保理は、UNPROFOR自身に、安全地帯に対する砲撃や武力侵入などに対する自衛のための行動として、憲章第七章の下で武力行使を含むあらゆる必要な措置をとる権限を与え、同時に加盟国やNATOに対しても、UNPROFORを支援するために安全地帯およびその周辺地域において空軍力の使用を含むあらゆる必要な措置をとることを認めた。これによって、UNPROFORは拡大平和維持へと性格を変えたのである。[22]

このように、一時は順調に具体化が進むかと期待されたガリ構想であったが、その挫折は思いがけず早く訪れた。マケドニアへの予防展開は一応の成果を上げたものの、平和維持活動と強制行動を結びつけようとしたソマリアやボスニアなどでの一連の試みが失敗に終わったことで、国連の平和機能強化の限界があからさまとなり、その結果、国際社会の国連への期待感自体が急速に低下してしまった。

この意味で、特に影響が大きかったのは、ソマリアにおける拡大平和維持の挫折であった。同地では、九三年五月にUNOSOMⅡが武装諸勢力の武装解除に着手するや直ちに、アイディード将軍派の強い抵抗に直面することとなった。自派の影響力の低下を怖れる将軍派は、自発的武装解除を拒否し、民衆のデモを主導して反国連プロパガンダを展開したが、六月五日にはＵＮＯＳＯＭⅡのパキスタン人要員二四名が反国連デモ隊の攻撃を受けて死亡する事件が発生し、これをきっかけに、ついにＵＮＯＳＯＭⅡは将軍派に対し、同派の強制武装解除や同派が支配し反国連キャンペーンに利用していたラジオ放送局の破壊、さらには将軍自身の逮捕などを目的とした軍事作戦を開始したのである。これに対して態度を硬化させた将軍派がＵＮＯＳＯＭⅡを明確に敵と規定したことで、ＵＮＯＳＯＭⅡは中立性を失なって内戦の渦中に巻き込まれることになった。

以後、ＵＮＯＳＯＭⅡは、その活動を支援するために展開されていた米軍の戦術即応部隊とともに、将軍派との戦闘を繰り返したが、最大の目標とされた将軍の逮捕に成功しなかったばかりか、現地民間人に女性や子供を含む多数の犠牲者を出してソマリア人の反感を買い、国際世論からも厳しい批判を受けた。そこへ追い討ちをかけたのが、一〇月三日、将軍逮捕の作戦に参加していた一八名の米兵が戦死した上、遺体が激昂したソマリア人により引き回されるという事件であった。その映像は世界中にテレビ放送されて衝撃を与え、国連の平和機能強化に対する懐疑的で消極的な態度が急速に広まるきっかけとなった。特に米国では、これ以後、ソマリア撤退の声が急激に高まった。米国の態度変化を受けて、一一月に安保理は、ＵＮＯＳＯＭⅡの任務を修正して中立・非強制の平和維持活動に回帰させることを決議したが、その後もソマリア側の敵対行動は止まず、ソマリア各派の抗争も再び悪化した。そしてついに、ＵＮＯＳＯＭⅡは、九五年三月末をもって目標を達成できないまま活動を終了せざるをえなかったのである。

平和維持活動と強制行動を結びつける試みは、ボスニアでも期待された効果を上げることができなかった。同地では、ソマリアの場合と異なり、ＵＮＰＲＯＦＯＲ自身が現地勢力に対する軍事的強制行動をとることはなかった。しかし、その活動を支援するＮＡＴＯが、九五年五月に安全地帯からの兵員と重火器の撤去などの遵守を確保する目的でセルビア人勢力に対する空爆を実施したことは、同勢力の激しい反発を呼び、ＵＮＰＲＯＦＯＲ要員が報復の標的とされて三〇〇名以上も拘束されるという事態を招いた。当時、この事例は、平和維持活動を支援するための加盟国による強制措置が活動の中立性・非強制性を損ない、かえってその有効性を低下させるおそれが大きいという、かねてより指摘されていた危険性をあからさまにしたものと受けとめられた。また、そもそもボスニアでは、UNPROFORの展開後も現地の民族集団間の対立がいっこうに鎮静化せず、停戦協定が繰り返し破られて悲惨な状況が継続し、国連要員にも多くの死亡者が出たが、この状況もまた、国連に対する世界の期待感に冷水を浴びせるものであった。

こうして、ソマリアやボスニアの現実が国連の平和機能の能力的限界を明らかにするにつれて、ガリ構想の無理を批判する声が世界中で高まり、国連加盟国の間には、国連平和機能強化に対する慎重で悲観的な姿勢が急速に広がっていった。そして、早くも九五年一月には、事務総長自身が、ガリ構想を大きく軌道修正する内容の『平和への課題への追補』(以下『追補』)と題する報告書を発表せざるをえなくなったのである。[23]

8 『平和への課題への追補』

『追補』に示された国連の平和機能強化に対する姿勢は、『平和への課題』とはいくつもの点で大きく異なっていた。全体としてみると、『追補』では、ソマリアやボスニアをはじめとする冷戦後の平和維持活動の経験を教訓として、強制措置(特に武力行使)の実施に対する消極的な姿勢が目立ち、『平和への課題』よりもはるかに控えめな、国連の能力的限界を強く意識した上での提案が行われたのが特徴である。両報告書の内容をより細かく具体的に比較してみた場合、特に重要な相違点として以下の四点を指摘することができる。

第一に、『追補』では、国連の平和機能に関する概念の再構成が行われた。すなわち『追補』は、国連の平和機能を①予防外交と平和創造、②平和維持、③紛争後の平和建設、④制裁(sanction、憲章第四一条の非軍事的強制措置を指す）、⑤平和強制の五分野に分類した上で、①、②、③はいずれも紛争当事者の同意の下でのみ実施されるべき活動であるが、④と⑤は強制手段である以上当事者の同意を必要としないとして、二つのグループに大別した。ここには、非強制的な措置と強制的な措置を峻別しようとする姿勢が顕著にみられたが、このような姿勢は『平和への課題』では希薄であった。

第二に、『追補』では、武力紛争の発生前から終結後に至るまでの全局面で国連が平和と安全の維持、回復のために一貫して積極的な役割を果たすべきだという考えは原則的に維持されたものの、強制行動については、現状ではごく小規模な場合を除いて国連には実施のための能力が欠如していることを認めた。たとえば、国連は資金、装備、要員などの資源の不足に悩んでいる上、安保理も事務総長も、強制行動の実施に必要な配備、命令、指揮および統制の能力を持たない。しかも、国連は、紛争の平和的解決や平和創造といったより困難でない責務に対応するだけでも手一杯というのが実情である。こうした理由を挙げ、『追補』は、国連が長期的に平和強制の能力を発達させていくことが望ましいとしながらも、「現時点でそのような試みを行うことは愚行となろう」と断じた[24]。『追補』は、国連にとって現実性のある平和強制のオプションとしては、安保理による加盟国への授権が唯一のものであるとしたが、同時にこの方式にもプラス・マイナスの両面があることを指摘していた。なぜなら、この方式は、加盟国が独自に武力行使を行うよりもはるかに望ましい上、国連に他の方法では得ることができない強制力を提供するという利点を持つが、その一方で、国連の信頼性にマイナスの影響を与える危険性や、授権をされた加盟国がそれを口実に授権の範囲を逸脱した武力行使についてまで国際的正統性を主張する危険性を内包しているからである。

第三に、『追補』は、平和維持活動の成功には、当事者の同意、中立性、自衛の場合以外の武力不行使という伝統的諸原則の尊重が欠かせないことが近年の経験から明らかになったと主張するとともに、平和維持活動と強制行動を峻別する必要性を強調した。

平和維持の論理は、強制行動とはきわめて異なる政治的・軍事的前提の上に立つものであり、強制行動の力学は、平和維持が促進しようとする政治的プロセスとは相容れない。両者の区別を曖昧にすることは、平和維持活動の存立を危うくし、要員を危険にさらしかねない。……通常、国連が解決を依頼されるのは、深い根を持ち、他者による平和創造の努力を受けつけなかった紛争ばかりである。その解決には、辛抱強い外交、および信頼の醸成や長年の意見の相違の交渉による解消を時間をかけて可能にしていく政治的プロセスの構築が必要である。……解決を急ごうとして軍事力を用いる誘惑に打ち勝つことが必要である。平和維持と（自衛以外の）武力行使は、一方から他方への移行が容易な連続線上の隣接する二点ではなく、二者択一のテクニックと見るべきである。[25]

これはすなわち、ソマリアとボスニアでの失敗に対する反省をふまえた、拡大平和維持の考え方の否定であった。

第四に、『追補』は、平和創造および予防外交の二概念についても、平和強制との峻別を図ろうとする姿勢を明確に打ち出した。まず、『平和への課題』が平和創造を紛争の平和的解決と平和強制をあわせた意味で定義していたのに対し、『追補』では、通常の分類に従って両者を別個の概念として区別した。これは、『追補』における平和創造の定義が、紛争の平和的解決のための外交的努力という伝統的な概念に回帰したことを示すものであった。その一方で、『追補』は、予防外交と平和創造の二概念をひとまとめにして取り扱ったが、これは、両者が、当事者の同意を得て紛争（または紛争の芽）を非強制的に処理する機能であるという点で共通しているとの判断によるものであろう。『追補』は、「明らかに、国際連合はそれを望まない加盟国に対して予防外交や平和創造の活動を押しつけることができない。法的にも政治的にも、「紛争の当事者となっている」加盟国が国連の活動を要請、あるいは少なくとも黙諾することが必須の条件である」と述べるとともに、現実には紛争当事者がこれらの活動を受け入れたがらないことが多いという問題に対しても、加盟国は国連のあっせんの申し出を受け入れるべきだという規範を国際社会に確立するといった長期的な解決策しかありえないと断じて、両機能の非強制性を強調した。[26]

このように、『追補』におけるガリは、国連が強制措置を実施する能力を持たないことをはっきりと認めるとともに、中立・非強制の原則に基づく予防外交、平和創造、平和維持といった諸機能と平和強制機能との概念上の区別を明確にすることに神経質とも思われるほどに気をつかっていた。その意味するところはあまりにも明白であった。国連の集団安全保障体制を活性化したいというガリの願望は、『平和への課題』の発表後二年半の国連の平和活動をめぐる現実の前に、早くも撤回を余儀なくされたということである。

こうして、『追補』は、国連の平和活動を中立・非強制の原則の範囲内へと事実上引き戻したが、ガリ構想の挫折は、国連の安全保障機能全般に対する加盟国の失望感を生んだ。その結果、国連平和活動の実施は著しく低調になった。九三年の三六億ドルを最高に九五年まで三年連続して年間三〇億ドルを超えていた国連の平和維持活動予算が、九〇年代後半には年間一〇億から一七億ドル程度へと激減したことや、九三年には八万人近くに達していた平和維持活動への派遣要員数が、一九九八年には一万五千人以下に落ち込んだことなどが、それを明確に示していた[27]。

9 ブラヒミ・レポート

だが、世界情勢の現実は、国連が、平和活動における軍事的手段を含めた強制措置の必要性という問題から、長く目をそらし続けることを許さなかった。その最大の理由は、九〇年代後半になって、冷戦後の国連平和活動の主流が、内戦型紛争に対する「第二世代の平和維持活動」(「多機能型の平和維持活動」あるいは「複合型の平和維持活動」とも呼ばれる)であることがはっきりしてきたことにあった。

冷戦後の紛争の大半を占める内戦型紛争は、多くが、最低限の統治能力すら失われた「破綻国家(failed states)」

やそれに準ずる国で起こる。それは、歴史的な民族問題や宗教問題、差別、貧困などの種々の社会的要因が複合してもたらされ、当事者間の対立が単純な利害対立以上の不信感や憎悪に基づくことが多いため、虐殺や民族浄化といった人道侵害が起こりやすい。しかも当事者が国家ではないために国際法が破られやすく、国連の権威も必ずしも尊重されない。国際社会の介入などにより停戦が成立しても、全当事者が紛争の平和的解決を真剣に目指しているとはいえない場合が多く、国連が平和維持活動を開始した後も、停戦が破られたり、活動が妨害されたりしがちである。このような紛争においては、単なる停戦維持（伝統的な平和維持）だけではなく、紛争の根本的原因を除去し、当事者間の和解を促し、国家の再建を助けるような活動（平和構築）が必要だと考えられたのである。[28]

平和構築には、治安回復のための軍隊組織、警察組織、司法制度等の改革（治安部門改革、Security Sector Reformの頭文字をとってＳＳＲと呼ぶ）、ＳＳＲの重要な一分野である元兵士の武装解除・動員解除・社会復帰（Disarmament, Demobilization, Reintegration：この三者を総称してＤＤＲと呼ぶ）、難民帰還、社会的インフラの整備、行政制度の整備、メディア支援、人権の促進、選挙支援、民主化促進、経済復興支援といった幅広い活動が含まれ、そこには、軍人だけではなく、多くの文民が国連要員やＮＧＯメンバーといった立場からさまざまな非軍事的役割を果たす。多機能型・複合型の平和維持活動が増加するにつれて、現地に派遣された国連の部隊には、数を増すこうした文民の安全の確保も求められるようになった。

また、こうした内戦型紛争がしばしば人道侵害や大量の難民の発生を伴ったことから、ソマリアやボスニアの場合のように、紛争が依然として停止していない状況の下で国連部隊が派遣され、活動しなければならない場合も出てきた。

ところが、多機能型・複合型の平和維持をそのように実践する上で、伝統的な中立・非強制の原則の下では、国連の部隊は、活動を妨害する勢力が一者でも現れれば打つ手がなく、要員の安全も確保できないという点が深刻な問題になった。先にみたように、平和維持活動に強制力の裏づけを与えようとしたガリの試みが挫折したことで、国連平和活動は、いったんは中立・非強制の範囲内に立ち戻ることを余儀なくされていた。だが、現場で実際に活動に携わっている部隊や要員の立場からみると、強制力なき平和活動の限界はあまりにも明らかであった。活動の成功のためにも、自分たちの安全の確保のためにも、強制力は不可欠であるとの彼らの声は切実であった。

また、加盟国の中には、米英などを含め、平和構築は平和維持とは別の活動だとして、平和維持活動予算から費用を支出することに反対する国もあった[29]。

こうした問題をふまえ、二〇〇〇年三月にガリの後任のコフィ・アナン事務総長が設置した「国連平和活動検討パネル」が、同年八月に発表した報告書が『ブラヒミ・レポート』（座長の名をとってこのように呼ばれる）である[30]。同報告書は、紛争予防と平和創造にも言及してはいるが、その焦点は平和維持活動の改革であり、特に内戦型紛争に対処する上で、平和維持と平和構築を一体として実施することが不可欠であると強調した[31]。

報告書は、冷戦期にはほとんどが「国家間戦争後に停戦監視と兵力引き離しを行う、伝統的な、主として軍事的なモデル」であった国連平和維持活動が、冷戦終結以降、「内戦直後の危険な状況の下で平和のためにともに働く、軍民のさまざまな要素からなる複合的なモデル」を取り入れたものへと変化し、平和構築と結合することが多くなっているとの認識を示す[32]。そして、内戦直後の複合的な平和活動の危険性と費用は、「伝統的な平和維持よりもはるかに大きい」が、冷戦終結以来、そうした活動は、「例外というよりも標準的なこと」になってきていると指摘する[33]。

このような現実をふまえて、『ブラヒミ・レポート』は、当事者の同意、中立、武力行使の自衛の場合への限定の三原則は依然として平和維持活動の根幹的原則であると述べつつも、内戦型紛争に対処する現代の複合的な平和活動においては、その機械的適用は好ましくないとの立場をとった。特に和平合意を破り、活動を武力によって妨害しようとする「スポイラー（妨害者、spoilers）」に対しては、軍事的手段を含めた毅然とした態度がとられなければならないと述べ、国連部隊の軍事的強化を主張して注目された[34]。国連が「スポイラー」にも中立原則を機械的に適用して全当事者を平等に取り扱い続ければ、それは「最善でも（国連活動の）無効化をもたらすだろうし、最悪の場合には悪に荷担するに等しくなりかねない」と報告書は警告する[35]。いつでも全当事者を平等に取り扱うのではなく、それぞれの当事者が和平合意を踏みにじったり、人道侵害を行ったり、国連の平和活動を武力によって妨害したりした場合には、国連憲章の諸原則およびそれに根ざしたマンデート（委任事項）に従って、誰に対しても同じ基準で必要な対応をとる。国連平和活動の行動規準としての中立性とは、そうしたもの（公平性）でなければならないというのが、報告書の立場である[36]。その論理的帰結として、報告書は、「一部の場合には、現地勢力が道義的に同等ではなく、明白な攻撃者と被害者からなっていて、平和維持部隊は軍事力の使用を作戦的に正当化されるだけではなく、道義的に強いられることになるかもしれない[37]」とまで主張するのである。

このような考え方に立って、報告書は、国連が平和活動を実施する以上、①その軍事部門は、他部門の要員の安全確保や活動への妨害排除を含めた広い意味での自衛力を備える必要があること、②個々の攻撃を撃退するだけではなく、国連要員や現地人の生命に対する脅威の根源に対するより大規模な反撃が許され、さらに、特に危険な状況下では国連側が敵の攻撃を待つ必要がないような形で交戦規則（武器使用のルール）を定めるべきこと、③伝統的な平和維持とは異なり、今後の活動は、「スポイラー」が出現しないよう「信頼できる抑止力となる脅威」を当事者に与えるものであるべきこと、などの点を提言した[38]。『ブラヒミ・レポート』は、国連の平和活動が軍事力の行使を中心としたものになるべきことを主張したわけではない。だが、同報告書では、軍事力の裏づけなしには、特に内戦型紛争に対処する複合的な平和活動は成功がおぼつかないことが、強く認識されていた。

平和維持がその任務を達成するためには、国連が過去一〇年間にわたり繰り返し見いだしてきたように、いかな

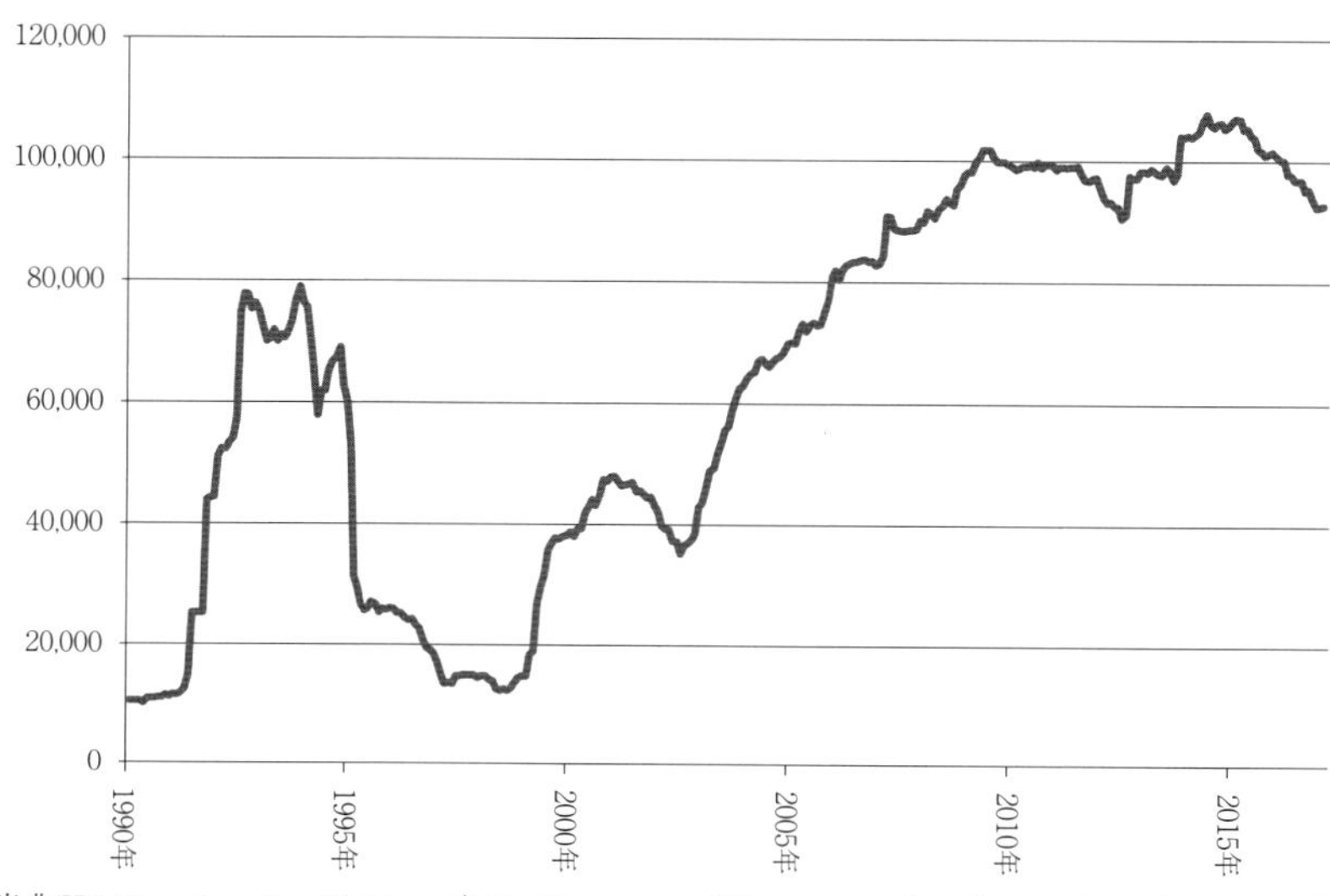

出典:IPI Peacekeeping Database（http://www.providingforpeacekeeping.org/contributions/）より筆者作成

る量の善意も、信頼しうる軍事力を投入する基本的能力に代わることはできない。しかしながら、軍事力のみによって平和を作り出すことはできない。軍事力は、平和が構築されうる空間を作り出すことができるのみである。[39]

先にみた『平和への課題への追補』は、ガリ構想の失敗を受けて、中立・非強制の原則に基づく国連の活動を強制力を用いた措置から切り離そうとした。しかし、『ブラヒミ・レポート』は、中立・非強制の原則に基づく措置であっても、「平和が構築され得る空間」が軍事力の働きによって作り出されていることが成功の大前提であるとの認識に立ち、国連平和活動にとっての軍事力の重要性を再び加盟国に訴えたものだといえる。

『ブラヒミ・レポート』の発表後、国連の平和活動は、内戦型紛争後の平和構築を主要なテーマとして、再び活発化の傾向を示している。一九九八年には年間約一〇億ドルにまで減少していた平和維持活動予算は、二〇〇〇年代に入ると二〇億ドルを上回るようになり、[40]〇四年にはアフリカなどで大型ミッションが新設されたことから五〇億ドルを超え[41]、一七―一八予算年度の承認予算額は約六八億ドルに達している[42]。九八年には一万五千人以下に落ち込んでいた派遣要員数も顕著に増加し、一八年二月二八日の時点では、合計で九万人を超えている[43]。

活動内容の質的変化も一層進んでいる。『ブラヒミ・レポート』後に組織された平和維持活動は、ほぼすべてが、マンデートに紛争の再発防止のための軍事的な措置と平和構築のための幅広い文民分野の活動をともに含む。すなわち、今や国連平和活動の主流は、平和維持と平和構築が結合した複合型の活動となっている。また、これらの活動は、ほとんどが憲章第七章の下での行動を授権され、任務の遂行または要員・現地人の保護のための武力行使を認められている[44]。

しかしながら、『ブラヒミ・レポート』後に進んだ国連平和活動のこうした役割の拡大には、実は必ずしも国連の能力が追いついておらず、予定された活動が必ずしもそのとおりに実行できているわけではない。多くの加盟国が、軍事力の行使を伴うような危険な活動に、犠牲を覚悟してまで要員を提供することには熱意を示していないためである。その結果、国連平和活動の現場では、憲章第七章に基づいて武力行使を認められているはずの国連部隊が、多国籍軍や特定の加盟国の軍事力に頼らなければ任務を遂行できないという事態が頻繁にみられる[45]。ガリ構想の発表以来、冷戦後の国連の平和機能の強化策が模索される中で常に問題とされてきたのは、提案された強化策を実行に移すために必要な資金、装備、要員などの資源を加盟国の協力を得て国連が確保しうるのかどうかという点であった。『ブラヒミ・レポート』後の複合化した国連平和活動も、同じ問題に直面している。

『平和への課題への追補』の中で、ガリは、国連には強制措置を実施する能力が備わっていないことを認めざるをなかったが、この状況は、今も基本的に変わっていない。「信頼しうる軍事力」の裏づけが必要とされる活動が、そうした力を自らは十分に持たない部隊によって担われているという点で、国連の平和活動の今後については、必ずしも楽観できないと考えざるをえない。

表2　PKO要員提供の人数

	国名	人数
1	エチオピア	8,338
2	バングラデシュ	7,023
3	ルワンダ	6,815
4	インド	6,712
5	パキスタン	6,218
6	ネパール	5,490
7	エジプト	3,187
8	インドネシア	2,699
9	タンザニア	2,646
10	ガーナ	2,645
111	日本	4

出典: Summary of Troop Contributing Countries by Ranking（https://peacekeeping.un.org/sites/default/files/2_country_ranking_report.pdf）2018年4月3日アクセス

10　改善の試み

こうした問題点に対し、国連内外ではさまざまな改革が試みられてきた。たとえば、国連事務局はフィールド支援局（Department of Field Support）を設置し、財政問題、兵站、情報とコミュニケーション技術、人的資源などの管理を専門的に扱うようになった。またドクトリンやマニュアルも整備された。前述のように平和維持活動は国連憲章に記載のないアドホックな活動として発展してきた。それゆえ、活動の指針となるような文書の整備が遅れていた。二〇〇八年、過去の活動におけるさまざまな経験・教訓を集成し、ブラヒミ報告など主要な文書とも整合を図る形で『国連平和維持活動――原則と指針』[46]（通称キャップストーン・ドクトリン）が公表された。その後、歩兵、通信、航空輸送、兵站、憲兵、などさまざまな領域におけるマニュアルが加盟国との協力によって整備されている[47]。

要員提供に関しては現在大口の要員提供国が発展途上国によって占められるようになっている（表2）。発展途上国にとっては平和維持活動への参加は、訓練、現場経験の機会、対外的なイメージの向上、収入源（平和維持活動に参加すると毎月一人当たり約一四〇〇米ドルが支払われる）、といったさまざまな理由からメリットが高い[48]。さらに、現在一四の現行オペレーション（二〇一八年四月四日現在）のうち七つがアフリカに展開されており、アフリカ連合が「アフリカの問題はアフリカ人によって解決されるべき（African Solutions to African Problems）」というスローガンを掲げている、という理由もある。このように平和維持活動において犠牲を出すことに敏感な先進国に代わって発展途上国の部隊が平和維持活動の大半を占めるようになっている。

しかし、先進国の多くは引き続き平和維持活動予算の大口提供者である（表3）。これに加えて、先進国は大口の要員提供国や潜在的な要員提供国である途上国軍の能力構築に力点を移行している。米国、イギリスなどは途上国軍の平和維持活動の能力を向上させるための訓練プログラムや武器供与プログラムを実施している。世界各地に平和維持活動訓練センターが設置され、派遣前の訓練などが実施されている。

表3　PKO予算の提供（2017年）

	国名	割合
1	アメリカ	28.47
2	中国	10.25
3	日本	9.68
4	ドイツ	6.39
5	フランス	6.28
6	イギリス	5.77
7	ロシア	3.99
8	イタリア	3.75
9	カナダ	2.92
10	スペイン	2.44

出典: United Nations "Report of the Secretary General, Implementation of General Assembly resolutions 55/235 and 55/236"（A/70/331/Add.1）

また必ずしも途上国軍に限定されるわけではないが、平和維持活動においては派遣された部隊の規律の乱れが指摘されていた。現地人に対する性的搾取（Sexual Exploitation and Abuse: SEA）や要員による汚職が蔓延し、大きな問題となっていた。さらには活動中に武器、弾薬が紛失することもあり、武器弾薬の一部が反乱軍に渡ったり密売されたりすることもあった。訓練プログラムではこうした規律の乱れに対する教育も行われるようになっている。

もっとも、途上国が中心となった平和維持活動においても犠牲を出すことは回避すべきことである。平和維持活動要員の安全に関しては二〇一七年に『国連平和維持要員の安全を向上する：やり方を変える必要がある（Improving Security of United Nations Peacekeepers: We need to change the way we are doing business）』[49]

（クルーズ報告）という文書が公表された。その中では要員の質の向上、装備の充実、リーダーシップの向上といったさまざまな改善点が提言されている。また、偵察・情報収集における無人機や人工衛星の利用なども提言されており[50]、より質の高い装備による犠牲者の発生の予防も進められている。

11 国連平和機能強化の限界

本章では、安全保障分野における国連の役割について、その変遷を歴史的に振り返りつつ考察してきたが、ここで、次の二つの大きな疑問が浮かび上がってくる。

①従来、国連の集団安全保障制度の機能不全の原因としては、冷戦が指摘されるのが普通であった。だからこそ、冷戦が終結したとき、世界中で多くの人々が、同体制の活性化の条件がようやく整ったという強い期待感を抱いたのである。ところが、ガリ構想が実践される過程で明らかになったのは、冷戦後の世界においても国連の集団安全保障は依然としておとぎの国の夢にすぎないという厳然とした事実であった。すなわち国連の集団安全保障体制の機能不全の真の原因が、冷戦にはなかったことがはからずも証明されたのである。それでは一体、真の原因はどこにあるのだろうか。

②集団安全保障以外の、平和維持などの諸活動については、国連の実施能力をどのように評価すべきなのだろうか。また、今後その能力が強化される見込みはどの程度あるのだろうか。

最後に、これらの疑問に答えることを通じて、国連の平和機能を強化しようとするあらゆる試みが直面せざるをえない限界を明らかにしてこの項を結びたい。

(1)集団安全保障の条件の欠如

実は、冷戦の終結により国連が憲章に予定された強力な集団安全保障体制に近づく可能性が高まったという期待には、理論的な根拠が欠如していた。なぜなら、国連の集団安全保障が機能するためには、少なくとも以下の三条件が満たされている必要があるが、[51]冷戦期同様、ポスト冷戦期の国連もこれらをほとんど欠いたままだからである。

①国連が、いかなる平和破壊者をも圧倒できるだけの軍事力を持つこと。

②加盟国、特に安保理の五常任理事国が、自国の国益を国際社会全体の利益に従属させ、国連の集団的強制措置の発動に協力する意思を持つこと。

③加盟国、特に安保理の五常任理事国が、どのような平和が守られるべきか、そしてどのような行為を平和破壊的と認定するかについて共通の認識を持つこと。

まず、憲章第四三条に基づく国連軍が近い将来に創設される見込みのないことは、『平和への課題』でさえも明確に認めていたところである。[52]また、冷戦後の世界において突出した軍事力を持つ米国は、九四年五月に発表された国連の平和活動に対するクリントン政権の政策指針(以下クリントン指針)などで、常設国連軍の創設を支持しないことを明言してきた。[53]すなわち国連は、予見しうる将来にわたって、組織として自前の軍事的強制力を欠いたまま、加盟国の力を結集して平和の破壊に対抗していくよりないということである。

このとき、もし加盟国、特に安保理の五常任理事国、さらにいうならば中でも米国が国際社会全体の利益を国益に優先させ、その犠牲、負担を顧みずあらゆる平和破壊行為に立ち向かう意思を持つならば、国連の力は事実上いかなる平和破壊者をも圧倒することになろう。しかし現実には、諸国家が国益を最も重視して行動しがちであることはいうまでもない。加盟国が国連の措置の実施に加わろうとするのは、自国の個別的利益に照らしてそのような行動が正当化できる場合のみであり、国益に反してまで国連に協力しようとする国などないに等しい。米国はその典型といってよく、たとえばクリントン指針でも、国連の平和活動の新規開始や更新を支持するかどうか、そしてそれぞれの活動に参加するかどうかといった決定を下すに当たり米国政府が最も重視する判断基準が、米国の国益が増進されるかどうかという点であることが繰り返し強調されていた。オバマ政権（二〇〇九～二〇一七年）は、単独行動主義的傾向が目立ったブッシュ前政権の外交姿勢を修正し、国連大使を閣僚級ポストに引き上げるなど、国連との協力強化を打ち出したが、この判断基準に関しては、米国の姿勢が大きく変わることはなかった。二〇一七年に一月に就任したトランプ大統領は「米国第一」を掲げ国連平和維持活動に対する資金拠出を削減した。前述の二〇一七―一八年度の平和維持活動予算である六八億ドルは前年に比べて一四パーセントもの大幅な減額となっている。米国が直接的な国益に優先して国連平和維持活動への協力を果たすことは当面考えにくいだろう。

日本にしても、無条件で国連の平和活動に協力しているとは到底いえないことが、表2、表3からわかる。表3にみるように、日本は近年中国に抜かれたとはいえ、依然として世界第3位の規模の平和維持活動予算を拠出している。だが、表2が示すように、二〇一七年五月に国連南スーダン共和国ミッション（ＵＮＭＩＳＳ）に派遣されていた陸上自衛隊の施設部隊が撤収した後は、日本の平和維持活動への要員提供はほぼゼロに近い水準に落ち込んでしまっているのである。

また、そもそも国連が集団的強制措置を発動するためには、安保理が平和破壊者を認定し、それが他の加盟国に受け入れられることが必要である。(54) それには各国が、どのような平和が守られるべきなのか、そしてどのような行為を平和破壊的とみなすべきなのかといった点について共通の考えを持っていなければならない。冷戦期には、異なったイデオロギーを信奉する常任理事国間でこれらの点に関する認識の相違がはなはだしかったために、強制措置の発動を可決することは事実上不可能となっていたが、冷戦の終結も決してこの問題に根本的な解決をもたらしたわけではない。「五大国協調になった冷戦後、安保理では大半の決議がすんなりと決まる」[55]といわれたのは一時的なことにすぎず、九〇年代の後半以降、重要な国際安全保障上の課題をめぐって安保理常任理事国が一致できなかった事例は再び増加している。一般的にいって、米国、イギリス、フランスの三カ国とロシア、中国の間にはいまだに小さからぬ認識の差が存在するとみられる。一九九九年三月のコソヴォ戦争に際し、米英仏を中心とするＮＡＴＯは、国連安保理決議を欠いたままでユーゴ空爆を実施した。もし決議を求めても、中露の拒否権行使が確実視されたからである。また、二〇〇三年三月に始まったイラク戦争のケースでは、米英と仏露中の見解の相違が克服されず、米英を中心とする諸国が明確な国連の授権のないままに対イラク武力行使に踏み切ることとなった。最近では、ロシアの支援を受けるシリアのバッシャール・アサド政権が反政府勢力に化学兵器を使用したとして、米国や英仏がシリア空軍基地へのミサイル攻撃（二〇一七年四月六日、米国による）や化学兵器関連施設への空爆（二〇一八年四月一三日、米英仏による）を国連安保理決議を得ずに行い、ロシアが強く反発するということもあった。

以上のように、国連の集団安全保障体制が活性化するための前提条件は今なお欠如しており、また、予見しうる将来にそれが満たされる見込みもない。この事実こそが、冷戦期とポスト冷戦期を通じて、同体制が国連創設者の予定通りに機能してこなかった最も根本的な原因だったのである。

(2) 主権国家の集合体としての国連の限界

一方、平和維持などの諸活動についても、国連の実施能力は限られたものにすぎない。まず、財政難という問題がある。先に述べたように、国連の平和維持活動予算は、一七—一八予算年度分の承認額が約六八億ドルである。ところが、加盟国の同予算の分担金累積未払い額は、一六年一二月三一日の時点で約一八億ドルにも上る[56]。また、かつては平和維持活動の要員不足も深刻であった。たとえば九四年一一月、ガリ事務総長は、ザイールのルワンダ難民キャンプの治安維持を目的とする平和維持活動の設立を提案したが、加盟国から必要な要員の提供が得られなかったため、結局断念せざるをえなかった[57]。また、〇二年二月には、国連平和維持活動局が、早期展開可能な文民警察の待機制度の創設を発表したにもかかわらず、加盟国からはかばかしい反応が得られず、実質的に頓挫してしまったこともある[58]。前述したとおり、途上国が大口の要員提供をすることによりある程度の部隊規模は確保されるようになっているが、現在においても高度な技術や装備を要する通信、医療、兵站、といった部門の要員不足は未解決である。そして、要員の安全や任務の効率的な遂行のために提言されている無人機などの技術を用いた情報収集に関しても、加盟国は高い情報収集能力を国連が保有することに躊躇している。

実は平和維持活動に使われている金額は決して大きくはない。たとえば、冷戦終結の直後、安全保障上の国連の役割に対する国際社会の期待感が絶頂にあった時期にあたる九三年四月にフォード財団が発表した報告書によれば、九二年の国連通常予算と平和維持活動経費の合計はスティルス爆撃機二機の値段よりも安く、ニューヨーク市の警察と消防にかかる年間の費用よりも少なかったという。この年に諸国が平和維持活動のために拠出した金額は平均で国防支出のおよそ七〇〇分の一にすぎなかったともいう[59]。また、かつて国連広報センターのホームページは、九七年の国連の通常予算額が約一三億ドルでニューヨーク市の年間予算の四%程度にしか相当せず、九六年時点の平和維持活動予算もそれよりやや多い一六億ドルにすぎなかったことを指摘していた（現在では、この記述は削除）[60]。

より最近についてみても、国連平和維持活動局の計算によれば、二〇一七―一八予算年度の国連平和維持活動予算の承認額（約六八億ドル）が全世界の軍事支出（一六年に推計約一兆六八六〇億ドル[61]）の約〇・四パーセントの規模にしか相当しない。アメリカ政府会計監査院（Government Accountability Office）の試算によれば、米軍単独で国連平和維持活動と同等の活動をした場合には約二倍以上のコストがかかる上に国際社会から受け入れられにくくなる[62]。こうした数字が示しているのは、加盟国に積極的に国連を盛り立てていこうとする熱意さえあれば、国連の財政基盤を要望の増大に見合ったものにすることはさほど難しくはないはずだということである。同じことは、人員や装備の確保についてもいえる。しかし現実には、そのような熱意は示されていない。

この事実は、国連の平和活動実施能力が近年の要望急増にもかかわらず依然として限られたものにとどまっている最も根本的な理由を明白に示している。それは、国連が諸国家の上に立つ機構ではなく、国益を重視する主権国家の集合体にすぎないという現実である。国連は世界政府ではない。国連の意思といっても、実はその内容は加盟国、とりわけ安保理の常任理事国を中心とする大国の意思と駆け引きによって決定される。また国連の活動といっても、実際にそれを行うのは加盟国である。加盟国、特に大国が支持し、必要な場合には率先して参加するというのでなければ、その実効性は著しく低下してしまう。ところが、実際の国連は、それぞれの国益を守り、拡大しようとする加盟国の間の利害衝突、交渉、意見集約の場である。各国は、そのためにさまざまな術策を用いる。大国が自らの主張に同調する国を増やすために、経済援助などを取引材料にすることも稀ではない。自国に都合のよい場面では国連を重視する姿勢を示して利用しようとするが、都合が悪ければ国連に冷淡になるという傾向も、程度の差こそあれ各国に共通している。

こうした国連の実情は、二〇〇二年終わりから二〇〇三年三月のイラク戦争開戦に至る経緯などに典型的にみてとることができた。このように、加盟国の行動が国益の考慮に基づいているという現実には、冷戦期もポスト冷戦期も変わりがないため、国連は、加盟国の多くが一致して関心を示す問題に対してしか効果的な措置を講ずることができない。仮に措置を講ずることができた場合でも、その内容は、加盟国の関心の程度に見合ったもの以上とはなりえない。そして、ガリ構想や『ブラヒミ・レポート』のように国連の平和機能を強化するための提案が行われたとしても、成功が期待できるのは、加盟国の多数が自国の個別的利益に照らして有益とみなす部分のみなのである。

本章の議論は、国連が安全保障の分野でこれまでにも無視できない役割を果たしてきたことや、今後さらに大きな役割を果たす可能性があることを否定するためのものではない。国連は、冷戦期においても、諸国が平和と安全の問題に関して世界的規模で多国間協議を行うことができる唯一の場として機能するとともに、平和維持活動を実践して、国際の平和と安全の維持に重要な貢献を行ってきた。また、冷戦の終結が国連の平和機能を強化する機会をもたらし、試行錯誤の中でその実践が進められてきたことはまぎれもない事実である。二〇〇一年九月一一日以降国際安全保障上の最重要課題の一つとなったテロ対策でも、国連は、総会がテロの禁止や防止に関する諸条約の交渉と締結の場となるなど、大きな役割を果たしてきた。

しかし、国連が世界政府ではなく、国益を重視する加盟国の意思によってしか動かないという現実が変化したわけではない。今も昔も、主権国家の集合体にすぎない国連それ自体に平和をもたらす力があるわけではなく、その力を持つのは加盟国なのである。したがって、国連の平和機能を強化するといっても、先にみたような限界からは逃れることができないのだということを知らなければならない。今後、安全保障分野における国連の役割を考えるにあたっては、国連の可能性と限界をともに認識した上で国連の実力を最大限に発揮させようとする態度が肝要である。国際の平和と安全を維持するための機構として国連に代わるものが存在しない以上、国連に対していたずらに懐疑的な態度をとることは非建設的であるが、国連を実態以上に理想化してその実力に幻想を抱くことも、ガリ構想の挫折の過程が示すように、ある意味ではそれ以上に危険な過ちだからである。

1　本章の執筆にあたって参考にした文献は数多いが、その中でも、注に引いたもの、および巻末の文献紹介リストに挙げたもののほかに、読者の便宜のために、日本語文献に限って特に以下を挙げておく。岡垣知子「国連の平和維持活動―冷戦後の活性化議論をめぐって」『国際政治』第一〇三号（一九九三年五月）、岡垣知子「国連と世界の安全保障―『平和強制』をめぐる問題と平和維持活動の今後」『外交時報』一九九四年一月号、大泉敬子「国際連合の平和機能の再検討―冷戦時代とその後」『国際政治』第一〇〇号（一九九二年八月）、神余隆博「紛争解決と平和維持における国連の新たな役割」『外交時報』一九九三年四月号、滝澤美佐子「旧ユーゴスラヴィアにおける国連の活動」『外交時報』一九九四年三月号、則武輝幸「国連とソマリア内戦―『平和執行部隊』構想の挫折」『外交時報』一九九四年三月号、総合研究開発機構編『国連シンポジウム―国際平和のための国連の役割』ＮＩＲＡ政策研究 Vol.6, No.6（総合研究開発機構、一九九三年）、横田洋三編著『国際機構論』（国際書院、一九九二年）第三部第一章。また、本章の記述の一部は共著者の一人である神谷による以下の著作に基づいている。「ポスト冷戦期の国連平和機能強化論―国連事務総長報告書『平和への課題』を中心に」佐瀬昌盛、石渡哲編『転換期の日本そして世界』（人間の科学社、一九九五年）、「国連中心主義は虚しい」『諸君！』一九九四年九月号。

2 集団安全保障と混同されやすい概念に集団防衛がある。これは、集団的自衛権に基づく外部の敵に対する共同防衛を意味する。基本的には、同盟において、ある加盟国に武力攻撃が行われた場合に、全加盟国が、自国が直接攻撃されていなくとも、それを自国への攻撃とみなして共同で防衛行動をとるというものであり、その典型は、北大西洋条約機構（ＮＡＴＯ）にみることができる。集団的自衛権については、本書の第2部Ⅸを参照。

3 *Excerpt from A Fourth Collection of Scarce and Valuable Tracts, on the Most Interesting and Entertaining Subjects, but Chiefly Such as Relate to the History and Constitution of These Kingdoms; Selected From an Infinite Number in Print and Manuscript, in the Royal, Cotton, Sion, and Other Publik, as Well as Private Libraries, Particularly That of the Late Lord Somers, Revised by Eminent Hands*, Vol. IV (London: F. Cogan, 1752), p.302.

4 Martin Wight, "The Balance of Power," Herbert Butterfield and Martin Wight, eds., *Diplomatic Investigation: Essays in the Theory of International Politics* (Cambridge, Mass.: Harvard University Press, 1966), p.153.

5 香西茂『国連の平和維持活動』（有斐閣、一九九一年）一六頁。

6 同書一九頁。

7 ただし、だからといって、国連の集団安全保障体制が失敗した根本的な原因を冷戦に求めるのは誤りである。この点については、本章の最終節を参照。

8 ソ連は、前年一〇月一日に成立した中華人民共和国が台湾の国民政府に代わって国連に議席を占めることを要求したが、米英仏の反対で実現しなかったため、この年の一月以来安保理をボイコットしていた。

9 一九六六年に非合法な独立宣言を行った英領南ローデシアに対して、また七七年にはアパルトヘイト（人種隔離）政策をとる南アフリカに対して、それぞれ非軍事的強制措置が発動されたことがあるが、これらはいずれも違法な武力行使に対する措置とは異なる。

10 国連平和維持活動ホームページのトップページhttps://peacekeeping.un.org/en、および、同ホームページ内の"List of Peacekeeping Operations 1948-2017," https://peacekeeping.un.org/sites/default/files/unpeacekeeping-operationlist_1.pdf による（ともに、二〇一八年三月二八日アクセス）。

11 Boutros Boutros-Ghali, *An Agenda for Peace: Preventive Diplomacy, Peacemaking and Peace-keeping*, UN Doc. A/47/277, S/24111 (17 June 1992). なお、『平和への課題』および後述する『平和への課題への追補』には、国連広報センターによる非公式訳がある。『平和への課題：一九九五年　第二版』（国際連合広報センター、一九九五年）、http://www.unic.or.jp/files/peace.pdf（二〇一八年三月二八日アクセス）。

12 Ibid., paragraph 20.

13 Ibid., paragraph 42.

14 Ibid., paragraph 44.

15 Peace-enforcement units は、平和執行部隊と訳されることも多い。なお、国連広報センターは、これを「平和実施部隊」と訳したが、日本での一般的呼称とはならなかった。前出『平和への課題：一九九五年』四二頁など。

16 平和強制部隊の任務がこのように限定されたものであるにもかかわらず、その名称は、あたかもそれが国連の平和強制機能全般を担うかのごとく響き、混乱を招きやすかった。そのため、ガリ自身が別の論文の中で、この部隊には「停戦強制部隊」という呼称のほうがふさわしいかもしれないと述べたことがある。B・B・ガリ「ポスト冷戦時代における国連強化策」『中央公論』一九九三年二月号、三五二頁。

17 香西茂『国連の平和維持活動』三二二頁、香西「国際連合の紛争処理機能の動向」『国際問題』第三九〇号（一九九二年九月号）六―七頁、香西「国連と世界平和の維持―五〇年の変遷と課題」『国際問題』第四二八号（一九九五年一一月号）

二四—二六頁。

18　Boutros-Ghali, *An Agenda for Peace*, paragraph 57.

19　Boutros Boutros-Ghali, "An Agenda for Peace : One Year Later," *Orbis* (Summer 1993), p.329.

20　Boutros-Ghali, *An Agenda for Peace*, paragraphs 55-56.

21　拡大平和維持という言葉は、ガリ事務総長が九三年一月二二日にニューヨーク大学において行った講演の中で"expanded peace-keeping"という表現を用いたことによる。

22　神余隆博『新国連論—国際平和のための国連と日本の役割』（大阪大学出版会、一九九五年）一四八頁をはじめとするこのような解釈に対しては、安全地帯に関するＵＮＰＲＯＦＯＲの武力行使の権限には自衛のためとの条件が付されており、従来の平和維持活動を超えた強制行動にはあたらないとする異論もある。たとえば、香西「国連と世界平和の維持」二九頁や神余隆博編『国際平和協力入門』（有斐閣、一九九五年）一〇二頁（同部分の執筆は川上隆久外務省外交政策局国際平和協力室主席事務官）は後者の立場をとる。

23　Boutros Boutros-Ghali, *Supplement to an Agenda for Peace: Position Paper of the Secretary-General on the Occasion of the Fiftieth Anniversary of the United Nations*, UN Doc. A/50/60, S/1995/1 (3 January 1995).

24　Ibid., paragraph 77.

25　Ibid., paragraphs 35-36.

26　Ibid., paragraph 28.

27　Global Policy Forum, "Peacekeeping Operations Expenditures: 1947-2005," https://www.globalpolicy.org/tables-and-charts-ql/27448-peacekeeping-operations-expenditures.html, International Peace Institute "IPI Peacekeeping Database," http://www.providingforpeacekeeping.org/contributions/（ともに二〇一八年三月二八日アクセス）。

28　「平和構築」と「平和建設」は、ともに"peace building"の日本語訳である。『平和への課題』の発表当時は「平和建設」と訳出するのが普通であったが、最近は、「平和構築」を用いることが一般的となっている。

29　志村尚子「変容するＰＫＯ—ブラヒミ・レポートから」『外交フォーラム』第一五二号（二〇〇一年三月号）四七頁。志村は、『ブラヒミ・レポート』を作成した「国連平和活動検討パネル」のメンバーを務めた。

30　*Report of the Panel on United Nations Peace Operations*, UN Doc. A/55/305, S/2000/809 (21 August 2000).『ブラヒミ・

レポート』については、志村「変容するＰＫＯ」、永田博美「国連ＰＫＯ改革の行方―『ブラヒミ・レポート』を中心として」『海外事情』第四九巻第三号（二〇〇一年三月）、および山下光「ＰＫＯ概念の再検討―『ブラヒミ・レポート』とその後」『防衛研究所紀要』第八巻第一号（二〇〇五年一〇月）を参照。

31　志村「変容するＰＫＯ」四五、四七頁。

32　*Report of the Panel on United Nations Peace Operations*, paragraphs 12, 17-18.

33　Ibid., paragraph 19.

34　Ibid., paragraphs 21, 48-51.

35　Ibid., "Executive Summary," p.ix.

36　Ibid., paragraph 50. 国連平和活動における公平性概念については、山下「ＰＫＯ概念の再検討」四三、四五―五六頁が参考になる。

37　*Report of the Panel on United Nations Peace Operations*, paragraph 50.

38　Ibid., paragraphs 49, 51.

39　Ibid., paragraph 3.

40　前出 Global Policy Forum, "Peacekeeping Operations Expenditures: 1947-2005."

41　外務省「国連ＰＫＯの現状」二〇一〇年五月、http://www.mofa.go.jp/mofaj/gaiko/pko/katudo.html（二〇一八年三月二八日アクセス）。

42　Global peacekeeping data（as of 28 February 2018）| United Nations Peacekeeping Data（https://peacekeeping.un.org/en/data-0 二〇一八年三月二八日アクセス）による。なお、一九九六年以降、国連平和維持活動予算が七月から翌年六月までの予算年度で算出されるようになったため、各種データにおける当該年の予算額算出方法が一定ではないことに注意を要する。

43　前出Global peacekeeping data（as of 28 February 2018）| United Nations Peacekeeping Data（二〇一八年三月二八日アクセス）。

44　山下「ＰＫＯ概念の再検討」七四―七五頁、および国連平和維持活動ホームページ内で入手できる各ミッションのデータによる。"Where We Operate," https://peacekeeping.un.org/en/where-we-operate; and "Past Peacekeeping Operations," https://peacekeeping.un.org/en/past-peacekeeping-operations（ともに二〇一八年三月二八日アクセス）。PKOに明示的な文民保護任務が付与されたのは一九九九年の国連シエラレオネミッションが最初とされる。文民保護任務（および子供と女性の保護任務）はその後のオペレーションにおいて一般化していった。清水奈名子『冷戦後の国連安全保障体制と文民の保護―多主体間主義による規範的秩序の模索』（日本経済評論社、二〇一一年）一〇一―一〇七頁。

45 山下「PKO概念の再検討」、七七―七八頁。

46 『国連平和維持活動　原則と指針（キャップストーン・ドクトリン）』http://www.unic.or.jp/files/pko_100126.pdf（二〇一八年四月四日アクセス）。

47 "UNMUN: A collaboration between UN and Member States" (22 December 2014) https://www.un.int/news/unmum-collaboration-between-un-and-member-states（二〇一八年四月四日アクセス）。日本の施設部隊マニュアルへの貢献に関しては本書第二部X参照。

48 Jonah Victor, "African peacekeeping in Africa: Warlord politics, defense economics, and state legitimacy," *Journal of Peace Research*, Vol.47, No. 2 (2010), pp. 217-229.

49 "Improving Security of United Nations Peacekeepers: We need to change the way we are doing business," https://peacekeeping.un.org/sites/default/files/improving_security_of_united_nations_peacekeepers_report.pdf（二〇一八年四月四日アクセス）。

50 "Final Report of the Expert Panel on Technology and Innovation in UN Peacekeeping," (2015) https://peacekeeping.un.org/en/final-report-of-expert-panel-technology-and-innovation-un-peacekeeping（二〇一八年四月四日アクセス）。

51 これら三条件については、以下の文献を参考にしている。Hans J. Morgenthau and Kenneth W. Thompson, *Politics Among Nations: The Struggle for Power and Peace*, sixth edition (New York: Alfred A. Knopf, 1985)〔改訂版第五版の日本語訳として、H・J・モーゲンソー（現代平和研究会訳）『国際政治―権力と平和』（福村出版、一九八六年）〕pp.452-457.　香西『国連の平和維持活動』三四―三六頁。

52 Boutros-Ghali, *An Agenda for Peace*, paragraph 44.

53 "The Clinton Administration's Policy on Reforming Multilateral Peace Operations," (May 1994), p.3.

54 集団安全保障構想そのものが理論的な問題を抱えていると指摘するものとしてJohn J. Mearsheimer, "The False Promise

of International Institutions," *International Security*, Vol.19, No. 3（1994）, pp. 5-49.

55 「常任理事国の責任を日本は負えるか　国連安保理問題」『朝日新聞』一九九四年九月二一日。

56 United Nations Meeting Coverage, "United Nations Financial Situation 'Generally Sound and Positive,' Top Management Official Tells Fifth Committee," https://www.un.org/press/en/2017/gaab4231.doc.htm（二〇一八年四月二日アクセス）。

57 神余編『国際平和協力入門』一三八―一三九頁。

58 山下光「地域紛争に対する国連の介入―近年における平和維持活動の傾向を踏まえて」『防衛研究所ニュース』二〇〇六年三月号（通算九八号）二頁。

59 *Financing an Effective United Nations: A Report of the Independent Advisory Group on U.N. Financing*（New York: Ford Foundation, 1993）.

60 「国際連合広報センター：国連の活動：予算」http://www.unic.or.jp/information/budget/（二〇〇九年一一月一八日アクセス、現在では削除）。

61 Stockholm International Peace Research Institute, "Trends in World Military Expenditure, 2016," https://www.sipri.org/sites/default/files/Trends-world-military-expenditure-2016.pdf（二〇一八年四月二日アクセス）。

62 U.S. Government Accountability Office, "UN Peacekeeping: Cost Estimate for Hypothetical U.S. Operation Exceeds Actual Costs for Comparable UN Operation,"（6 February 2018）, https://www.gao.gov/products/GAO-18-243（二〇一八年四月六日アクセス）。

第8章 現代紛争の管理と「平和のための介入」

久保田徳仁・神谷万丈・武田康裕

1 紛争の諸形態

社会の変化や軍事技術の発展により、戦争のあり方は歴史的に大きく変化してきた。一七世紀の傭兵を主体とする戦争から、二〇世紀初頭の国民を総動員した総力戦を経て、冷戦期には超大国間の核抑止が成立する一方、超大国が地域紛争において代理戦争を戦わせた。では、二一世紀初頭の現在はどのような戦争が戦われているのか。本節では冷戦終結以降の現在の武力紛争の動向と特色、その背景について考察する。

(1)武力紛争の動向

まずは大局的な観点から紛争の動向について概観する。たとえば世界ではどのような戦争が戦われているのか、それらの動向に時系列的な変動はみられるのか、戦争に伴う犠牲者数に増減はあるか。このような点を明らかにする。

ウプサラ紛争データプログラム(UCDP)[1]は、一九七〇年代から続けられている武力紛争に関する包括的なデータ収集プロジェクトである。UCDPは、武力紛争(armed conflict)を「政府または領域に関する紛争(contested

図1　各種紛争の増減

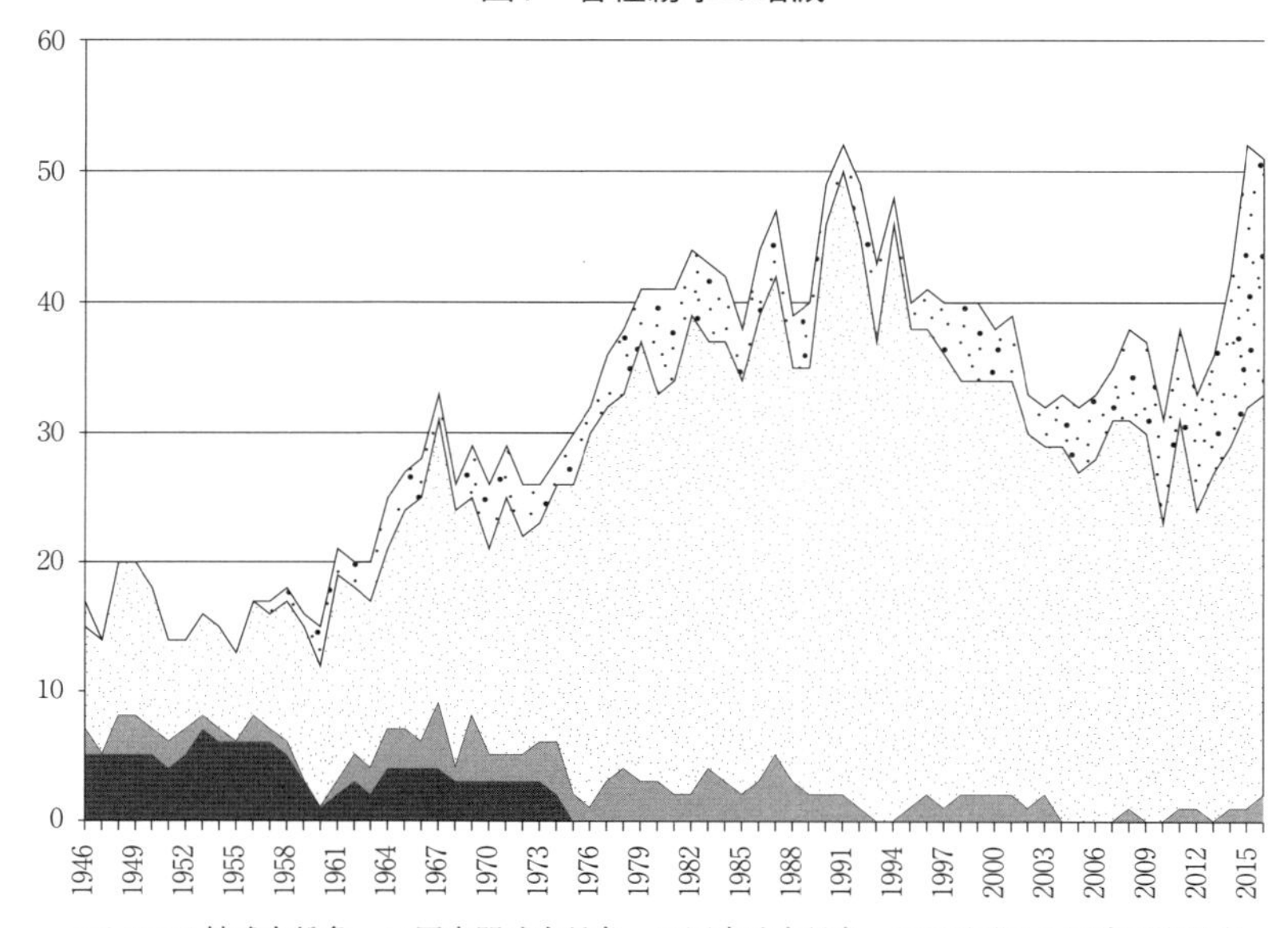

出典: UCDP/PRIO Armed Conflict dataset version 17.2, 1946-2016、http://ucdp.uu.se/downloads/（二〇一八年四月六日アクセス）より筆者作成

incompatibility）のうち、二つの勢力が軍隊を用いて戦うもので、少なくとも一方は国家の政府であり、最低でも二五人以上の戦闘に関連した死者を発生させたもの」と定義する。武力紛争は国際システムのメンバーの関与の仕方によって、「システム外武力紛争（植民地からの独立戦争など）」「国家間武力紛争（国家間戦争）」「国内武力紛争（内戦）」「国際化した国内武力紛争（国際化した内戦）」の四種類に分類される。

図1はUCDPの紛争データ（一九四六年以降）を時系列的に図示したものである[2]。これを見てわかることは、①武力紛争は一九八〇年代後半まで増加し続け、これ以降減少傾向にあったが二〇一二年以降再び増加傾向にあること、②国家間の武力紛争や植民地獲得戦争は一貫して減少傾向にあること、③一九六〇年代以降の武力紛争は圧倒的に国内武力戦争（内戦）または国際化した国内武力紛争であること、である。①に関しては、武力紛争の減少の開始時点が冷戦終結と一致して

図2　武力紛争の死傷者数の推移（推定上の上限値と下限値）

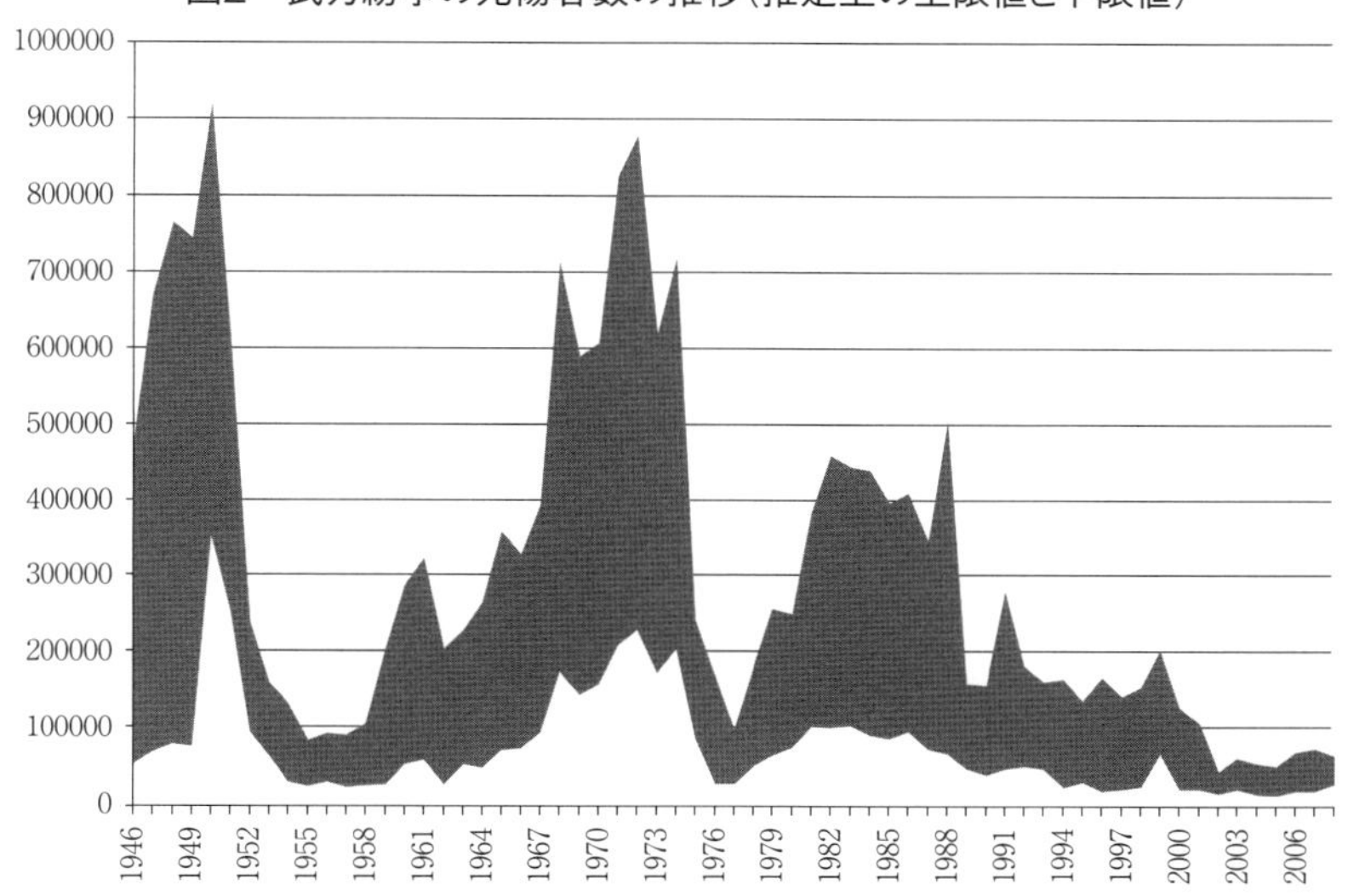

出典: PRIO Battle Deaths Dataset 3.1 https://www.prio.org/Data/Armed-Conflict/Battle-Deaths/The-Battle-Deaths-Dataset-version-30/（2018年4月6日アクセス）より筆者作成

いる点が特徴的である。②に関しては、国家対国家の伝統的な戦争や、植民地関連の戦争は行われなくなっている。J・ミューラーは人類の歴史の中で連綿と続けられてきた国家間の戦争という制度（institution）が、二〇世紀の歴史を経て人々に受け入れられなくなっており、戦争は、もはやかつての奴隷制度や決闘のように衰退の過程にあると論じている。[3] ③に関しては、本節の後半部分で詳しく取り上げることとする。

　では武力紛争による犠牲者数はどのように推移しているのだろうか。B・ラシーナとN・P・グレディッチは一九四六年以降の戦闘における死者数を集計した。[4] 図2は第二次世界大戦以降の各地域の戦闘における死者数の経年的な変化を図示したものである（推定値のため、上限値と下限値をそれぞれプロットしてその間を塗りつぶしてある）。これによると戦闘における死者数が最も多かったのは一九四〇年代後半から一九五〇年代初頭、および一九七〇年代前半であり、これ以降は、戦闘における死者数は減少傾向にある。

　以上、紛争のデータセットを概観することにより、近年では紛争自体の数、および戦闘における犠牲者数がともに減少している傾向が明らかとなった。M・カルドーが指摘するように、「二一世紀最初の五年間（二〇〇一年～二〇〇五年）は、おそらく歴史上最も平和な五年間の一つだった」[5]というのもあながち間違いとはいえない。

しかし、こうした楽観的な分析結果は、われわれがテレビ等で目にする世界各地の悲惨な現状と直観的に相容れない。この不一致はどのように生じているのか。

結論を先に述べてしまうと、われわれが通常目にする「悲惨な現状」の多くは「戦闘による死者」ではなく、それ以外の間接的な被害として生じたものである。ラシーナらが集計した戦闘における死者数は、戦闘そのものによって死亡した人数を集計したにすぎず、間接的な被害は含まれていない。しかし、武力紛争は経済の基盤を破壊し、保健衛生、治安維持などのさまざまなサービスを停止させる。これによって生じる犠牲も、武力紛争に関する間接的な犠牲である。たとえば、紛争中に一方的な大量虐殺が行われることがある。また、紛争による国家機能の停止によって犯罪による殺人や食糧一揆なども増大する。さらに、保健衛生などのサービスの停止は病気の蔓延や飢餓を発生させる。

では戦闘による死者と戦闘以外の間接的な死者の比率はどれくらいか。現在のところ全世界の戦争の死者全体を集計したデータセットは存在しないが、個々の戦争に関する調査が行われている。たとえば、コンゴ民主共和国において一九九八年から二〇〇一年の間に生じた内戦で二五〇万人が犠牲になった。そのうち戦闘による死者は一四万五千人であり、全犠牲者の六％にすぎない[6]。残りの九四％を占める戦闘以外の犠牲は、戦争によって保健衛生医療サービスが停止したことによるマラリア、肺炎、栄養失調の増大、新生児医療の問題などが原因となっている。

このように現在の武力紛争は、戦闘以外の大量の犠牲を伴い、人道危機を発生させることが多い。武力紛争を背景とした人道危機は複合的人道危機（complex humanitarian emergency）と呼ばれている。次項ではこうした事態を生じさせる現在の武力紛争の諸側面をより詳しくみていくことにする。

(2)現在の「新しい戦争」の戦術とアクター

国家同士による政治的闘争という従来の武力紛争の典型的なイメージが現在の武力紛争に該当せず、「新しい戦争」として概念の再構築が必要だと論じたのはカルドーである。[7]カルドーの「新しい戦争」という概念は、「こうした傾向が冷戦後に始まったわけではない」「実証性に欠ける」など厳しい批判にさらされた。[8]しかし、彼女の提示する概念は、われわれにとっての典型的な戦争のイメージに対置させることで現代の紛争の特徴を理解することには依然として有用である。ここではカルドーによる研究をもとに、データを補足しつつ現在の武力紛争の諸様相を概観する。

まず「新しい戦争」は戦術面で特徴的である。「新しい戦争」では、古典的な通常戦のように戦力を集中して敵を打破するのではなく、非対称な戦力差を考慮して、できる限り戦闘を回避する傾向がある。他方、ゲリラ戦のように人心を掌握して人ごみに紛れることで自身の安全を確保するのではなく、恐怖と憎悪を掻き立てることによって敵側の安全を損ねることに重心が置かれる。したがって敵側の市民に対する攻撃が重要となり、集団虐殺のほか、民族浄化(ethnic cleansing)や女性に対するレイプ、男性の去勢、さまざまな脅迫行為などが行われる。これは紛争の犠牲者の内訳に変化を引き起こしており、二〇世紀初頭の戦争による犠牲者は軍人と文民の比率が八対一だったのに対し、一九九〇年代になるとその比率が逆転し、一対八となっている。[9]

次に紛争地域における軍事アクターの多様性がみられる。現代の紛争では民兵や準軍事組織が活発に活動する。ボスニア=ヘルツェゴビナの紛争に関する国連専門家委員会の算定によると、旧ユーゴスラビアには八八もの民兵組織があったとされる。こうした民兵組織は指揮系統も不明確で国際人道法順守の意識も低く、犯罪行為が最も深刻だったと報告されている。[10]資金が不足した非正規軍は、占領地域において繰り返し略奪行為を行った。各個人の戦闘動機も不純なものが多く、略奪による経済的な利益や、サディスティックな欲望を満たすことが主流だった。こうした点に注目したミューラーは、現在の戦争は国家の大義を掲げた戦争でもなく、また、エスニック集団間の積年の憎悪を反映した民族紛争でもないと述べる。通常、民族紛争として捉えられることが多いルワンダや旧ユーゴスラビアの内戦も、少数の政治指導者が出獄させた犯罪者やサッカーのフーリガンを利用し暴徒化させた部分が大きいと考えられている。(11)

先進国に拠点を置く民間軍事会社（Private Military Company/Firm: PMC/PMF）が、紛争地域において軍事行動、軍事コンサルティング、軍事作戦支援などを担うことも多い。こうした企業は、世界各地で活動を行っている。(12)たとえば、シェラレオネ内戦において、反乱軍（RUF）の進攻によって窮地に陥っていたシェラレオネ政府は、南アフリカを拠点とするエグゼクティブ・アウトカム社の「兵士」らに作戦を依頼し、二、三カ月で失地の回復と安定化に成功した。民間軍事会社は効率性などの面で従来の軍隊より優れていることはあるが、他方、利益追求を優先するあまり人権侵害を行うことも多く、これに対処する法的な制度も現在の国際社会には備わっていない。

二〇一四年にはロシア軍が国籍を隠してクリミア半島などに侵入し、現地住民を扇動してウクライナから分離独立させ、最終的にロシアに併合するという事件があった。この一連の軍事介入に対しては「ハイブリッド戦争」という言葉が用いられている。(13)

さらに、ＰＫＯや多国籍軍として派遣された地域機構や国連の介入軍が、紛争の一アクターに変容することも多い。九〇年代後半以降、国連は地域機構に地域紛争の対処を委任することが多くなった。世界各地に設立されている地域機構はそのあり方も多様であり、能力に欠けるものもある。たとえばリベリアに展開された西アフリカ経済共同体（ＥＣＯＷＡＳ）による軍事監視団（ＥＣＯＭＯＧ）は、給与、装備、訓練の面で不十分であることが多く、派遣された兵士がブラック・マーケットに手を染めたり、人道援助物資を窃盗したりするなどの問題を起こし、最終的には中立原則を放棄して特定の紛争勢力に肩入れすることになった（本書第7章「集団安全保障と国連」も参照）。途上国を中心とする国連PKOについても同様の規律の乱れが指摘されており、性犯罪や性感染症の拡大を引き起こしていることが指摘されている[14]。

内戦が民族やエスニシティーに関して戦われるとき、外国に住む同じエスニック集団が武装集団を支援することも多い。たとえば、アメリカに住むアイルランド系アメリカ人はイギリスのIRAを、カナダに住むタミル人はスリランカのLTTEを、ドイツに住むアルバニア人はKLAをそれぞれ支援してきた。こうした紛争地と関連のあるエスニック集団（紛争ディアスポラと呼ばれる）による支援は、紛争当事者の資源を潤沢にさせ、紛争を長引かせる。

（3）現在の武力紛争の構造

最後に現在の武力紛争を発生させ、解決を困難にしている構造についてみていくことにする。まず、武力紛争発生の背景となる状態として、国家の基盤の脆弱性が挙げられる。現在紛争が頻発しているのはアフリカや中央アジア、南部アジアなどの比較的新しく独立を獲得した国々である。たとえばアフリカ諸国は、一九六〇年代に統治能力の有無にかかわらず独立が付与された。冷戦期においては旧植民地の宗主国や米ソ両超大国からさまざまな支援を受けたため、こうした国々が崩壊することは少なかったが、冷戦後に支援が停滞することによって統治機能が停止した。このように国際社会の一員として自力で自身を維持していくことができない国家を「破綻国家（failed state）」と呼ぶ[15]。一旦破綻国家になると国内統治が不完全になり、内戦が頻発する。内戦は国内の統治構造をさらに破壊し、負のスパイラルを引き起こすことになる。破綻国家は対外的な悪影響も大きく、統計によると冷戦後に発生した国際危機のうちの七七％において破綻国家（またはその予備軍）が関与している[16]。

次に和平を困難にしている構造についてみていく。先述したように、現在の武力紛争の大半が国内武力紛争・内戦である。内戦では和平交渉を成功させることがより難しく、和平交渉を行ったとしてもその約半数が再び戦闘を開始している。[17]この一因として「コミットメント問題」(特定の状況下で信頼できる約束・合意が形成されにくいという問題)がある。武装解除(Disarmament)、動員解除(Demobilization)、社会再統合(Reintegration)はＤＤＲと呼ばれ、内戦終結後の国家財政を改善するために行われなければならない作業の一つである。しかし、反乱軍がＤＤＲを行えば、それまで拮抗していた軍事バランスが崩れ、政府軍によって容易に討伐されてしまう可能性が生じる。このため反乱軍はＤＤＲを含む和平プロセスを履行しないことが多い。内戦後の社会で当事者の間に信頼できるコミットメントが形成される可能性は低い。

加えて、紛争当事者が和平を望まない場合も多い。紛争当事者は、交渉によって生まれる平和によってそれまで当人たちが保有してきた権力や価値観、利益などが奪われると考え、和平交渉を暴力によって阻止しようとすることがある。たとえばカンボジア内戦の和平交渉を妨害したポル・ポト派や、ルワンダ内戦においてアルーシャ和平交渉を妨害したハビヤリマナ大統領派およびＣＤＲ(共和国防衛連合)などがこれに該当する。彼らは「和平妨害者(スポイラー、spoiler)」と呼ばれる。[18]国際社会の対処として究極的にはスポイラーを強制的に(武力を用いて)排除せざるをえないという側面が存在する。

本節でみてきたように、武力紛争の数や戦闘による死者数は減少傾向を示している。その反面、現在は戦争と平和の区別が曖昧になっている。紛争地域で行われる暴力は、先進国内の治安の悪い地域の犯罪が大規模化したものと捉えることもできる。その上、先進国に住む紛争ディアスポラや先進国を拠点とする民間軍事会社の及ぼす影響も大きい。他方、紛争地域では、戦闘員同士が戦闘に直接関与する割合は比較的低く、逆に弱者をターゲットとした暴力行為が主流となっている。このため、厳密な定義によれば、戦闘による死者数も限定的となる。しかし、こうした武力紛争も集団虐殺や病気の蔓延、飢餓を生じさせ、間接的に甚大な人道危機を生じがちである。

こうした状態を生み、持続させている構造は、破綻国家であり、コミットメント問題であり、スポイラーの存在である。現代の紛争の管理には、この構造を理解した上で複合的なアプローチを行うことが要請される。

2 紛争の予防と管理

(1) 紛争の予防・管理・解決・処理——主要概念の定義

武力紛争にはライフ・サイクルがあり、その段階に応じて対処のための方策が異なる。紛争予防(conflict prevention)、紛争管理(conflict management)、紛争解決(conflict resolution)、紛争処理(conflict settlement)といったさまざまな術語が、紛争の諸段階における異なった対応措置を指すものとして用いられている。

国際安全保障の現場で最も普通にみられるのは、紛争のライフ・サイクルを予防、管理、解決の三段階に区別するものである。国連やEUなどの地域機構では、「紛争の予防・管理・解決」という言い回しが頻繁に用いられている。たとえば、アフリカ統一機構(OAU)は、紛争処理機関として「紛争予防・管理・解決メカニズム」を有していたし、二〇〇二年にOAUの発展的改組により発足したアフリカ連合(AU)には、「紛争の予防・管理・解決のための常設意思決定機関」として平和・安全保障理事会が設けられた。(19)

ここで、「紛争予防」とは、その名のとおり、紛争を未然に防止しようとすることをいう。勃発してしまった紛争が野放しにならないよう、その烈度や地理的範囲を限定、緩和し、封じ込めを図ろうとするのが「紛争管理」である。「紛争解決」とは、紛争をその根本原因の除去を含めて完全に解消させることをいう。

「紛争解決」とまぎらわしい概念に「紛争処理」がある。両者は、奏功した場合には武力紛争が停止されるという点では共通している。だが、「紛争解決」では、当事者間に横たわるさまざまな「非両立性（incompatibilities）」や敵意（これらを指して「紛争の根源的要因」ともいう）をとり除き、共存の受容を成立させることが目指されるのに対し、「紛争処理」の場合には、非両立性や敵意は当面除去できなくとも、とりあえず武力紛争の停止が目指される、という違いがある。したがって、「紛争解決」による紛争の停止は真の意味での平和の実現を意味するが、「紛争処理」による紛争の停止は、残された根源的要因から紛争が再燃するおそれをはらんでいることになる。[20]

本書では、紛争の予防、管理、解決、処理の諸概念を、以上のような理解に基づいて用いている。ただし、これらの定義には、以下のような問題が伴っていることには注意が必要である。

まず、これらの概念を区別することは、強制・非強制の両要素を含む紛争対処の多様な諸方策を整理して理解する上で有用であるが、他方、その区分が人工的であることは否定できない。紛争の予防、管理、解決、あるいは処理は、概念としては区別できても、実際の紛争の現場では、連続したものとして、あるいは重なり合う形で実行されていたり、同じ活動が局面によって異なる名称で呼ばれていたりする。そのため、現実には、これらの活動の境界は明確ではない。しかも、これらの用語には、実は統一された定義がなく、さまざまな研究者がさまざまな定義を用いているのが実情である。[21] 特に、「紛争管理」には、右でみたような紛争のライフ・サイクルの一局面における方策を指す場合のほかに、予防、管理、解決、処理などをすべて含めた紛争対処策の総称としての用法もある。[22]

さらには、紛争のライフ・サイクルについて、右でみた三段階とは別の段階設定を行い、各段階の呼称についても、別のものを採用している論者があることにも留意しなければならない。たとえば、冷戦後の国連平和活動強化論のたき台となった一九九二年の文書『平和への課題』（第7章で詳述）は、国連による紛争への対処策に限定した内容ではあるが、予防外交、平和創造、平和維持、紛争後の平和構築の四段階論を展開した。ガリ国連事務総長（当時）

のいう予防外交は先述の三段階における紛争予防と同義とみてよく、平和維持は国連による紛争管理の一手法であり、平和創造には、紛争解決への志向も含まれるが、それよりも紛争をとりあえず管理しつつその処理（停止）を目指すという色彩が濃く、紛争後の平和構築には、紛争の停止を真の解決につなげていくという志向性が強かった。

（2）紛争対処への関心の高まり

ところで、国際社会において、右にみたようなさまざまな用語で呼ばれる紛争への対処（多くの文献では、これを総称して「紛争管理」と呼んでいることに注意）が、安全保障上の主要課題として認識されるようになったのは、それほど古いことではない。冷戦期には、世界の平和と安全に重大な影響を及ぼす紛争としては、国家間紛争――特に、米ソ間、中ソ間などのそれ――を考えるのが普通であった。そうした国家間紛争は、伝統的な外交と、それが失敗した場合の戦争によって処理すればよかったため、今日議論されているような紛争への対処方法を別途考える必要はなかった。ところが、冷戦終結後の世界においては、国家間の武力紛争がほとんどみられなくなったのに対し、民族問題や宗教問題などを根底に抱えた内戦型の紛争が目立つようになった。内戦型紛争には、当該国政府以外のさまざまな集団が当事者として関与し、伝統的な国際法（武力紛争法）が尊重されにくい。また、従来の国家間紛争への対処が、もっぱら国家（当事国、第三国）、あるいは国家により構成された国際機構の手で行われてきたのに対し、冷戦後の内戦型紛争に対しては、情報化やグローバル化などの結果、国家以外のNGOや個人による対処が積極的に試みられるようになった。こうした変化の結果、紛争の予防・管理・解決に関する新たな理論や方策が求められるようになり、その模索が近年にわかに盛んになったのである。

もっとも前節でみたように実際には、国家間紛争の減少と内戦型紛争の増加は、冷戦期から始まっていた。正規軍同士が戦う国家間紛争は第二次大戦後に激減し、一九七〇年代には、武力紛争における死者九二万一千人のうち約九割がすでに内戦によるものであったという。[23] ただし、冷戦期には、そうした内戦型紛争も、米ソ両超大国によるグローバルな勢力拡張競争の場となることが多く、米ソのいずれかにより支持された当事者同士が対峙する形になりやすかった。その結果、多くの内戦型紛争は、それが自分たちの直接対決にエスカレートするといった事態を怖れる米ソの手によって管理されることとなった。しかし、冷戦が終結してソ連が消滅すると、こうした図式も消滅したのである。

(3)紛争予防

冷戦後、世界各地の民族的、宗教的、歴史的な対立が顕在化し、ボスニア、ソマリア、ルワンダなどで悲惨な地域紛争が頻発する中で、国際社会では、武力紛争を未然に防止する「紛争予防」への関心がにわかに高まった。一九九二年に、ガリ国連事務総長が『平和への課題』で、「予防外交（preventive diplomacy)」という呼称を用いて紛争予防を国連の実施すべき平和活動の一つに挙げて以来、[24] その研究と実践は急速に盛んになった。それは、「平和と安全についても、医学と同様、予防は治療よりも明らかにまさる。それは、人命を救い金銭を節約させ苦しみを未然に防止する」（ガリ）と考えられたからである。[25]

ガリの予防外交は、「当事者間の係争の発生や現に存在する係争の紛争へのエスカレートを防止するとともに、紛争が勃発してしまった際にはその拡大を限定するための行動」と定義され、[26] 武力紛争の未然予防だけではなく、当事者間の係争（政治的争い）の防止や、勃発後の紛争の管理をも含んでいた。だが、現在一般的になっている「紛争の予防・管理・解決」という図式の中では、紛争予防の目標は、武力紛争の未然防止にしぼられている。

この目標を追求するために考えられる手段はきわめて多様である。武力紛争の勃発が差し迫っている危機的な状況下で、それを食い止めようとすることを、「対応的予防（operational prevention)」（または「直接的予防［direct prevention]」）という。[27] 対応的予防には、①早期警戒と早期対応、②当事者による対話と危機の平和的解決を実現するための外交努力（予防外交）、③経済的手法（制裁、報奨の供与、報奨供与の条件付き約束など）、④力による措置（平和維持部隊や文民警察の予防展開を含む）などが含まれる。これに対し、そもそも危機的な状況が引き起こされることのないよう、より長期的な視点で行われる紛争予防努力を「構造的予防（structural prevention）」という。これは、①現地住民の福祉向上のための経済開発援助、②各種インフラの整備、③信頼醸成、③紛争当事者間の相互理解促進のための教育の整備、④人権状況の改善、⑤統治制度や法制度の構築の支援、⑥現地の治安状況の改善（軍隊や警察の建設支援を含む）、⑦紛争当事者にとっての安全保障環境の改善、などを図ることにより、紛争の根源的原因を緩和・除去することを目指すものである。すなわち、構造的予防とは、「紛争前の平和構築」とでもいうべき活動なのである。

このように、紛争予防は、きわめて幅広い領域にまたがった活動であるため、国家（政府）のみならず、国家以外の諸主体にも積極的な関与が期待されている。すでに、紛争予防の現場では、国家、国家が組織する国際機構（国連や地域機構など）、非政府組織（ＮＧＯ）、研究機関、個人などの主体が協力して活動を進めている。[28] ただし、かくも多様な活動のうち、どこまでを紛争予防概念に含めるべきなのかについてはさまざまな見解がある。そのため、実は紛争予防にも、統一された定義は存在しない。

なお、冷戦後の紛争予防は、ＰＫＯ同様、基本的には大国の関係する紛争への適用を想定せず、主に中小国の紛争を対象としている。その中でも、国家間紛争よりも内戦型紛争への対処が想定されている。冷戦後の世界では、最低限の統治能力すら欠く「破綻国家」やそれに準ずる国家が増加し、統治の破綻がもたらす内戦が深刻化している。その多くには、飢餓、難民、虐殺など、国家間戦争以上に悲惨な人道的危機が伴うが、伝統的な外交や国連の集団安全保障体制は、国家主権と内政不干渉原則に立脚しているため、内戦型紛争への対処能力には乏しい。国家以外の主体の役割を強調する紛争予防概念の登場は、この欠陥を補おうとする試みとして理解することができよう。

それでは、紛争予防が有効に機能する条件は何か。第一に、世界に数多い係争のうち、武力紛争に発展するおそれの大きいものを、早期に的確に察知する必要がある。これを「早期警報」という。第二に、国際社会に、紛争防止に立ち上がる意思がなければならない。第三に、世界の主要国や近隣諸国の支持または容認がなければ、紛争予防活動は順調に進まない。第四に、全当事者が、係争を平和的に解決する意思を持ち、活動の実施を受け入れない限り、外部の諸主体がいかに努力しても紛争予防の成功はおぼつかない。また第五に、紛争予防は、軍事力を含む伝統的な安全保障の手法の支えなしには機能しにくい。活動を実施する要員の安全を確保するためにも、また紛争の全当事者に武力行使を思いとどまらせ、紛争の平和的解決への同意を維持させるためにも、非軍事的・非強制的な手段では対応できなくなった段階で発動される軍事的・強制的なメカニズムが必要なのである。

これらの条件は、紛争予防実践のための高いハードルである。早期警報を迅速かつ正確に出すのは容易ではない。紛争予防のために行動する国際社会の意思も決して強くない。各国は、国益上重要でない紛争には関心が低く、国連や地域機構も、加盟国の関心の程度に応じた行動しかとれない。そのため、特に、紛争予防のために必要な軍事力は十分に提供されにくい。紛争予防の名の下に内政干渉が行われることを怖れ、消極的姿勢を示す国も少なくない。一般市民も、生活に関係の薄い遠くの紛争のために行動し、費用を分担する意思が大きいとはいえない。

紛争予防におけるNGOの行動にも問題が伴う。NGOは、内政不干渉の原則に縛られにくい、中立性を認められやすい、状況の変化に柔軟に対応できるといった長所を持つが、他方で、非武装なので要員の安全を確保できない、活動の正統性が不明確、特定の問題だけに目を向けがち、競争意識もありNGO相互の活動の調整が不十分になりがちといった短所や弱点もあるからである。

紛争の未然予防は望ましいが、その成功にはさまざまな条件がある。この点を直視し、紛争予防の現実的な可能性を直視する姿勢が、国際社会と日本に求められている。

（4）紛争管理

紛争予防努力が奏功せず、武力紛争が勃発してしまったとしよう。その場合、当事者同士の話し合いあるいは第三者の仲介などによって、紛争の争点を解消することができれば、「紛争解決」が実現することになる。

だが、現実には、戦火の応酬をもたらしたほどの争点を、短時間で解消できる可能性は少ない。それでも、安全保障上死活的ではない領土、勢力均衡、経済的利益といった妥協の余地のある争点には解消の可能性がある。だが、現代世界における紛争の多くは、多民族国家における民族間の支配権争い、少数民族の分離独立闘争、宗教的聖地（たとえばエルサレム）の帰属をめぐる争いといった、妥協がきわめて困難な争点をめぐる戦いである。

こうした解消の見通しが立たない争点をめぐる紛争に対しては、紛争の根源的要因をとり除くことよりも、まず、その烈度や地理的範囲の拡大を食い止めつつ、当事者間に武力紛争停止の合意を成立させることが目指されることになる。これが「紛争管理」である。紛争管理によって紛争が停止されれば「紛争処理」が実現するが、そこから、当事者間の非両立性や敵意がなくなり紛争が「解決」に至るまでには遠い道のりがあり、紛争の管理ないし再発予防が引き続き求められる。

紛争管理の段階では、進行中の戦闘への対応が必要であるため、紛争予防の段階以上に、国家や国際機構の役割が大きい。国家や国際機構には、NGOや個人にはない権威や軍事力の裏づけがある。それは、①軍事的な手法をとるために不可欠であるだけではなく、②当事者間の調停やあっせんといった非軍事的な手法の場合でも、戦闘中の当事者の耳を紛争管理者の声に傾けさせる上で大きな意味を持つ。

だが、紛争管理段階においてもNGOや個人の役割は無視できない。NGOや個人は、国家や国際機構のような力を持たないからこそ、敵対する当事者に中立性を認められやすく、戦闘開始後も信頼を失うことなく接触を保ちうる。そのため、特に国内紛争においてはしばしば、ＮＧＯや個人が、国家や国際機構と協力しつつ、仲介者として機能してきた。モザンビーク内戦の和平合意の達成に貢献したイタリアのＮＧＯサンテディジオ（Sant'Edigio）、コンゴ民主共和国の内戦の和平に尽力したボツワナの故クウェット・マシレ元大統領らがその代表例である。(29)

また、武力紛争が勃発しても、紛争地全域で、常に均一的に戦火の応酬が続くわけではない。戦闘が起こらない地域や、何らかの理由により終息した地域が、戦闘継続中の地域と入り混じって存在することが多い。したがって、戦闘が起こっていない地域では、和平実現前から、紛争予防的な活動や、紛争後の平和構築（前述のとおり、紛争解決への志向性が強い）に相当する活動が実施できる可能性があり、その際にはＮＧＯの果たしうる役割は大きい。これはすなわち、紛争地においては、紛争の予防・管理・解決が実質的に同時進行する可能性があることを意味する。ただし、和平実現前の（すなわち紛争管理段階における）ＮＧＯの活動は、要員の安全が国家や国際機構によって確保されていなければ実施できないことを忘れるべきではない。

このように、紛争管理においてはＮＧＯや文民機関と軍、警察といった国家機関が同時に展開することがある。このときに互いに連携、協力を図る「民軍連携」「民軍協力」が叫ばれることもある。しかし組織の目的、組織原理などの違いから民軍連携、民軍協力は必ずしも容易ではない。(30)

(5) 紛争管理することの是非

本節では国際社会のさまざまなアクターによる紛争の予防、管理について述べてきた。しかし、国際社会が介入して紛争管理をすることは逆効果であるとする意見もある。Ｅ・ルトワックは国際社会が介入することにより、武力紛争が始まって早々に停戦が強制され、その間に当事者の戦力が回復してしまい、紛争が再発、かえって戦争が長引くと指摘した。[31] R・H・ワグナーは交渉による解決が当事者の能力を温存することにつながり再発の可能性を高める一方、どちらかの当事者の決定的な勝利は敗者を破壊するため紛争の再発の可能性を低めると指摘した。[32] R・リックライダーは簡単な統計分析を行い、このワグナー説の妥当性を確認したが、(エスニック紛争などの) アイデンティティをめぐる紛争にのみ妥当することを示した。[33] この分析では、アイデンティティをめぐる紛争が一方の当事者の勝利で終わる場合、ジェノサイドの起きる可能性が高まるという問題も指摘している。また、M・トフトは、決定的な勝利(decisive victory) の平和の持続性が高いとするワグナー仮説が、反乱軍側の決定的勝利の場合にのみ有効だと指摘した。[34] 政府軍が勝利した場合、問題の構造が温存され遅かれ早かれ紛争の再発が起きるのに対し、反政府軍の勝利は問題の根本解決と反対勢力の消滅につながるからである。介入の是非や適正な介入のあり方に関しては、紛争の再発の研究と絡み合いながらさまざまな議論が行われている (本章第6節の紛争解決も参照)。

なお、究極的には介入の効果をいつ、どのように評価するかという問題が立ちはだかっている。たとえば、「成功」の基準は、PKOの任務を無事終了して撤退できるかというレベルのものから、停戦期間をどれだけ長くできるかや、(特に内戦の場合) 民主主義政治体制を樹立して安定的な社会・経済的発展を迎えられるか、などまでさまざまなレベルに設定できる。[35] 国際的な介入は短期的な平和をもたらすかもしれないが、当事者の自律性を失わせてしまうという問題点も指摘される。そういった点から、国際社会が紛争に介入する際の「現地社会オーナーシップ (local ownership)」の重要性が認識されている。[36]

3　人道的介入

ある国において大規模な虐殺などの深刻な人権侵害が起きていて、当該国家がその事態を改善する意思や能力を持たないとき、国際社会はどう対処するべきか。国際連合憲章は、国家主権を侵害する武力行使と内政干渉に強い制約を課している。しかし、軍事力の行使しか選択肢を持ちえない場合、その軍事力を用いて被害者を保護することが認められるべきではないか。こうした観点から国際社会がある国へ軍事介入する行動を「人道的介入」と呼ぶ。なお、ここで扱う「人道的介入」とは、前節の紛争管理の一環としての介入の要素を持つが、より深刻な人権侵害に対する武力を用いた強制的な介入に限定するものとする。

近代以降冷戦に至る歴史においては、国際社会の人道的介入に対する警戒心が強く、これが正当化されたことはあまりなかった。それは、過去において人道的介入が、実は権力闘争や地政学的拡張主義を覆い隠す「隠れ蓑」にされたからである。ヒトラーによるズデーデン割譲要求も、抑圧されたドイツ人を救済するという名目であった[37]。逆にヴェトナムによるカンボジアへの介入では、介入国（ヴェトナム）自身が人道的介入の論理を用いて自己正当化することはなく、ポル・ポト派による越境侵略に対する自衛であるとしている。

こうした様相が変化するのが一九九〇年代である。この時期、国際人権保障意識が高まると同時に、冷戦終結によって国連の集団安全保障システムが機能回復した[38]。湾岸戦争後、北イラクのクルド人に対して、フセイン政権は弾圧を行った。このとき安保理は、イラク政府による一般住民への抑圧行為を「国際平和および安全に対する脅威」とし、それを受けて米国、英国がイラク領内に飛行禁止区域と難民キャンプを設置し、クルド難民救援活動を実施した。このクルド難民救援活動は一定の評価を得て、世界において人道危機に対する人道的介入の機運が高まった。

しかし、この機運は一九九三年の国連のソマリアでの「失敗」を機に急激に低下していく。人道物資配布を任務としてソマリアに介入した国連であったが、当事者と対立を深め、パキスタン兵や米兵に犠牲を出し撤退を余儀なくされた。この介入の「失敗」以降、国連は強制力を伴う介入に消極的になっていく（本書第7章第7節参照）。

その結果、国連は目の前で起きている虐殺を傍観するに至った。ボスニア・ヘルツェゴビナでのスレブレニツァの虐殺であり、ルワンダにおける虐殺である。これらの事件で国連PKOは、与えられた資源・要員・権限が限定的だったため虐殺を止めることができなかった。この反省を受け、西側諸国では再び人道危機に対する積極的な対応を求める声が強くなっていった。NATOによるコソボ問題への介入はこうした背景によって行われたのであった。

一九九〇年代後半、旧ユーゴスラビアのセルビア・モンテネグロ共和国からコソボ自治州が独立しようとし、内戦を引き起こし、人道危機が発生した。NATO諸国はこの問題に介入することを決意したが、国連安保理による授権獲得が中・ロの拒否権によって難しいことがわかると、安保理決議を経ることなく介入するという道を選んだ。一九九九年三月から六月までNATOによってコソボやベオグラードに空爆が行われた。

コソボ問題での議論の焦点はその手続きにあった。人道的介入は、安保理が承認しない限り合法性の問題を生じるからである。コソボ問題への介入についてはさまざまな評価がなされたが、コソボに関する独立国際委員会は「違法だが正当だった」と評価している[39]。

以上みてきたように、冷戦後の国際社会は人道的介入に対する姿勢を二転三転させていった。こうしたゆらぎが生じるのは、人道的介入がきわめて論争的な概念だからである。たとえば、そもそも軍事力を用いた介入が人道的であるはずがなく、言葉として矛盾していると考える人もいる。また、武力を行使する側の意図について懐疑的な人も多く、はたして人道目的で武力が行使されるのかという点に疑問を持つ者も多い。介入の方法に関しても懐疑的意見がある。コソボ問題では介入する側が、介入時の自国の犠牲者を極力減らしたいがため、高高度からの空爆を行った。これは地上軍を展開する場合と比べて誤爆や付随的被害を生むなど負の要素も多く持っていた（実際、保護されるはずのアルバニア人の難民の数は介入の開始以後も増大した）。

いわゆる二重基準（ダブル・スタンダード）の問題もある。コソボ問題への介入の引き金となった一つの事件に「ラチャックの虐殺」があるが、当初四五人が虐殺されたといわれていた[40]。しかし、ルワンダにおいては一〇〇万人の犠牲が出たにもかかわらず、国際社会の反応は鈍かった。無論犠牲者の人数が多ければ虐殺だという議論も粗雑ではあるが、どういった事態が深刻な人道危機であるかという認定において、アフリカとヨーロッパでは基準が異なるという批判は強い。

ただし、このような大きな問題点をはらみつつも、人権保障の意識の高まった現在において人道的介入を全否定することも困難となっている。従来の「主権か人権か」という単純な二項対立ではなく、要件、方法などについて、より繊細な議論が要求されている。この一例としてカナダ政府のイニシャティブによって設立された介入と国家主権に関する国際委員会の「保護する責任（responsibility to protect）」の議論がある。同委員会の報告書では最高度の人権侵害が行われるとき、これから市民を「保護する責任」が当事国政府、当事国の諸機関、国際機関の順に生じるとして、慎重でありつつも国際社会には介入する責任があると提示している。[41]

4　信頼醸成措置

信頼醸成措置（Confidence Building Measures: CBM）とは、紛争の予防と再発防止のための安全保障手段を指す。国家間紛争であれ国内紛争であれ、利害の対立が必ず武力紛争に発展するわけではない。紛争当事者が武力行使という一線を越えるかどうかを決定する際、勝敗を左右する軍事的な能力差のみならず、相手の意図をどのように見極めるかが決定的な役割を演じることもある。そこで、攻撃的意図のないことを伝達し、伝達された意図が正しいかどうかを確認することで、不信を安心に変えることができれば、武力紛争の危険性は大幅に低下することになる。つまり、情報開示とコミュニケーションによって意図を確認する①透明化措置、それらを義務付ける②規制措置、そして規制の遵守を確保する③検証措置を含むことで、[42]ＣＢＭは大きな効果が期待できる。

こうした考えに基づいて、一九六三年のキューバ危機後に米ソ間でホットラインが開設され、七〇年代半ば以降、欧州安全保障協力会議において大規模な軍事演習や部隊移動の事前通告が合意され、実際に履行されてきた。東西冷戦下で実施されたこれらのＣＢＭは、誤認・誤算による偶発戦争や奇襲攻撃の危険を低減させる軍事面の手続きであった。

ところが、冷戦後に各地域に普及するようになったＣＢＭは、軍事的安全保障の向上から政治的な協調関係の構築へと目的が変化し、軍事的な手続き（「手続きとしてのＣＢＭ」）ではなく、共通の安全保障認識を形成するプロセス（「プロセスとしてのＣＢＭ」）を意味するようになった。その結果、事前通告や国防白書の公表といった行動に表れる成果が得られなくても、長期的な協力に結びつくような対話や交流を継続すること自体に意義があるとみなされるようになった。

しかし、「プロセスとしてのＣＢＭ」に対する肯定的評価は、多くの楽観的仮説に基づいている[43]。第一は、ＣＢＭの波及効果である。ある国家間関係が、共通利益か対立利益かのどちらか一方だけを共有することはない以上、潜在的な敵性国家との間でも何らかの共通利益を実現するための協力は可能である。そこで、協力の実現はさらなる共通利益を創出し、さらに協力の幅を広げ深化させていくことができるはずだと想定されている。したがって、対話と交流を通じて相手を理解することから始まる小さな協力は、やがて大きな協力に結びつき、次第に安心に結びつく共通認識を形成していくと考えられる。

しかし、相手を知ることと協力を実現すること、そして協力の積み重ねと共通認識を形成することとの間には大きな飛躍があり、期待された波及効果が自動的に実現するわけではない。情報の開示とコミュニケーションの結果、想定していた以上に深刻な脅威を認識し、対立や緊張を引き起こさない保証はない。同様に、国力の格差をあらためて認識した国家が、猛烈な軍拡に走るという事態もありうる。

第二に、「プロセスとしてのＣＢＭ」には、協調的な国家間関係を構築する過程で軍事的な安全保障も向上するという前提が存在する。しかし、軍事的安全保障の向上が協調的な国家関係に帰着することはあっても、協調的な国家関係が軍事的安全保障の向上をもたらす保証はない。多くの場合、軍事的安全が保証されないところで、協調的な国家関係を構築するのは難しい。欧州では、「手続きとしてのＣＢＭ」が軍事的安全を向上させた結果、協調的な国家関係が形成され、「プロセスとしてのＣＢＭ」が続けられている。「プロセスとしてのＣＢＭ」から着手したアジア太平洋地域において、協調的な国家関係の構築が進展しない原因は、軍事的安全保障協力が棚上げにされているからともいえよう。事実、アセアン地域フォーラムでは、ＣＢＭによって透明性が向上し、安全保障環境の不確実性がとり除かれれば、予測可能で建設的な関係が構築されると期待されていた。しかし、発足から二〇年以上が経過しても、①信頼醸成、②予防外交、③紛争解決という三段階の安全保障協力は、未だ予防外交の着手に合意するにとどまり、軍事的な安全保障協力に関しては目にみえる成果がないのが実情である。

第三に、ＣＢＭは低コスト、低リスクの安全保障手段であり、利害対立を抱えた国家同士でも容易に着手できると考えられている。確かに、軍事力の規制に踏み込んだ軍備管理交渉などと比べれば、単なる情報交換や人的交流によって、行動の自由が制約されるコストや、相手に裏切られるリスクは少ない。しかし、力の弱い国にとって情報の開示は脆弱性を暴露するリスクを伴う。また、ＣＢＭの名の下に協調的ムードだけが尊重され、肝心の非攻撃的意図の確認が先送りされれば、不信の軽減にはならない。何よりも、低リスク、低コストのＣＢＭにとどまる限り、そこから得られる協力の成果も限定されたものにならざるをえない。

そもそも、ＣＢＭは決して万能ではなく、相互不信が引き起こす紛争の予防にその効果は限定されている。つまり、現状維持を志向する国家間の意図せざる紛争の予防には有効であっても、悪意や現状変更の意図を持つ国家との紛争の予防には効果が期待できない。それでは、元来国家間紛争を想定して導入されたＣＢＭは、多様な非国家主体によ

NO.6、二〇〇六年）六一頁、武内進一「研究会の射程と問題意識―紛争から平和への過程と国際社会」武内進一編『アフリカにおける紛争後の課題』［調査研究報告書］（アジア経済研究所、二〇〇七年）一二頁。

30　民軍連携に関しては、上杉勇司・青井千由紀編『国家建設における民軍関係―破綻国家再建の理論と実践をつなぐ』（国際書院、二〇〇八年）を参照。

31　Edward N. Luttwak, "Give War a Chance," *Foreign Affairs*, Vol.78, No.4（1999）, pp. 36–44.

32　Robert Harrison Wagner, "The Causes of Peace," in Licklider, R.（ed.）*Stopping the Killing*.（New York: New York University Press, 1993）, pp. 235–268.

33　Roy Licklider, "The Consequences of Negotiated Settlements in Civil Wars, 1945-1993," *American Political Science Review*. Vol.89, No.3（1995）, pp. 681–690.

34　Monica D. Toft, "Ending Civil Wars: A Case for Rebel Victory," *International Security*, Vol.34, No.4（2010）, pp. 7–36.

35　平和維持活動の効果に関しては、Jessica Di Salvatore and Andrea Ruggeri, "Effectiveness of Peacekeeping Operations," *Oxford Research Encyclopedia of Politics*, 2017,（https://doi.org/10.1093/acrefore/9780190228637.013.586 二〇一八年四月一六日アクセス）参照。

36　篠田英朗「平和構築における現地社会のオーナーシップの意義」『広島平和科学』第三一号、二〇〇九年。他方、ローカル・オーナーシップの重視は問題の解決をもたらさず、紛争の再発につながるという指摘もある。こうした問題点に関しては、中内政貴「ローカル・オーナーシップと国際社会による関与の正当性―マケドニアにおける国家建設を事例として―」『国際政治』第一七四号、二〇一三年、一一一―一二四頁。

37　最上敏樹『人道的介入―正義の武力行使はあるか』（岩波新書、二〇〇一年）一九頁。

38　田辺亮「人道的介入―人道的危機への国際的対応」中沢和男・上村　信幸編『国際組織と国際政治』（北樹出版、二〇〇四年）。

39　最上敏樹、前掲書、一一一頁。

40　ラチャック村の「虐殺事件」の問題点については土生修一「紛争報道の現状と課題：事実認定をめぐって」広島市立大学広島平和研究所編『人道危機と国際介入』（有信堂、二〇〇三年）。

41　International Commission on Intervention and State Sovereignty, *The Responsibility to Protect*（Ottawa, ON, Canada:

International Development Research Centre, 2001).

42 佐渡紀子「信頼安全醸成措置」吉川元編『予防外交』（三嶺書房、二〇〇〇年）一四九―一六七頁。

43 ＣＢＭの効果に慎重な立場をとる理論研究として、Marie-France Desjardins, "Rethinking Confidence-Building Measures," *ADELPHI Paper*, No.307 (1996) を参照のこと。

44 I. William Zartman ed., *Elusive Peace: Negotiating an End to Civil War* (Washington D.C: The Brookings Institution, 1995).

45 この定義は、佐藤誠三郎「危機管理」高坂正堯、公文俊平編『国際政治経済の基礎知識［新版］』（有斐閣、一九九三年）三五頁をもとにしている。

46 Robert L. Pfaltzgraff, Jr., "Crisis Management: Looking Back and Looking Ahead," paper presented at "The Crisis Management Conference: Athena 2008" [organized by the Hellenic Ministry of National Defense], July 2, 2008, p.1, http://www.ifpa.org/pdf/athena_08.pdf（二〇一八年四月一六日アクセス）。

47 佐藤「危機管理」三五頁。

48 Pfaltzgraff, "Crisis Management," p.4.

49 Christian Mölling "Comprehensive Approaches to International Crisis Management," CSS *Analyses in Security Policy*, Vol.3, No.42 (October 2008), p.1.

50 Ibid.

51 "Joint Statement on UN-EU Cooperation in Crisis Management," Brussels, 7 June, 2007, http://www.europarl.europa.eu/meetdocs/2004_2009/documents/dv/170/170707/170707eu-unstat_en.pdf（二〇一八年四月一六日アクセス）。

52 "'International Crisis Management Needs a Critical Review,' Say Experts at UNIS Vienna Book Launch on Peacekeeping, Peacebuilding and International Security," UNIS/INF/178, 28 November 2006, http://www.unis.unvienna.org/unis/pressrels/2006/unisinf178.html（二〇一八年四月一六日アクセス）。

53 Pfaltzgraff, "Crisis Management," p.6.

54 "Comprehensive Approaches to International Crisis Management," p.1.

55 Ibid., pp.1-3. なお、ＮＡＴＯは、〇九年三月六日にブリュッセルで行った、加盟諸国の上級代表者とパートナー諸国等との会合でも、「NATOが包括的アプローチにいかに貢献するか、すなわち、その危機管理手段の首尾一貫した適用をいかに改善し、他の主体との間で努力を補完し相互に強化し合うために、いかによりよく協力していくのか」を協議した。"NATO and partners focus on Comprehensive Approach," http://www.nato.int/cps/en/natolive/news_51439.htm?mode=news（NATOホームページ内の"Newsroom"内、二〇一八年四月一六日アクセス）。

56 K・E・ボールディング（内田忠夫・衛藤瀋吉訳）『紛争の一般理論』（ダイヤモンド社、一九七一年）五一一頁。

57 残る五三%は、停戦協定にとどまるか、紛争の規模が著しく縮小したり、紛争当事者が消滅したりするような場合を指す。UCDP Conflict Termination Dataset version 2-2015, http://www.ucdp.uu.se/downloads/（二〇一八年四月二〇日アクセス）; Joakim Kreutz, "How and when Armed Conflicts End: Introducing the UCDP Conflict Termination Dataset," *Journal of Peace Research*, Vol.47, No.2（2010）, pp. 243-250. 年間戦死者が千人を超える規模の戦争に限定すると、一九四五年〜一五年での間、和平協定による終結が一八%、武力による終結が四六%だった。

58 I. William Zartmann ed., *Elusive Peace*, pp.7-15.

59 UCDP Conflict Termination Dataset version 2-2015; Joakim Kreutz, "How Armed Conflicts End."

60 Peter Wallensteen, *Understanding Conflict Resolution: War, Peace and the Global System*（Second Edition, London: Sage Publication, 2006）, p.20.

61 Lotta Harbom, Stina Högbladh and Peter Wallensteen, "Armed Conflict and Peace Agreements," *Journal of Peace Research*, Vol.43, No.5（2006）, pp.617-631.

62 Ibid.

63 紛争後のパワー・シェアリングの問題についてはTimothy D. Sisk, *Power Sharing and International Mediation in Ethnic Conflicts*,（Washington, DC: United States Institute of Peace Press, 1996）, Philip G. Roeder and Donald Rothchild eds., *Sustainable Peace: Power and Democracy after Civil Wars*（Ithaca, NY: Cornell University Press, 2005）参照。

第9章

核と安全保障

石川　卓

核問題にかかわる安全保障研究の多くは、米国の核戦略や核軍備管理政策を題材として展開されてきた。そのため本章でも、主に米国の核戦略を概観することを通じて、核問題に関する基本的な見方や概念を確認していく。

1　冷戦期米ソの相互核抑止の展開

(1) 核兵器の登場と広島・長崎への原爆投下

第二次世界大戦末期の一九四五年七月一六日、米国は、ニューメキシコ州アラモゴードにおいて史上初の原子爆弾(原爆)の爆発実験を行った。米国はその直後の八月六日に広島に、九日には長崎に連続して原爆を使用した。こうして、核兵器は劇的に国際政治の舞台に登場した。

原爆は、核分裂性物質の原子核を連鎖的に分裂させ、原子核に封じ込められている大量のエネルギーを一気に放出させることで、きわめて強力な破壊力を生み出すという原理に基づく兵器である。桁違いに強烈な熱線および爆風・衝撃波、細胞を破壊する強力な放射線を放出するほか、爆発後にも放射性降下物(「死の灰」とも呼ばれる)による被爆をもたらす。広島、長崎では、それぞれ当時の人口の約四〇％にあたる約一四万人、約三〇％にあたる七万四千人が一九四五年末までに死亡したといわれ、その後も長年にわたって被爆者の死亡、健康被害が続いた。

核分裂反応の連鎖反応に関する研究は、一九三〇年代に主に欧州で進み、三八年のドイツにおけるウラン核分裂反応の発見を経て、三九年、ウラン核分裂の連鎖反応が実証された。これを兵器に応用しようとドイツや日本も研究開発を進めたが、第二次大戦中に原爆開発に成功したのは米国だけであった。米国はナチス・ドイツの原爆開発を懸念し、四二年から英国やカナダの協力も得て、秘密裡に原爆開発計画「マンハッタン計画」を進め、四五年五月のドイツ降伏後に開発に成功した。

米国のH・トルーマン政権が完成したばかりの原爆を日本に投下した理由については、複数の異なる見方がある[1]。まず、米国政府の一貫した見解は、対日戦争を早期に終結させ、一九四五年秋以降に予定されていた日本本土上陸作戦で米軍が受けたであろう甚大な被害を回避するためというものである。このような目的を原爆投下は実際に果たしたとする政府見解に対して、「原爆外交説」と呼ばれる反論も展開されてきた。四五年二月のヤルタ会談でドイツ降伏後三カ月以内の対日参戦を約束していたソ連が、実際に参戦し、戦後の北東アジアで影響力を拡大することを防ぐ目的で、日本を降伏させるためにはすでに不要になっていた原爆投下を行ったという見方である。すなわち原爆投下は、対日戦争政策の最後の一手ではなく、対ソ冷戦政策の初手であったとされるのである。その後、公開された外交文書を使った原爆外交説批判も展開された。たとえば、日本の指導者に原爆実験をみせ、降伏を決断させるという示威的使用案が米国政府内で却下されたことが原爆外交説の論拠の一つとされたが、巨額の開発費用を正当化できなくなるなど、実験が失敗した場合のリスクが大きすぎること、示威目的の実験後に対日使用の必要が生じた際に使える原爆が不足してしまうことなどから、そもそも示威的使用案は政府内ではさほど現実的な選択肢とみなされていなかったといった反論が示された。

それ以外にも原爆投下の理由については多様な解釈が示されてきたが、広島・長崎への連続投下が日本のポツダム宣言受諾を促す一因になったことは否定しがたい。ただし、原爆ないしは核兵器の軍事的効果については、米国において二つの相反する見方が生まれた。一方の代表的論者となるB・ブロディは、一九四六年の編著で「これまでわれわれの軍事力の主な目的は戦争に勝つということであった。これからは、その主要目的は戦争を回避するということでなければならない。それ以外の目的など持ちえないに等しい」と述べ[2]、核兵器を「絶対兵器」と位置づけた。これに対しW・ボーデンは、同じく四六年の著書で「次の戦争における勝利は、市民社会の破壊ではなく、敵の保有する戦力を迅速に消滅できるか否かにかかっているのである」と述べ[3]、カウンターフォース攻撃もしくは損害限定の重要性を早くも主張していた。この見方の根底にあるのは、核兵器と通常兵器の違いは威力の差でしかないという絶対兵器観とは異なる核兵器観である。そして、このような相反する二つの核兵器観は、核戦略論における主要な対立軸を構成していくこととなる[4]。

(2) 核軍拡競争の本格化と大量報復戦略

第二次大戦後しばらくの間続いた米国の核独占は、一九四九年八月、ソ連の原爆実験成功によって破られた。予想よりも早かったソ連の核保有に危機感を強めたトルーマン政権は、五〇年一月、最終的にはソ連も開発を進めているとの認識から水素爆弾（水爆）の開発を決定し、米ソ核軍拡競争が加速する。五二年から五四年にかけて米ソが水爆実験に成功し、まもなく爆撃機に搭載可能な水爆も登場する。

水爆は、原爆を起爆装置に用いて重水素などの核融合反応を起こし、巨大なエネルギーを放出させる兵器で、高温による核融合反応を利用することから「熱核爆弾」とも呼ばれる。その威力は原爆をはるかに上回る。核兵器の威力はTNT火薬の量に換算して示されるが、後に米国の大陸間弾道ミサイル（ICBM）には広島型原爆（約一五キロトン）の一〇～一〇〇倍以上の威力を持つ水爆弾頭が搭載された。一九六一年一〇月にソ連が行った史上最大の核実験では、五〇メガトン級（広島型の約三三〇〇倍）の水爆（ツァーリ・ボンバ）が使われたといわれる。

核兵器の破壊力が拡大されていく一方で、その小型化も進んだ。これは、一九五〇年に起こった朝鮮戦争のような地域的・局地的な侵略を抑止できなかったという教訓にも促された動きであった。特に欧州では、四九年の北大西洋条約機構（ＮＡＴＯ）の発足にもかかわらず、西側が通常戦力面で大幅な対ソ劣位にあったため、西ベルリンや西ドイツへの限定的な侵略を防げないという危機感が高まった。米国は欧州のＮＡＴＯ諸国に通常戦力の強化を求めるが、大戦での疲弊から回復していなかった欧州側にはこれに応じられるだけの余力がなかった。結局、五三年に発足した米国のＤ・アイゼンハワー政権は、同年末、いかなる侵略行為に対しても大規模な核報復で応じるという「大量報復戦略」を打ち出すとともに、西ドイツなどに戦術核兵器の配備を開始することとなる。

一般的には米国初の核戦略とされる大量報復戦略には、敵が「大量報復」の威嚇にどれだけ信憑性を見いだすかという点で当初より批判もあった。たとえば、ソ連が西ベルリンを侵略しただけで、本当に米国は大規模な核報復をするのかということが疑問視されたのである。その弱点を補ったのがＮＡＴＯ諸国に前進配備された戦術核であり、それがソ連による西欧侵攻時にほぼ即時に使用され、「核の敷居」が越えられることで、戦略核兵器の使用をより容易にするものと考えられた。しかし、この戦略は、ソ連からの核攻撃に対する米国本土の非脆弱性の高さと、それを支える米国の核戦力面での圧倒的優位を必要とするものであった。

これを揺るがせたのが、一九五七年秋のソ連によるスプートニクの打ち上げであった。スプートニク自体はただの人工衛星で何の軍事的機能もなかったが、ソ連が二回連続してその打ち上げに成功したことは、米国本土を直接攻撃できるＩＣＢＭ能力の獲得を強く印象づけた。実際ソ連は同年夏にＩＣＢＭ級の飛翔実験を成功させていた。米国も翌年にはＩＣＢＭ実験に成功するが、すでに本格化していた宇宙開発競争および長距離弾道ミサイルの開発競争でソ連に遅れをとったことは、米国内に「スプートニク・ショック」と呼ばれる敗北感を蔓延させた。またスプートニクは、西欧がソ連に攻撃された場合、米国がソ連のＩＣＢＭによって報復されることをわかっていながら、ソ連に対し大量報復の脅しを実行するのかという「ディカップリングの不安」を西欧諸国が募らせる契機となった。

それまで核兵器の運搬手段としては爆撃機が主力であったが、一九五〇年代後半から弾道ミサイルが加わりはじめ、ＩＣＢＭの出現後まもない六〇年には、米国が初の潜水艦発射弾道ミサイル（ＳＬＢＭ）の発射実験にも成功する。核軍拡競争の重点は、運搬手段の量と質に移行していったのである。スプートニク後、米国は、核弾頭を搭載した準中距離弾道ミサイル（ＭＲＢＭ）を英国、イタリア、トルコに配備する計画も進めるなど、核戦力の多様化を図った。それは、侵略を受けた際の「大量報復」未満の選択肢を増やすという大量報復戦略の修正の一環でもあった。しかし、そのような戦略の修正は、通常戦力の強化など多大なコストを要するものであり、均衡財政を目指すアイゼンハワー共和党政権下では急速な進展は難しかった。それでも米国の軍拡は止まらず、アイゼンハワー大統領は退任に際し、「軍産複合体」により不要に軍拡が加速していることに警鐘を鳴らした。

（3）柔軟反応戦略とＭＡＤ状況の出現

大量報復戦略の修正は、より財政支出に寛容な民主党のＪ・ケネディ政権発足後に加速することとなる。敵のとった軍事行動に応じて、まずは同等のレベルで対処し、それで対応しきれない場合には軍事行動のレベルを上げていくという「柔軟反応戦略」への移行が進められていったのである。柔軟反応戦略では、たとえば、通常戦力による限定的な侵略に対しては、ほぼ同規模の通常戦力でこれを押し返すよう努め、その後は必要に応じて投入する戦力の規模を順次拡大し、通常戦力で対処しきれなくなった場合には、まずは戦術核兵器を導入する。その後、戦略核兵器の導入段階になっても、まずは敵本土内の軍事拠点を標的とし（カウンターフォース攻撃）、都市への大規模攻撃（カウンターバリュー攻撃）はあくまでも最後の切り札とされた。このようにエスカレーションを制御しながら、戦争を可能な限り低烈度の段階で終結させようとする戦略であった。そして、そのための軍事態勢を整えることで、限定的な侵略もより効果的に抑止できると想定されていた。

それは、「大量報復」とそれに対する再報復によって相互に大規模な核攻撃を免れえないという状況と比べれば、合理的なものであったかもしれない。しかし、柔軟反応戦略にも問題点はあった。一つは、特に通常戦力面で大幅な軍拡が必要になるということであった。あらゆる段階で敵の攻撃に優位し、戦争を有利に終結させることを目指すのであれば、通常戦力から核戦力に至る全段階で優位を築く必要があった。もう一つは、最前線になる可能性が高い西ドイツなどに通常戦力や戦術核を重点的に配備するなど、より使いやすい戦力を増強し、敵からみれば非常に好戦的な態勢をとるということであった。つまり、抑止の信憑性のために高い挑発性というリスクを甘受する戦略であった。

抑止には、懲罰的抑止と拒否的抑止の二種類があるといわれる。前者は、本土に対する報復の脅しによって、攻撃のコストが大きくなると思わせることで攻撃を思いとどまらせる形の抑止であり、冷戦期の米ソ間では主に戦略核戦力に依拠するものとされた。後者は、攻撃そのものに対する防御・反撃の威嚇によって、攻撃が成功しないと思わせることで攻撃を思いとどまらせる形の抑止で、冷戦期の米ソ間では主に通常戦力に依拠するものとされた[5]。懲罰的抑止には、より低いコストで先制攻撃の誘因が低下した状況（後述する「危機安定性」が高い状況）を維持しやすいという利点がある一方で、相手の合理性に依存しすぎる上に、抑止失敗の場合の選択肢が極端にすぎるため、威嚇の信憑性が低くなるといった弱点がある。他方、拒否的抑止には、相手の合理性にそこまで依存せずともよく、威嚇の信憑性もより高くなるという利点がある一方で、コストが高く、好戦的・挑発的になるという弱点がある[6]。つまり、大量報復戦略から柔軟反応戦略への変更は、懲罰的抑止に近い抑止態勢から拒否的抑止により近い態勢を志向することを意味していたのである。

ただし、両者の境目は曖昧であり、現実の抑止態勢には懲罰・拒否双方の側面が大小なりとも備わっている。大量報復戦略下でも大規模報復に満たない選択肢が追求され、ある程度は準備されていたのであり、柔軟反応戦略下でも十分に柔軟に対応できるだけの戦力を整えられたわけではなかった。特に欧州戦域では、西欧諸国による通常戦力強化の停滞もあり、東側の通常戦力優位は覆らず、全段階で優位を築くことなど到底かなわなかった。

しかも、柔軟反応戦略は戦略核戦力の必要性を否定するものではなく、実際、ケネディ、L・ジョンソン両政権下では、戦略核戦力の増強も急速に進んだ。ソ連側も、一九六二年のキューバ・ミサイル危機でミサイル撤去を余儀なくされた主因を戦略核戦力における対米劣位にあると認識し、核軍拡に邁進した。その結果、六七年頃には、米ソ間に「相互確証破壊」（MAD）状況が出現しているといわれるようになった。MADは、六〇年代前半に米国防長官R・マクナマラが提示した「確証破壊」から派生した概念である。確証破壊能力とは、ソ連による先制核攻撃を受けた後でも残存する核戦力でソ連の人口の五分の一から四分の一、産業基盤の二分の一から三分の二を破壊できる能力と定義され[7]、マクナマラは、米国はすでにその能力を持っていると論じることで、際限なく進む軍拡に歯止めをかけようとした。そして、六七年頃からはソ連も同様の能力を持つに至っているとして、確証破壊の相互性が唱えられるようになったのである。

MADは、いずれかが先制攻撃をしても相手の報復攻撃による壊滅的な損害を免れられないという状況にあるため、利のない先制攻撃が生じにくい状況、すなわち「戦略的安定性」の一支柱をなす危機安定性が高い状況を意味する。大量の核兵器に依拠しているため、文字どおり「狂気」の沙汰であると批判されることも少なくないが、特に冷戦期の米ソに核廃絶を期待するのはあまりに無理がある以上、米ソ間に核戦争が生じにくい状況は重要な意味を持つものであった。同じくケネディ、ジョンソン政権下で、部分的核実験禁止条約（PTBT）や核不拡散条約（NPT）など、核不拡散体制の形成が進んだことも受け、米ソはMADの制度化を進めることとなる。

（4）ＭＡＤ状況の制度化と脱却の試み

一九六九年に発足した米国のＲ・ニクソン政権は、ベトナム戦争での疲弊や国際的競争力の低下など、米国のパワーの相対的低下を背景に、対ソ・デタント外交を展開した。戦略核戦力についても、ソ連とのラフ・パリティ（おおまかな均衡）を受け容れ、核軍拡競争に一定の歯止めをかけることを試みた。その結果、七二年五月、米ソが進めてきた第一次戦略兵器制限交渉（ＳＡＬＴ・Ｉ）がまとまり、攻撃兵器に関する暫定協定（ＳＡＬＴ・Ｉ暫定協定）や弾道弾迎撃ミサイル制限条約（ＡＢＭ条約）が締結された。

一九六〇年代末までに米ソは、ＩＣＢＭなど長距離弾道ミサイルを核爆発によって撃墜するＡＢＭの開発を進展させ、ソ連はモスクワ周辺への配備も開始していた。ＡＢＭ自体は防御兵器であるが、ＡＢＭの保有により報復攻撃に対する非脆弱性を増した側の先制攻撃の誘因を増大させ（この認識が他方の側でも先制攻撃の誘因を増大させる）、またＡＢＭそのものと、ＡＢＭ防御網を突破するためのＩＣＢＭ、ＳＬＢＭのすべてにおいて軍拡競争を助長しうるものであった。ＡＢＭ条約はその配備を厳しく制限し、米ソがその国民の大多数を核攻撃から無防備なままにしておくことを意味するものであった。つまり、ＡＢＭ条約はＭＡＤ状況を制度化し、危機安定性の維持に加え、戦略的安定性のもう一つの柱をなす「軍拡競争にかかる安定性」の確保にも適うものであった。しかし、自国民を敵の核報復にさらしておく上に、抑止失敗の場合には「相互破滅か、さもなければ降伏か」を迫られることになりかねないと考えられたＭＡＤ状況の「非倫理性」に対しては、根強い嫌悪感が残った。

ＡＢＭ条約を締結したニクソン政権自体も、他方では、ＭＡＤへの嫌悪感や不満を随所で示し、ＭＡＤとは相容れない政策をさまざまに追求した[8]。発足当初からニクソン政権が打ち出していた「戦略的十分性」も、確証破壊能力のみで十分とするのではなく、大規模な核報復以外の選択肢を備えること、すなわちＲ・アートのいう「ＭＡＤプラス」を志向するものであったといえる。[9] ニクソン政権二期目に入り国防長官となったＪ・シュレシンジャーの名をとって「シュレシンジャー・ドクトリン」として知られることになる一九七四年一月の国家安全保障決定覚書二四二号（ＮＳＭＤ二四二）は、ＭＡＤで想定される都市を標的とする大規模核報復ではなく、軍事拠点を標的とするカウンターフォース・ターゲティングや限定的な核使用を強調するものであった。ＳＡＬＴ・Ⅰで規制されなかったミサイルの個別誘導多弾頭（ＭＩＲＶ）化が進められたことも、米国がＭＡＤに甘んじていないことの証左とされた。特にＭＩＲＶ化ＩＣＢＭは、敵の先制攻撃を受ければ複数の弾頭を失うことになるため、「使うか失うか」のジレンマが深刻で、本来的に先制性の高い兵器とされるからである。

一九七九年にソ連と第二次戦略兵器制限条約（ＳＡＬＴ・Ⅱ条約）を結んだＪ・カーター政権も、同年末のソ連によるアフガニスタン侵攻を受け、同条約の批准追求を諦めただけでなく、翌八〇年八月、「相殺戦略」として知られる大統領指令五九号（ＰＤ五九）を採用する。カウンターフォース攻撃に加え、ソ連指導部に対する攻撃を先行させ、全面的な壊滅の前にソ連を降伏させる方針が打ち出された。指導部に対する攻撃は、それが戦争の早期終結に資するのか否か見方が分かれ、従前から核戦略論議における争点の一つとなっていた。

ソ連に利するものとしてＳＡＬＴ・Ⅱ条約を厳しく批判し、一九八〇年一一月の大統領選挙で現職のカーターに圧勝したＲ・レーガンは、政権発足後このようなＭＡＤ脱却の動きを加速させた。大型ＩＣＢＭのＭＩＲＶ化を進めてきたソ連がＭＡＤに甘んじているはずがなく、米国だけがＭＡＤに縛られていれば、ますますソ連に利することになるといったＭＡＤ批判も勢いを増した。八一年一〇月には、国家安全保障決定指令一三号（ＮＳＤＤ一三）を策定し、核戦争を一八〇日間という長期にわたって戦い勝利する方針や、命中精度の高い大型のＭＩＲＶ化ＩＣＢＭの新規導入を含む核近代化計画の推進などを打ち出した。またＭＡＤ状況下では否定的に捉えられがちな防御手段の必要性を認め、シェルターなどの「消極防御」に加え、ミサイル防衛などの「積極防御」の強化による抑止効果の向上も主張された。そして、八三年三月、ソ連を「悪の帝国」と呼んだレーガンは、「戦略防衛構想」(ＳＤＩ)を打ち出し、「核兵器を無能かつ時代遅れにする」ことを呼びかけた。ＳＤＩは、ソ連から飛来する大量の核ミサイルを宇宙空間に配備されたレーザー兵器などを用いて撃墜するといった大々的なミサイル防衛構想であったが、あまりにも現実性が乏しいとみる向きからは、当時流行っていたＳＦ映画のタイトルにちなんで「スターウォーズ構想」と揶揄された。ＳＤＩはソ連からも激しく非難され、中距離核戦力(ＩＮＦ)問題と並んで、米ソ間の核軍備管理交渉が途絶える一因にもなった。また、あまりにも対ソ強硬で好戦的なレーガン政権の姿勢は、国内外で広く核戦争への不安を喚起し、各地で反核運動が発生した。

レーガンは、一九八〇年代後半に急進展を始める対ソ軍備管理交渉のための取引材料として、ＳＤＩを売り渡すことを頑強に拒みつづけたが、だからといって、ＳＤＩに画期的な進展がみられ、ソ連の核ミサイル戦力の効果が大きく損なわれるようなことにもならなかった。ＭＡＤを忌み嫌ったレーガンが目指した究極的な拒否的抑止態勢は、完成には遠く及ばなかったのである。確かに、米国は「政策としてのＭＡＤ」を追求することを拒んできたが、「状況としてのＭＡＤ」から抜け出すこともできなかったといえる[10]。ソ連は、米国とは異なり、対米劣位ゆえに先制核攻撃オプションに依存した時期が長かったようであるが[11]、ＭＡＤを受容したとみられる冷戦末期以前にも「状況としてのＭＡＤ」から解放されていたわけではなかったといえる。

2　冷戦終結と核兵器・核抑止の役割

（1）冷戦と核兵器の安定化効果

一九八〇年代前半に劇的に高まった米ソ間の核をめぐる緊張は、八七年一二月に調印されたＩＮＦ全廃条約を皮切りに、急速に緩和していく。ＩＮＦは高揚した緊張を象徴する存在となっていた。七〇年代末のソ連による新型の中距離弾道ミサイルＳＳ二〇の配備を受け、再びディカップリングの不安を強めた西欧諸国の求めに応じて、七九年一二月、ＮＡＴＯでは「二重決定」が合意される。米国がＳＳ二〇を撤廃・削減させるための交渉をソ連と行い、満足のいく結果が得られない場合には、米国も西欧にＩＮＦを配備するというものである。レーガン政権はＳＳ二〇を全廃させるという「ゼロ・オプション」を掲げて対ソ交渉に臨むが、大方の予想どおり、合意には達せず、八三年末からＩＮＦの欧州配備が始まった。こうして発射後十数分で目標に到達するＩＮＦが、欧州分断線を挟んで対峙することとなった。そのＩＮＦの全廃が、八五年三月にソ連書記長に就任したＭ・ゴルバチョフによる譲歩が大きかったとはいえ、わずか四年後には合意されたのである。

同じくレーガン政権が始めた戦略兵器削減交渉（ＳＴＡＲＴ）は、続くＧ・Ｈ・Ｗ・ブッシュ政権の下で妥結する。一九九一年七月、第一次戦略兵器削減条約（ＳＴＡＲＴ・Ｉ）が調印され、米ソは一万二千～三千発ほど保有していた戦略核弾頭をほぼ半減し、六千発にすることで合意したのである。その直後、ソ連でのクーデタ未遂事件を受け、ソ連の核兵器管理に懸念を強めたブッシュ政権は、ソ連に同様の措置を期待しつつ、欧州を除く地上配備、および洋上艦船配備の戦術核を一方的に撤去するという「大統領核イニシアチブ」（ＰＮＩ）を発表した。ソ連／ロシア側も同様の措置で応じ、米ソ／ロ間に「非核化モメンタム」が出現しているとも評された。[12]

こうして冷戦は大局的には冷たいまま幕を閉じたが、しばしばそれは米ソの相互核抑止の効用であったと評されてきた。冷戦を「長い平和」と捉え、その要因を追究したJ・ギャディスはその代表的論者であるが、彼は「核兵器の開発は、全体として戦後国際システムを安定化させる効果を持った。それは、他の時代にはあまりにもしばしば戦争へとつながっていったエスカレーションのプロセスを防ぐことに役立ったのである」と述べている。[13] 力の分布状況を何よりも重視するネオリアリストのK・ウォルツも、米ソの二極構造と同程度に核兵器が戦後世界の平和にとって重要な役割を果たしたと論じている。[14] 無論、これには多くの異論も示されてきた。「米ソの相互核抑止が機能していなかったことはすでに証明されている」などといわれることもあるが、大抵の場合それはそのような「証明」を試みた研究をそのまま受け入れ、それ以降の論争の継続をみていないか、みないようにしているということのように思われる。[15] よくいわれるように、抑止が機能したことは証明不可能命題であるが、機能しなかったという「証明」も到底十分たりえることはなく、いずれの立場の議論も厳密には「信条」の域を出ないということはふまえておくべきであろう。

そして、二〇一七年に採択された核兵器禁止条約に示されるように、反核規範が強まりをみせる中でも、政策レベルでは未だ核抑止の効果が広く信じられているということは否定しがたい。米ロ英仏中というNPT上の核兵器国はもちろん、日本や韓国、欧州各国のように米国の「核の傘」に依存している国々、またインド、パキスタン、イスラエル、あるいは北朝鮮のような五核兵器国以外の核保有国などの政策は、それぞれにそのような「信条」に依拠しているといえる。これに対し「核抑止論は神話にすぎない」というような異なる「信条」をぶつけるだけでは、おそらく議論は平行線をたどるだけであろう。

(2)核拡散の安定化効果?

また、冷戦状況を論拠に主張されるようになった核兵器の安定化効果は、核拡散の効果についての論争にも影響を及ぼした。核兵器の安定化効果を重視したウォルツは、一九八一年の有名な著作で、核拡散が進むほど戦争は起こりにくくなるという可能性を指摘した[16]。無論、条件付きではあったが、多くの条件が満たされやすいことも示唆されていた。その時点で、米ソに続き、五二年に英国、六〇年にフランス、六四年に中国が核実験を成功させており、これに核実験の実施は確認されていないが六七年には核保有に至っていたとみられるイスラエル、七四年に「平和目的核実験」を行ったインドを加えた七カ国に生じてきた漸進的な核拡散は、破滅的な結果をもたらしておらず、むしろ指導者が慎重になり、また核保有国同士がお互いに相手の核使用や核戦力を懸念するため計算が複雑になり、抑止が強化されるなどと論じられたのである。また、米ソ以外の小規模な核保有国が相互に、また米ソのような核大国を抑止することも十分に可能であるとされ、中国やフランスが特にソ連に対してとっていた極小抑止戦略の有効性も示唆された。

このウォルツの議論は多くの反論を招くが、本格的な論争が起こったのは冷戦後になってからであった。有名なのは、冷戦後世界の構造的変化により日本やドイツの核武装が促進されることを肯定的に論じていたウォルツに対し[17]、反論を展開したS・セーガンの議論である。セーガンは、新規核保有国への予防戦争の危険、新規保有国の小規模な核戦力に不可避的な低い残存性、事故・偶発的使用の危険などを根拠として、核拡散がもたらす危険性を主張し、「セーガン=ウォルツ論争」を巻き起こした[18]。この論争は「拡散悲観論」(proliferation pessimism)対「拡散楽観論」(proliferation optimism)の論争とも呼ばれ[19]、一九九八年の印パによる核実験後には、しばしばこの新規核保有国間に安定が生じうるかという喫緊の問題をも主題に加えながら展開されてきた[20]。

印パについては、核拡散とその定着により、核使用を伴う大規模な戦争が生じにくくなる一方で、エスカレーションに歯止めがかかりやすくなっているという安心感のために、かえって低烈度の武力紛争が生じやすくなるという「安定性＝不安定性の逆説」（stability-instability paradox）の生起も指摘されてきた。[21] この逆説は、冷戦期半ばの米ソ間について指摘されるようになったものであるが、[22] 今日では印パに加え、北朝鮮や中国に対する抑止を念頭に北東アジアにも適用されるようになっている。[23] 低烈度における不安定化については、特に日本では「グレーゾーン事態」への懸念が増しているが、これには、米国側の即応性の不十分さを衝き短時間で既得権益化を図る「既成事実化戦略」（fait accompli strategy）や、米国側の威嚇の信憑性を測ることを目的とする「限定的探索」（limited probe）が含まれるものと考えられている。[24]

核抑止の効果の場合と同様に、核拡散の効果をめぐる論争も未だ続いているが、国際社会はほぼ排他的に拡散悲観論に基づいて核不拡散に努めているといえる。

3　冷戦後の核抑止

(1) 不拡散の突出と相互核抑止の後景化

冷戦終結期からの非核化モメンタムは、一九九三年一月の第二次戦略兵器削減条約（ＳＴＡＲＴ・Ⅱ）の調印を境に失速していく。その調印直後に発足した米国のＢ・クリントン政権は、核兵器を含む大量破壊兵器（ＷＭＤ）の拡散問題への懸念を強め、米ロの核戦力削減よりも、特に、まもなく「ならず者国家」と呼ばれることになる第三世界の危険な政権にＷＭＤが拡散することの阻止に力を入れていくこととなる。

核戦力の量的削減は進んだとはいえ、米ロ間には依然としてＭＡＤ状況が残存していた。しかし、米ロを含む五核兵器国間には「休止した一般抑止」（recessed general deterrence）状態が生じているともいわれるようになった。[25]米国の核戦力はロシアなどとの関係が悪化した際の「備え」（hedge）とされる一方で、特に第三世界に拡散している生物・化学兵器の使用を抑止する手段と位置づけられた。こうして米国の核戦力には、量的な削減だけではなく、先行不使用（ＮＦＵ）の採用など役割の低減についても歯止めがかけられることとなった。クリントン政権が掲げた核戦力削減の「先導」（lead）は、ほとんど実を結ばなかったのである。

その一方でクリントン政権は、一九九三年一二月には「拡散対抗」を打ち出し、さまざまなＷＭＤ不拡散の枠組みを強化・構築するだけでなく、「弾道ミサイル防衛」（ＢＭＤ）計画の推進や武装解除型攻撃の手段の整備・強化に力を入れた。ＢＭＤ計画では、ＳＤＩの中では例外的に運用可能な状況に近づいていると目された終末段階での迎撃技術を用いて、[26]イラン・イラク戦争や湾岸戦争でも使われた短距離・中距離弾道ミサイルを撃墜する「戦域ミサイル防衛」（ＴＭＤ）と、米国本土に飛来する長距離弾道ミサイルを撃墜する「本土ミサイル防衛」（ＮＭＤ）を実現することが追求された。特にＮＭＤは、いずれはＡＢＭ条約に抵触し、ロシアの戦略核を無効化しうるものとして、ロシアの反発を受け、クリントン政権はＡＢＭ条約の尊重、ＴＭＤの優先を強調した。しかし、九五年以降の共和党多数議会に圧力をかけられたクリントン民主党政権は、ＮＭＤへの漸進的な積極化を余儀なくされた。クリントン大統領は、二〇〇〇年夏、ＮＭＤの配備決定を次期政権に委ねる形で先送りしたが、米国のＢＭＤ計画は、ロシアの態度を硬化させ、米ロのさらなる核削減合意どころかＳＴＡＲＴ・Ⅱの発効をも難しくした。ＢＭＤはかつてのＡＢＭとは異なり、通常兵器化されており、直撃によって生じる運動エネルギーで敵ミサイルを破壊するタイプのものが主流となりつつあったが、依然として米ロの核抑止を不安定化させる要因とみる向きが強かったといえる。

二〇〇一年に発足した米国のＧ・Ｗ・ブッシュ政権は、大統領選挙での公約どおり、本土防衛用システムの早期配備を掲げ、本土と戦域との区別を取り払ったミサイル防衛計画を積極的に推進した。〇一年一二月には、九・一一事件後の混乱の中、ＡＢＭ条約からの脱退をロシアに通告した。これによりＳＴＡＲＴ・Ⅱが発効する見込みは潰えたが、ロシアはさほど激しく反発せず、ブッシュ政権が不要といいつづけてきた戦略核削減の条約化を求めた。これに米国が応じる形で、翌〇二年五月、戦略攻撃兵器削減条約（ＳＯＲＴ、モスクワ条約）が調印され、発効後一〇年間で実戦配備された戦略核弾頭を一七〇〇～二二〇〇発にすることが合意された。大幅な削減にもみえるが、弾頭の解体義務や検証メカニズムを伴わない、緩い条約であった。少なくとも米国にとって、米ロの相互核抑止は大きく後景化されていたといえる。

(2)通常戦力による核戦力の相対化とその限界

ミサイル防衛を進めるにあたって、ブッシュ政権は、ロシアはもはや敵ではない以上、相互核抑止そのものの意義が失われていると主張し、ミサイル防衛は相互核抑止の安定を害するという伝統的な見方に挑戦した。攻撃力と防御力を組み合わせた新たな抑止態勢の構築を掲げ、さらには、核戦力を含めた攻撃力、ミサイル防衛に代表される防御力、そして柔軟な国防基盤からなる「新三本柱」という概念とともに、ミサイル防衛の増強が核戦力の削減を促しうるという構図を打ち出すことによって、ミサイル防衛を正当化することも試みた。また、ブッシュ政権は二〇〇二年に「先制攻撃ドクトリン」を打ち出し、イラクのＳ・フセイン政権に対する圧力を強めた。「ならず者国家」を介してテロ組織とＷＭＤとが結びつくことを最大の危険と強調することで、国際法的には違法となる可能性が高い「ならず者国家」への予防戦争が「テロとの戦い」の文脈において正当化されうる土壌を整えようとしたといえる。

しかし、たとえ核戦力の比重が低下したとしても、米国の圧倒的な通常戦力とそれを積極的に使うかのような姿勢は、対米抑止に関して核戦力に依存してきたロシアや中国を警戒させ、また米国に睨まれた「ならず者国家」

に強い脅威感を抱かせるものであった。そうした国々にとって、核兵器は、圧倒的な戦力格差を埋める「等化器」(equalizer)として大きな価値を持つものであった。米国自身が核兵器の役割を低減しようとしているのかにも、少なからず疑問があった。二〇〇一年末にブッシュ政権が議会に提出した非公開の「核態勢見直し報告」(NPR二〇〇二)についても、先制核攻撃が想定されていると報じられた。一九九六年に前政権が署名し、九九年に上院が批准決議を否決した包括的核実験禁止条約(CTBT)の批准を求めないという方針や、強化型地中貫通核兵器(RNEP)の追求なども、「核不拡散のための核使用」という米国の「二重基準」を裏づけるものと考えられた。

結局、米国は、湾岸戦争の休戦決議(国連安全保障理事会決議六八七号)で禁止されたWMDおよび弾道ミサイルの開発・保有を疑われながら、その疑念を積極的に払拭しようとしなかったイラクに対し、二〇〇三年三月、英国などとともに攻撃を開始した。イラク戦争は、緒戦でフセイン政権が崩壊し、当初は順調に進んでいるようにみえたものの、まもなく行き詰まることとなる。占領下に置かれたイラクでは、WMD開発の証拠もみつからないまま、宗派対立が激化し、テロ・反乱が多発するようになる。それまでは、「次は北朝鮮か、イランか」といわれることもあったが、先制攻撃ドクトリンも暗礁に乗り上げた。イラク戦争に象徴される米国の単独行動主義に対する国際的な批判も高揚した。米国が、NPTの再検討プロセスにおいて、モスクワ条約による核戦力削減の進展をなかば一方的に誇示し、核不拡散の強化のみを求めたことも、広く反発を招いた。ブッシュ政権が、圧倒的な核戦力の役割として、WMDを保有することの無意味さを悟らせるという「諫止」(dissuasion)を強調するようになっていたことも、同様に反発を助長した。

ミサイル防衛を抑止態勢の中に定着させる試みは、それぞれが抱える安全保障環境にも促されて、北東アジア、欧州、中東の同盟国・友好国に対しては次第に効果をみせはじめた。しかし、ABM条約という障害を除去した米国が実際に迎撃システムの配備を進展させるにしたがい、ロシアの反発は強まっていった。二〇〇九年に発足したB・オバマ政権がロシアとの「リセット」を打ち出さなければならないほどに米ロ関係が悪化していたのは、前年のロシアによるジョージア侵攻に加え、〇五年末までに浮上していた米国によるチェコ、ポーランドへのミサイル防衛の配備計画によるところが大きかった。ミサイル防衛の東欧配備は、イランなど中東地域からの長距離ミサイルに対する米国本土の防衛用に計画されたものであったが、ロシアは自国のICBMを迎撃できるとして猛反発し、核戦力への依存をますます強めていたのである。

オバマ政権は、翌二〇一〇年のNPT再検討会議も睨んで、〇九年四月のプラハ演説で「核兵器のない世界」へのコミットメントを打ち出し、ロシアとの新戦略兵器削減条約（新START）の実現に努めた。一〇年四月、同条約の調印直前に発表された「核態勢見直し報告」（NPR二〇一〇）には、無条件の先行不使用の採用こそなかったものの、さまざまな核戦力の役割低減策が盛り込まれた。ただし、それは、ミサイル防衛や、通常弾頭化されたICBMなどの「即時グローバル打撃」（PGS）能力の構築といった通常戦力の増強、役割拡大によって補われるものとされた。また、新STARTで合意された一五五〇発までの配備戦略核弾頭削減や、新型核弾頭の開発停止といった方針は、既存核弾頭の延命プログラム（LEP）の拡充など、エネルギー省下の国家核安全保障局（NNSA）を中心とする核開発基盤への投資増大によって補完されるものとされた。新三本柱のロジックは確実に引き継がれていたといえる。

また、オバマ政権は発足当初から核テロの危険を深刻視し、同じくプラハ演説で「核セキュリティ・サミット」の開催を提唱し、同サミットは二〇一〇年以降四度にわたって開催された。従前より、旧ソ連地域から「ならず者国家」やテロ組織への「核流出」が懸念されてきたが、特に、パキスタンの核開発を支えた「核の闇市場」（カーン・ネットワーク）が〇四年に露呈して以降、五核兵器国以外からも生じ、多くの非国家主体が関与する「第二層の拡散」への懸念が増大した。[27] 当時のブッシュ政権はウラン濃縮や使用済み核燃料の再処理といった機微技術の制限を提唱したが、NPT第四条で認められた原子力平和利用の権利を主張する一部の非核兵器国から反発を受けていた。〇七年の米印原子力協定締結も、このような反発を助長した。オバマ政権は、地球温暖化への懸念にも促された「原子力ルネサンス」がさらに進展することも見越して、核セキュリティのための多国間協調を立て直そうとしたといえよう。原子力ルネサンスは、一一年の福島第一原子力発電所事故によって若干停滞したが、特に途上国世界で原発が普及していく可能性は否めない。核テロは必ずしも核爆弾を要さず、核分裂性物質の散布だけでも実行可能であり、今後、原発や関連施設などの防護がますます普遍的な課題として重要性を増していくものと考えられる。

(3)復興する核抑止?

新START後の核戦力削減では非戦略核が注目され、米国の戦術核が配備されていた欧州ではその撤去の是非なども議論されたが、結局NATOは、米欧のディカップリング防止策であり、米国にとっては核不拡散の手段ともなっていた戦術核の「核共有」を今日でも維持している。米国による「核の傘」は、今日、核不拡散の重要な手段となっているが、同盟国に核保有を不要と思わせるに足る「安心供与」(reassurance)を続けていくことは、容易なことではないのである。しかも、同盟国側が「見捨てられの不安」を低下させるほど、米国側の「巻き込まれの不安」は大きくなり(「同盟のジレンマ」)、さらには被抑止側との関係は悪化していく(「複合的な安全保障ジレンマ」)。また、非戦略核ではロシアにかなりの量的優位があり、ロシアに一方的な削減を課すような合意でない限り米国内で受け入れられる見込みはなかったため、もとより削減に向けた交渉は困難とみられていたが、実際、前進はみられなかった。(28)

またオバマ政権は、ミサイル防衛の欧州配備を見直し、中東からの中距離ミサイルという、より現実的な脅威を主対象に、当面の重点を南方に移行させたが、ポーランドなどへの本土防衛用システムの配備を先延ばしにしただけであったために、結局はロシアの対抗措置を招くこととなった。特にイランに対するミサイル防衛網の構築には、欧州諸国だけではなく、中東諸国も動員された。従前から進めてきたイスラエルとのミサイル防衛協力を拡大するだけではなく、イランのミサイル脅威を懸念する湾岸諸国に迎撃システムの売却を急増させたのである。それは、オバマ政権が進めた核問題をめぐるイランとの交渉を懸念・警戒する中東諸国への安心供与でもあった。また、このように同盟国側の役割・負担を増大させる形で、地域抑止態勢を整備・強化していくことができたのは、抑止態勢における通常戦力の比重増大が図られてきたからでもあった。

二〇一七年に発足した米国のD・トランプ政権は、当初から同盟国に対する負担増大要求を強めていくといわれ、実際、同盟国への武器売却を積極的に進めてきたが、これは、程度の差はあれ前政権からの継続であった。他方でトランプ政権は、オバマ政権期に始まった国防費の強制削減で米軍全体の能力が低下している上に、新STARTやオバマ政権の核政策により核戦力も核開発基盤も弱体化していると主張し、新三本柱のすべての脚を伸ばそうとしている。特にロシア、中国の軍事力による現状変更が戦術的な核使用へのエスカレーションの脅しを伴って実行されることを懸念し、それを効果的に抑止する上で、INF条約や核搭載トマホークの退役によって米国の核抑止力に生じている間隙を、突破力の高い低威力核兵器の導入によって埋める必要を強調している。[29]二〇一五年に結ばれたイラン核合意からも離脱した。いずれ合意が破綻した際の「備え」という意味合いを増していた軍事的なイラン包囲網は、多分にマッチポンプ的ではあるが、米国自身の選択により、即効性を求められるようになっていく可能性が増しているといえる。

トランプ政権は、北朝鮮に対するオバマ政権の「戦略的忍耐」も酷評してきたが、当初その北朝鮮政策にはさほど変化がみられなかった。二〇一八年に入り、北朝鮮は米国との対話に応じる姿勢を示すようになり、六月には初の米朝首脳会談も開かれるに至ったが、核兵器・ミサイルの放棄が容易に実現されるとは考えがたい。北朝鮮はすでに韓国、日本を人質にとることで間接的に米国を抑止しているといえ、たとえ直接的な対米核抑止力の保有を回避できたとしても、日米韓は「長期」にわたるかもしれない「忍耐強く、確固たる、用心深い封じ込め」[30]を、米国の核抑止力にも依拠しながら行っていかざるをえないのではないか。冷戦後の単極構造下で核兵器に代わって先進的な通常兵器が「秩序の兵器」となる傾向がみられるといわれてきたが[31]、一方ではその限界として、他方ではその帰結として、核抑止にも「ルネサンス」が起こりつつあるといえよう。

---

1 論争の概要については、麻田貞雄「原爆投下の衝撃と降伏の決定」細谷千博他編『太平洋戦争の終結―アジア・太平洋の戦後形成』(柏書房、一九九七年)一九五―二二二頁、などを参照。

2 Bernard Brodie, "Implications for Military Policy," in Bernard Brodie, ed., *The Absolute Weapon: Atomic Power and World Order* (New York: Harcourt, Brace and Company, 1946), p. 76.

3 William Liscum Borden, *There Will Be No Time: The Revolution in Strategy* (New York: The Macmillan Publishers, 1946), p. 218.

4 この対立については、土山實男「抑止失敗の外交政策理論」『国際政治』第九〇号(一九八九年三月)三三―五三頁、などを参照。

5 Glenn H. Snyder, *Deterrence and Defense: Toward a Theory of National Security* (Westport, CT: Greenwood Press, 1975 [1961]), pp. 14-16. より正確には、懲罰的抑止は「核の懲罰を与えるという威嚇とその能力による抑止」であり、拒否的抑止は「敵の領土拡大を否定する能力による抑止」であるとされた。

6 この点については、石川卓「冷戦後の抑止態勢と弾道ミサイル防衛」森本敏編『ミサイル防衛―新しい国際安全保障の構図』(日本国際問題研究所、二〇〇二年)二〇七―二三二頁、も参照。

7　この概念が公的に打ち出される一九六五年以前には、政府内で「たとえば、人口の三〇%、産業基盤の五〇%、および一五〇の都市」と説明されていたこともある。"Draft Memorandum from Secretary of Defense McNamara to President Johnson," December 6, 1963, *Foreign Relations of the United States: 1961-1963, Vol. 8* (Washington, D.C.: United States Government Printing Office, 1996), p. 549.

8　このような側面は、石井修「ニクソン政権の核戦略」『一橋法学』第一三巻第一号（二〇一四年三月）一―三一頁、などでも強調されている。

9　Robert J. Art, "Between Assured Destruction and Nuclear Victory: The Case for the 'Mad-Plus' Posture," *Ethics*, Vol. 95, No. 3 (April 1985), pp. 497-516.

10　「状況としてのＭＡＤ」は、R・ジャービスのいうＭＡＤの第四類型にあたる。Robert Jervis, *The Meaning of the Nuclear Revolution: Statecraft and the Prospect of Armageddon* (Ithaca: Cornell University Press, 1989), esp. pp. 79-82.

11　小泉直美『ポスト冷戦期におけるロシアの安全保障外交』（志學社、二〇一七年）一〇一―一〇二頁。

12　Ashton B. Carter and Steven E. Miller, "Cooperative Security and the Former Soviet Union: Near-Term Challenges," in Janne E. Nolan, ed., *Global Engagement: Cooperation and Security in the 21st Century* (Washington, D.C.: Brookings Institution, 1994), p. 547.

13　John Lewis Gaddis, *The Long Peace: Inquiries into the History of the Cold War* (Oxford and New York: Oxford University Press, 1987), p. 231. 邦訳は、ジョン・L・ギャディス（五味俊樹他訳）『長い平和―冷戦史の証言「核・緊張・平和」』（芦書房、二〇〇二年）。

14　Kenneth N. Waltz, "The Origins of War in Neorealist Theory," *Journal of Interdisciplinary History*, Vol. 18, No. 4 (Spring 1989), pp. 615-628. なおウォルツの議論では、核兵器は、重要とされる構造レベル要因ではなく、ユニット・レベル要因とされる。

15　たとえば、John Mueller, "The Essential Irrelevance of Nuclear Weapons: Stability in the Postwar World," *International Security*, Vol. 13, No. 2 (Fall 1988), pp. 55-79; Ward Wilson, "The Myth of Nuclear Deterrence," *Nonproliferation Review*, Vol. 15, No. 3 (November 2008), pp. 421-439 はともに、核兵器・核抑止の効用を否定する代表的な議論であるが、前者には、Robert Jervis, "Political Effects of Nuclear Weapons: A Comment," *International Security*, Vol. 13, No. 2 (Fall

1988), pp. 80-90; John Lewis Gaddis, *The United States and the End of the Cold War: Implications, Reconsiderations, Provocations* (Oxford and New York: Oxford University Press, 1992), chap. 6 など、後者には、Derrin Culp, "A Critical Examination of 'The Myth of Nuclear Deterrence'," *Nonproliferation Review*, Vol. 19, No. 1 (March 2012), pp. 51-68 などの反論が示されてきており、決着がついているとはいいがたい。

16 Kenneth Waltz, "The Spread of Nuclear Weapons: More May Be Better," *Adelphi Papers*, No. 171 (London: International Institute for Strategic Studies, 1981).

17 Kenneth N. Waltz, "The Emerging Structure of International Politics," *International Security*, Vol. 18, No. 2 (Autumn 1993), esp. pp. 66-69.

18 Scott D. Sagan and Kenneth N. Waltz, *The Spread of Nuclear Weapons: A Debate* (New York: W.W. Norton, 1995). 第三版の邦訳は、スコット・セーガン、ケネス・ウォルツ（斎藤剛訳）『核兵器の拡散—終わりなき論争』（勁草書房、二〇一七年）。

19 Peter D. Feaver, "Proliferation Optimism and Theories of Nuclear Operations," *Security Studies*, Vol. 2, No. 3-4 (Spring/Summer 1993), pp. 159-191 などを参照。

20 その概要については以下の書評論文を参照。David J. Karl, "Proliferation Optimism and Pessimism Revisited," *Journal of Strategic Studies*, Vol. 34, No. 4 (August 2011), pp. 619-641.

21 その経緯の批判的な概観として、S. Paul Kapur, "India and Pakistan's Unstable Peace: Why Nuclear South Asia Is Not Like Cold War Europe," *International Security*, Vol. 30, No. 2 (Fall 2005), pp. 127-152.

22 Glenn Snyder, "The Balance of Power and the Balance of Terror," in Paul Seabury, ed., *The Balance of Power* (San Francisco: Chandler, 1965), p. 199.

23 高橋杉雄「核兵器をめぐる諸問題と日本の安全保障—ＮＰＲ・新ＳＴＡＲＴ体制、『核兵器のない世界』、拡大抑止」『海外事情』第五八巻第七・八号（二〇一〇年七・八月）四八—四九頁、石川卓「核軍縮と東アジアの安全保障」平成二二年度外務省委託研究報告書『「核兵器のない世界」に向けた課題の再検討』（日本国際問題研究所 軍縮・不拡散促進センター、二〇一一年三月）一二—一四頁、など。

24 高橋「核兵器をめぐる諸問題と日本の安全保障」四九頁。なお既成事実化戦略と限定的探索は、抑止に関する古典的研究の中で、抑止失敗をもたらす被抑止側の行動の類型として「制御された圧力」（controlled pressure）とともに論じられたものである。Alexander L. George and Richard Smoke, *Deterrence in American Foreign Policy: Theory and Practice* (New York: Columbia University Press, 1974), pp. 536-547. このように今日の核・抑止論議は、冷戦期から積み重ねられてきた核戦略論に多くを負っており、それらを学ぶことも重要である。

25 Patrick M. Morgan and T.V. Paul, "Deterrence among Great Powers in an Era of Globalization," in T.V. Paul, Patrick M. Morgan, and James J. Wirtz, eds., *Complex Deterrence: Strategy in the Global Age* (Chicago: The University of Chicago Press, 2009), pp. 259-276. 一般抑止とは、危機・有事の際の「緊急抑止」（immediate deterrence）の対語で、平時における抑止を意味する。

26 Herbert F. York, *Making Weapons, Talking Peace: A Physicist's Odyssey from Hiroshima to Geneva* (New York: Basic Books, 1987), p. 244. なお、ミサイルの弾道は、発射後のブースト段階、その次の中間段階（大抵の場合、宇宙空間を飛翔する）、最後の終末段階に分けられる。終末段階での迎撃システムには、今日、米国製のパトリオットＰＡＣ－３や終末高高度広域防衛（ＴＨＡＡＤ）、ロシア製のＳ四〇〇などがある。

27 従来型の「第一層の拡散」は、既存の核兵器国が核兵器や関連技術を流出させるというもので、核不拡散体制は主に「第一層の拡散」を想定して形成・強化されてきたといわれる。Chaim Braun and Christopher F. Chyba, "Proliferation Rings: New Challenges to the Nuclear Nonproliferation Regime," *International Security*, Vol. 29, No. 2 (Fall 2004), pp. 5-49.

28 この問題については、一政祐行「非戦略核兵器の軍備管理・軍縮を巡る課題と展望」『防衛研究所紀要』第一五巻第二号（二〇一三年二月）一―二三頁、などを参照。

29 U.S. Department of Defense, *Nuclear Posture Review* (February 2018), pp. xii, 54-55.

30 X, "The Source of Soviet Conduct," *Foreign Affairs*, Vol. 25, No. 4 (July 1947), p. 575. なお、著者「X」とは、いうまでもなくＧ・ケナンである。

31 梅本哲也『アメリカの世界戦略と国際秩序―覇権、核兵器、ＲＭＡ』（ミネルヴァ書房、二〇一〇年）特に第四章。

第10章 軍備管理・軍縮

宮坂直史

はじめに

国家はなぜ歴史上、軍備管理や軍縮を実行してきたのであろうか。国家間ではしばしば利害対立が生起するが、国際社会はアナーキーで主権国家より上位に権力が存在しない。そこで、多くのケースでは外交によって対立の調整を図るのだが、最終的な解決方法として武力的手段を意識せざるをえない。国家はそのような時に備えて、究極的には生き残りのために軍事力を保持してきた。そして相手国の脅威が高まれば軍事力を強化するものである。だが脅威を測るには相手国の意図も見抜かねばならないが、それはいつの時代も誰が相手でも難しい。その制約もあって為政者は相手が先手を打つことで最悪の事態が発生すると想定し、そのような不安に駆られて軍拡に向かうことも多い。他方で、軍事力の整備をダイナミックな経済活動とみれば、国内の利益団体や関連企業などにとって、その停滞は望ましくない。現実の脅威への反応とは別に、この国内要因によっても装備は更新し戦力は強化される。

しかし歴史が示すところでは、他国と軍拡競争に突入すると、安全を強化しているつもりでもいつまで経っても安心感が得られない、いわゆる「セキュリティ・ジレンマ(1)」に陥る。このような状況を放置しておくと相手国との関係は一層不安定化する。また、軍事予算だけを聖域におけば財政は逼迫し国民生活を圧迫する。軍事をすべてに優先した政策は国家存亡の危機の時ならばともかく、平時は総合的な国力の発展を損ないかねない。しかも国際的に不審に思われるだけである。軍備管理や軍縮はこの状況からのがれる術になる。交渉を重ねた結果としての合意は国家間対立を緩和し、戦争への道を遠ざけ、地域的あるいはグローバルに安定した秩序構築を支える一要素にはなるであろうし、国内的にも健全な財政を実現するために望まれる措置なのである。それ以上のこと、たとえば平和を絶対的に保障したり戦争を廃絶したりすることまで軍備管理や軍縮に期待してはならない。

1　軍縮と軍備管理の概念

「軍縮」(disarmament) という概念は古くから使用されている。特定の兵器を削減あるいは全廃したり、兵員数を削減することなどがその意味になる。日本は、戦間期(第一次世界大戦と第二次世界大戦の間)に主力艦と航空母艦の保有量を決めた「ワシントン海軍軍縮条約」(一九二二年)と、補助艦の保有量を定めた「ロンドン海軍軍縮条約」(一九三〇年)の当事国となった。同時期に陸軍軍縮も行われたが(陸相の名前をとって「山梨軍縮」「宇垣軍縮」といわれる)、それは海軍軍縮のような他国との交渉によるものではなく国家財政の都合による一方的軍縮であった。戦間期には国際連盟規約の第八条で軍備縮小を掲げたり、敗戦国ドイツに対して当時の主力兵器の保有を禁止し海軍艦船を制限するなどしたヴェルサイユ条約(一九一九年調印)もあり、軍縮する(させる)ことが平和をもたらすと考えられたが、それだけでは結局、平和を持続させることができなかった。

軍縮と平和を直結させる考えは、第二次世界大戦後に連合国が日本を非武装化したいわば「強制的軍縮」(enforced disarmament)[(2)]にもみてとれるが、冷戦の進展がそれを長くは許さなかった。冷戦のさなかにあっても国連などでは「全面完全軍縮」が提案されたが、宣伝戦の色彩も濃く、当然その実現に向けて各国が動き出すことはなかった。

軍縮に対して、「軍備管理」(arms control) という用語は一九五〇年代末期から六〇年代初頭になって盛んに使われ始めた。当時、米ソの核兵器が国際政治上最大の問題の一つであったが、いきなり軍縮できるような情勢ではなく、その中で少しでも安定した関係を作りたいという考えと試みが先行し、それが軍備管理という用語が定着していく背景にあった。その意味するところは軍縮より広い。本来は軍縮である、兵器の削減も含めることがある。すなわち、軍備管理とは、①特定のカテゴリーの兵器を凍結、制限、削減、または廃棄、②特定の軍事活動の禁止、③軍隊の配備の規制、④軍事的に重要な品目の移転の禁止、⑤偶発的に戦争にならないような措置、⑥特定の兵器の使用や戦争の方法を制限または禁止、⑦公開度を高め信頼醸成を図る措置などである。[3] 前にふれた「ワシントン海軍軍縮条約」は名称こそ「軍縮条約」だが、「軍備管理」的な側面も有していた。主力艦（戦艦と巡洋戦艦）の建艦休止は一〇年間という期限付きであり、主力艦と航空母艦の国別の保有比率を設定したこと、航空母艦は当時の標準的空母よりも巨大な一隻二万七千トンを上限とし主力艦から転用できるようにしたことなど[4]、削減以外のことも締約国に認めた。

軍備管理と軍縮を二つ並べてかつ区別するのであれば、特定兵器の削減か全廃の措置が含まれるものを「軍縮」、数量制限を定める措置——ときに軍拡の余地がある——を「軍備管理」とまずは理解しておくのがわかりやすい。それによって第2節で述べる米ソの核交渉で、軍備管理協定（例としてSALT）と軍縮条約（例としてINFやSTART）の違いが明確になる。冷戦時代の現実主義者は軍縮には総じて慎重で、全面完全軍縮など空絵事であり一方的な軍縮も平和を危うくするものだと考えた。彼らには、軍備管理の方が平和を維持する現実的な措置に映った。一方、理想主義者からみると軍備管理などはないよりましという程度で、軍拡を黙認していると受けとめられていた。

2　軍備管理・軍縮の諸形態

ここでは冷戦時代から今日に至るまでの軍備管理・軍縮の諸形態を（1）二国間の軍備管理・軍縮——主として米ソ

の核兵器、（2）地域的な軍備管理・軍縮、（3）グローバルな軍備管理・軍縮—大量破壊兵器から小火器類まで、と分けて概観していく。

（1）二国間の核軍備管理・軍縮

（a）核兵器の軍備管理

二国間の軍備管理・軍縮のモデルとして冷戦時代の米ソ関係にふれないわけにはいかない。米ソ対立を中心とした冷戦は一九四七年頃から約四〇年間にわたって続くが、当初は第二次世界大戦の戦後処理問題に端を発し、もともと異質な体制、相容れないイデオロギーが互いに敵意を増幅させ、後に第三世界における勢力圏争いにまで利害対立の場を拡大させていった。米国は一九四五年に、ソ連は一九四九年に最初の原爆実験を成功させた後、猛烈な勢いで核軍拡を推し進めた。一九五〇年代末の総核兵器数は米国一万二二九八発、ソ連は一〇五〇発に、六〇年代末の段階では米国二万八二〇〇発、ソ連一万一〇〇〇発までに膨れ上がった[5]。こうして米ソは巨大な破壊力を蓄積し、核軍拡は政治の手段というよりも、それ自体が争点と化していった。

冷戦は一九六〇年代頃まで「交渉不可能性の相互認識[6]」といえるような状態にあった。話し合っても無駄、または話すのも嫌だから話し合わないという姿勢である。実際、冷戦開始後六〇年代末までの四半世紀間に米ソの最高首脳が会談したのは四度にすぎない。今日の首脳外交の頻繁さとは比較にならない。ただその間、一九六二年にキューバ・ミサイル危機という核戦争勃発の本当の瀬戸際を経験して、いざというときには最高首脳同士のコミュニケーションは確保しておかねばならないという教訓を得た。そこで、一九六三年に「ホットライン協定」を締結し、緊急事態の際に使用する直通の通信線を設置することで合意したのである。このように敵国の意図を確認するための措置は、軍備管理の内容（前々頁）でいうと、⑤の偶発的に戦争にならない措置に相当する。しばしば誤解が重なって戦争につながるものだし、戦争を回避できるのも最高指導者だけであるから、ホットライン設置は非常に重要な進展であった。

一九六九年に米国でニクソン政権が誕生し、大国間で安定した国際構造を構築しようと努めたニクソン＝キッシンジャー（国家安全保障担当大統領補佐官）外交によって軍備管理にさらなる進展がみられた。ソ連側にも軍備管理に応じるべき事情があった。中国との対立が激化しダマンスキー島での武力衝突に至り、チェコスロバキアの改革（「プラハの春」）を軍事介入で鎮圧したように東欧の衛星国家の統治も磐石ではなかった。米ソは、対立、競争を続ける敵同士であることに変わりはないものの、それ以前の「交渉不可能性の相互認識」からは脱却し、七〇年代に「デタント」（緊張緩和）といわれる時代を迎える。その意味するところは交渉するようになったことであり、米ソ首脳会談は一九七〇年代になってから毎年のように行われ、それ以前とは様変わりした。

この時期の軍備管理の成果を挙げるならば、まず核戦争回避という共通利益の確認から入り、一九七一年に「米ソ核戦争危険減少協定」が締結された。ここでは、核兵器の偶発的、あるいは無許可の使用が発生した際の相手側への即時通告（第二条）、正体不明物体の発見時の即時相互通告（第三条）、自国領域外へのミサイル打ち上げ計画の事前通告（第四条）などが合意された。七二年の「公海衝突防止協定」と「米ソ関係基本原則」も米ソ両国が軍事的衝突を回避することが共通の利益になるとの認識がベースになっている。七三年の「米ソ核戦争防止協定」もまた、両国のエスカレーションや軍事的対決を回避し、核戦争や核の使用の危険を除去する政策目標に合意している。

核兵器の数量規制という点での軍備管理は、戦略兵器制限交渉（SALT: Strategic Arms Limitation Talks）の成果として一九七二年にＳＡＬＴ-Ｉ暫定協定が結ばれたのが最初であった。戦略兵器とは、米ソが互いの本土を一撃できる射程を有する核兵器であり、①ＩＣＢＭ（Intercontinental Ballistic Missile）という地下サイロから発射される射程五五〇〇キロを超える大陸間弾道弾、②SLBM（Submarine Launched Ballistic Missile）という潜水艦から発射される弾道ミサイル、③長距離を航続する戦略爆撃機に搭載される核爆弾の三つから成り、戦略核の「三本柱」といわれていた。SALT-I暫定協定（有効期間は五年間、一九七七年まで）では、ICBM保有は米国が一〇五四、ソ連が一六一八に、SLBMは米国が七一〇、ソ連が九五〇に制限された。だが、「三本柱」の一角を占める戦略爆撃機は規制対象からはずされた。当時はすでにミサイル一基に複数の核弾頭が搭載されていたが、その弾頭数も規制されなかった。ミサイルの数量規制が米ソ同数ではなくソ連側に多いのは、爆撃機や弾頭数で米国優位だったからである。数量規制の条約は締約国が本当にそれを遵守しているか確かめなければならず、そのための手法を検証（verification）という。この暫定協定には、検証については「自国の検証技術手段」の使用という文言が盛り込まれた。「自国の検証技術手段」とは遠まわしな表現であるが、要はスパイ衛星によって自国領内を撮影させることを互いに認めたのである。[7] そのようなあからさまなことは条文に書けない。現地査察という方法もあるが、当時はまだ査察官を受け入れられるほど関係が緩和していたわけではなかった。

さて、冷戦時代には核兵器を大量に配備しても核戦争は起きないことが「相互確証破壊（MAD: Mutual Assured Destruction）」という理論で説明され、実際に採用されていた。それは相手の核攻撃から本土を無防備にしておくという、専門家には常識でも一般的には狂気にしか思えない考え方であった（だからMADでもある）。もし核攻撃されて都市が壊滅しても生き残った核兵器で反撃（第二撃）して相手にも壊滅的打撃を与えることができる。こうして核戦争はどちらが先に仕掛けても双方敗者になるので核戦争は起きないというロジックである。そうではなく、もし飛来してくるミサイルを打ち落とすような迎撃体制が次々に整っていけば、第二撃を恐れることはないので、先制攻撃した方が核戦争に勝利できるということになってしまう。MADを生かすためには、すでに開発の進んでいたミサイル迎撃体制の配備を最小限に抑えておかねばならない。SALT-Iと同時に調印された「対弾道ミサイルシステムの制限条約（ＡＢＭ条約）」では、米ソがそれぞれの首都と一カ所のＩＣＢＭ基地だけを例外にして、ＡＢＭ（対弾道ミサイル）システムの配備を禁じた。もしこのような規制がなければミサイル防衛が進められたであろうから、その防衛網を破るための核軍拡も実際以上に進んでいたかもしれない。もっともＡＢＭ条約があっても、ミサイルの命中精度の向上や複数弾頭の配備で、相手の軍事基地をピンポイントで叩けるようになりつつあり、先制第一撃への誘因が高まっていると怖れられたこともある。

一九七〇年代後半も軍備管理交渉は続き、ＳＡＬＴ‐Ⅰには含まれなかった戦略爆撃機や複数弾頭（個別誘導複数目標弾頭＝ＭＩＲＶ）の規制を盛り込んだＳＡＬＴ‐Ⅱが一九七九年に締結された。これも当時の保有数と協定上の上限規制を比較するとＭＩＲＶ化ＩＣＢＭなどに増強の余地があり、「軍縮」条約というよりも「軍備管理」条約であった。ただし何よりも、同時期にデタントが徐々に崩れて、一九七九年末のソ連軍のアフガニスタン侵攻で米ソ関係は最悪になり、条約の批准は見送られた。

加えて、ソ連が七〇年代後半に新型の中距離核ミサイル（ＳＳ‐20）を配備し始めたことが新たな難題となった。中距離核ミサイルとは射程一千～五五〇〇キロの間のもので、戦争になれば西欧に対して使用されることが想定されていた。当時西欧では米国の抑止の信頼性をめぐって疑問が噴出した。米国はソ連と交渉はしてみたもののうまくいかず、八三年から対抗措置としてパーシングⅡと地上発射巡航ミサイルを西欧に配備し始めた。今度はそれらがソ連にとって脅威となった。

この一九八〇年代前半という時期は一部の論者によって「新冷戦」と形容されたが、事実米ソ間の交渉は滞った。米国はレーガン政権の一期目（一九八一年～一九八五年）にあたり対ソ強硬路線を打ち出していた。ソ連側はといえば、長年トップの座にあったブレジネフ書記長が一九八二年に死去し、続いて高齢のアンドロポフ、そしてチェルネンコが書記長に就任するも相次いで死去し短期政権に終わった。目に見える変化が現れてくるのは、一九八五年三月に五〇歳代のゴルバチョフが書記長に就いてしばらくしてからである。ゴルバチョフはソ連の建て直し「ペレストロイカ（社会主義の枠内での経済、政治、社会改革）」の旗振りを始め、シェワルナゼ外相は「新思考外交」を展開するようになり米ソ関係は改善の方向を辿った。

(b) 核軍備管理から核軍縮へ

こうして八五年に再開した核交渉は、ついに八七年末に「ＩＮＦ条約」として結実した。米ソの地上発射中距離核兵器（ソ連のＳＳ-20ミサイル、米国の地上発射巡航ミサイルおよびパーシングⅡなど）と準中距離ミサイル（射程五〇〇キロから一千キロ）を全廃することに合意したのである。これは核兵器の分野では初の「軍縮」条約であり、しかも全廃条約である。現地査察が取り決められたのもはじめてのことであった。この条約はそれまでにみられないほど高く評価された。この条約の締結は後から振り返ると冷戦終焉の始まりであった。この八〇年代後半には「ＩＣＢＭ・ＳＬＢＭ発射通知協定」（一九八八年五月）、「危険な軍事活動防止協定」（一九八九年六月）、「戦略演習相互事前通知協定」（一九九〇年九月）など信頼醸成のための協定も相次いで締結、発効した。

冷戦の終結そのものについてはここで詳しく立ち入らないが、それが核軍備管理・軍縮に大きな影響を与えたことは間違いない。一九八〇年代を通じて戦略核兵器についても交渉（ＳＡＬＴに替わってＳＴＡＲＴという名称がレーガン大統領によってつけられた）が断続的に行われていたが、ＳＴＡＲＴ-Ⅰ（戦略攻撃兵器の削減および制限に関する条約）として締結されたのは冷戦終結後の一九九一年七月である。

だがその直後、ソ連では反ゴルバチョフ派のクーデター、エリツィンの権力掌握、連邦解体という大激動が年末まで続く。そして一二の独立国（バルト三国はこれより前に独立済み）が誕生してロシア、ベラルーシ、ウクライナ、カザフスタンが戦略核保有国になった。ロシア以外の三カ国はいわば棚ぼた式に核兵器を手中にしたのである。核保有国が一度に増えて危機感を抱いた米国は、九二年五月にこの四カ国との間で「リスボン議定書」を調印し、ソ連の法的継承国となったロシアだけが戦略核兵器の保有を続け、他の三カ国は廃棄し非核兵器国としてNPT条約に参加することになった。ＳＴＡＲＴ-Ｉは、米ソ（ロ）の戦略核運搬手段（ＩＣＢＭ、ＳＬＢＭ、重爆撃機）を一六〇〇基に、弾頭数を六千発までといずれも大幅削減を規定しており、「軍備管理」条約というよりも「軍縮」条約である。

一九九三年にはＳＴＡＲＴ-Ⅱ条約が署名された。二〇〇三年末までに弾頭数を三千から三五〇〇発の間にまで減らし、さらに大きな特徴としてＭＩＲＶ化ＩＣＢＭの全廃が盛り込まれた。米国は九六年に、ロシアは二〇〇〇年にそれぞれ批准した。ロシアの批准が遅れたのは内容がロシアに不利であること、ミサイル防衛やＮＡＴＯ拡大を懸念していたことなどが背景にある。だが米国は関連文書を批准しておらず、ロシアはそれを発効条件としていただけに、結局この条約は発効していない。

二〇〇一年に発足したブッシュ政権は、ＳＴＡＲＴ-Ⅱの未発効はそのままにしてさらなる削減を目指し、二〇〇二年に「戦略攻撃力削減条約」（SORT：Strategic Offensive Reductions Treaty）として調印された。ここでは実戦配備の戦略核弾頭を二〇一二年までに一七〇〇から二二〇〇発の間まで削減することを決めた。運搬手段については、ＳＴＡＲＴ-Ｉの一六〇〇が有効であるとされ、それ以上の運搬手段ごとの規定はない。また、弾頭を撤去した後の処分については自由であるために、「対応戦力」としていつの日かまたミサイルなどに装填するために温存することができる。

実は一九九〇年代になると核兵器や核物質の管理不全というそれまでの軍備管理では想定していなかった別の深刻な問題が発生するが、それはテロや拡散の問題と結びついているので、「非伝統的脅威」を扱う第13章で述べることにしよう。

（2）地域的な軍備管理・軍縮

この形態については、①非核兵器地帯、②欧州での通常兵力の軍備管理の二種類がある。

（a）非核兵器地帯

非核兵器地帯とは、「地域の複数国家が条約を締結し、そこにおいて核兵器の生産や取得のみならず、他国による核兵器の配備をも禁止することを約束するもの[8]」である。条約の議定書に域外の核兵器国が署名し、締約国である非核兵器国に対して核兵器による脅しや使用をしないという消極的安全保証（negative security assurances）を認める形をとる。

条約が採択された順に挙げると、ラテン・アメリカにおける「トラテロルコ条約」（一九六七年署名、六八年発効）を嚆矢とし、次いで南太平洋における「ラロトンガ条約」（一九八五年署名、八六年発効）がある。その後、東南アジアでの「バンコク条約」（九五年署名、九七年発効）、アフリカの「ペリンダバ条約」（九六年署名）、そして中央アジア非核兵器地帯条約（二〇〇六年署名、〇九年発効）がある。南アジアや中東のように提案されただけで頓挫したものもある。朝鮮半島では一九九二年発効の非核化共同宣言や一九九四年の米朝枠組み合意があるが、その後の北朝鮮の核保有宣言によって振り出しに戻って非核化のための交渉が行われている。後述の「南極条約」は非核化を含む非軍事化の条約である。ちなみに日本の非核三原則「持たず、作らず、持ち込ませず」（一九六七年の佐藤首相の答弁以降）は一国単位の宣言的政策であって「地域的」な取り決めではない。

(b)通常兵器の軍備管理

次に、通常兵力を対象として地域的に大規模な軍備管理が実行されてきたのは今のところ欧州だけである。冷戦時代の欧州はNATO(北大西洋条約機構)とWTO(ワルシャワ条約機構)という歴史上最大戦力を擁する二大軍事ブロックが対峙しており、偶発戦争やエスカレート防止のためにも軍備管理の必要性があったのである。

CSCE(欧州安全保障協力会議=当時)が一九七五年の首脳会議で採択した「最終文書」(通称「ヘルシンキ宣言文書」)には「信頼醸成措置(CBM: Confidence Building Measures)」が規定されており、「大規模な軍事演習の事前通告」(少なくとも二万五千人以上の兵力が参加する演習は、二一日前までに、その演習名称、目的、参加国、軍隊の種類と兵力数、演習実施地域、時間を通告する)、「他の(より小規模な)軍事演習の事前通告」「(通告される軍事演習への)オブザーバーの交換」「主要な軍隊移動の事前通告」「他の信頼醸成措置(軍事交流など)」の実施を申し合わせた。CSCEはその後の八〇年代、九〇年代においても信頼醸成措置(CBMにsecurityを加えてCSBM=信頼安全醸成措置に概念を拡大)として、軍事活動の通告、情報提供、視察、そして制限措置などのルールを強化していった。

同時に、戦力の制限も検討された。中部欧州を対象とする「相互均衡兵力削減(MBFR)」交渉は一九七三年から開始されたが、結局実を結ぶことなく、NATOとWTOすべての加盟国を対象としたCFE(欧州通常戦力)交渉に引き継がれ、大西洋からウラル山脈(ロシア)までの欧州締約国のすべての陸地に適用されるCFE条約が九〇年に発効した。この条約では五つの主要通常兵器(戦車、装甲戦闘車両、火砲、戦闘機、戦闘へリコプター)ごとにNATO加盟国とWTO加盟国が保有できる上限数を設けた。さらに九二年のCFE-1A合意では地上兵員数も国ごとに上限を設定した。ただCFE交渉の前提となっていた東西対立が消滅したので、保有上限を個別国家ごとに改定し、そのCFE条約適合合意は九九年に成立した。その後、各国の廃棄は進み、全般的には認められた保有量を下回る勢いであった。しかし、米国が東欧にミサイル防衛システムを配備しようとしていることに反発したロシアは、〇七年一二月にCFEの履行停止を宣言した。

(3)グローバルな軍備管理・軍縮

(a)国際公域における軍備管理

前項でみたような地域に限定された軍備管理ではなく、その条約への加入が「すべての国に開放」されているものは多い。まず、国家領域外にある国際公域での軍備の規制である。それらには、「南極条約」(一九五九年署名、六一年発効)、「宇宙条約」(一九六七年署名、同年発効)、「海底核兵器禁止条約」(一九七一年署名、七二年発効)などがある。「南極条約」は南緯六〇度以南の地域を平和的目的のみに利用することを規定したもので、軍事基地や演習の実施、兵器の実験などは禁止された。南極は地球上ではじめての非軍事地域となった。条約加盟国は五〇カ国と比較的少なく、原署名一二カ国(国際地球観測年に南極の科学調査に参加した国)とそれ以外に南極の科学調査に実績と関心を有する国から成る協議会参加国ならば、いつでもどこでも現地査察、空中監視を行うことができる。

次に宇宙である。米ソは第二次世界大戦後から宇宙開発に乗り出した。ソ連が一九五七年に世界初の人工衛星スプートニクの打ち上げに成功し、米国は一九五八年にはじめて人工衛星エクスプローラーを、五九年から偵察衛星コロナシリーズを打ち上げ始めた。ロケットと弾道ミサイル技術は同じであるから、宇宙開発競争がミサイル競争に直結するとみなされた。こうした情勢をふまえて「宇宙条約」では、天体を含む宇宙空間の探査や利用はすべての国の利益のために行われるものであり(第一条)、天体を含む宇宙空間の領有を禁止し(第二条)、そして軍備管理面では「核兵器その他の大量破壊兵器を運ぶ物体を、地球を回る軌道に乗せないこと、これらの兵器を天体に設置しないこと、並びに他のいかなる方法によってもこれらの兵器を宇宙空間に配置しないことを約束」した（第四条）。宇宙空間も平和的目的のために利用されるが、それは非侵略的な利用という意味であり、防衛的な軍事目的であれば許容されている。また、「南極条約」と同じように、軍事基地や軍事施設の設置、兵器実験、軍事演習の実施は禁止された。なお、加盟国は少ないが天体単体では「月協定」（七九年署名、八四年発効）というものがあり、「宇宙条約」同様に大量破壊兵器の設置禁止だけでなく、月面における武力行使やその威嚇、敵対的行為やその威嚇も禁止しているが、そのような事態が差し迫るのは遠い未来に思える。

もう一つの国際公域を対象にした「海底核兵器禁止条約」は、核兵器および他の大量破壊兵器、並びにこれらの兵器を貯蔵し、実験しまたは使用することを目的とした構築物、発射設備その他の施設を海底区域の限界の外側の海底（沿岸一二海里つまり領海以遠の海底）に設置することを禁じた。ＳＬＢＭは海底に設置されているわけではないので禁止対象にならない。

南極、宇宙空間、海底に大量破壊兵器が設置されるような違反は今のところ確認されていない。

(b) 核実験禁止・核不拡散

次に兵器分野ごとにグローバルな軍備管理がある。最も取り上げられてきたのは核実験の禁止や核兵器の不拡散に関する条約である。

冷戦初期の頃は、核実験を行う場所の規制はなかった。一九五〇年代、米国は一八八回、ソ連は八三回、六〇年代には米国は四六七回、ソ連が二三四回も実験をした[9]。南太平洋ビキニ環礁などでの米国の核実験は「死の灰」降下で厳しい国際的批判を浴びたし、ソ連最大のセミパラチンスク実験場における核災害も近年明らかになりつつある[10]。米ソは地下核実験技術をほぼ確立した後に英国を入れて三カ国で一九六三年に「部分核実験禁止条約」（ＰＴＢＴ）に署名した。「部分的」となっているように、禁止されたのは大気圏内、宇宙空間、水中での実験であり、地下核実験は除外されていた。[11]

核実験の規制は新たに核兵器開発に乗り出そうという国にとっては大きな障壁になった上に、しばらくするとより直接的に、非保有国を現状にとどめておく「核不拡散条約」（NPT）が策定された（一九六八年署名、七〇年発効）。将来、核保有国が急増するかもしれないという悲観的な見通しがあり、既存の核保有国にとっては無策で放置できる問題ではなかった。この条約は核実験に成功した順に米国、ソ連、英国、フランス、中国まで核保有国としての地位を認めたものであり、これから核兵器開発を目論んでいた少数の国には受け入れられる条約ではなかった。その後、核保有国になったインド、パキスタン、そして公式には核保有を宣言していないが保有が確実視されているイスラエルはNPT締約国ではない。

条約を締約した「非核兵器国」（非保有国）は、「核兵器その他の核爆発装置またはその管理」の受領・製造を禁じられ、さらに核兵器製造の援助を求めることを禁じられた。原子力の平和利用は認め、国際原子力機関（IAEA）との協定による保障措置の受諾が義務づけられる。それに対して、「核兵器国」（保有国）は第六条で（「各締約国は」という主語だが）、核軍備競争の早期停止、核軍縮に関する効果的措置、国際管理の下における全面的かつ完全な軍縮に関する条約について誠実に交渉することを約束する、と規定されるだけである。もちろん「核兵器国」は「非核兵器国」に保有のための援助をしない義務が明記されているが（第一条）、それが核保有国の共通利益として確認された上で条約が策定されたのであるから、義務といっても苦にもならない。

また、非核兵器地帯に関する条約では前述したように非保有国は「消極的安全保証」が得られたが、NPTにはそれがない。そこで締約国は「異常な事態が自国の至高な利益を危うくしていると認めるとき」に脱退する権利を有する、という条文が盛り込まれた（第一〇条第一項）。

NPTがなければ、今より多くの国が核保有国になっていたかもしれない。当初は核保有が警戒された（西）ドイツのような科学技術水準の高い国も非核政策を維持した。一九九五年にはNPTの無期限延長が一九〇近い国々の間で決まった。問題はNPT体制に入りながらも隠れて核兵器開発をした国（北朝鮮はNPT脱退を宣言し核兵器保有に至り、リビアは開発を断念）、あるいはその疑いのある国（イランなど）の出現である。このような国の意図や計画を見抜いていかに核放棄させるかは難題のままである。

さらにNPTは、もう一つの事態によっても岐路に立たされている。米国とインドが原子力協定を二〇〇七年に締結し、もしそれに基づいて民生用原子炉や核燃料の輸出が行われ、かつIAEAが承認したインドとの核査察協定に従って民生用施設に限って査察が実施された場合、NPT非加盟のインドの核兵器は不問に付されるという例外扱いになる。これは今後の不拡散体制に大きな影響を及ぼすであろう。

核不拡散のもう一つのツールとして「包括的核実験禁止条約」（CTBT）がある。核保有国の間でも、米国のように実際の核爆発を伴わないシミュレーション、未臨界実験の技術を有する国と、そのレベルまで行っていないフランスや中国の間では条約採択までの行動に違いがあった。フランスや中国は駆け込み実験を重ね非核兵器国から厳しい非難を浴びた。条約は一九九六年に国連総会で採択こそされたものの、条約発効に必要な条件は五つの核兵器国とインド、パキスタン、イスラエルを含む軍縮会議参加四四カ国の署名・批准というハードルの高いものであり、発効の見通しは今のところ立っていない。CTBTはユニークな制度も内包しており、条約違反の核爆発実験を秘密裡にできないような監視のネットワークとして国際データセンターを設けて、そこが地震波、放射性降下物、水中音を探知するステーションを運営し、データを締約国へ提供することになっている。

核兵器を規制する動きとして、さらに近年、新たな進展がみられた。二〇一七年に国連で採択された「核兵器禁止条約」である。これは、核兵器を製造から使用まで全面禁止し根絶することを目指すものである。後述する「対人地雷禁止条約」が成立した時のように、ここでもＮＧＯ（核兵器廃絶国際キャンペーン＝ＩＣＡＮ）が貢献し、各国の署名が開始された。五〇カ国の批准をもって発効するのだが、二〇一八年現在まだその道のりは遠い。しかも、「対人地雷禁止条約」に地雷生産大国が加入していないのと同様に、「核兵器禁止条約」にも核保有国が署名すらしていないので、核兵器が廃絶されるという見通しは立っていない。だが、核兵器に対する規範的な拒絶が、国際的な条約として明確な形になったことは、市井の反核運動の域を超えて、核の正当化論に対抗するパワーになるであろう。

（c）生物兵器と化学兵器

次に核兵器と同じく大量破壊兵器の一角を占める生物兵器（biological weapons）と化学兵器（chemical weapons）について書かねばならない。非正規戦争やテロ対策が重要である二一世紀の安全保障の世界では、これらを理解する必要性はますます増大している。生物兵器や化学兵器は、その名称こそ二〇世紀半ばになってから定着したが、一九四五年にはじめて開発された核兵器よりもはるかに古い使用の歴史がある。

生物兵器とは、病原体（生物剤biological agentsとなる細菌、ウィルス、毒素など）を培養し、散布に適した形に加工し、それを敵国や敵対勢力まで運搬し、そこで散布することで感染症を起こさせるものである。菌やウィルスをただ撒くだけでは確実な効果が期待できないので、製剤加工することが必要である。運搬（散布）手段には核兵器と同じように弾道ミサイルや砲弾として投射したり、七三一部隊が中国（寧波、常徳など）で一九四〇年代初頭に実施したといわれているような上空散布の方法もある。

世界で細菌が本格的に研究されるのは一九世紀になってからであり、細菌（マイクロメートル単位）よりはるかにミクロなウィルス（ナノメートル単位）が目視されるようになったのは、電子顕微鏡が開発された一九三〇年代と比較的最近のことにすぎない。だが有史以来、人間は戦いの場でたびたび目に見えない病原体を使って相手を発症させてきた。有名なエピソードの一つに、アメリカ合衆国が独立する前の一七六三年、フレンチ・インディアン戦争で、イギリス軍司令官が敵対するインディアンの族長に痘瘡病院（天然痘治療病院）から仕入れた毛布を「プレゼント」したことがある。きわめて計画的なバイオ攻撃である。天然痘は人類史上最も怖れられた疾病の一つである。イギリス軍は人痘種痘（今でいえばワクチン接種に相当する予防法）によって天然痘から身体防護していたのである。ちなみに、その後の独立戦争でもジョージ・ワシントン総司令官（後の初代大統領）が天然痘の猛威に兵力を消耗させていた大陸軍全軍に人痘種痘を命じている[12]。

日本や英国、米国、ソ連などの主要国が生物兵器を開発、配備、使用するのは、ワクチンの大量製造など現代的な防護手段が確立される一九三〇年代以降のことである。「生物兵器」という呼称は第二次世界大戦後に普及していくので、当時はまだ「細菌兵器」（bacteriological weapons, germ weapons）と呼んでいた（もちろん現在でも「細菌兵器」という用語で通じるが、厳密にいえば、ウィルスを使用する兵器はそこから除外されるべきである）。

一方、化学兵器とは化学剤（chemical agents）を利用した「毒ガス」であると理解して差し支えないが、生物兵器同様、その運搬（散布）手段はミサイル、砲弾から放射器まで多様である。第一次世界大戦のヨーロッパ戦線において最も大規模に窒息剤（塩素ガス、ホスゲン）や糜爛剤（マスタードガス）が使用されて、概ね一〇万人が死亡し、一〇〇万人以上が負傷したことは広く知られている。化学兵器の中でも最も強力な神経剤のいくつかは戦間期にドイツで開発され（ゆえにGガスと呼ばれ、タブン、サリン、ソマンなどがある）、第二次世界大戦後には最強力のＶＸガスが米英によって開発された。

これら兵器の規制は古くから存在する。「毒ガスの禁止に関するハーグ宣言」（一八九九年署名、一九〇〇年発効）では、「締約国ハ窒息セシムヘキ瓦斯又ハ有毒質ノ瓦斯ヲ散布スルヲ唯一ノ目的トスル投射物ノ使用ヲ各自ニ禁止ス」と宣言された。これは締約国間の戦争に限っての使用禁止であった。その後、第一次世界大戦という毒ガス戦争の凄惨さを目の当たりにした主要国は「ジュネーブ議定書」（一九二五年署名、二八年発効）を締結した。ここでは、窒息性のガス、毒性ガス、またはこれらに類するガスに加えて、「細菌学的戦争手段」（bacteriological methods of warfare—つまり後にいう「生物兵器」）の使用について禁止することを宣言した。主要国はその後も前述したGガスのように化学兵器の開発を進めたが、第二次世界大戦では、第一次世界大戦時のように戦場では使用されなかった。生物兵器についても実戦で大々的に使用されたという痕跡が確認できていない。

そして第二次世界大戦が終わり、冷戦期という「核時代」に入ると、生物、化学兵器は研究開発や製造こそ続いたが、核兵器の陰に隠れるようになった。戦場では生物兵器や化学兵器から身体を防御することが可能であり、特に生物兵器はそれに無防備であったとしても即効性はない。瞬時を争う攻防になる戦闘では使えないのである。一九六九年、米国は攻撃的な生物兵器計画を一方的に停止し（ニクソン大統領の声明では、「致死性生物剤および致死性生物兵器並びに他のすべての生物学的戦争手段の使用を放棄する」）、保有していた生物兵器の廃棄を始めた。翌七〇年には「毒素」も廃棄に含まれると追加した。核兵器の廃棄はまだ理想にすぎない状況下で、生物兵器の一方的な軍縮に着手したことは、いかに生物兵器に軍事的な有用性がないかを物語っている。生物兵器や化学兵器が国家間の軍事的バランス・オブ・パワーの構成要素だとも思われてこなかったし、また、核兵器と違ってその「戦略論」——何のために保有し、どのように使用するのか——が表向き議論されることもなかった。安全保障研究や戦略研究の中でも生物兵器や化学兵器はほとんど無視されてきた。

そもそも戦争で「毒」を使用することへのタブー意識は太古からあった。古代ローマの法律家は「戦争は兵器で戦われるもので、毒物で戦われるものではない」と言明したといわれる。[13] 二〇世紀半ばになると人道的、道義的に許容できないという意識が広まっていった。国連総会で採択された「化学・生物兵器禁止決議」（一九六九年）では、「ジュネーブ議定書」（一九二五年）の原則や目的を引き継ぎ、国際武力紛争においてあらゆる化学戦争剤と生物戦争剤の使用を国際法規則に違反すると宣言した。

二つの兵器はこのように一括して扱われてきたが、禁止条約の策定は実戦での大規模使用もなく現代戦における使い勝手も悪い「生物・毒素兵器禁止条約」（ＢＴＷＣ――毒素Toxinが省略されてＢＷＣと表記される方が多いので本章でも以下ＢＷＣ）が先行した（一九七二年署名、七五年発効）。ここでは、従来までのような同兵器の「使用」禁止だけではなく、開発、生産、貯蔵、その他の方法による取得（たとえば移譲）、保有を禁止した。締約国は保有している生物兵器を廃棄するか平和目的に転用する。途上国にとって生物兵器の開発は核兵器開発よりも資金的、技術的に障壁が低いので、それに手を出すことを封じるために多くの国の加盟が求められた。ＢＷＣの禁止対象の一つは、防疫目的、身体防護目的、その他の平和的目的による正当化ができない種類および量の微生物剤その他の生物剤、毒素であり、もう一つは、微生物剤その他の生物剤、毒素を敵対的目的のために、または武力紛争において使用するために設計された兵器、装置または運搬手段とされている。

この条約の最大の問題は検証規定がないことであろう。そのためでもあるが、ＢＷＣは全文一五条でこの種の禁止条約としてはきわめてシンプルな構成になっている。締約国は、他の締約国が違反していると認めるときには国連安全保障理事会に苦情を申し立てることができる。そして締約国は、安保理が受理した苦情の申し立てに基づき国連憲章に従って行う調査に対して協力することを約束する（第六条）とある。だが冷戦時代の国連安全保障理事会を想起すればわかるように、これではうまく問題処理できるわけがない。ＢＷＣは締約国が遵守してくれることに頼った紳士協定にすぎなかったのである。

ソ連は同条約に署名しながらも、米国もどうせ守っていないはずという推測に基づいて、その後、生物兵器の大軍拡に走る。その中心は一九七三年に創設されたバイオプレパラート（Biopreparat）であった。バイオプレパラートは四〇カ所以上もの実験・製造施設を抱える民生用研究所のコングロマリットの体裁をとって、その裏で秘密の生物兵器プログラムを実施していた。その幹部であったカナジャン・アリベコフが冷戦後に米国に亡命したことで、当時のソ連の生物兵器製造の実態の一端が明らかにされた（亡命後は名前を米国風にケン・アリベックと改称して執筆、証言を活発に行った）[14]。

ソ連のＢＷＣ違反疑惑は鉄のカーテンに閉ざされていた冷戦期にも持ち上がったことがある。一九七九年にスベルドロフスク（現エカテリンブルグ）で大勢の住民が突然炭疽を発症した。真の原因は炭疽菌の製造工場でフィルター交換の際に新たなフィルターを取り付けなかったことだという。そのような事実はソ連崩壊後の調査によって西側諸国にも明らかにされたのであり、事件当時のソ連当局は、住民が闇市場に出回っていた汚染肉を食べたので腸炭疽になったというでたらめの発表をしていた。

また、一九七〇年代後半にはラオスやカンボジアで、その後アフガニスタンでも反政府勢力に対してソ連製の毒素兵器（真菌から産出されるマイコトキシン）が使用されたという非難が米国側から出された（「黄色い雨」事件）。国家間での非難合戦に発展したケースはほかにも多々あり（たとえばキューバとアメリカの間）、どのケースも真相が明らかになりにくいという特徴がある。生物・毒素兵器は、特定人物の暗殺や、市民への攻撃などの隠密作戦（covert operations）に適している。

ＢＷＣには査察の規定がない代わりに、締約国は一九八一年から五年に一度の再検討会議を開催してきた。同条約一〇条には「生物剤や毒素の平和目的のための使用に資する装置、資材、科学的技術的情報を可能な最大限まで交換することを容易にすると約束し、その交換に参加する権利を有する」と規定されているので、加盟国は、実験施設（最も危険な病原体を扱う最高の密閉度となる「Ｐ４レベル」の実験室）や生物兵器防御計画（条約では禁止されていない）、感染症などに関する情報交換に合意した。だが締約国の多くが情報提供してきたわけではなく、信頼醸成に十分に資したとはいえなかった。一九九〇年代から検証制度の導入も検討されたが、条約の枠内で追加議定書などを策定する試みは今のところは頓挫している。締約国の違反をみつけ対処するよりも、自国が被害にならないようなバイオテロ・感染症対策を構築したり、他国の生物兵器開発に加担しないように輸出管理を強化するなどで補っていくしかない。

一方、「化学兵器禁止条約」（ＣＷＣ）は、ＢＷＣに遅れること約二〇年、一九九三年に署名された（九七年発効）。化学兵器は一九八〇年代のイラン・イラク戦争でイラクがたびたび使用したことが国連の調査によっても明らかにされていた。だがイラクは国際社会から非難こそ浴びたが、それ以上の制裁は科されなかった。米ソほかの主要国はイスラム革命国家イランよりも、戦争を引き起こした側であるにもかかわらず世俗的な独裁国家イラクの肩を持ったのであった。当時、ＣＷＣ交渉は進まず、わずかに輸出管理の分野で一九八五年にオーストラリア・グループが結成され、化学兵器の生産に使用されうる化学物質、汎用施設や設備の輸出規制をグループ加盟国が実施することに合意した。

ＣＷＣにおいて化学兵器とは、①毒性化学物質とその前駆物質、②毒性化学物質の放出のために特別に設計された弾薬類、装置、③この弾薬類・装置の使用のために特別に設計された装置の三つのうちのどれか、またはあわせたものを指す。「除草剤」や「暴動鎮圧剤」は除外された。同条約では廃棄の手続きも細かく定められた。現在、日本が中国における「遺棄化学兵器」（一九二五年一月一日以降にその国の同意なく遺棄した化学兵器）の処理にかかわっているのも、日本が遺棄化学兵器の存在を申告し、かつ日中双方ともにＣＷＣ締結国であるので、この条約の定めに従っているわけである。

さらに、ＢＷＣとの最大の違いは、ＣＷＣに査察（検証措置）の手続きが規定された点であろう。これは締約国からの申告に基づいて、化学兵器禁止機関（ＯＰＣＷ）が化学兵器や施設を査察することになっている。日本関係では、化学テロを起こしたオウム真理教のサリン製造工場であった「第七サティアン」（山梨県・旧上九一色村）が日本政府からOPCWに申告された。査察官が立ち入り、そこには専門家も驚愕したほどの大規模な製造工程が残されていたが、公開された後に取り壊された。

核兵器と違って生物兵器や化学兵器は比較的製造が容易であるから、保有疑惑国リストは十数カ国以上になる。生物兵器には検証措置がないし、その保有を明らかにしたのは、冷戦後はロシアとイラクだけである。化学兵器も自己申告が基本となり、保有を申告したのは米国、ロシア、インド、韓国、シリアなど少数にとどまる。施設の申告も少数の国から出されたにすぎない。申告ではなく、条約違反の疑いを明らかにするための申し立て査察もCWCには規定されている。その場合に被査察国に拒否権はない。

以上みてきたように、生物兵器と化学兵器については「核不拡散条約」のような保有国と非保有国を分けるようなことをせずに一括禁止としたので、締約国の権利義務は平等である。また、人道的な理由から忌み嫌う意識は広く共有されている。軍事的な有用性も低い。しかしそれでも化学兵器も生物兵器もその製造や隠蔽は核兵器に比べればはるかに容易であり、テロリストによる使用や未遂事件も少なくない。生物剤、化学剤は一部を除いて民生用途がある。剤の管理や査察の範囲も軍の機関にとどまる問題ではない。それだけに生物、化学兵器の管理や規制は非常に困難な課題が伴う。

(d) 通常兵器と小火器

一九九一年の国連総会において成立した国連軍備登録制度は通常兵器のグローバルな軍備管理の代表例である。国連加盟国は、通常兵器の七つの分野①戦車、②装甲戦闘車両、③大口径火砲システム、④戦闘用航空機、⑤攻撃ヘリコプター、⑥軍用艦艇、⑦ミサイル・発射装置についてそれぞれの移転を数量とも国連に毎年報告することが求められている。これらは通常兵器の中でも「主要通常兵器」(major conventional weapons)と呼ばれており、ちなみに

①から⑤まではCFE条約（前述）のカテゴリーを適用している。報告は任意ではあるが一〇〇カ国以上が実施し、しかも主要な武器輸出国である米ロ中英仏（安保理常任理事国）も報告している。各国から提出された情報は公開されている。

この制度が導入された直接的な契機は一九九〇年の湾岸危機とその後の湾岸戦争であった。武器輸入大国だったイラクが隣国クウェートに軍事侵攻をした。イラクの隣国侵攻はイランに続き短期間に二度目のことであり、不安定な地域や独裁者への野放図な武器移転を再考するきっかけとなった。この制度は移転そのものを規制するのではないが、軍備の透明性向上すなわち情報公開を通じて信頼醸成を深め、またその情報を紛争の早期警戒に利用し、さらに、地域を不安定にするような移転を自己抑制させる狙いも込められている。

報告すべき通常兵器の七分野は、たとえば小火器類（後述）を新たにそこに含めるべきなど常にその見直しが議論されてきた。特に二〇〇一年以降は携帯型地対空ミサイル（MANPADS: Man-Portable Air Defense System）の拡散が問題にされている。これは直訳すると携帯型防空システムとなり、本来は地上部隊を空の攻撃から守るための兵器だが、今はテロリストがこれで民間航空機を狙うことが懸念されている。実際、二〇〇二年一一月にイスラエルの民間機がケニアで撃墜されそうになった事件がある。冷戦中から各地の武装勢力を支援するために移転され、その後管理が怪しくなってテロリストにも流れていると考えられている。そのような事情から、⑦のミサイル・発射装置の中にMANPADSが追加された。

さて、特定の兵器を削減、廃絶する軍縮については、近年になって通常の軍縮会議を通じてではなく、いわば有志多国間の枠組みで新たな進展がみられた。一つは「対人地雷禁止条約」であり、もう一つは「クラスター爆弾禁止条約」である。いずれも戦争中に敷設あるいは散布されたまま、戦後になって大勢の民間人被害者が出るという共通点があり、人道的な観点から禁止が求められていたものである。もともと対人地雷の使用については、「特定通常兵器禁止条約」（ＣＣＷ）（一九八〇年締結、一九八三年発効）の第二付属議定書でブービートラップなどとともに禁止されていた。ただこの条約は国際的な武力紛争のみに適用され、現実に地雷犠牲者の多い内戦での使用は適用外であったし、加盟国も締結時には三〇カ国以下と少なかった。

その後、一九九〇年代になると平和維持活動や平和構築、人道支援が世界各地で活発に行われ、対人地雷による民間人被害の実態が明らかになってきた。一九九七年の「対人地雷禁止条約（オタワ条約）」締結までのプロセスを「オタワ・プロセス」というが、カナダが中心になって条約策定を進め、「地雷禁止国際キャンペーン」というＮＧＯの連合体が反地雷の国際世論形成に大きな役割を果たした。米国、ロシア、中国などの地雷生産大国は条約に未加盟であるが、締結後に多くの国で保管分の廃棄作業が進み、また除去も進んでいる。

全会一致の決定方式をとるジュネーブの軍縮会議ではなくカナダ政府主導の有志連合的なプロセスで交渉を進めたこと、そしてＮＧＯが国際世論を形成し特定兵器に非人道的とのレッテルをつけることに成功したことなど、新しい形の軍縮をそこにみることができる。これは、クラスター爆弾の禁止条約作りにおいても継承され、こちらはノルウェー政府の主体的な役割から「オスロ・プロセス」といわれた。クラスター爆弾は一つの通常弾から爆発性の子弾が数個から数百個散布するように設計されたもので、航空機やロケット弾などに搭載される。広範囲に低破壊をもたらすので面の制圧には効率的で、対人、対戦車用に使用されるが、不発弾として残留する数も多い。特に二〇〇六年夏のレバノンにおけるイスラエル軍とヒズボラの戦いで使用され、戦後に民間人死傷者が多数出たことが注目された。

今日の武力紛争は内戦がほとんどであり、そこで最も使用頻度の高い武器は小火器類である。その問題への総合的な取り組みが始まったのは比較的最近である。一九九〇年代後半から国連の専門家会合で対象となる兵器の定義や種類、拡散の現状、問題解決の方向性が打ち出された[15]。小火器（small arms）とは「一人で操作するように設計されている兵器」であり、具体的には、回転式拳銃、自動拳銃、小銃、カービン銃、短機関銃、突撃銃、軽機関銃である。同じジャンルだが区別されたものに「軽兵器」(light weapons)がある。それは「クルー単位の複数人で操作するように設計されている兵器」であり、重機関銃、擲弾(てきだん)発射機、携帯対空砲、携帯対戦車砲、無反動砲、携帯対戦車ミサイルとロケットシステム、携帯対空ミサイル、口径一〇〇ミリ以下の迫撃砲を指す。これらが「国連政府専門家パネル最終報告書」(一九九七年)に明記された。小火器等の国際機関による公式の定義付けはこれがはじめての試みであった。ただ注意しなければならないのは、日本では小火器と軽兵器を一緒にして「小型武器」という用語が政府でもメディアでも今や論文上でも圧倒的に使用されている。だが、英語表記はsmall weaponsではなく、あくまでもsmall arms and light weapons(SA/LW)である。大量破壊兵器にも「小型武器」といえるサイズのものがあり紛らわしい。「小火器」ならば日本でも伝統的に使用されてきた用語なのだが、軍備管理や平和構築などの分野ではあまり使われていない。

これら小火器類は比較的安価で操作も容易で耐用年数も長いとなれば需要があるのも当然であり、数多い小火器類の中でも「カラシニコフ自動小銃」(AK四七、AK七四式など)は旧ソ連で開発された全世界的なベストセラーであり、国軍から世界中のゲリラ、テロリスト、ギャング団の少年に至るまで幅広く使用されてきた。しかし小火器類の軍備管理・軍縮はきわめて困難である。核兵器やハイテク兵器とは違ってその製造技術は世界中に普及し、生産と移転の実体も非合法を含めると到底網羅できるものではない。いかなる軍や治安機関にとっても小火器類は必要であり、それゆえに艦船や戦車、軍用機のような「主要通常兵器」とも異なり国家間のミリタリー・バランスの構成要素とはみなされなかった。そこで紛争地域での拡散問題の解決にあたっては、これら武器の回収や廃棄、違法製造や取引の取り締まりの強化など数々の措置が勧告、実施されてきた。

3 「軍備管理・軍縮」から「軍縮・不拡散」へ――二一世紀初頭の動向

本章で述べてきたように冷戦時代の軍備管理・軍縮といえば、核兵器しかも主として米ソ関係と、その対等な交渉に焦点が当てられてきた。もちろん多国間で不拡散体制が作られ、非核兵器地帯条約の進展もみられ、生物兵器の禁止条約もできて、通常兵器の交渉も行われた。しかしそれらは二次的な問題だとみなされがちであった。米ソの核兵器が圧倒的な存在であり、実際、この二つの超大国が世界の平和と安全に大きな影響を及ぼしていた。市民運動の側でも軍縮といえば「核廃絶」が最大のテーマであった。

ところが冷戦後になると、軍備管理・軍縮をめぐる質的な変化が起きた。米ロは依然として傑出した核大国ではあるが、冷戦時代のトータルな敵対的関係ではなく、核軍縮という枠組みの中で時に個々の問題で対立しているのである。第三の核兵器国中国はまだ米国と対等ではない。二〇〇一年に米国はＡＢＭ条約からの脱退を宣言し、冷戦期のＭＡＤ体制を自ら葬り去ったといえる。

米国によるミサイル防衛の重視はＷＭＤとミサイルの拡散が冷戦期以上に重要な安全保障上の脅威になったという認識から来る。世界的にもＮＰＴ体制だけでは新たな拡散を防げないということも常識と化しつつある。二〇〇四年になって「カーン・ネットワーク」の一端が暴かれた。パキスタンで核開発の父と崇められてきたアブドル・カディール・カーン博士が中心となって形成された核の闇市場では、リビア、イラン、北朝鮮などが顧客として組み込まれていて不拡散の世界に大きな衝撃をもたらした。

これら諸国のうち、イランに対しては核開発を止めるため、そして北朝鮮に対して核兵器の廃棄を含めて完全な非核化のため、関係諸国および国際社会全体での取り組みが継続している。

核兵器だけではなく生物兵器、化学兵器への懸念も高まっている。各国の輸出管理体制の整備も求められるし、PSI（拡散安全保障イニシャティブ）のような阻止活動の必要性も大きくなっていくであろう。

さらに根底的な問題として、軍備を管理できない国家の存在がある。冷戦時代の軍備管理は国家が自国の兵器を管理できているのが不問の大前提であった。一転、冷戦後のロシアにおいて杜撰な核管理「ルース・ニュークス」が指摘され続けており、核の密輸は放射性物質を中心に絶えない。他方で「破綻国家」（failed states）あるいは長期に紛争を抱えている国家においては小火器の拡散が深刻な問題となり、ここでの軍備管理・軍縮とは、まずはあまねく行き渡ってしまった小火器類を回収することにある。

軍備管理の中でも信頼醸成措置は欧州のみならずアジア太平洋の安全保障にも導入されるなどにより、普遍的な重要性が増している。その一方で、国力のほぼ対等な国の間での兵器規制という冷戦時代的な「軍備管理・軍縮」よりも、現在では特定兵器の禁止条約の策定が新たな形で可能になり、以前にも増して兵器の拡散の脅威が高まったことから「軍縮・不拡散」の方がより指向されるようになった。軍備管理、軍縮そして不拡散の世界はともすれば技術的な軍事問題だと思われることもあるが、国際政治、国際関係の構造やパワーの配分、規範の形成と決して無関係でなく、むしろそれらに多大な影響を受けているのである。

1　セキュリティ・ジレンマについて詳しくは、土山實男『安全保障の国際政治学—焦りと傲り［第2版］』（有斐閣、二〇一四年）第四章参照のこと。

2　Philip Towle, *Enforced Disarmament: From the Napoleonic Campaigns to the Gulf War* (Oxford: Clarendon Press, 1997)

を参照せよ。

3　Jozef Goldblad, *Arms Control: A Guide to Negotiations and Agreements* (London: Sage Publications, 1994), p.3. ジョゼフ・ゴールドブラット（浅田正彦訳）『軍縮条約ハンドブック』（日本評論社、一九九九年）一頁。

4　山田朗『軍備拡張の近代史―日本軍の膨張と崩壊』（吉川弘文館、一九九七年）九〇頁。

5　黒沢満「序章　冷戦後の軍縮―現状と展望」同編著『第二版　軍縮問題入門』（東信堂、一九九九年）五頁。

6　永井陽之助『冷戦の起源―戦後アジアの国際環境』（中央公論社、一九七八年）九頁。

7　ジョン・L・ギャディス（五味俊樹他訳）『ロング・ピース―冷戦史の証言「核・緊張・平和」』（芦書房、二〇〇二年）第七章参照。

8　黒沢満「非核兵器地帯の設置」同編著『新版　軍縮問題入門』（東信堂、二〇〇五年）九〇頁。

9　広瀬訓「核実験の禁止」黒沢編前掲書、七〇頁。

10　高田純『世界の放射線被爆地調査』（講談社ブルーバックス、二〇〇二年）九九―一一九頁。

11　PTBTで禁止されなかった地下核実験については、一五〇キロトンを超える威力を持つ実験を禁止した制限条約（TTBT）が七四年に米ソ間で署名されたが、検証方法の強化をめぐる交渉に時間がかかり発効したのは一九九〇年である。TTBTで規制されなかった「平和目的のための地下核実験」は別途「平和目的核爆発条約」（PNET）で規制した。

12　マイケル・オールドストーン（二宮陸雄訳）『ウィルスの脅威―人類の長い戦い』（岩波書店、一九九九年）一九―二二頁。

13　外務省国際連合局訳『化学・細菌（生物）兵器とその使用の影響《ウ・タント国連事務総長報告》』（昭和四五年、大蔵省印刷局）二〇頁。

14　ケン・アリベック（山本光伸訳）『バイオハザード』（二見書房、一九九九年）。アリベックが亡命する3年前に科学者のウラジミール・パセチニクがイギリスに亡命し、アリベックほどの情報ではないが、ソ連の生物兵器の情報を西側にもたらしている。

15　国連の初期の取り組みについては、宮坂直史「小火器問題と日本の安全保障」『新防衛論集』（現『国際安全保障』第二七巻第二号、一九九九年九月）がある。

第11章 政軍関係論——シビリアン・コントロール

河野 仁

一般に、「シビル・ミリタリー・リレーションズ（civil-military relations）」に関する研究は「政軍関係論」と日本では呼ばれている。しかしながら、本来の研究領域は「政治と軍隊の関係」に限定されたものではない。本稿では、政軍関係論に関する主要な理論的視座を、「政治と軍隊」の関係に主として焦点を当てる政治学的アプローチ、および「社会と軍隊」の関係に焦点を当てる社会学的アプローチの双方から概説することにしたい(1)。

1 現代の軍事組織

軍事組織の性質は、それを取り巻く社会文化的文脈や、社会全体の歴史的文脈に応じて変化する。ここでは、まず西欧の軍事組織、特に政軍関係論が最も発達した米国における軍事組織を念頭において、現代の軍事組織の一般的性質がどのように概念的に捉えられるのかを要約しておこう。

(1)官僚制と専門職の融合

現代の軍事組織の性質は、「官僚制」と「専門職」という二つの概念で捉えることができる。この二つの性質が完全に融合したものが現代の軍事組織である。ここでいう「官僚制（bureaucracy）」とは、マックス・ウェーバーによって定式化された大規模な組織についてのモデル（理念型）である。官僚制の特徴には、規則による職務遂行と職務権限の配分、ヒエラルヒー（階統制）に基づく明確な指揮命令系統、公私の分離、文書による事務処理、専門的職能を持った専任職員の公平な選抜による任用などが挙げられるが、これらはすべて、大規模な組織をなるべく合理的に効率よく管理・運営するための方策として確立された原則である。[2] 近代的な軍事技術の訓練や厳格な規律保持の観点からみても、大規模な常備軍を存続可能にしたのは「官僚制的な軍隊形式だけであった」とウェーバーはいう。

軍事組織の官僚制化は、同時に将校職の専門職化を意味した。軍事組織の官僚制化の歴史は、軍事専門職（military profession）成立の歴史でもあった。したがって、近代の軍事組織に関する研究は、まずもって各国の将校団が封建騎士団から近代的な軍事専門職へと移り変わる歴史的過程に焦点を当ててきた。軍事専門職論の分野における古典的研究は、米国の政治学者サミュエル・ハンチントンの『軍人と国家』（一九五七年）である。[3] ハンチントンの定義によれば、軍事専門職は、①暴力の管理に関する「専門知識・技能（expertise）」、②「責任（responsibility）」、③「団体性（corporateness）」という特徴を持つ。武器をとって戦うという「暴力の行使」ではなく「暴力の管理（management of violence）」に関する専門知識・技能は将校のみが具備しており、それは長期間にわたる軍事専門教育機関での教育訓練によって習得される。また、軍事専門職は軍事的安全保障に関して、国家と社会に対して責任を持ち、将校団は比較的閉鎖的で自律性の強い集団としての団体性を備えている。ただし、将校団に従属する下士官兵は、軍事組織の官僚制機構の一部ではあるが専門職とはみなされない。このようにハンチントンは、軍事専門職の自律性を重視し、一般社会から隔絶した側面を強調した。

一方、社会学者であるモリス・ジャノヴィッツは、軍事専門職の概念についてはハンチントンの定義をふまえながらも、実証的アプローチによって米国の軍事専門職の実態とその変化を捉えようとした。一九六〇年に著した『専門職軍人（The Professional Soldier）』においては、軍事専門職はむしろその独自性を弱めつつあり、軍事組織におけるリーダーシップのスタイルも、かつての権威主義的な支配（命令と服従）からより民主的な組織管理（説得と交渉）へと変化してきていると論じ、軍事エリートと文民エリートの専門的知識や技能の面での共通点を重視した[4]。「軍隊と社会」との関係を「分離」しているとみるハンチントンと、「融合」しつつあるとみるジャノヴィッツの対照的な議論は、後続の幾多の研究を刺激してきた。ジャノヴィッツはまた、近現代における西欧の軍事組織の変化を、「封建貴族制モデル」から「民主主義モデル」（英米）もしくは「全体主義モデル」（独、露、伊）への変化と捉えることも試みた[5]。

ハンチントンとジャノヴィッツによる「分離―融合」論争は、政軍関係論における政治学的アプローチと社会学的アプローチの相違を象徴的に示している。政軍関係の「あるべき姿」を理論的に整理しようとしたハンチントンの規範的アプローチに対し、政軍関係の「実態」を具体的なデータの組織的分析に基づいて明らかにしようとしたジャノヴィッツの実証的アプローチは、同じ米国の政軍関係の現実を対照的な視点から捉えようとしたものである。その結果、新たに浮上してきた問題は、「軍隊と社会」との間に、実際にはどの程度のイデオロギーや価値観の相違があるのかという現実認識の問題である。この問題は、一九九〇年代後半になって、クリントン政権期の軍隊内における同性愛者の処遇の問題やボスニア・コソボ紛争への軍事介入をめぐる政治と軍事の関係の齟齬を契機に「民軍文化ギャップ（civil-military culture gap）」の問題が浮上した際に、再度注目されることになった。

ところで、もっぱら将校団のみを分析対象としてきた古典的軍事専門職論の理論的視座は、軍事組織全体を対象とした研究に適用できず、幾分行き詰まった感のあった一九七〇年代後半、軍事組織研究に新たな理論的枠組みが登場した。軍事組織の「制度・職業」モデルである。

表1　軍隊組織の制度・職業（I・O）モデル

変数	制度的（Institutional）	職業的（Occupational）
正当性	規範的価値	市場経済
社会的な評価	奉仕（自己犠牲）の精神に対する尊敬	収入に応じた威信
役割関与	拡散的	限定的
準拠集団	垂直的－組織内部	水平的－組織外部（専門職集団）
人材募集時の魅力	人格形成、独特の生活様式	初任給の高さ、技能・資格取得
職務の評価	全人的で質的	細分化され量的
報酬の基準	階級と年功、階級格差大	技能水準と人材不足の程度、格差小
報酬の形態	非現金・後払い（現物支給／年金／退職金等）	給与とボーナス
司法制度	軍法、幅広い管轄	文民司法、管轄範囲限定
女性の役割	雇用制限、職種限定	雇用拡大、職種開放
配偶者	軍隊社会の一員	軍隊社会とは無縁
住居	職住近接	職住分離
退職後の地位	退役軍人への恩給・手当・優遇措置あり	特別な恩給・手当・優遇措置なし

出典: Moskos & Wood, The Military, 1988

（2）軍事組織の制度モデルと職業モデル

軍事組織の「制度（institutional）モデル」と「職業（occupational）モデル」は、現代の軍事組織の質的変化を捉えるために、米国の社会学者チャールス・モスコスによって概念化された軍事組織の理念型である[6]。ヴェトナム戦争後の一九七三年、米軍は徴兵制を廃止して全志願制に移行した。それまでの徴兵制を基盤とした「制度的」な米軍組織は、軍人も職業選択の一つと考える傾向の強い「職業的」な組織へと変容した、というのがモスコスの論点であった。この「制度的な軍隊から職業的な軍隊へ」という軍事組織の変化の趨勢は、米国だけでなく世界各国の軍事組織の質的変化を捉える際にも有効であり、その後の軍事組織研究を活性化させた[7]。

そこで、この二つのモデルについてもう少し詳しく紹介しておくことにしよう（表1参照）。

①軍事組織の制度モデル

まず、徴兵制軍隊を原型とする「制度モデル」の軍事組織は、規範的な価値によって正当化される。そもそも制度とは、価値と規範の総体である。利己的な私益追求ではなく、国家の安全保障という公益の追求を組織の目的とする軍隊は、その内在的な価値のゆえに国民に支持される。したがって、その組織の成員である軍人は、自己を犠牲にして公のために尽くす公僕として人々の尊敬を集め、兵役につくことは国民としての義務であると同時に、社会的にも望ましいこととされる。軍人であることが職業生活だけでなく、日常生活のあらゆる場面にもついてまわる（拡散的役割関与）。組織成員が準拠する集団の規範は、組織内部のタテのつながりに求められ、なによりもまず軍隊の一員であることが強調され、市民社会とは隔絶する傾向にある。人材募集においては、厳格な軍隊生活によって培われる規律意識や道徳観など軍人としての人格形成が強調される。軍人としての職務の評価は全人的で質的な評価が中心である。報酬は階級と年功によって決まり、兵の給与水準は低く抑えられている。その分、各階級間の給与の格差は大きい。また、報酬の形態も、住居、衣服、食事、医療に至るまで金銭ではなく現物支給の形をとり、恩給や退職金などのように後払いで支給される。軍人の行動は軍法によって幅広く規制され、スト権や団体交渉権もなく、自発的な退職もできない。

制度的な軍事組織においては、女性の役割は非常に制約を受けており、雇用の総数も職種も制限されている。その一方で、配偶者（妻）や家族は軍隊社会の一員とみなされ、さまざまな軍事組織の行事に参加することを期待されている。軍人の家族は、たいてい基地内の宿舎に住んでおり、職住は近接している。

②軍事組織の職業モデル

一方、志願制軍隊を原型とする「職業的」な軍事組織においては、軍人であることが特別視されず、価値や規範ではなく市場経済の論理が優先する。労働力の需要と供給によって給与水準も決まり、同程度の技能を持つ者は、どんな組織であれ同程度の給与を得るべきだと人々は考える。そしてその収入の程度に応じて軍人は社会的な威信を認められる。役割の関与は自己の技能に応じた特定の分野に限られ、勤務時間外にまで組織への関与を求められることはない。組織成員は軍人であるということよりも、エンジニアや会計士など特殊な技能を持った職業集団の一員であるという意識を強く持つ。その意味で、彼、彼女らは、軍事組織の外部にある同業者の集団を準拠集団としている。人材募集においては、初任給の額や、入隊後の技能習得や資格取得の利点が強調される。職務評価は細分化されており、数量的な指標を多用した客観的な評価基準が採用される。給与水準は、採用時の労働市場での需給関係によって決まり、志願者の技能レベルも考慮され、階級間の給与格差は小さい。報酬も現物支給ではなく、現金支給が中心となり、恩給などの後払い制度は姿を消し、現職間の金銭支給（ボーナスなど）に変わる。軍法の及ぶ範囲は狭められ、軍人といえども特別扱いされず、一般人同様、文民司法に服すことになる。ちなみに、現在では日本やドイツなどのように、軍法自体が存在しない国もある。

職業的な軍事組織では、女性の雇用枠は拡大され、職種制限も次第になくなり、あらゆる職種が女性に開放される。その一方で、軍人の配偶者（妻もしくは夫）はもはや軍隊社会の一員とはみなされなくなる。共働きが増え、夫の職場に妻がかかわることは当然視されなくなる。職住分離の傾向が強く、基地外の一般住宅に住む場合も珍しくない。軍人だったからといって、退職後に特別な優遇措置がとられることはなくなる。このように、他の職業組織と基本的には同じような特徴を持つ組織が、職業的な軍事組織なのである。

一方、この「制度・職業モデル」の理論枠組みを用いた実証研究が積み重ねられた結果、当初は二律背反的傾向を持つとの前提で定式化されたこの「制度モデル」と「職業モデル」が、実は必ずしも相反するわけではなく、両者の傾向は共存する場合もあることが明らかとなった。そのため、現在では制度的要素も職業的要素も備え持つ軍事組織

表2　冷戦後の軍隊と社会

変数	近代(総力戦期)	後期近代(冷戦期)	ポスト近代(冷戦後)
脅威認識	敵の侵略	核戦争	国内的(民族紛争、テロ)
軍隊組織の構造	大衆軍隊(徴兵制)	大規模専門職軍隊	小規模専門職軍隊
主要任務	国土の防衛	同盟国支援	新しい任務(PKO、人道援助)
支配的な軍人タイプ	戦闘指揮官	管理職、技術者	軍人政治家、軍人学者
軍隊への国民の態度	支持	両面価値的(賛否両論)	無関心
マスコミとの関係	共同	規制	厚遇
文民の雇用者	少数	相当数	多数
女性の役割	別部隊または排除	部分的統合	すべて統合
配偶者と軍隊社会	一体	部分的参加	離脱
軍隊内の同性愛者	処罰	除隊	受容
良心的徴兵忌避	宗教限定/原則禁止	許容	文民分野で兵役代替

出典: Moskos et al., The Postmodern Military, 2000

を「実用主義的軍隊」と捉えることもある。

(3)ポスト近代の軍事組織

冷戦構造の崩壊後、米国を取り巻く安全保障環境は変化し、それに応じて軍事組織もさらなる変化を遂げつつある。そうした冷戦後の軍事組織の変化を把握するための新しいモデルが「ポスト近代モデル」である。[8] 前述のモデルと同じく、モスコスによって提起されたこのモデルは、「制度・職業（I・O）モデル」をある意味で補完するものである。「制度・職業モデル」が、軍事組織の内部構成における変化に焦点を当てているのに対し、「ポスト近代モデル」は軍事組織の外部要因にも目を向けて、「近代（一九〇〇―四五）」「後期近代（一九四五―一九九〇）」「ポスト近代（一九九〇―現在）」の三つの時期区分ごとに、「軍隊と社会」との関係、すなわち広い意味での「政軍関係（civil-military relations）」の変化を捉えようとした点に特徴がある。いくつかの論点は、すでに「制度・職業モデル」に関する議論の中にもみられるが、「ポスト近代モデル」では、新たな論点も多く含まれている。（表2参照）

まず、安全保障環境の変化は、軍事組織にとっての「脅威認識」の変化に現れる。総力戦の時代でもあった「近代」には「敵の侵略」が、「後期近代」には「核戦争」が、それぞれ脅威として認識されていた。しかしながら、冷戦後の「ポスト近代」期の主たる脅威は「民族紛争やテロ」であって、大規模な国際紛争は主要な脅威として認識されなくなってきた。したがって、軍事組織の規模も縮小の傾向にあり、総力戦に備えた徴兵制ではなく、志願制に基づく小規模な専門職軍隊へと軍隊組織の構造は変化してきた。軍隊の主要な任務も、国防や同盟国の援助から平和維持活動（ＰＫＯ）や人道的援助活動などの「新しい任務」へと変わりつつある。日本においては、冷戦後の一九九二年以降、国際平和協力法の成立や国際緊急援助隊派遣法の改正により、国連ＰＫＯや国際的な人道援助活動という「新しい任務」が自衛隊に与えられ、二〇〇一年一一月以降は、テロ対策特措法やイラク人道支援特措法に基づく国際協力支援活動任務も加わった。さらに、二〇〇七年一月の防衛省移行に伴う法改正により、国際平和協力活動（国際緊急援助活動、国際平和協力業務、テロ対策特措法、イラク人道支援特措法に基づく活動を含む）が自衛隊の本来任務として位置づけられることとなった。

ポスト近代軍隊に支配的な軍人のタイプは、総力戦時代の戦闘指揮官や冷戦期における軍事組織の管理職というイメージからさらに文民化された「軍人政治家（soldier-statesman）」あるいは「軍人学者（soldier-scholar）」へと変わる。軍人といえども、修士号や博士号の学位を持ち、幅広い政治・経済・社会に関する識見を備え、外交手腕も兼ね備えていることがトップ・エリートに要求される要件となる。政軍関係面の変化では、軍隊への国民の支持を得ることは困難になり、無関心層が増え、広報活動が重視されマスコミにも十分な配慮をしなければならなくなる。また、経費節約や兵器・情報関連技術の進歩などの理由により文民の雇用者もさらに増加する。配偶者は軍隊社会から切り離され、その一方で軍事組織内での女性の進出はさらに進み、女性への戦闘職種開放も実現する。軍事組織内の「多様性（diversity）」が尊重され、人種・民族・性別・宗教・性的志向などの相違に基づく差別的処遇は廃止される。

また、徴兵制の残る軍隊では良心的徴兵忌避は許容され、文民分野での代替が認められる。

こうした冷戦後の軍事組織の変化を「ポスト近代」軍隊の特徴として捉えることには異論もあるが、[9]脅威の質の変化に伴う軍事組織の任務の多様化、軍事組織のリーダーに求められる高度な専門知識と幅広い教養、人種やジェンダー（男女）の統合、あらゆる形態の差別の撤廃と人権の尊重、さらには環境問題への配慮など、現代の軍事組織を取り巻く環境の変化とそうした変化への軍事組織の適応の状況を要約して把握する上で、ある程度の有効性を持っているといえよう。さらに、その後、九・一一テロ後の軍隊と社会の関係の変化を視野に入れてこの枠組みを若干修正し、「ポスト近代（一九九〇―二〇〇一）」期に続く二〇〇一年以後の時代を「ハイブリッド」期として捉えようとする動きが出てきた。[10]これは、九・一一テロ後の脅威が国際テロを含み、軍事組織が現役兵力だけでなく予備兵力も活用するようになるとともに、より平準化した組織構造へと変化しつつあること、その任務も「新しい任務」だけでなく伝統的な国土防衛任務も包含した幅広い任務（full spectrum operations）へと拡大したこと、軍事組織の内部における文民の役割拡大だけでなく、民間軍事会社の台頭や軍事機能のアウトソーシングの傾向、「軍人家族（military family）」への視点重視、など最近の軍隊と社会を取り巻く情勢の変化を視野に入れようとする試みである。こうしたなかで、軍事組織の中核を担う軍事専門職に対する見方も変化してきた。

2　軍事専門職主義

（1）軍事専門職主義の成立

ハンチントンやジャノヴィッツに代表される古典的な軍事専門職論では、前述したように、近代軍隊の将校を「軍事専門職（military profession）」として捉えていた。この概念は、前近代の封建貴族将校が「アマチュア」の軍人であったとの認識に由来し、それとの対比で用いられた。一般に、聖職者や医師、弁護士などは古典的な「専門職（profession）」の例であるが、近代になって軍の将校も次第に「専門職」として社会的に認知されるようになってきた。

そもそも「専門職」とは、長期間の教育訓練を通じて習得した学問的知識と技能（expertise）を持つことで職業活動における独占的な地位を占め、それに応じた高い社会的地位と経済的報酬を享受するとともに、自律的な職業集団を形成し、高度な職業倫理を維持することでその社会的責任を果たすような職業を指す。ハンチントンの軍事専門職の三つの要件（専門識能・責任・団体性）は、この一般的専門職の特徴を要約したものである。一八世紀までの西欧軍隊の将校は、体系的な軍事科学の知識や技能のゆえにではなく、家柄や財産（将校任官や昇進が買収によって行われていた）、政治的影響力などによって任命されるのが常であり、近代的な軍事専門職主義（military professionalism）の成立は一九世紀まで待たねばならなかった。

ハンチントンによれば、一八世紀以前には専門職的将校団はまったく存在しなかったが、二〇世紀までには「事実上すべての大国に存在した」という。この西欧諸国における軍事専門職主義の発展に影響を及ぼした要因には、産業革命の進展と技術革新、国民国家の成長、民主主義の進展、軍隊を支配する単一の合法的権威の存在、などが挙げられるという。歴史学者のマクニールによれば、兵器生産と兵器開発に近代工業の方式（産業技術、大量生産など）を応用することを意味する「戦争の産業化（industrialization of war）」が本格的に進展したのは一八四〇年以降だという[11]。

産業革命の進展は、兵器の殺傷力の急速な増大とともに戦争の様相を近代戦へと変え、ますます大規模化する軍隊組織の合理的運用に関する体系的な知識としての軍事科学の発展を促した。一八〇八年のプロシア政府による将校任命制度の改正により、将校任命の要件が、出自から教育と専門知識へと変更された。これを皮切りに、西欧諸国では約一世紀間にわたって徐々に軍事専門職主義が確立していった。

一般に、軍事専門職主義化を測定するための指標としては、①教育と試験による将校団への加入、②能力と業績による昇進、③軍事高等教育制度（陸軍大学校等）、④確立した参謀組織、⑤将校団の一体感・責任感・専門能力の限界の認識、などがある。結局、軍事専門職主義の確立には、将校に軍事科学に関する専門的知識を教育する軍学校制度の整備、能力主義的選抜・昇進制度、参謀組織の確立を含む軍事官僚制の制度化が不可欠な要素であるといえる。

(2)「新しい」軍事専門職主義

近代西欧諸国で一九世紀以降に発達した軍事専門職主義の概念については、その後の南米や東南アジア諸国の民主化過程に関する研究の進展により、批判的検討が加えられてきた。ハンチントンの軍事専門職論では、対外安全保障が軍隊本来の任務であり、軍事専門職主義が確立すれば必然的に軍は政治に介入しなくなることが前提とされている。しかしながら、対内安全保障や国土開発を主任務とする軍隊の場合、軍事専門職化はむしろ軍の政治化や役割拡大を促進し、軍は政治に介入する傾向を強めることになる。ステパンは、このような軍事専門職主義を「新専門職主義(new professionalism)」と呼び、従来の「旧専門職主義(old professionalism)」と区別した[12]。

後述するように、今日では、ハンチントンの軍事専門職論の前提となっている「軍事専門職化=軍の政治非介入」という図式は否定されている。むしろ、軍事専門職化の進展は、従来の専門職主義の場合であっても軍の政治介入を促す場合もあることが、さまざまな事例研究から明らかにされている。

（3）軍事専門職の役割拡大と概念の再検討

今日の先進国では、安全保障環境の変化に伴い、軍隊の役割も多様化し、対外安全保障のみならず、平和維持活動や人道支援などの幅広い任務が軍隊に与えられるようになってきた。こうした軍隊の役割拡大に応じて、従来の軍事専門職の概念も再検討されるようになってきた。「専門識能・責任・団体性」というハンチントンの古典的な軍事専門職の三要件は、冷戦後の軍事専門職を取り巻く環境の変化により歴史的な妥当性を失いつつあり、むしろ「専門識能（expertise）」「管轄領域（jurisdiction）」「正当性（legitimacy）」という新しい要件によって捉えるべきであると米国の社会学者ジェームズ・バークはいう。[13]

そもそも専門職は歴史的な概念であって時代とともにその意味合いは変化する。専門職はその時代の社会によって作られるという専門職の社会的構成説に立てば、軍事専門職は、総力戦時代の「暴力の管理」、冷戦期の「防衛力の管理」から冷戦後の「平和の管理」へと「専門識能」の性質を変えてきており、さらに近年の軍事組織の役割拡大により軍事専門職が「専門識能」を用いて職務を遂行する「管轄領域」も変化してきている。また、そうした軍事専門職の新たな領域における活動に対して、その顧客たる国民による「正当性」の認知も重要な要件になってきたからである。さらに、従来の軍事専門職論では顧みられなかった陸海軍などの軍種の相違も考慮に入れるべきであるとし、海空軍の専門職から区別した「陸軍専門職（army profession）」の概念も提起された。また、軍事力の統合運用が進むなかで、「統合専門職（joint profession）」や、「国家安全保障専門職（national security profession）」の概念も提唱されるなど、近年になって軍事専門職の概念を再検討しようとする努力が進められている。

実は、軍事専門職の役割が「平和の管理」へと変化しつつあるという議論は、すでに一九六〇年の冷戦期にジャノヴィッツの軍事専門職論によって提起されていた。核抑止の時代にあって、大量破壊兵器からゲリラ戦や対反乱作戦までの広範かつ柔軟な対処能力を持つ、新しい時代に適応した軍隊の特徴を、①常に即応態勢にあり、②最小限度の武力行使を心がけ、③戦勝よりは国際関係の安定化を希求する、という三つの要件を備えた「コンスタビュラリー・フォース（constabulary force)」という概念で捉えようとした。冷戦後の軍隊の役割拡大により、ますます現代の軍隊は国際社会における「警察的役割」を果たすことを求められるようになってきたといえよう。[14]

3 シビリアン・コントロール

(1)古典的理論

ハンチントンやジャノヴィッツに代表される古典的政軍関係論は、国家や社会と将校団の関係とその歴史的変化に注目し、将校団の専門職化に大きな関心を寄せていた。ハンチントンが軍事専門職主義の確立に多大な関心を持っていたのは、政治学における政軍関係論の中心的課題である「文民統制（civilian control)」の問題を解くカギがこの軍事専門職主義の成立にあったからである。

ハンチントンによれば、いかなる社会の軍事組織も二つの力によって形成されるという。ひとつは「機能的要件(functional imperative)」であり、もうひとつは「社会的要件（societal imperative)」である。軍事組織の役割とは、端的にいえば、国家の軍事的安全保障上の脅威に対抗し、必要があれば組織的な武力の行使によって脅威を排除することである。言い換えれば、「戦争に勝利すること」が軍事組織の果たすべき役割であり、ここでいう「機能的要件」である。一方、社会に支配的な価値観を尊重することが「社会的要件」である。軍事組織は、この二つの要件を同時に充足することが必要であるが、特に自由民主主義的な価値観が支配的な社会の場合は両者を両立させることは容易ではなく、いかにバランスをとるかが問題になる。

自由民主主義社会における支配的な価値観の一つが「文民優越（civil supremacy）」であり、「文民統制（civilian control）」である。ここでは、「文民統制」とは「軍隊の政治的／民主的統制」、すなわち「民主主義社会において政治（行政府、立法府）が軍隊を統制すること」とまず簡潔に定義しておく。一般に、民主主義国では、政治家は文民（civilian）であることから「文民統制」と単純化して呼ばれている。

民主国家においては、主権は国民にある。国民の選挙によって選ばれた政治家が、国民の代表として政治的意思決定を行う。その意思決定は、したがって、国民の集合的意思でもあり、政治的正当性を持つ。仮に軍が軍事的合理性の観点から政治家とは異なる見解を持ったとしても、軍の意思決定は政治的正当性を欠く。ゆえに、最終的には政治的意思決定が常に優越するというのが「文民優越の原則」であり、軍が政治的意思決定に服することが「文民統制」の本意である。しかしながら、軍は強力な物理的強制力を持っており、たとえば軍事クーデターのような形で文民政権を倒し、政治の意思に反して自己の意思を貫徹する能力を持っている。ここに政軍間の権力関係をめぐる問題が生じる余地がある。

ハンチントンは、文民統制の問題を「いかに軍の権力を極小化するか」という問題として捉え、その概念を二つの類型に分けた。「主体的／主観的文民統制（subjective civilian control）」と「客体的／客観的文民統制（objective civilian control）」である。前者は、統制の主体である政治（文民）の軍隊に対する相対的権力を極大化するという意味で「主体的文民統制」と呼ばれる。また、「軍を文民化（civilianizing the military）」し、軍を国家の鏡とすることで、文民と軍の価値観や利害を一致させ、軍を政治に参加させることによって、政治家と軍人の主観的一体化が図られるという意味で「主観的文民統制」と訳される場合もある。この文民統制のタイプは、軍事専門職化した将校団が存在しない場合に可能な唯一の形態である。この文民統制のあり方については、政治制度（行政府・立法府の権限規定）により文民権力の強化を図る方法や、政治指導者と軍指導者が特定の社会階級（支配階級）を共通の出身背景に持つ場合などがある。

一方、統制の客体である軍の相対的権力を直接的に極小化するのが後者の「客体的／客観的文民統制」である。このタイプの文民統制は、軍事専門職主義を極大化することによって達成される。すなわち、「軍を軍事化（militarizing the military）」し、軍人が軍事のみに専念することで、政治に介入せず中立性を保つようになる一方で、統制の主体である文民側も軍に独自の活動領域を認め軍の自律性を尊重することにより、両者の一種の分業体制が成立する。一九世紀の近代戦の時代以降に発達してきた軍事専門職主義を念頭におき、戦闘能力の強化という「機能的要件」の充足と、文民統制の強化という「社会的要件」の充足を両立させる最善の方法としてハンチントンが想起したのが、この文民統制の形態であった。

しかしながら、前述したように、このハンチントンの古典的軍事専門職主義論に対しては、今日ではさまざまな批判が加えられている。特に、軍事専門職主義の確立と、政治非介入の傾向とはまったく独立の事象として考えるべきだとの見解が、今日では支配的になりつつある。というのも、前述の「新しい専門職主義」の場合のように、軍事専門職化が進んだがゆえに、軍が政治に介入する場合があるからである。パールマターは、このような南米や東南アジア諸国で典型的にみられる軍による政治介入の傾向を「近衛兵主義（praetorianism）」と呼んだ[15]。一方、「旧軍事専門職主義」が確立しているにもかかわらず、軍が政治介入することもある事実を説明しようとしたのが、ファイナーである。軍事専門職意識が強いがゆえに、軍が自らを「政府」に仕えるのではなく、「国家」に仕える存在であると認識すれば、軍が政治に介入することになると、ファイナーは考えた。特に、その国の「政治文化」が高度に発達しておらず、政府の正当性に問題があると軍が認識すれば、軍は政治介入の傾向を強める。ただし、実際に軍がどの程度政治に介入するかは、軍がもともと持つ政治介入の性向（disposition）の強さと機会（opportunity）にもよる[16]。これらの議論は、いずれもハンチントンの軍事専門職主義論に対する重要な反論となっている。

(2) 新しい理論的視座

近年、中・東欧諸国における民主化の進展とそれに伴う軍隊と社会の関係の変化、および軍隊組織の変容に関する研究が急速に発展してきた[17]。共産主義時代の政軍関係のあり方を改め、軍隊の民主的統制のシステムを確立することがこれらの国における課題であるが、その達成度は国によって大きく異なる。フォースターらの研究によれば、比較的軍隊の民主的統制の達成度が高いバルト三国やブルガリア、ルーマニア、スロベニアなどに比べて、ロシアやウクライナなどは最も遅れた事例とされる。また、軍隊の民主的統制の制度的整備を「第一世代」の課題とすれば、「第二世代」の課題は制度運用の実効性確保の問題であると主張する[18]。政軍関係（特に軍隊の民主的統制）への社会学的アプローチ、すなわち、法的・政治的制度の枠組みだけでなく、幅広い社会関係のネットワークの文脈において軍隊と社会との関係を捉える視点の重要性があらためて再認識されてきたことは、近年の政軍関係の研究における一つの変化である[19]。

「文民統制」の制度的枠組みが整備されているはずの民主国家においても制度運用の実態は一様ではなく、時期により、あるいは特定の政治課題をめぐって、そのあり方は変化する。米国では、民軍文化ギャップ論に象徴されるように、「政軍関係の危機」が九〇年代後半になって盛んに議論されるようになった。そうしたなかで、軍のあからさまな政治介入だけでなく、政治アクターの指示に従わないさまざまな軍事アクターの不服従行動（shirking）も文民統制の「危機」であるとするエージェンシー理論を用いたミクロな政軍関係の動態分析も現れてきた[20]。政治アクターと軍事アクターの日常的な相互作用の側面に焦点を当てて分析するという手法は、政治アクターと軍事アクターのそれぞれの内部の多様性を考慮していないとの批判もあるとはいえ、文民統制に関する制度運用の実態を明らかにする新しいアプローチである。

したがって、近年の政軍関係論において浮上してきた新たなテーマは、軍隊の民主的統制の現実と概念的把握に関する再検討である。中・東欧諸国においては、軍隊の民主的統制を進展させるためには、制度改革だけでなく、軍人の意識改革により、民主主義を信奉し、文民優越と民主主義の原則を遵守する軍隊、軍人が「軍服を着た市民」として一般市民からも尊敬される軍隊の建設が必要である。また、その一方で、マスメディアやさまざまな市民団体を含む「市民社会（civil society）」の安全保障問題への積極的関与が不可欠であるとされる。民主主義国における軍隊の文民統制の究極的主体は、主権者たる国民である。近年の政軍関係に関する分析枠組みは、狭義の政軍関係である政治と軍隊の関係から、政治、軍隊や警察・情報機関を含む安全保障セクター、および市民社会を総合的に捉えた広義の政軍関係（軍隊と社会の関係）へと拡大してきている。また、「民主的統制（democratic control）」の概念よりも広い「民主的統治（democratic governance）」の概念が用いられることもある。市民社会の概念には、政府を超えた民衆レベルの政治参加が含まれる。「九・一一」以降の安全保障環境の変化は、テロの脅威が一般市民社会にも及び、市民社会の安全保障問題への関与を余儀なくさせている。皮肉にも、九・一一後の世界は、グローバルな規模で軍隊の民主的統制の現実とその概念的把握のあり方を見直す機運を共有し、「政軍関係論研究のルネサンス[21]」の時代を迎えたことになる。

1　最新の研究動向については、拙稿「『軍隊と社会』研究の現在」『国際安全保障』（第三五巻第三号、二〇〇七年一二月）一―二二頁参照。

2　マックス・ウェーバー（濱島朗訳）『権力と支配』有斐閣、一九六七年。

3　Samuel Huntington, *The Soldier and the State* (Cambridge: Belknap Press, 1957).（市川良一訳）『軍人と国家』原書房、二〇〇八年。

4　Morris Janowitz, *The Professional Soldier* (New York: Free Press, 1960).

5　Morris Janowitz, "Military Organization," in R. Little, ed., *Handbook of Military Institution* (Beverly Hills: Sage, 1971), pp.13-51.

6　Charles Moskos, "From Institution to Occupation: Trends in Military Organization," *Armed Forces and Society*, Vol.4, No.1 (Fall 1978), pp.41-50.

7　Charles Moskos and Frank Wood, *The Military: More Than Just a Job?* (Washington, D.C.: Pergamon-Brassey's, 1988).

8　Charles Moskos, John A. Wllams, David Segal, *The Postmodern Military: Armed Forces after the Cold War*, (New York: Oxford University Press, 2000).

9　Bradford Booth, Meyer Kestnbaum, David Segal, "Are Post-Cold War Militaries Postmodern?," *Armed Forces and Society*, Vol.27, No.3 (Spring 2001), pp.319-342.

10　John A. Williams, "The Military and Society Beyond the Postmodern Era," *Orbis*, Vol.52, No.2, Spring 2008, pp.199-216.

11　William McNeil, The Pursuit of Power (Chicago: University of Chicago Press, 1984).（高橋均訳）『戦争の世界史』刀水書房、二〇〇二年。

12　Afred Stepan, *Rethinking Military Politics: Brasil and the Southern Cone* (Princeton University Press, 1988).（堀坂浩太郎訳）『ポスト権威主義』同文館、一九八九年。

13　James Burk, "Expertise, Jurisdiction, and Legitimacy of the Military Profession," in Don Snider and Gayle Watkins, eds., *The Future of Army Profession* (New York: McGraw-Hill Primis, 2002), pp.19-38.

14　Morris Janowitz, The Professional Soldier (New York: Free Press, 1960), p.418. 邦文での詳しい解説については、中村好寿『二十一世紀への軍隊と社会—シビル・ミリタリー・リレーションズの研究』（時潮社、一九八四年）、中村好寿『抑止力を越えて—二〇二〇年の軍事力』（時潮社、一九九六年）参照。

15　Amos Perlmutter, *The Military and Politics in Modern Times: On Professionals, Praetorians, and Revolutionary*

Soldiers (New Heaven: Yale University Press, 1977).

16 Samuel Finer, *The Man on Horseback: The Role of the Military in Politics* (Baltimore: Penguin Books, 1976).

17 Andrew Cottey, Timothy Edmunds, and Anthony Forster, *Democratic Control of the Military in Postcommunist Europe: Guarding the Guardians* (Basingstoke,UK: Palgrave, 2002); Anthony Forster, Timothy Edmunds, and Andrew Cottey, *The Challenge of Military Reform in Postcommunist Europe: Building Professional Armed Forces* (Basingstoke,UK: Palgrave, 2002) ; Anthony Forster, Timothy Edmunds, and Andrew Cottey, *Soldiers and Societies in Postcommunist Europe: Legitimacy and Change* (Basingstoke,UK: Palgrave, 2003).

18 Andrew Cottey, Timothy Edmunds, and Anthony Forster, "The Second Generation Problematic: Rethinking Democracy and Civil-Military Relations," *Armed Forces and Society*, Vol.29, No.1 (Fall, 2002), pp.31-56.

19 Vladimir Rukavishnikov and Michael Pugh, "Civil-Military Relations," in *Handbook of the Sociology of the Military*, pp.131-149; Vladimir Rukavishnikov, *From Cold War to Cold Peace: A Comparative Empirical Study of Russian and Western Political Cultures* (Brill Academic Publishers, 1997); Jurgen Kuhlmann and Jean Callaghan, eds., *Military and Society in 21st Century Europe* (Transaction Publishers, 2000).

20 Peter Feaver, "Crisis as Shirking: An Agency Theory Explanation of the Souring of American Civil-Military Relations," *Armed Forces and Society*, Vol.24, No.3 (Spring, 1998), pp.407-434; Peter Feaver, *Armed Servants: Agency, Oversight, and Civil-Military Relations* (Cambridge: Havard University Press, 2003); Deborah Avant,"Conflicting Indicators of 'Crisis' in American Civil-Military Relations," *Armed Forces and Society*, Vol.24, No.3 (Spring, 1998), pp.375-388.

21 Peter Feaver, "Civil-Military Relations," *Annual Review of Political Science*, Vol.2 (1999), pp.211-241.

第12章 安全保障の非軍事的側面

武田康裕

はじめに

　安全保障とは、本来国家の生存にかかわる中核的価値や究極的目標（たとえば領土の保全、国民の生命財産の保護、政府組織の維持など）に対する危機的状況が回避されている状態、および回避するための手段を意味する。そして概念的には、何を（価値・目標）、何から（脅威）、いかにして守るか（手段・方法）という三つの基本的要素から構成されている。いうまでもなく、国により時代により、あるいは一国の中でも、中核的価値や究極的目標に関する優先順位、脅威や危機の内容、そして対応手段の選択はさまざまである。とはいうものの、伝統的には、安全保障は「自国領土に対する外敵の侵略を軍事力によって守ること」と狭義に解釈され、軍事的な目標、脅威、手段がその中心に据えられてきた。

　しかし、近年、非軍事的側面への関心が高まり、安全保障を広義に捉え直そうとする傾向がある。第1章で紹介した「総合安全保障」「共通の安全保障」「協調的安全保障」「人間の安全保障」などという新しい概念の登場がそれを物語っている。こうした動きの端緒は、一九七〇年代、石油危機を契機に経済、エネルギー、資源、といった形容詞付き安全保障論の登場にみることができる。そして、冷戦の終結によって大戦争が勃発する危機が遠のいた今、テロリズム、環境、麻薬、エイズ、民主主義、人権、さらには女性差別の問題まで安全保障と関連させて議論する向きがあり、安全保障にかかわりのない問題はないといっても過言ではない。

しかし、安全保障概念の非軍事的側面を拡大することに対しては賛否両論が存在する。[1] 一方で、拡大は、これまで別の場所で論じられてきたさまざまな問題群を統合し、国際社会の新たな統治原理を再構築する契機となる可能性もある。また、非軍事的脅威に対処すべく、より多くの資源投下を可能にするような政治環境作りに資するとして積極的に評価する見方がある。だが、他方で、非軍事的側面を際限なく拡大した場合、安全保障という概念は政治的に望ましいと思われるすべての事柄の単なる総称にすぎなくなる。つまり、安全保障概念の再定義というよりは否定になりかねないというわけである。また、それは軍事的安全保障の重要性を過小評価するばかりか、非軍事的問題を戦略的観点から捉えることでかえって問題の解決を難しくするとして懸念する見方もある。たとえば、人道的に保護すべき対象だったはずの難民が、安全保障の観点からは危険な存在とみなされかねない。つまり、安全保障の非軍事的側面を拡大することは、守るべき対象と範囲を広げると同時に、脅威とみなされる対象をも増やす危険を伴っているのである。

本章の目的は、非軍事的安全保障という概念につきまとう曖昧さを解消するための土俵作りをすることにある。第一節で非軍事的安全保障の概念的枠組みを概観した後、第二節で、経済、資源・環境、政治・文化の三つの機能分野別に安全追求上の諸問題を整理する。第三節では、非軍事的な安全保障手段の有用性にふれた後、政治（外交）的、経済的、心理的手段について検討することにする。

1　非軍事的安全保障の概念的枠組み

（1）非軍事的安全保障とは何か

安全保障の非軍事的側面を考察するのに役立つ包括的な概念的枠組みを提示した先駆的業績として、公文俊平のシステム論的アプローチがある。公文は、安全保障を「主体（A）が手段（x）の行使によって、環境（E）からの撹乱作用（z）に対して、客体（O）の目標状態（y）の値を制御する」という形式に一般化した。つまり、安全保障という概念は、三種の行動体（主体、環境、客体）と三種の変数（手段、撹乱作用、目標）から構成され、各変数の間にy＝f（x, z）と表すことのできる関数関係が想定される。[2] したがって、ある安全目標（y）の水準は、撹乱作用（z）の程度とそれに対応する手段（x）によって決まることになる。

この枠組みに基づけば、広義の非軍事的安全保障は、三つの変数のうち少なくとも一つに非軍事的要素を含むものと考えることができる。すなわち、①非軍事的手段の行使による安全保障、②非軍事的撹乱作用に対する安全保障、③非軍事的目標の制御を試みる安全保障、のどれかに該当する場合である。しかし、広義の非軍事的安全保障は同時に広義の軍事的安全保障でもあることに注意が必要である。表1に示すように、狭義の軍事的安全保障（タイプⅠ）と非軍事的安全保障（タイプⅧ）の間には、両要素が混在する領域が存在し、各変数の組み合わせも多様である。たとえば、外交や情報技術による国家の安全保障（タイプⅡ）は通常は軍事的安全保障として論じられてきた。また、地域紛争下での深刻な人権侵害状況を平和強制部隊によって解決する場合（タイプⅣ）、核兵器開発による環境破壊を外交的努力によって阻止する場合（タイプⅥ）、民族的同質性を脅かす大量難民の流入を軍隊によって阻止する場

表1　非軍事的安全保障の諸形態

	(y)目標	(z)撹乱作用	(x)手段
タイプⅠ	軍事	軍事	軍事
タイプⅡ	軍事	軍事	非軍事
タイプⅢ	軍事	非軍事	軍事
タイプⅣ	非軍事	軍事	軍事
タイプⅤ	軍事	非軍事	非軍事
タイプⅥ	非軍事	軍事	非軍事
タイプⅦ	非軍事	非軍事	軍事
タイプⅧ	非軍事	非軍事	非軍事

狭義の軍事的安全保障

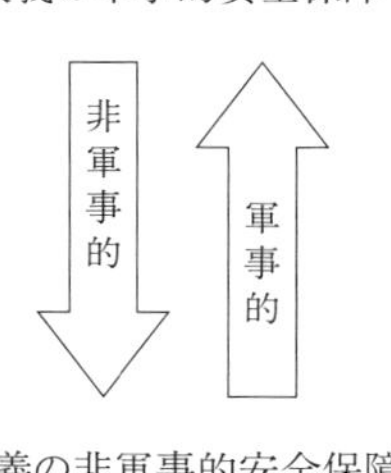

狭義の非軍事的安全保障

合（タイプⅦ）などを、非軍事的安全保障とするには違和感を覚える向きもあろう。

こうして軍事的・非軍事的安全保障を明確に区別することの難しさに加え、非軍事的安全保障を論じる際に生じる混乱は、どの変数を取り上げて議論しているのかが明確でなかったり、変数によって議論の深度に偏りがあることに起因している。たとえば、日本での経済安全保障論は、石油や食糧などの資源確保（経済的目標の安全保障）に関心が集中する傾向が強く、経済援助や生産技術などをいかに戦略的に活用すべきか（経済的手段による安全保障）については最近まで十分な議論が尽くされてこなかった。その一方で、外国市場発の金融危機を経済的撹乱からの安全保障として議論することはめったにない。また、環境安全保障では、温暖化や砂漠化など自然環境への撹乱作用の分析に終始し、それらが安全保障に与える影響に関しては十分な科学的根拠が示されてこなかった。

さらに、軍事的安全保障と比べて、撹乱作用の発生源の特定が容易ではなく、安全保障の主体や客体の確定自体が論争的であることが、非軍事的安全保障の議論を複雑にしているもう一つの原因である。たとえば、自然災害、環境破壊、経済危機などは、脅威の所在が不明確で、脅威を与えようとする意図も存在しない。しかも、経済安全保障や環境安全保障において、守られるべき客体は、国家レベルの安全なのか、あるいは個人、社会、地球レベルの安全なのかという問題もある。

(2)非軍事的安全保障の主体

安全を保障する主体として、国家以外にも、同盟や国連のような国家の集合体と、個人や企業のような国家より下位の主体を想定することが理論的には一応可能である。特に最近では、国家の主権が対内的、対外的にも制約を受ける一方で、非軍事的な問題領域に対する非国家主体の影響力が著しく増大している。たとえば、経済分野において、多国籍企業は国家に匹敵するだけの巨大な情報力、資金力、権力を持つ。また、環境保護団体や人権監視団体のような非政府組織の活動には、目覚ましいものがある。

しかし、安全を保障される客体が何であれ、第一義的な責任と最大の能力を持っているのは、依然として国家あるいは国家を代表する政府であるという事実は揺らいでいない[3]。非軍事的安全保障を国家安全保障とはまったく別の概念として対置する見方もあるが、両者は完全に切り離して考えるべきものではない。安全保障の軍事的側面だけを強調することには問題があるにせよ、安全保障は国家の存在と密接不可分な概念であり、国家の政策およびその集積によってしか達成できないものである[4]。ただし、政治的・軍事的対立を基礎とした伝統的な安全保障思考からの脱却が求められ、安全保障の領域が軍事的なものから非軍事的なものへと拡大する傾向にある今、非軍事的領域における政府の制御能力が相対的に低下しつつあることは皮肉なこととといえよう。

(3)非軍事的安全保障の客体

安全保障の客体を何に設定するかは、非軍事的安全保障として扱うべき諸変数(目標、手段、撹乱作用)の範囲に直結する問題である。理論上、安全保障の客体は、個人、国家、国際社会の三つのレベルで想定することができる。

国際関係を力の対立に基づくゼロ・サム的なイメージで捉えるリアリストは、安全保障の客体を国家に限定する傾向が強い。これに対して、国家間利益の協調的側面を重視し、他国の安全が保障されれば自国の安全も保障されると考えるリベラリストは、その範囲を個人から国際社会にまで広く捉える傾向がある。

モノ・カネ・ヒト・情報が主権国家の枠組みを超えて地球規模で移動するグローバリゼーションの時代において、自国の安全だけを追求することは次第に困難になっている。一国の状態の変化は直ちに他国に波及するため、他国の状態や国際社会全体にまで関心を払わざるをえない状況が生まれているからである。特に九・一一以降、国境を越えて活動する国際テロリズムへの対応は、国際社会全体が取り組む課題との認識が生まれた。しかし、国家の安全保障が国際レベルのダイナミクスに多大な影響を受けるということと、安全保障の客体を国際社会にまで拡大することとは、次元の異なる問題である[5]。アナーキー（無政府状態）を前提とする主権国家システムが存続する限り、安全保障の客体は第一義的に国家・国民であることに変わりはない。

他方で、国家が守るべき客体を個人レベルまで下ろした場合、安全保障として扱わねばならない領域は限りなく拡大し、社会保障と国家安全保障との区別はきわめて曖昧なものとなる。リップシュッツが指摘するように、安全保障とは「社会的に形成される概念」であり、特定の社会的文脈において意味を持つ[6]。それは、安全保障の中味が、元来、科学的・学術的分析によって斉一的に確定できる性質のものではないことを意味している。それと同時に、安全保障という概念が、日常的に使用される単なる安全という言葉とは異なり、独自の実践領域の中で生まれてきたものであることを示している。安全保障の客体を国家ではなく人間に置き換えた場合、この意味での安全保障概念の特殊性を放棄することになろう。

「人間の安全保障[7]」なる概念は、国家の安全が個人の安全を必ずしも保障せず、むしろ両者が矛盾するような状況に対する国際的関心を喚起した。しかし、人権や開発という範疇で議論されてきたこれらの問題群を、元来国家と密接に結びついて発展してきた安全保障概念に包括することの是非については慎重に考慮する必要がある。国際社会が主権国家を主要な単位として構成される限り、他国への内政不干渉は、国家の安全保障と国際社会の基本構造を維持する基本的な規範でもある。他国の内戦や民族抑圧を放置することは人道的には許されないことであるとしても、自国民を保護するのと同様に他国民の保護のために介入することが無条件に容認されるわけではない。つまり、他国の社会集団や個人といった非国家主体が安全保障の客体となるかどうかは、あくまで条件付きとならざるをえない。

(4)非軍事的撹乱の発生源

従来、撹乱の発生源は、もっぱら直接侵略の意図を持つ国外の主体であると考えられてきた。侵略意図の発生原因を、力の増大を追求する国家の本能的行動や、アナーキーな国際構造に求めるなど、撹乱の発生源は国外の環境にあると想定されてきたのである。しかし、非軍事的撹乱は、たとえば国際テロリズムのように悪意を持つ国内の主体であったり、自然災害のように非人為的なものや、世界不況のように特定の主体によらない構造的原因から生じるものもある。したがって、非軍事的撹乱の発生源には、国家および国家の下位主体、脱国家・超国家主体などを含む国際環境並びに自然環境からの撹乱を幅広く想定せざるをえない。従来、自国内を発生源とする非軍事的撹乱は、安全保障ではなく治安や統治という別の概念で説明され、国外からの撹乱とは別の行政機構が対応してきた。しかし、テロ組織のネットワーク化や殺傷能力の増大は、犯罪と戦争の境界線を曖昧にし、警察と軍隊の役割にも変化を与えている。

(5)非軍事的な撹乱作用

非軍事的撹乱作用に関して、フィッシャーは、①撹乱源の意図（意図的か意図的でないか）、②撹乱の対象（生存、

表2　非軍事的撹乱作用の分類

意図的撹乱作用			撹乱の対象	非意図的撹乱作用		
国内	国外	地球		国内	国外	地球
犯罪、民族対立、内戦、大量虐殺	侵略、武力介入、テロリズム	核の冬	生存	致命的疾病、飢餓、事故	核生物化学兵器の実験	温室効果、オゾン層破壊
麻薬密売	有害廃棄物、環境大気汚染	麻薬貿易	健康	水質汚染 伝染病		世界的流行病
汚職、窃盗、サボタージュ	不売運動、禁輸、封鎖	不等価交換、単一作物の強要	経済福祉	都市化、不況失業、文盲	難民流出	頭脳流出、債務危機
生態系破壊	水供給の停止		生活環境	公害、砂漠化、密猟、森林減少	越境大気汚染、酸性雨	人口爆発、乱獲、海洋汚染、種の絶滅
クーデタ、差別、独裁、拷問、不正選挙	転覆工作、プロパガンダ		政治的権利	マスメディアの独占		非対称情報交換、文化統一

出典: Dietrich Fischer, *Nonmilitary Aspects of Security: A Systems Approach*, (Dartmouth: United Nations Institute for Disarmament Research, 1993), p.16より作表

健康、経済福祉、生活環境、政治的権利）、③撹乱の発生源（国内、国外、地球）による分類を行っている[8]。表2は、この分類に沿っていくつかの具体例を示したものである。これを概観すると、非軍事的な撹乱作用の多くは、テロリズムのように悪意を持った主体の行為とは限らず、自己利益を追求する複数主体の合理的行動の産物であることがわかる。

ただし、ここで示した非軍事的な撹乱作用のすべてが、安全保障上の問題になるわけではない。安全保障が他の価値の実現を犠牲にしても優先されるべきものであるとすれば、表には安全保障という範疇で議論する必要のないものも含まれている。たとえば、意図的撹乱作用の中でも、国内犯罪、汚職、不等価交換などがそれである。また、非軍事的撹乱作用をできる限り狭く捉える立場からは、意図せざる撹乱作用は安全保障の対象から排除される。なぜならば、安全保障とは意図と意図との相互作用から生じる脅威にのみ対処するものと考えられるからである。しかし、実際には意図の存在を客観的に判断するのは困難である。また、意図の存在が確認できない潜在的脅威や危機の顕在化に備えることも安全保障である。つまり、撹乱の意図の有無にかかわりなく、ある作用が撹乱を引き起こすかどうかの判断は、安全保障主体の判断

に委ねられる。

とはいえ、安全保障上の撹乱の特定が、当該政府の完全な自由裁量に委ねられているわけでもない。少なくとも、政府が講じた措置を正当化しうるほど撹乱作用が深刻なものでなくてはならない。ジョセフ・ロムは、安全保障上の考慮に値する撹乱作用とは、①国民生活の質を著しく低下させるか、②政府の選択肢の幅を相当狭めるおそれのある行為や事象の連鎖である、と指摘している[9]。また、より客観的な判断基準として、ブザンは、①撹乱源の特定可能性、②撹乱源との時間的・空間的距離、③撹乱の発生可能性、④被害の深刻度、の四条件を指摘している[10]。発生源の特定が容易で、時間的・空間的に差し迫ったものであり、発生の可能性が大きく、発生した際の被害が甚大なほど、安全保障手段の行使が正当化されることになる。この基準に照らした場合、多くの非軍事的撹乱は安全保障上の脅威として認定するのが困難であることがわかる。

(6)非軍事的な安全保障手段

一般に、安全保障手段は、安全保障の客体の脆弱性を軽減させるためのものか、撹乱作用を極小化したり、その発生を予防するためのものかに区別できる。前者は「向自的手段」と呼ばれ、後者は「向他的手段」と呼ばれる。撹乱の発生源に直接影響を与えるだけの手段(向他的手段)を持たない場合、撹乱作用の影響を最小限にとどめるべく、自らの強靭性を高める自助努力(向自的手段)に専念することになる。大国の場合には、状況に応じて両方の手段を使用することができるが、小国の場合はもっぱら向自的手段に限定される[11]。

さらに、向他的手段に関しては、意図的な撹乱か意図的でない撹乱かに応じた区別が重要である。意図的撹乱に対しては、他の主体の意思や行動を直接制御するために、非軍事的手段を抑止や強制のための政治的影響力に転換できるかが課題となる。コミュニケーションの仕方に応じて、①説得、②報酬の供与・約束、③制裁の実施・脅迫といった方法がとられる。また、意図的でない攪乱に対しては、行動の機会および利益の配分を規定したり、関係主体の態度や価値観を間接的に制御する能力が必要とされる。ここでは、軍事力に代表される実体的手段よりも非実体的手段、とりわけ、多種多様な国際交流を制御するための規範、原則、行動ルールの形成に有効な知識や情報が重要な役割を果たす[12]。

(7)非軍事的な安全保障目標

安全保障の客体を国家に限定した場合、国家の生存を守ることが最も基本的な目標であることはいうまでもない。国家の生存を保障するということは、具体的には、領土の保全、国民の生命財産の保護、そして政府組織の維持を意味する。つまり、生存には、物理的生存のみならず、生活水準の生存、政治的・精神的生存が含まれている。また、領土が唯一の富の源泉ではなくなり、武力による領土変更が抑制されるにつれて、国家の生存そのものだけでなく、生存のための諸条件や生存の質が、安全保障の目標に含まれるようになってきた。

本来、国家として守るべき価値や目標は、あらかじめ明白に定義されているべきであるが、実際には、その実現が危険にさらされるまで、何が重要な安全保障上の目標であるのかが認識されることは少ない。この意味で安全保障の目標は、まさに、攪乱作用や手段の関数なのである。いずれにしても、軍事的脅威からの生存という最低限の目標が確保されると、さまざまな非軍事的攪乱に応じて安全保障目標は多様化することになる。次節では、経済、資源・環境、政治・文化という三つの分野についてさらに詳しく検討することにしよう。

2　非軍事的安全保障の諸目標

(1)経済の安全保障

経済安全保障の目標は、一般的に、国の経済力や国民の生活水準を維持・向上することにある。そのためには、経済的な脆弱性を克服し、国際経済システムにおける自国の地位を維持もしくは向上させねばならない。つまり、経済の安全保障とは、国際競争力と経済的自立を同時に確保することと言い換えることができる。ロムは、国際競争力を「国民の実質所得を増大させながら、国際市場で競争可能な財やサービスを生産すること」と定義し、経済的自立を「外国の経済的強制からの自立を維持すること」と定義している。[13]

経済の安全保障を論じる際の第一の問題は、経済状態の安全が軍事的安全とは性質が異なることである。市場は、非効率な経済主体に倒産・破産の脅威を与えることで、健全な生産、配分、成長を促す制度である。したがって、市場において経済主体は常に不安全な状態にある。もし、経済的な撹乱作用から完全に自由になろうとすれば、市場の独占的支配が必要となるが、それは同時に経済システム自体を機能不全に陥らせるというジレンマを引き起こす。[14]しかも、経済的相互依存関係が深まるにつれて、いかなる国家も国際交流を断ち切って自給自足を達成することは事実上困難である。つまり、経済の安全保障では、不安からの完全な自由を実現することは不可能である。軍事的安全保障では、一国の完全な安全追求が他国の不安全を招来し、国際システムを変容させることになるが、経済の安全保障では一国の完全な安全追求がシステム全体を破壊するという深刻なジレンマを内在している。

また、国民経済の強化と経済的相互依存関係の安定との間にも、トレード・オフの関係が存在する。国際競争力を高めるには、自国経済の自由化を推進し、経済的相互依存関係を深化させる必要がある。しかし、経済効率の原理に基づいて相互依存関係が進展すれば、より低コストの生産資源と熟練労働を求めて生産基地が国外へ移転することになる。その結果、産業の空洞化によって工業生産力が低下し、政府が自国経済をコントロールする能力も低下せざるをえない。他方で、輸入障壁を設定し、国際競争力の弱い国内産業を保護しようとすれば、財やサービスの国境を越えた円滑な移動を阻害するという問題が発生する。つまり、経済の安全保障は、ある絶対的な状態を実現するのではなく、状況に応じて複数目標間のバランスを追求することになる。

第二の問題は、経済的撹乱を安全保障上の脅威とみなすことが可能かという点である。経済の安全保障に対する撹乱作用には、①市場の外から貿易、投資、金融の流れを阻害する外生要因と、②市場の内部における経済活動から派生する内生要因とが考えられる。新型インフルエンザの爆発的感染や自然災害のように、市場の機能を脅かす外生要因は常に存在するものの、核兵器の出現で、第二次世界大戦のような世界市場を揺るがすほどの大戦争が勃発する可能性は当面低下した。また、技術の発達によって、外生的撹乱をある程度は抑制できるようになった。

その一方で、相互依存関係の深化とともに内生的撹乱は増大傾向にある。たとえば、各国の工業化が進み国際競争が激しくなるにつれて、通商関係が政治問題となり、国際市場の機能を阻害する保護主義的傾向を生み出している。換言すれば、相互依存的国際関係は、モノやカネの流れが作り出す単なる経済現象ではなく、国益に資するように他国に影響を与えたり自己変革を迫る政治過程である。したがって、通常の経済活動から派生する意図せざる撹乱作用であっても、国際紛争へと発展する可能性が高い。国際経済への依存度が高く、国際関係の変化に応じて利害を調整する能力の低い国ほど、国際交流量の変化を脅威として認識する程度は高くなる。[15]ただし、日常の経済活動から派生する撹乱を安全保障上の脅威とみなす際には慎重さが要求される。既述のように、経済領域における不安は、経済的機会や効率を享受するための代価であり、価格メカニズムによって解決されるべきものが多いからである。

(2) 資源・環境の安全保障

天然資源を単なる生産手段とみなし、環境保護を生産コストとみなす場合、資源・環境の問題は経済安全保障の一分野として扱うことが可能である。しかし、資源と環境の安全保障には、経済安全保障の範疇では扱いきれない固有の目標が存在する。加えて、資源と環境との密接な相互作用を考慮すれば、両者を一組の安全保障領域として扱うのが適切であろう。すべての天然資源を包含する環境資源の中で、時間の経過とともに枯渇せざるをえない再生不能の天然資源を対象とするのが資源の安全保障であるのに対し、生態系のフィードバックによって元来再生が可能な天然資源を対象とするのが環境の安全保障である。こうした再生可能性の有無から、資源の安全保障はゼロサム的な国家間対立に発展しやすいのに対し、環境の安全保障はグローバルな課題として国家間協力を必要とする。

(a) 資源の安全保障

資源やエネルギーは、国家の力と富の主要な源泉であり、領土紛争の原因ともなりうることから、従来は軍事安全保障の課題として扱われてきた。しかし、資源小国といわれる日本やアジアＮＩＥＳの発展が示すように、資源の支配や所有が国家の富の拡大に必ずしも直結するわけではない。また、一部の戦略鉱物を別にすれば、軍需部門の資源消費率はきわめて小さく、ほとんどの需要は民需部門からのものである。今日、資源安全保障の目標（特に資源消費国にとって）は、国民生活の維持に十分なだけの資源供給を確保するために、適正な価格の資源市場にアクセスする方法を維持し、拡大することにある。

さまざまな天然資源は、武器製造に必要な戦略鉱物（クロム、コバルト、マンガン、プラチナなど）や経済成長を支える化石燃料（石炭、石油、天然ガス）といった再生不能資源と、生命の維持に不可欠な水や食糧などの再生可能資源とに区別できる。資源の希少性という点で、従来は再生不能資源の確保に関心が集中してきたが、今日では両者の区別はかなり曖昧なものになりつつある。技術の発達で再生不能資源の再利用や代替資源の開発が進む一方で、人口増加と工業化による過剰消費が再生可能資源の再生を事実上困難にしているからである。[16] 一九八〇年代以降、後者は環境問題として資源の安全保障とは別に議論されることになる。

資源の安全保障に対する脅威には、第一に、禁輸やボイコットなどによって資源の供給量や価格が意図的に操作される場合が考えられる。代表的な事例として、一九七三年に石油輸出機構（ＯＰＥＣ）が行った石油価格の七〇％引き上げや、アラブ諸国による石油産出量の削減とイスラエル寄り諸国に対する石油輸出の全面禁止がある。第二に、自然災害や内戦といった資源供給国・地域における不安定な社会・政治状況によってもたらされる場合がある。イラン革命を契機とする第二次石油危機がこれにあてはまる。

資源の安全保障政策として、①危機の発生を未然に防止する方法と、②危機発生後の被害を最小化する方法がある。前者には、代替資源への転換、自給能力の向上、国内消費の縮小などがある。しかし、こうした対外依存度の軽減には多大な費用を伴うため、結果的に全体の安全保障を損なう可能性がある。そこで、資源輸出国との協力関係を強化したり、シーレーンの安全確保や資源輸出国の政治的安定化などが重要となる。後者には、備蓄を強化したり、危機発生時の緊急対策措置を予め検討し整備しておくことなどが考えられる。

(b)環境の安全保障

二〇世紀後半以降の爆発的な人口増加と、経済活動の飛躍的増大による資源・エネルギー消費の増加がもたらす地球環境の破壊は、人間の健康、居住環境、経済的福利に対する深刻な脅威として認識され始めた。環境の安全保障とは、こうした生命圏の保全に脅威を及ぼすような自然環境の悪化を防ぐことにある。ただし、すべての環境破壊が安全保障上の課題となるわけではない。環境の安全保障として議論されるべき争点は、第一に、生態系のフィードバックに特徴付けられる再生可能な天然資源のうち、少なくとも、国民の生命や国家の死活的利益に対して間接的影響を与えるものに限定される。第二に、国民の生命財産に深刻な影響を与える自然環境の破壊であっても、地震や津波のように、人間の活動によらない自然災害は環境の安全保障からは除外される。

人々の生存を直接的に脅かす環境問題としては、よく指摘されるのが地球温暖化（温室効果）とオゾン層の破壊である。二〇一五年三月の気候変動に関する政府間パネル（ＩＰＣＣ）第五次報告書によれば、世界の二酸化炭素排出量は、最近一〇年間に大幅に増加し、累積排出量の約半分は過去四〇年間に排出されている。その結果、今期末までの世界の平均温度は二〇世紀末と比べて摂氏〇・三〜四・八度上昇し、海面水位は〇・二六〜〇・八二m上昇すると予測されている。[17]この地球温暖化によって、森林の減少、海面の上昇、大気汚染、疫病の流行、大洪水の頻発などの影響が懸念されている。また、大気中のフロン蓄積量は、一九五五年の一〇〇万トンから一九八三年には一三〇〇万トンに急増した。一九九五年末までにフロンの全廃が決定されたが、現在もオゾン層の破壊は進んでいる。有害紫外線を吸収するオゾン層が破壊されると、皮膚癌による死亡者の増加のみならず、農産物や海洋生物にも深刻な影響が出ると考えられている。[18]

地球環境問題は、被害が及ぶ範囲と関与する主体という二つの点で、国境を越える問題である。このような国際社会に対する共通の脅威に対処する上で、各国独自の行動や軍事的手段では解決が困難であり、多国間協力が不可欠である。そのためには、さまざまな環境問題に応じて、国家行動を規制する規範と行動ルールに関する国際レジームが必要である。すでに長距離越境大気汚染、オゾン層の保護、船舶からの海洋汚染、有害廃棄物の越境輸送、砂漠化対処などに関するレジームが形成されているが、法的拘束力という点でその効果にはかなりのばらつきがある。

効果的な国際レジームの構築を難しくしているのは、第一に、環境悪化がもたらす被害と危険の程度が、国や地域によって大きく異なる点である。一般的に、環境問題の多くは将来的かつ間接的な脅威にすぎないものが多く、差し迫った脅威と認識しない国にとって、環境問題は安全保障上の課題とはならない場合がある。第二に、環境問題の原因を作り出している国が事実上の拒否権を保有しており、レジーム形成の鍵を握っているという点である。たとえば、最大の炭素排出国である米国の京都議定書からの離脱は、温暖化抑制に消極的な発展途上国のレジーム不参加を促し、レジームの実効性を著しく損なうことになる。第三に、環境問題の因果関係を証明する科学的根拠が不十分であったり、証拠の提示には時間がかかる点である。オゾン層破壊の現実とその原因の特定には、一九七七年に国連環境計画が行動計画を採択してから一九九〇年にフロン全廃条約が締結されるまでに実に一四年の歳月を必要とした。

(3) 政治・文化の安全保障

政治・文化の安全保障とは、国家や国民の政治的・精神的生存を守ることである。政治的生存とは、政治体制や政体の安定、および国家の統治原理やイデオロギーを守ることであり、精神的生存とは歴史的に定着してきた国民社会の文化・思想・宗教・道徳並びに国民性などを維持することである。つまり、国家主権に対する政治的障害と社会的同一性に対する文化的障害を克服し、国家や社会の統合を維持・促進することである[19]。

政治的生存に対する撹乱源は、主として多様な政治制度やイデオロギーの並存を基本的特徴とする国際システムにある。一九世紀までの君主制と共和制という対立に代わって、二〇世紀に入ると自由民主主義、ファシズム、共産主義、最近ではイスラム原理主義といったイデオロギー間の対立が表面化した。しかし、異なる政治体制やイデオロギーの存在自体が直ちに脅威となるわけではない。実際には、国益やパワーをめぐる対立構造と連動している場合や、国家体制に対する内政干渉が意図的に行われた場合に脅威として認識されることになる。

政治的生存に対する脅威と比べて、文化的生存に対する脅威を特定することは難しい。なぜならば、そもそも国民の文化的アイデンティティ自体が明確ではないし、時代の変化とともに変質するからである。また、異質な文化の存在が、自国の文化的アイデンティティを強化するという側面も否定できない。一般に、単一の民族、宗教、言語を共有する国民社会は、異質の文化を脅威として認識する傾向が強く、難民や移民の流入に対して警戒的である。多民族・多文化国家の場合には、国民統合の度合いに応じて、異質の文化に対する寛容度は異なる。多民族国家の中でも、共通の属性ではなく自由と民主主義という理念の下に国民統合を行ってきた米国の寛容度は高く、「単一民族」意識から移民や難民の受け入れに消極的な日本は、寛容度が低い国の一つといえよう。とはいえ、二〇一一年以来のシリア難民に対する欧州諸国、並びに中米不法移民に対する米国トランプ政権の対応は、多民族国家の寛容度の限界を示している。

冷戦の終結は、政治の安全保障を向上させたが、逆に文化の安全保障を悪化させた[20]。東側世界の崩壊は、大部分の民主主義国家にとって、共産主義勢力による間接侵略の脅威を消失させた。その一方で、民主主義の拡散は、国内のさまざまなエスニック集団に固有の文化的アイデンティティや自治を要求する機会を提供することになった。また、経済的相互依存や技術の標準化を通じて同質化が進行する中で、国内の諸集団が独自の価値や文化的特徴を主張するようになった。こうした状況は、単に国民統合に対する攪乱要因となるだけでなく、文化的特徴を共有する近隣諸国へも波及する危険性が高いため対外的な攪乱要因にもなる。

3　安全保障の非軍事的手段

(1)非軍事的手段の有用性

　軍事力は、国家の安全保障にとって中核的手段であり、他のいかなる手段もこれを完全に代替することはできない。ただし、軍事力の有用性が、あくまで相対的なものにとどまらざるをえないのも事実である。特に、核兵器の出現と相互依存の進展により、軍事力による安全保障の妥当性と有用性が低下した。その一方で、安全保障上の問題として関心を払うべき対象が広がるにつれて、非軍事的手段によって代替可能な領域は拡大する傾向にある。そこで、限られた資源の中で、軍事的手段と非軍事的手段を組み合わせて、いかに最適な安全保障水準を維持しうるかが重要な政策課題となる。

　ところで、非軍事的な安全保障手段の有用性に関して、しばしば陥りがちな誤りがある[21]。第一は、軍事的手段と比べて、非軍事的手段の行使に伴う費用が小さいことから、その効用を過大評価する場合である。たとえば、兵器の破壊能力の増大で戦争の費用が上昇した結果、軍事力よりも経済力の方が有用であるという議論がそれである。効用(utility)とは、費用(入力)と便益(出力)との比較によって判断されるべきものであるが、ここでは、費用の比較だけで非軍事的手段の有用性が結論づけられている。経済力によって紛争の原因を除去したり紛争を未然に防止することは可能でも、一旦発生した紛争を処理することはできない。いかに費用が高くついても、不法な権利の侵害を拒否するには軍事的手段に頼らざるをえない場合もあるのである。したがって、軍事力の有用性が低下し、非軍事的手段はそれを補完するものではあっても、すべてを代替しうるものではないことをあらためて指摘しておく必要があろう。

第二に、右記とは逆に、軍事的手段の費用を過小評価することで、非軍事的手段の効用を認めない場合がある。軍事技術の発達によって、以前ほど国民経済に多大な負担をかけることなく、防衛能力の高い兵器を保有することが可能になったというのがその根拠である。ここでの問題は、主として費用の算定方法にある。軍事的手段の費用には、兵器の購入や生産に直接費やした実質費用だけでなく、そのために放棄された代替報酬、つまり機会費用も含まれねばならない。また、実際に軍事力が行使され戦争に至った場合、経済的に換算可能な費用だけでなく、人命の損失、モラルの荒廃、国内制度の弱体化といった諸費用も含まれねばならない。

第三は、非軍事的手段では、期待した効果を達成できる確率が低いことから、その有用性を過小評価する場合である。たとえば、わずかな事例を別にして、経済制裁によって対象国の侵略行動が阻止されたという前例がない以上、経済制裁の有用性は低いといった指摘がしばしばなされる。しかし、ここでは費用に関する考慮がなく、しかも他の手段との比較という視点が欠落している。つまり、いかに経済制裁の成功の確率が低くとも、他に手段が存在しなかったり、他の手段と比較して効用が少しでも大きければ、政策決定者にとってそれは有用な選択肢といえるのである。ちなみに、効果（effectiveness）とは、効用を決定する二つの要素のうち、便益あるいは出力にのみ着目した概念である。仮に効果だけに限定した評価を行うとしても、それはあくまで目標の難易度に応じて行われるべきものであり、一般化することはできない。経済制裁の平均成功率は約三二％との研究成果があるが、これが仮に野球の打率であれば好打者と評価されるようなものである。

右記の議論に共通する問題点は、安全保障手段の有用性を、手段に備わった固有の性質としてみなしていることにある。したがって、非軍事的手段の有用性も、あくまで具体的な対象と目標に応じた効用（費用対効果）、そして軍事的手段との比較効用の見地から判断されねばならない。

(2)経済的手段

経済的手段が持つ安全保障上の役割は、第一に、軍事力の保持を可能にする物的基盤を提供することにある。一国の経済資源をどの程度軍備に振り向けるかは、国際環境の変化や直面する軍事的脅威の度合によって異なる。一九八五年から二〇一七年までの間に、国内総生産（ＧＤＰ）に占める軍事支出の世界平均値は六・七％から一・九九％へと低下した。しかし、国別にみると、オマーンの一二・〇八％からハイチの〇・〇八％まで、その値には大きな格差が存在する。著しくバランスを欠いた軍備への過重配分を継続するのは不可能であり、かえって全体の国力を疲弊させ、中長期的には逆効果となることはソ連の崩壊が示すとおりである。一国の軍事力を規定するのは、基本的にその経済力である。事実、ドル換算した名目ＧＤＰで測定した経済力において世界の上位一〇カ国のうち七カ国までが、軍事支出額でも上位一〇カ国にランクされており、世界の軍事支出総額の約六四％を占めている。[22]

経済的手段の第二の役割は、国民の欲求を充足し、社会的対立を緩和することで、国内の秩序や体制を脅かす間接侵略を予防することである。ボールディングが指摘するように、一般に、社会が貧しければ貧しいほど、財が乏しければ乏しいほど紛争は激化しやすい。なぜならば、一人当たりの実質所得が増え続ける発展的社会では、富める者と貧しい者とがポジティブ・サム・ゲームを展開するのに対して、停滞的社会では限られた資源をめぐるゼロ・サム・ゲームが展開されるからである。また、豊かな流動的社会では、中産階級を介して貧者から富者への移行が可能であるため、階級意識を反映した紛争は起きにくい。[23]しかし、急速な経済・社会変化は、伝統的な社会構造を破壊し、所得格差や消費の抑制により社会的不満を増大させ、政治的安定を危うくすることがあることにも留意すべきである。

第三に、望ましい国際環境を整備するための政治・外交的道具としての役割がある。[24]各国の経済活動が国際化するにつれて、貿易や対外援助は、経済的必要と依存を利用した影響力行使の手段となる。一般的に依存の程度は、①一方のアクターが他のアクターの提供する財を必要とする程度と、②その財を別の財や別の供給者で代替できる可能性によって決定される。前者を利害関心度、後者を代替可能性と呼ぶとすれば、一国の潜在的な影響力は、相手国の利害関心度に比例して増大し、代替可能性に反比例して減少することになる。

経済的手段を外交の道具として活用するには、制裁（negative sanction）と報奨（positive sanction）という方法がとられる。制裁とは、禁輸、関税の引き上げ、援助の停止や減額などによって、対象国が従来より享受してきた価値や、獲得を期待していた価値を剥奪したり、あるいはその脅迫を行うことである。他方、報奨とは、最恵国待遇の付与、輸入割当の拡大、援助の新規供与や増額など、相手が期待する以上の価値を提供したり、その約束を行うことである。

制裁の効果は、価値剥奪の機会費用が、要求に従う費用よりも大きいと相手国が判断した場合に発生する。制裁の脅迫によって相手国の行動を制御することが可能な範囲は、現在相手国に提供している価値の大きさによって決まる。他方、報奨の効果は、期待報酬が要求に従う費用よりも大きいと相手国が判断する場合に発生する。したがって、報奨の約束によって相手の行動を制御できる範囲は、現行の価値供与水準ではなく、新たに価値を供与する能力および約束の信憑性によって決まる。また、制裁の脅迫は、相手国が要求に応じない場合に制裁を実施する費用が発生するのに対して、報奨の約束は、相手国が要求に応じたときに約束を履行する費用が発生する。したがって、制裁の脅迫は成功の見込みが高い要求を行う場合に、報奨の約束は成功の見込みが低い要求を行う場合に適している。

(3) 心理的手段——宣伝、広報、情報技術

大衆の政治参加が拡大し、交通・通信技術の発達による諸国民間の交流が増大するにつれて、大衆の態度と行動が国家の安全保障政策に死活的な影響を与えるようになってきた。そこで、安全保障上の利益を支持するような知的信

念、道義的評価、および感情的嗜好を国家の側から直接・間接的に醸成し、形成する心理的手段が重要性を増している。

具体的に世論を形成したり操作する方法には、大きく分けて①広報と②宣伝がある。広報は、政策意図に対する有害な誤謬と歪曲を是正し、誤った判断を防ぐためのデータと事実を提供することである。自国に好意的な国際イメージを形成したり、相互理解を深めるための文化交流なども、広い意味で広報活動の一環といえる。広報が情報の受け手に判断を委ねるのに対して、宣伝は受け手の判断に直接影響を与えることを目的とする。つまり、宣伝は、もっぱら宣伝者の利益に合致するように相手の態度を変えることにあり、伝達される内容は、客観的な事実や情報であるとは限らない。宣伝の核心はそれが真理であるかどうかよりも、真理であると信じさせることにある。

ホルスティは、宣伝が効果的となる条件を以下のように指摘している。第一に宣伝が特定の対象にとって主要な、あるいは唯一の情報源である場合、第二に宣伝の送り手と少なくとも幾分か同じ態度を共有している人々に向けられる場合、第三に比較的柔軟な信条や態度を持つ青年層と無関心層に対する場合である。[25] つまり、宣伝は、明確な判断や意見形成の脆弱さを利用した手段であるといえる。

従来、安全保障手段の重点は、宣伝活動に置かれてきた。とりわけ、宣伝を本格的に活用してきたのは、政府が通信手段を独占する全体主義国家においてである。他方で、民主主義国家では、信憑性の高い情報を求める議会や報道機関の圧力が働くので、露骨な宣伝活動はむしろ不信と批判の対象となりやすい。マスメディアの発達によって、宣伝の対象となる大衆に物理的に接近することは容易になった。他方で、外部情報の流入を規制することが困難となり、著しく歪められた事実や操作された情報はかえって宣伝者の信頼性を失わせることにもなる。

こうして、宣伝に客観性が求められるようになるにしたがい、広報との区別はきわめて曖昧なものとなりつつある。また、もっぱら国家的便宜を動機とする宣伝は、かえって国際秩序にとって有害となる場合さえある。むしろ、宣伝に内在するゼロ・サム的視点を超えて、妥協を見いだすための手段たる広報の役割が急浮上している。特に、環境・経済分野のレジーム形成には、当該問題に対する認識、知識の増進、コンセンサスの形成が重要な役割を果たす。また、近年、軍事安全保障の分野でも、防衛白書の公表などによる透明性の向上や信頼醸成を構築する試みが重要性を増している。

そして、自国の理念、イデオロギー、文化、経済・社会・政治システムを広くアピールするための手段として、最近その重要性が認識されてきたのは情報技術である。地域紛争、大量破壊兵器の拡散、国際テロリズム、地球環境の悪化などを阻止する上で、情報を収集、処理、応用、拡散する能力が決定的な役割を果たしつつある。ジョセフ・ナイは、冷戦後の国際関係における中核問題は、「脅威の種類とそのレベルにまつわる曖昧さ」にあり、情報力こそがこの曖昧さを取り除く能力の基盤となると指摘している(26)。

おわりに

安全保障という概念が、元来、軍事・非軍事の両側面を含む広範な意味を持つことについてはほとんど異論がない。しかし、安全保障の非軍事的側面を議論する際、特に守るべき目標や対処すべき危機に関して、考慮すべき範囲をどこまで拡大すべきかについてはまったくコンセンサスが存在しない。さまざまな国家政策の中で、安全保障は最も優先順位の高い政策領域である以上、非軍事的側面の範囲を設定すること自体が政治的な意味を持っている。冷戦終結後の数年間に行われた安全保障概念の再定義は、非軍事的側面の重要性に関する認識が政策決定者の間でも共有されるに至った点で、一定の役割を果たしたといえる。しかし、今後は安全保障の非軍事的側面の限界を設定するためのより緻密な議論が必要となってくるであろう。

1 拡大論には、Dietrich Fischer, *Nonmilitary Aspects of Security: A Systems Approach*（Dartmouth: United Nations Institute for Disarmament Research, 1993）; Richard H. Ullman, "Redefining Security," *International Security*, Vol.8, No.1（Summer 1983）, pp.129-53. などがある。限定論としては、笹部益弘「安全保障の概念」『新防衛論集』（第六巻第二号、一九七八年）二〇—四九頁、Ole Waever, "Securitization and Desecuritization," in Ronnie D. Lipschutz, ed., *On Security*（New York: Columbia University Press 1995）, pp.46-86. などがある。前者は、安全保障（security）という言葉を日常生活の中で使用される一般的な概念として捉え、後者は、国家安全保障という実践領域の中で培われた特殊な概念として扱っている。

2 公文俊平「経済安全保障とは何か—概念分析的試論—」衛藤瀋吉他編『日本の安全 世界の安全』（原書房、一九八〇年）四三—六七頁。

3 Robert Mandel, *The Changing Face of National Security: A Conceptual Analysis*（London: Greenwood Press, 1994）, p.24.

4 岡部達味『国際政治の分析枠組』（東京大学出版会、一九九五年）一六八—一八二頁。

5 Waever, "Securitization and Desecuritization," p.49.

6 Lipschutz, "On Security," in Ronnie D. Lipschutz, ed., *On Security*, p.10.

7 「人間の安全保障」は国連開発計画『人間開発報告書 一九九四』（国際協力出版会、一九九五年）の中ではじめて提起された。同概念の理論的考察については、栗栖薫子「人間の安全保障」『国際政治』第一一七号（一九九八年三月）、八五—一〇二頁を参照。

8 Fischer, *Nonmilitary Aspects of Security*, pp.14-28.

9 Joseph J. Romm, *Defining National Security: The Nonmilitary Aspects*（New York: Council on Foreign Relations Press, 1993）, p.85.

10 Barry Buzan, *People, States and Fear: An Agenda for International Security Studies in the Post-Cold War Era*, Second Edition（New York: Harvester Wheatsheaf, 1991）, p.134.

11 公文俊平、前掲書、五四頁。

12 意図的ではない撹乱を制御するための非軍事的手段は、ナイの提唱するソフト・パワー概念と合致する。Joseph S. Nye, Jr., *Bound to Lead: the Changing Nature of American Power*（New York: Basic Books, 1990）, pp.29-34.

13 Romm, *Defining National Security*, p.78-79.

14 Buzan, *People, States and Fear*, pp.234-37.

15 相互依存的な国際交流をめぐる安全保障に関しては、山影進「非軍事的安全保障の国際関係論的基礎」山本吉宣、薬師寺泰蔵、山影進編『国際関係理論の新展開』(東京大学出版会、一九八四年)一三五―一五七頁を参照。

16 Jessica Tuchman Mathews, "Redefining Security," *Foreign Affairs*, Vol.68, No.2 (Spring 1989), p.164.

17 〈http://www.env.go.jp/earth/5th/pdf/ar5_syr_spmj.pdf〉(二〇一五年三月三一日公表)。

18 Gareth Porter and Janet Welsh Brown, *Global Environmental Politics* (New York: Westview Press, 1991).〔ガレス・ポーター、ジャネット・W・ブラウン(信夫隆司訳)『地球環境政治』(国際書院、一九九三年)、二一―二七頁〕。

19 Mandel, *The Changing Face of National Security*, p.90.

20 Ibid. p.92.

21 この点に関しては、David A. Baldwin, *Economic Statecraft* (New Jersey: Princeton University Press, 1985), pp.115-144. を参照。

22 The International Institute for Strategic Studies, *The Military Balance*, 2018, pp.502-508; http://www.imf.org/external/datamapper/PPPGDP@WEO/OEMDC/ADVEC/WEOWORLD(二〇一八年三月一日アクセス)。

23 Kenneth E. Boulding, *Conflict and Defense: A General Theory* (New York: Harper & Row, 1962).〔ケネス・ボールディング(内田忠夫・衛藤瀋吉訳)『紛争の一般理論』(ダイヤモンド社、一九七一年)、二三一―二五一頁〕。

24 以下の点については、拙稿「日本の安全保障と対外援助」佐瀬昌盛、石渡哲編『転換期の日本そして世界』(人間の科学社、一九九五年)一二六―一五四頁を参照。

25 K. J. Holsti, *International Politics: A Framework for Analysis* (New Jersey: Prentice-Hall, 1967).〔K・J・ホルスティ(宮里政玄訳)『国際政治の理論』(勁草書房、一九八〇年)、三三七―三九頁〕。

26 Joseph S. Nye and William A. Owens, "America's Information Edge," *Foreign Affairs*, Vol.75, No.2 (March/April 1996), pp.20-36.

第13章 「新たな脅威」と非伝統的安全保障

宮坂直史

1 「非伝統的安全保障」と「非伝統的脅威」

安全保障には「伝統的安全保障」に対して「非伝統的安全保障」(non-traditional security)といわれる問題領域がある[1]。まず前者は、A国の軍事力や政治的意図が、B国にとって自国の領土的保全や政治的独立、国民の生存に脅威だと感じるときに、B国が外交と力で対抗しようとする問題である。現在の日本にとってそれは、北朝鮮のミサイルや核開発、中国との尖閣諸島をめぐる領有権問題などである。今でも安全保障といえば軍事と外交の問題がコアであり続けている。

その上で冷戦後、外交と軍事だけには収まらない新しい性質の問題もまた安全保障の一種とみなされ、それが「非伝統的安全保障」と総称されるようになった。自然発生的または人為的に、または双方が絡み合って引き起こされる状況によって、多国間の不特定多数の人々の安全(生命、健康、社会秩序、基本的人権)が脅かされる問題で、たとえば、気候変動、自然災害、資源の枯渇、食料の不足、感染症、移民・難民の大量発生などである。これら一つひとつは独立した別々の問題とは必ずしもいえないが、いずれにせよ外交と軍事力のみで対処できるものではなく、政府機関、国際機関、NGO、企業、シンクタンクなどが関与し、新たな技術の導入や、さまざまな協定、法令、ルールの検討が常に求められている。

さて、本章では「非伝統的安全保障」の中でも、主として非国家主体（non-state actors）によって作為的につくられる危険や脅威を取り上げることとする。それは「非伝統的脅威」（non-traditional threats）と呼ばれている。ここで非国家主体とはテロリストや海賊、麻薬密売などにかかわる越境犯罪組織が主たるものになる。彼らは、国家の統治構造に対する破壊行為、あるいは反社会的な違法行為を常習的に重ねる過程で、多国間の不特定多数の人々に危害を加え、断続的に社会経済活動を妨害する。したがって、平素から国家、国際レベルで対策がとられ、さまざまな機関による連携が求められている。

ところで、「非伝統的」を以前には存在しなかった新しさという意味でとると、テロや海賊、麻薬は紀元前から問題になってきたのであるから、目新しくはない。しかし、テロなどの脅威が太古から現在まで「不変」であったかというと、決してそうではない。とりわけ冷戦後になると、その脅威はフルモデルチェンジを遂げた。多くの国にとって安全保障問題とみなされるほど攻撃の規模、被害が大きくなり、高度に組織化されるようにもなった。つまり、昔からあった現象でも近年その脅威が一変したという点で新しく「非伝統的」といえるのである。紀元前七五年、遊学するためロードス島に向けて航海中であった若きユリウス・カエサルは海賊に襲われ囚われの身となる。彼はそれでも海賊を小馬鹿にして自分の価値を吹聴し自ら身代金を吊り上げ、解放されたとたんに個人で征伐隊を組織し海賊を急襲した。この有名なエピソードはカエサル神話のみならず当時の海賊のイメージを伝えてくれる。今日ならばたとえ傑出した人物でもテロリストや海賊を手玉にとって個人の力で報復するなど映画の世界以外に考えられない。

2　テロリズム

テロリズムは「非伝統的脅威」の代表として挙げられることが多い。要人暗殺や人質はテロの代表的な形態であるが、それは紀元前から記録されていることであるし、またテロ行為を通じて周囲の人々に恐怖や不安を与え、存在や大義を知らしめるというテロの本質も不変である。しかし、その中身は大きく変化してきた。

テロリズムの歴史をみると、各国で似たようなグループが生まれ、世界共通の問題として認識される時期がある。その「第一の波」は、一九世紀後半から二〇世紀初頭までのアナーキストによるテロ、そして「第二の波」は、一九六〇年代後半から八〇年代頃まで続く左翼の過激派によるテロ、続く「第三の波」は一九九〇年代以降現在に至る宗教テロの台頭を特徴としている。主役の交代だけではなく、「第一の波」の時期には要人暗殺が主たるものであったのが、「第二の波」の時期にハイジャックや大使館占拠が加わり、「第三の波」は無差別的な大量殺傷や敵地中枢での攻撃というようにその特徴的な手法も変化した。しかも最近の爆弾テロ事件の多くは、大量殺傷を可能とする爆発物を自ら製造している。その嚆矢は、一九九三年二月二六日のニューヨーク世界貿易センタービル爆破事件であった。それ以降、一度のテロで死者が一〇〇人超あるいは負傷者数もそれ以上の大量殺傷テロが続発し、それが二一世紀に入っても続いている。

今日のテロ活動を活発にする推進力としては次の二点が考えられる。第一に、九〇年代後半から普及したインターネットである。それはテロリストにとって①仲間内の連絡、②対外的宣伝、③情報収集のコストを下げる利点をもたらした。①連絡については、それまでは接触、電話、郵便かそれとも一般メディアに暗号文等をのせるしかなかったのだが、電子メイルが加わったことは革命的であった。程なくして通常の送受信では傍受される危険が知れ渡ると、無料アドレスを取得し仲間内でＩＤとパスワードを共有し、実際に送受信しないで誰かがメッセージを保管し、それをどこからでも見る、という手法が一時期広く使われるようになった。さらに、二〇〇〇年代の半ば以降はＳＮＳが普及し、メッセンジャーアプリの中で暗号化して送受信するものなどが使われた。

②対外的宣伝はテロ活動に不可欠であり、インターネット普及以前の時代は、犯行ビデオや声明文などをマスコミに送付していた。つまり、宣伝を広く世に知らしめるにはマスコミの力を借りなければならなかった。インターネットの普及で主体的に無制限に宣伝できるようになった。主要なテロ組織は、体裁の整った見栄えのよいオンライン・マガジンさえ継続的に発行するようになった。動画によせ文章にせよ、誰かが勝手にアップしたり、リツイートし無限に拡散したりしてくれる。互いに面識がなくてもＳＮＳでのやり取りを通じて、テロ組織のリクルーターによって勧誘されることも多い。

③情報収集のコストも低下した。端末さえあれば居ながらにして、テロの標的とする場所の予備知識を仕入れることができる。たとえば集客施設の催し物日程や、客席、会場見取り図などは大抵ネット上で公開されている。その周辺にいかなる警察、消防等の初動対処機関が配置されているのか、接近や逃亡のための道路状況、交通事情までも知ることが可能である。さらには、手製爆発物や有毒ガスなどの詳しい作り方もネットに流出している。インターネット以前の時代には、爆弾製造の地下出版物が出回っていたことを思うと隔世の感がある。テロの手法のみならず、ネットで偏った思想に常時接して、それに同調、感化されることもある。ネットの利便性は、「過激化」の土壌としても作用している。

今日のテロ活動の活発化をもたらす第二の点は、ヒトの越境「移動」と運動への「参加」が容易になっている状況である。

まず、時代比較をしてみると、冷戦時代にはソ連や東欧諸国など共産圏での外国人の移動には大きな制限がかかっていたが（同国人でさえ居住地選択の自由は完全ではなかった）、今でもそれが厳格にコントロールされているのは北朝鮮くらいである。ＥＵ圏内では「シェンゲン協定」によって外国人もいったん入国すれば加盟国への出入りが自由になる。同時に、前述のインターネットの普及とも関係するが、たとえば欧州で、Ｇ８サミットやＷＴＯ（世界貿易機関）閣僚会合のような国際的に注目される会議、イベントがあると、それに抗議する勢力が組織的に大動員をかけたり、自発的に活動家が参加したりする。それは時として抗議活動を超えて暴力的になり、そもそも反グローバリズムという思想が根底にある運動だけに、そこにテロリストが混じっていてもおかしくないのである。

運動に参加するという点では、武力紛争が行われている国に、自分と同じイスラム教徒を支援するために、他国から「私的」に参戦（国家による公式の対外政策ではなく、正規軍の派遣でもないボランティア。ただし参戦する者は宗教的義務のジハードだと信じている）する現象も近年繰り返されている。その嚆矢は一九八〇年代のアフガニスタン戦争であり、同国に侵攻したソ連軍と戦うために、世界各国からムスリムの義勇兵が参加した。それはイスラム過激派（ジハーディスト）がその後に増殖する源泉だったといわれる。九〇年代のソマリア、ボスニア、チェチェン、二〇〇〇年代のイラクでも外部からムスリムによる私的な参戦が繰り返された。二〇一四年に「イスラム国」（イスラミック・ステート：ＩＳ）の樹立が宣言されると、その「移住」の呼びかけに応じて、同国が拠点とするシリアやイラクに多数の外国出身のムスリムが向かった。「イスラム国」は宗教的には正しく門戸を開放し、海外からムスリムの参加を容易にさせた。そして、各人はこの紛争地での実戦経験や訓練を、欧米、アジア諸国でのテロに活かしたのである。

アフガニスタンやシリアをはじめ、各所での武力紛争の長期化や経済的困窮によって難民、移民が大量に発生した。難民キャンプに滞留したまま帰還の可能性が小さくなるほど、テロリストのリクルートの温床になりかねない。移動して欧州各国にたどり着くと、そこで待ち受ける排外主義の右翼テロが活性化する。

さて、何事も原因を把握することが対策の第一歩であるから、テロの原因について考えてみたい。テロ組織のタイプ、目的は多種多様で、個々のテロ行為に至る動機も千差万別であるから、テロ一般の原因を一つに特定することはできない。戦争一般や犯罪一般の原因を一つに特定できないのと同じことである。

それでも個別にみていくと、テロの原因と思われる状況を改善することが対策になるといえそうなケースもみつかるであろう。たとえば、A国のB地域出身者にテロリストが多く、B地域は国の平均よりも一段と貧しく、テロリストには貧困家庭の出が多いとしよう。しかも、彼らによって構成されるテロ組織の目標が左翼革命であれば、貧困対策の成否がテロの増減に影響するであろう。あるいは、C国とD国は長期間紛争中で、D国の社会インフラは破壊され若者の就業率は極端に低く、C国への憎悪ばかりが増し、テロ組織への加入が絶えないという状況があったとしよう。この場合、C国とD国の停戦、和平が求められよう。だが、前者の場合でも貧困の改善はすぐにできるものではないし、政治過程への参加拡大がより重要かもしれない。後者のケースでは停戦や和平に反対する勢力が必ずいてテロで妨害しようとするので、和平反対派をいかに政治に取り込むのか、それとも壊滅させるのかが問題になる。いずれにせよ、短時間で解決できるものではないし、社会改革や政治改革など複合的なアプローチが求められる。

テロの原因は経済的、政治的な環境だけではない。テロ組織のリーダーになる者の権力欲、リーダーを支える中間幹部たちの昇進意欲、末端メンバーそれぞれの個人的な動機などもあり、それらは必ずしも彼らをとりまく経済的、政治的環境に対応しているわけではない。社会全体が豊かで本人も傍からみるとエリートなのだが、テロリストになる者もいる。ライバル組織が目立つテロを行ったから、それに触発され対抗してテロを行うこともある。

また、テロ組織は常に変化している。あるとき運動や組織が生まれ、次第に過激化し、内部分裂、弱体化の道を辿る場合がほとんどだが、場合によっては政党として支持を伸ばしたり、政権をとったりすることすらある。リーダーや戦力、テロの目的なども変化する。この変化の中でテロの原因を考えるならば、元の運動や組織が生まれた環境、過激化していく組織内部の事情、個々のテロ行為を行う動機、あるいは対策側の強硬策か無策か、それらが複雑に絡み合っている。一括してテロの「根底要因」を除去すべきという主張もしばしばみられるが、その議論は単純で、分析的に曖昧で、政策にも転換できない。

さて、実際にとられているテロ対策は、テロ行為やテロ関連活動が多分野にわたり、それらを網羅する形で進展してきたので、多種多様できわめて複雑に入り組んでいる。あらゆる省庁がテロ対策にかかわっているのが通常である。各国がとるテロ対策はその国が直面しているテロの脅威や法制度などに応じて特色がみられるが、その国が属する地域機構での決定に対策の枠組みが縛られることも多いし、各地域機構での反テロ協定の内容などは国連の要請や決定を踏襲している部分も多い。したがって、ある国のテロ対策をみるときに、単に一国内の事情のみならず、関連する国連安保理決議や総会決議、国際テロ関連条約、地域機構、G8専門家会合、あるいは各分野の国際機関（たとえば海上セキュリティならば国際海事機関）における決定や勧告との関係性をみなければならない。

テロリズムが持続的に脅威をもたらし、破壊力を増すようになると、対策としてはまず未然防止が重要になる。未然防止には、日々行われる出入国管理や、重要施設の防護、公共交通機関の警備、テロに使われるおそれのある爆薬や毒物の管理などのほかに、特定のテロの準備計画などをつかみ、逮捕することも含まれる（具体的には、本書第2部「日本の安全保障政策の基礎知識XIV〈日本のテロ対策〉」を参照）。未然防止しなければ大規模な被害をもたらしたであろう例も少なくない。米国は二〇〇〇年一二月にカナダからシアトルに入ろうとした人物を逮捕し爆弾を押収し、標的になっていたロサンゼルス国際空港爆破を防いだ。英国でも二〇〇三年一月に猛毒リシンを所持したアルジェリア人グループを逮捕して交通機関でのテロを防ぎ、二〇〇六年八月には複数の航空機テロを防いだ。このような事件は例外的に大量に報道されたが、未然防止に成功した多くのケースは報道量もきわめて少ないので一般の人々の記憶にとどまることはあまりなく、未然防止の成果や重要性がつい見逃されてしまう。

しかし、テロの世界は新規参入の障壁が低く、昨日までの素人がテロリストになることが多いので、特定組織や個人をマークする形での情報活動では当然に限界がある。テロの道具も多種多様である。爆発物や銃器の使用は常に多いが、それ以外にも発火物（による放火）、あるいは車両やナイフなどが使用されることもあり、そこまで使われると規制は著しく困難である。未然防止措置で一〇〇％テロを防げる保証はどこにもない。だからこそ、やられてしまった際の「被害管理」が重要になってくる。被害管理とは万が一、大規模テロが発生した際に、関係機関（警察、消防、救急医療、軍隊など）が連携して現場を治め、被害者を適切に治療し、さらにはパニックや社会不安を抑えることである。このような事態への準備としては法制度やマニュアルの整備だけでなく、訓練が不可欠になる。

３　大量破壊兵器の拡散――ＣＢＲＮテロ

大量破壊兵器の拡散は、それら兵器の保有国が増えていくことについては冷戦時代から懸念されてきたことであり、「伝統的安全保障」問題であろう。しかしここでは「非伝統的脅威」の側面として、テロリストによる製造や使用、もしくは隠密の使用について述べる。これは「ＮＢＣ（核、生物、化学）テロ」もしくは「ＣＢＲＮ（化学、生物、放射性物質、核）テロ」といわれ、どちらの用語も日本国内でも国際的にも使用される。後者の場合は放射性物質のテロ（たとえば、放射性物質を通常の爆弾で爆発し散布させるダーティーボム。Radiological Dispersal Devise: RDD）と、核爆発の伴う核テロを分けている。日本のオウム真理教による数々のＢＣテロ、チェチェン過激派によるダーティーボムの所持とその誇示、アルカイダによる核物質の買い付けやＢＣ兵器マニュアルの作成、これら以外にも分離主義グループ、過激環境保護団体、右翼集団、一匹狼的なテロリストによるＣＢＲＮテロの計画や関連物質の所持、未遂事件、そして実行例（大規模被害が出なかった）は少なくない。

この種のテロリズムは複合的な脅威を及ぼす。①大量無差別的な殺傷（個人暗殺のケースもあるが）、もしくは放射性物質テロによる一定地域の立ち入り禁止など広範囲に及ぶ遮断（mass disruption）で社会経済活動に損害をもたらすこと、②被害が一国にとどまらないおそれがあること（特にバイオテロや核テロ）、③攻撃の起点（時間、場所）と事態の基本性質（テロか事故か戦争行為か、何が散布されたか）がすぐにわからず、初動対処時に混乱が予想され、被害者数の予測も困難であること、④発生後、関係機関と現場住民、一般国民と政府の間でのリスク・コミュニケーションが円滑に進まなければ二次被害や風評被害の発生が予想されること、⑤非常に多くの模倣事件が続き、そのたびに警察や消防が出動し各所で業務を妨害されること。以上のなかでも、③、④、⑤の各点にいかに対処するかによって国家や社会の混乱の度合いが左右される。

そしてこの問題が懸念される背景には、テロリストの意図もさることながら、それを実現できるだけの兵器や危険な物質へのアクセス、取得が可能な環境がある。ロシアの「ルース・ニュークス」（loose nukes：管理が杜撰な核）と核密輸の問題[2]に象徴されるように、九〇年代以降、一国単位での核の管理が懸念されている。ロシア以外にもさまざまな国で、化学剤、生物剤、放射線源を扱う事業所、研究施設における紛失や盗難事件は後を絶たない（日本も無縁ではなく、たびたび報道されてきた）。その一方で、「パキスタンの原爆の父」とまで称されたA・Q・カーン博士が中心となって、核の闇市場で核兵器開発に必要な資材や部品を売買していたケースもある。リビア、イラン、北朝鮮などもそれを利用していた。このようなネットワークがほかにもないとは考えにくい。

CBRNの管理は国際社会共通の課題であるので、その対策は国連、G8、地域機構、有志連合それぞれのレベルで、あるいは条約をもって重層的に構築されてきた。たとえば、ロシアに対してアメリカが一九九一年のナン＝ルーガー法（ソ連核脅威削減法）、さらにそれを継承して一九九三年より協調的脅威削減（CTR: Cooperative Threat Reduction）プログラムによって核の管理や解体を支援してきた。九・一一テロの後、最初に巡ってきたG8サミット

（カナナスキス）では、「G8グローバル・パートナーシップ」が取り決められ、対ロシアの不拡散に取り組むための欧米、日本間での負担の分担が決まった。さらに、米国主導で二〇〇四年からはグローバル核脅威削減イニシャティブ（GTRI）が行われるようになった。それは、高濃縮ウランを原料とする研究炉などを低濃縮ウランに転換し、高濃縮ウランは米国かロシアへ送還し、全世界での核施設の防護強化を行うことなどを柱としている。

また、カーン・ネットワークが明るみに出ると、国連安保理決議一五四〇が採択され（二〇〇四年四月）、加盟国に大量破壊兵器関係の物質の一層の管理（国境管理や物理的防護）、非国家主体への委譲を防ぐための監視、罰則、そして輸出管理などの強化を求めた。さらに「核テロ防止条約」（二〇〇五年採択、〇七年発効）は、死または身体の重大な侵害あるいは財産または環境に著しい損害を引き起こす意図を持って、放射性物質の所持、装置の製造や所持、放射性物質や装置を使用することを犯罪として、条約締結国にその処罰を求めている。CBRNテロの脅威に関する国際セミナーも非常に多数開催されており、先進国によるキャパシティ・ビルディング（対テロ能力向上）支援も進みつつある。

しかし、各国によって取り組みに格差があり、テロリストにとっては規制の緩やかな国を利用することができる。特にバイオテロ、しかもヒトからヒトへ感染する生物剤（出血熱、天然痘、インフルエンザなどを引き起こすウィルス）が使われた場合は、各国での早期警戒や情報交換が初期の封じ込めに必須となる。だが、テロでなく自然発症の感染症でさえ、たとえばSARS（重症急性呼吸器症候群）、鳥インフルエンザ、二〇〇九年春に発生した新型（豚）インフルエンザ、さらにはエボラ出血熱への対処にみられたように、迅速な情報交換の重要性を理解しているとは思えないような国もある。CBRN対策には検知、同定、被害想定などを含めて最新の科学技術が現場に導入されることが期待されている。だが、マニュアルには書かれていない、演習でも想定していなかった事態が発生しても迅速に対応できるかは、究極的にはその時その場の初動対応者（含む医療関係者）、危機管理職員、現場自治体の首長、そして政権中枢の判断次第である。

また、テロ犯罪のケースで多いのは「内部脅威」（たとえば原子力発電所や病原体を扱う研究機関で働いている者による犯行）であるが、これにはセキュリティ・クリアランス制度（身分調査をパスした者だけに重要インフラなど特定施設の中で特定の職務を行う資格、または国家の機密情報をみることのできる資格を与える）を含めて、十分な対応ができていない国や事業者の方が多数である。

以上のように対策の限界や格差もあり、「非伝統的脅威」の中では大量破壊兵器に関するテロが現在も将来も最大の懸念であり続けるだろう。

4 海賊

海賊もまた古典的な問題である。「海賊行為は殺人と同じく、記録に残る最も古い人間の行為の一つである。それは最初の旅と交易の記録と一致する(3)」。航路になっている世界のあらゆる地域に海賊は存在していたし、大集団はときに破壊的な猛威を振るった。中世では、戦時になると政府が民間船舶に特許を与えて敵船舶の略奪を認める私掠（privateer）がはやった。今風にいえば国家支援による海上テロであろうか。冷戦時代においても海賊は各地で発生していたが、現代の安全保障研究において海賊問題はほとんど無視されてきた。最近になってそれが「非伝統的脅威」として位置づけられるようになったのは、一つにはテロ問題がそうなったのと同様に、海賊そのものがより大きな脅威に変化しているからにほかならない。海賊といえば刀や小銃で武装し、停泊中の本船に乗り込み船員の金品（現金）を強奪するのが主であったが、この三〇年間で高度に組織化し、船舶を積荷ごと強奪したり、あるいは船員を人質として莫大な身代金を要求したりするようになり、そのために機関銃やロケット砲などで重武装するようになった。ハイジャックした商船をそのまま母船として運航し、そこから高速の小型ボートを攻撃用に繰り出すこともしている。それによって遠洋での活動が可能になった。各国の海上交通を脅かすものとして認識され、官民の連携、国際協力が進み、海上警察、沿岸警備隊のみならず、各国軍隊も海賊掃討にあたっている。

ではじめに、海賊行為（piracy）とは何か。「国連海洋法条約」（一九九四年発効）第一〇一条によれば、私有の船舶または航空機の乗組員または旅客が、私的な目的のために、公海や空中にある他の船舶・航空機に対して振るうすべての不法な暴力行為、抑留、略奪である。それを扇動、助長し、海賊行為を起こすことを知っていて船舶や航空機の運航に参加するのもまた海賊行為になる。海賊が乗り込んでいるものを海賊船舶、海賊航空機という。このような定義に基づいて統計を発表する国際海事機関（ＩＭＯ）にとって海賊行為は公海上のことであり、領海内（一二カイリ）の無法行為は「船舶に対する武装強盗」として、統計上、海賊行為と区別している。

これに対して、世界貿易の促進を目的にしている国際商業会議所（在パリ）の商業犯罪対策部門の付属機関である国際海事局（ＩＭＢ）による海賊行為の定義は「盗難やその他の犯罪行為あるいは暴力を振るう目的で、船舶に乗り込む行為」と、対象から航空機への暴力を除き、公海・領海の区別もない。シンプルであるだけにＩＭＢの海賊統計がよく参考にされている。

海賊件数をＩＭＢの統計でみていくと、一九九〇年代前半は一〇〇件前後で推移していたものが、九〇年代後半以降に急増した。二〇〇〇年には四六九件に達し、それは今日に至るまで過去最高であった。日本関係船舶の被害も一九九〇年代前半までは一桁であったが、九〇年代後半以降二桁に増えて、多い年では三〇件以上を数えた。インドネシア、マラッカ・シンガポール海峡とその周辺が、常に世界最多の海賊発生地であったのだが、それはいくつかの要因がある。そこが世界有数の海上交通路でありターゲットとする船舶に事欠かない上、海賊が活動しやすい地理的条件——狭く混雑した海域のために航行する船が減速し、周辺が島嶼から成り、出撃にも逃走にも便利——などの前提があり、その上で、①沿岸国の政治的不安定性や経済的な脆弱さ、②当局の汚職あるいは問題解決を司法に委ねないような慣習、③各国の海上警備力の弱さと国際協力の不足などが指摘されてきた。

一九九〇年代、東南アジアで海賊の組織化が進んだ。さまざまな犯罪グループにより本船襲撃、通関書類等の偽造、積荷の売却、新たな船員の手配、港湾当局職員の買収を分業する「シンジケート型」[4]と呼ばれる犯罪が頻発した。多くはインドネシア人を中心にしたグループが襲撃に関与し、船員全員が入れ替わり、船の名称が変更され、本来の揚荷港とは別の場所で積荷が売却された後にようやく発見されるというパターンがみられた。名称が不法に変えられた船（幽霊船）の入港を許すような、買収された港湾局職員にも問題がある。日本関係の船舶も被害にあった。一九九八年、「テンユウ号」（パナマ船籍）がインドネシアでアルミニウム・インゴット（アルミの鋳塊）時価三億五千万円相当を積み韓国に向かう途中、海賊に襲われた。積荷はミャンマーで売却され、船籍、船名、船体色が変えられ、しかも元の乗組員全員（韓国人と中国人）がインドネシア人船員に入れ替わっている状態で中国・張家港で発見された。翌九九年、「アロンドラ・レインボー号」（パナマ船籍）が、同じくインドネシアでアルミニウム・インゴットを積み、福岡に向けて航行中、マラッカ海峡内で襲撃された。本船は船体を塗り替えられ、少なくとも二度船名を変えた。そして発見されたときにはインドネシア人が運航しており、積荷は中国人ブローカーによって売却されていた。元の乗組員一七人（日本人とフィリピン人）は救命ボートで一一日間も漂流したが全員が奇跡的に生還した。一般に海運の世界は同一の船でも船籍、船主、運航会社、乗組員、荷主の国籍がそれぞれ異なるのも普通であり、そのような運航形態の複雑さに加えて、犯罪発生国や船が発見された国の慣習によって事件への対応が違い、捜査は難航する。シンジケート型海賊の頻発はそれを利用したものであるし、この種類の事件の多発は海賊対策の国際協力を促す契機になった。

「アロンドラ・レインボー号」事件後、日本の提唱で二〇〇〇年四月に東京においてアジア一六カ国が参加する海賊対策国際会議がはじめて開催された。これをきっかけにして海賊対策の専門家会合が各国持ち回りで行われるようになり、長官級会合、合同訓練も行われてきた。二〇〇四年一一月に東京で「アジア海賊対策地域協力協定」が採択された（ＡＳＥＡＮ加盟一〇カ国、中国、韓国、インド、バングラディシュ、スリランカ、日本の一六カ国）。同協定によって、シンガポールに「情報共有センター」が設置されることになった。そして同センターを通じた情報共有、協力体制の構築（容疑者、被害者、被害船の発見、逮捕、拿捕など）を目指し、締約国の二国間協力（犯罪人引き渡し、相互援助の円滑化）の促進も規定された。

こうして東南アジアでの取り締まりが成果を上げたためか同海域での海賊件数は二〇〇〇年代後半にかけて減少した。二〇〇三年の一七〇件をピークに、二〇〇九年は四六件まで減少した。ただし、二〇一〇年代には再び増加していく。

二〇〇〇年代後半から、東南アジアに代わってソマリア沖・アデン湾が急増地域として浮上した。ソマリアは独裁政権が崩壊した一九九一年以降、部族対立の激化で暫定政府はあるものの実質的には無政府状態（破綻国家）が続いた。北部は自治州プントランドとして事実上独立状態にあり、そこが海賊出撃の拠点でもあり、それで得た身代金が宅地開発に使われていた。ソマリアの首都周辺ではイスラム過激派のテロも持続し、当局による取り締まりができない。ソマリア北沖（イエメン南沖）はアジアとヨーロッパを紅海で結ぶ海上交通の要衝に位置している。各国の貨物船、マグロ漁船、援助物資を積載した船舶が重武装の海賊に襲撃され、船員が人質になり、身代金をとられる事件が多い。

そこで各国から派遣された海軍などが商船護衛と海賊掃討を始めた。日本も、二〇〇九年から海上自衛隊の護衛艦を派遣し、商船護衛や警戒監視活動にあたっている。ＩＭＢによると、ソマリア沖・アデン湾における海賊件数は、二〇〇九年～一一年がピークで、毎年二〇〇件以上に達していた。しかし、国際的な対応が功を奏し、その後は減少し、二〇一五年にはゼロになった。

ところで、東南アジアでもソマリア沖・アデン湾でもテロ組織のいくつかが、船舶の爆破など海上でテロ行為を実行している。同時に、テロリストが、通常の犯罪と同様に資金獲得の強奪に及ぶことも珍しくない。それでも、海賊とテロリストは概念的に区別しておくべきであろう。海賊はカネ目当ての暴力行為であり、テロリズムは政治的あるいは何らかの公的目的を掲げる中での宣伝的な暴力行為である。海賊は隠密に行動するが、テロリストは宣伝するなら世界に向けて発する。活動範囲にも広狭の違いがある。マラッカ・シンガポール海峡に出没する海賊は中米やアフリカまで出稼ぎに行かない。しかしテロリストは自分の拠点とする国以外にどこに出没しても不思議ではない。海賊はローカル・アクターで、テロリスト（の多く）はグローバル・アクターである。海賊は船を全壊するようなことはしないが（停めるために銃撃はしてくるが）、テロリストは船舶への自爆テロや爆発物を持ち込むことがあるし、人質をとっても身代金以外に、当局に政治的な要求を突きつけることが多い。このような相違はあるものの、海上テロ対策と海賊対策は、船舶に不審者を接近、乗船させないという水際防衛の点では共通する（措置としては、接近してくる海賊の早期発見、武装警備員の乗船、放水など）。

最後に日本関係の事案を挙げておく。国によって立場によっては、海賊ともテロリストともいわないが、米国の過激環境主義団体「シー・シェパード」は、南極海で日本の調査捕鯨船に対する暴力的な妨害活動を繰り返していた。航行中に高速ボートで体当たりしたり、スクリューにロープを投げつけたり、酪酸入りの瓶を投げ込むような直接暴力だけではなく、活動家が調査捕鯨船に乗り込んでわざと身柄を拘束させ宣伝に利用したこともある。これらは、海賊行為の定義にある「私的な目的」ではない。鯨類の保護という大義名分をかざして、調査捕鯨を止めさせるという政策変更のために、暴力を行使し宣伝するその手法は、被害側からみればテロ行為にほかならないであろう。

5　麻薬——「戦争」とみなされる越境組織犯罪

一般的にはマフィア、国によって暴力団（日本）、黒社会（中国）、コーサ・ノストラ（イタリア系）と名称はさまざまだが、組織犯罪が各国の治安問題の域を超えて国際安全保障問題と受けとめられている。国際的な対策の場では「越境組織犯罪」（transnational organized crime）あるいは「越境犯罪組織」（transnational criminal organizations）という用語が使用されている。越境組織犯罪とは、職業的犯罪集団が暴力の行使やその威嚇を背景に自らの利益創出のために国境を越えて活動する中で、反復して引き起こす重大な犯罪であり、具体的には、薬物や銃器の密輸・密売、マネーロンダリング、旅券やクレジットカード偽造、人身売買（human trafficking）とそれに直結した不法強制労働や組織的売春などである。

テロ組織との違いは、テロ組織が政治的目的の下に国や企業を脅し、政策変更を強いたり政権を転覆しようとしたりするのに対して、越境犯罪組織は脅すのは同じでも、行政や企業に寄生しつつ買収工作や法の抜け穴を利用して稼ぎをする。ただし、実態面から両者を明確に分けることは難しい。テロ組織といえどもその活動継続のために資金が必要で、麻薬密売や武装強盗、身代金目的の誘拐などを実行することがある。当初掲げていたイデオロギーなど捨て去って、単なる犯罪集団と化すケースもある。一方で、犯罪組織が大規模テロを行うこともある。たとえば、インドのD-Companyは、一九九三年にムンバイで二五〇名以上の死者をもたらすテロを引き起こした。

このように重複するところもあるので、その対策を別々のスキームや組織が連携なしに取り組むことは非効率である。たとえば、G8の枠組みでは、元は別の、国際組織犯罪対策上級専門家会合（リヨン・グループ）とテロ専門家会合（ローマ・グループ）が、二〇〇一年以降は合同で開催されている。その内容はG8司法・内務大臣会合に報告されるが、ここでは組織犯罪とテロをともに議論する。また、国連薬物犯罪事務所（UNODC）では、薬物、組織犯罪、テロリズムのすべてが取り扱われている。

以下は、越境組織犯罪の中でも特に麻薬問題についてとりあげる。この問題は、需要側つまり常用者、中毒患者の身体的な破滅だけをみても安全保障問題としての側面がわからない。そこではなく、供給側つまり犯罪組織の重要な資金源になり、犯罪は越境的でネットワーク化され、時に当局との間で「戦争」にまで激化するから安全保障なのである。一九八八年に麻薬新条約が策定され、薬物犯罪の経済的側面に焦点が当てられ、マネーロンダリング（資金洗浄）の処罰、収益の没収、国外犯処罰（外国で麻薬の製造や譲渡、輸出を行った自国民を処罰する）、麻薬原料物質などが規制された。以後、国際社会では、国連やサミットを中心に麻薬問題の組織犯罪的な側面との戦いが続けられてきた。

現在、世界で押収量、有病率、使用者とも最多なのは、ソフトドラッグであるために国によって規制が異なる大麻である。[5] ほかには、コカイン、アヘン、ヘロイン、モルヒネ、アンフェタミンなどが主な違法薬物になる。生産地域については、「黄金の三日月地帯」（パキスタン、アフガニスタン、イランの国境地帯）と「黄金の三角地帯」（ミャンマー、タイ、ラオスの国境地帯）でのケシ栽培が有名である。ケシの実からアヘンが作られる。アヘンを主成分にするのがモルヒネ（麻酔薬や鎮痛薬）で、モルヒネから作られ快感も禁断症状も最も強烈だといわれるドラッグがヘロインである。これら各国の中でも、二〇〇一年からの「対テロ戦争」の発火点であり、未だにテロや武力衝突が収まらないアフガニスタンの麻薬問題は特に注視されている。二〇〇〇年に一度ケシ栽培が全面禁止されたが、その後再び急増しており、二〇一七年には過去最大の三二万八千ヘクタールになった。反政府武装勢力のタリバンが精製、密売ルート——イランやパキスタン経由——を支配して「税金」を課すことで資金源としている。アフガニスタンにおけるアヘン、ヘロインの生産は全世界の九〇％超になる。

他方、南米のコロンビア、ペルー、ボリビアではコカの栽培が有名で、そこからコカインが抽出される。一九八〇年代頃から「ナルコ・テロリズム」という用語が南北アメリカ大陸では使われてきたが、それは麻薬密売とテロ行為の合体を示している。「麻薬戦争」(war on drugs)は、八〇年代半ばに米陸軍ドクトリンの低強度紛争(LIC)の一角に位置づけられたが、麻薬の海上輸送の遮断のために海軍も投入されてきた。パナマの最高指導者ノリエガ将軍は米連邦大陪審で麻薬密輸等により起訴され、米軍は身柄を押さえ米国に移送するために一九八九年にパナマに軍事介入をしたことさえある。パナマ以上に常に問題なのはコロンビアであった。コロンビアにはFARC(コロンビア革命軍)という一九六四年にコロンビア共産党によって創設され、構成員一万人を超える南米最大のテロ組織があった。彼らは、軍や警察、右翼組織との戦闘を繰り返し、「革命税」の支払い拒否者の殺害、誘拐・身代金の奪取、都市部での爆弾テロやインフラ施設破壊など幅広くテロを行ってきた。日本人も何度か人質にとられたこともある。[6] 彼らの資金源は、一九九〇年代前半は麻薬三割だったが、九〇年代後半に有力な麻薬カルテル(メデジン・カルテル、カリ・カルテル)が没落すると七割近くにまでのぼり、[7] 支配地域に独自のコカ栽培地やコカイン精製工場を抱えるようになった。

コロンビアのメデジン、カリの両カルテルの衰退にとってかわるようにメキシコの麻薬カルテルの力もまた増大した。二〇〇六年、メキシコではカルデロン政権によって「麻薬戦争」が開始される。カルデロン政権の六年間で最低でも死者六～七万人が出たといわれているが、[8] その後も「戦争」は続き、二〇一六年には死者二万三千人になり、これは内戦中のシリアに次ぐ世界二位であった。メキシコでは累計でどれほどの犠牲者が出たのか正確にはわかっていないが、多数の行方不明者も入れれば、二〇万人を超えているであろう。

時の政権が「麻薬戦争」を始め、多くの逮捕者のみならず死者を出すのはメキシコに限った話ではない。二〇一六年にフィリピンの大統領となったドゥテルテは、容疑者の処刑を黙認どころか推奨するなどその言動で注目を浴びたが、最初の一年間で死者数千人を出した。同じ東南アジアでは、タイのタクシン首相（二〇〇一年～〇六年）も大規模な「麻薬戦争」を始めた。最初の三カ月で五万人もの逮捕者を出したが、警察が密売人を超法規的に大量に処刑していたことも判明した。[9]

最後に、日本にとって第二次大戦後から今日まで、麻薬問題とは主として覚醒剤であって、検挙人数、検挙件数とも全薬物事案の八割超で近年推移し、他の薬物を大きく上回っている。これは世界的にみて特徴的なことである。二〇一六年と一七年は覚醒剤の押収量が一トンを超えるほどになった。ちなみに覚醒剤とは「覚せい剤取締法」で指定するアンフェタミンとメタンフェタミンであって、「麻薬及び向精神薬取締法」で挙げられている約九〇種類（アヘンアルカロイド系、コカアルカロイド系、合成麻薬）とは別になる。覚醒剤の生産は主に東南アジアや北米とみられているが、今日の密輸ルートとしては中国、北朝鮮、カナダからといわれ、そして海外での製造、海外と国内の仲介、密輸、国内での仕入れ、元売り、仲卸、末端小売まで犯罪組織の間で「国際分業メカニズム」ができ上がっているとみられている。[10]近年は、組織ではなく個々人がインターネット等で「違法ドラッグ」（かつては脱法ドラッグといわれた）を購入するが、それらは規制薬物に指定されていないものであり、次々に新種が出るのでデザイナー・ドラッグともいわれ、規制が追いつかないこともある。

6　グローバル・コモンズの安全保障

最後に、グローバル・コモンズにふれておく。この問題は近年、盛んに議論されるようになった。グローバル・コモンズとは、誰が専有するわけでもなく、誰にでも利用が認められている空間、場所である。安全保障との関係では、海洋（特に公海や海底、北極）、宇宙空間、そしてサイバースペースを指す。これらの利用ルールを作らず放置しておくと、自由なアクセスが妨げられて、紛争を惹起したり国の安全保障を損なったりするおそれがあるので、何らかの国際的な規制や管理が求められる。海洋や宇宙空間については、第10章でもふれたように、軍備管理上の観点からいくつかの条約が冷戦時代から締結されてきた。しかし、地球温暖化、科学技術の進展、新たなパワーの台頭などによって、多数の国が脅威を感じ始め、新たな安全保障問題となっている。その脅威は、国家から発せられるものと、非国家主体がもたらすものの両方がある。

米オバマ政権下で発行された『四年毎の国防計画見直し（ＱＤＲ）』二〇一〇年版では、現在・将来の作戦環境として、戦争のハイブリッド化と並んでグローバル・コモンズに対する侵害として、海洋では海賊問題、宇宙では衛星攻撃、そしてサイバー攻撃などが挙げられている。他方、日本がはじめて国家安全保障戦略を閣議決定して文書化した「国家安全保障戦略について」（平成二五年）では、グローバルな安全保障環境における課題の一つが「国際公共財（グローバル・コモンズ）に関するリスク」とされている。たとえば、海洋の問題では、既存の国際法を尊重せずに力を背景に一方的な現状変更を図る動き（つまり中国の領有権主張）や、シーレーンの安定を脅かす沿岸国の紛争・国際テロ・海賊、今後の北極海での航路開通や資源開発に伴う懸念などが挙げられている。宇宙でのリスクや、サイバー空間のリスクも同文書はふれている。

今や宇宙での活動は、利用国も六〇カ国にもなり、地上でのさまざまな軍事活動（ミサイル警戒、戦闘、人道支援活動など）と密接に結びついており、宇宙で実際に妨害されたり、衛星破壊実験も行われたりしている。[11]冷戦時代のように米ソ二カ国が敵対しながらも互いに偵察衛星を安定的に運航し、宇宙空間・天体に大量破壊兵器を配備しない条約を締結すれば十分であった時代と現在では様相が一変している。

サイバー空間については、その爆発的な普及をみた九〇年代後半以降に、新たな安全保障の場となった。サイバー空間は端末と回線によって誰もが自由にアクセスできるし、誰かに占有権があるわけではないので、コモンズなのかもしれない。しかし、国家権力が特定のアクセスを遮断することもできるし、ルートサーバーの所在地や海底ケーブルの引き上げ地にはその国の管轄権が及ぶ。そして、サイバー空間での攻撃に秀でた国は、米国、ロシア、中国、北朝鮮、イスラエルなどであり、国家間の格差は非常に大きい。あらゆる活動が今後ますますサイバー空間に依拠するようになるので、国家のみならず有能な個人がさまざまな犯罪を考案、実行し、さらには実際の戦争においても、軍事技術の遮断や破壊のためと銃後の生活に混乱を引き起こすため、サイバー攻撃が付随して行われるのは避けられない。

以上みてきたように、海洋、宇宙、サイバー空間は、グローバル・コモンズの安全保障問題と指摘されており、大局的にみればパワーの変動あるいはパワーの遍在という点で共通した背景があるが、本章でみてきた他の非伝統的脅威の諸問題と同様にそれぞれの性質は異なり、共通の解決策は存在しないのである。

1　非伝統的安全保障問題をアジアでの具体的な事例とともにとりあげた論文には、赤羽恒夫「東アジアにおける非伝統的安全保障と地域協力―国際労働移住、国際人身取引、ＨＩＶ／エイズ問題を中心に―」山本武彦・天児慧編『新たな地域形成　東アジア共同体の構築1』（岩波書店、二〇〇七年）所収第一三章、恒川惠市「アジア太平洋の非伝統的安全保障―麻薬対策における日米の役割―」山本吉宣編『アジア太平洋の安全保障とアメリカ　変貌するアメリカ太平洋世界③』（彩流社、二〇〇五年）所収第一〇章などがある。

2　宮坂直史「核テロリズム―その背景、類型、対策―」浅田正彦・戸崎洋史編『核軍縮不拡散の法と政治』（信山社、二〇〇八年）所収第二三章を参照。

3　フィリップ・ゴス（朝比奈一郎訳）『海賊の世界史』（リブロポート、一九九四年）一三頁。

4　山田吉彦『海のテロリズム』（ＰＨＰ新書、二〇〇三年）九六頁。
5　United Nations Office on Drugs and Crime, World Drug Report 2017, Executive Summary, p.10.
6　志村昭郎『私はコロンビア・ゲリラに2度誘拐された』（ランダムハウス講談社、二〇〇四年）参照。
7　伊高浩昭『コロンビア内戦―ゲリラと麻薬と殺戮と』（論争社、二〇〇三年）二一九頁。
8　工藤律子『マフィア国家』（岩波書店、二〇一七年）一三六頁。
9　本名純「マフィア・国家・安全保障―東南アジアにおける越境犯罪の政治分析」日本国際政治学会編『国際政治』第一四九号「周縁からの国際政治」（二〇〇七年一一月）一三七頁。
10　小林良樹「覚せい剤密輸メカニズムの分析」『警察学論集』第六一巻第二号、平成二〇年二月号参照。
11　福島康仁「宇宙利用をめぐる安全保障―脅威の顕在化と日米の対応―」日本国際問題研究所編『グローバル・コモンズ（サイバー空間、宇宙、北極海）における日米同盟の新しい課題』平成二六年三月、四三頁。

第14章 国際法と安全保障

黒﨑将広・石井由梨佳

1 国際法と国際秩序——国際制度の法的機能

黒﨑将広

(1)国際法の「信用力」

国際法とは、国際社会の法である。主に、合意した国家または国際組織だけを拘束する条約と、すべての規律対象を原則として拘束する慣習国際法とで構成される。国際社会の多元化に伴い、国際法は個人や国際組織なども規律するようになったが、その主な規律対象は今もなお国家である。安全保障論において国際法は、国家を中心とするシステムとしての各種国際秩序に制度的枠組みを提供するものと位置づけられる。しかし、特に国際社会をアナーキーな主権国家システムと措定する立場からは、その法としての存在意義に疑問が付されることがある。統一的な政府が存在する国内社会の法と比べて、国際法はその規範力と実効性に問題があるというのがその理由である。

確かに、国際社会には、国内社会でいうところの立法、司法、行政に相当する中央集権的な機関が存在しない。もちろん、それぞれに類似した機能を持つ機関は国際社会にも確かに存在するが、中央集権化された国内の場合とは異なり、主権国家が併存する国際社会の分権的構造からして、それら諸機関の権限はきわめて限定的にならざるをえない。たとえば、ある国家が国際法違反の嫌疑で訴えられても、その違法性を判断する国際裁判所は、当該国家の同意なくしてその判断を行うことができない。また、拘束力を持つ判決が出たとしても、それを確実に強制執行する仕組みが国際社会に備わっているわけでもない。しかしそれでもなお、諸国家は国際法を拘束力ある法と認め、ほとんどの場合にこれに従っていることを強調し、自国の行動を同法に基づいて正当化している（たとえば、近年注目を集めている南シナ海仲裁で中国はその裁定を否定したが、国際法自体を否定したわけではないことに注意する必要がある[1]）。

このように国内法に比して未成熟な法であるにもかかわらず、諸国家が国際法を信用する――国際法が「信用力」を持つ――のは一体なぜなのか。そこには、国際社会がアナーキーであるとする視点や国内法との比較からは決してみえてこない、現実社会で諸国家により必要とされてきた国際法の制度的機能が存在する。

(2)国際常識としての国際法

まず、国際法の持つ国際常識としての機能である。国家が国際法を拘束力ある規範として遵守するのは、国際法が互いの行動の予測可能性を提供するいわば国際社会の常識を反映したものと解されているからにほかならない。したがって、ある国が国際法に違反するということはすなわち、その国が国際常識のない国であることを意味している。国際法を無視する非常識な国というレッテルは簡単には剥がれない。たとえば、ニカラグア事件で国際法違反と賠償責任を認めた国際司法裁判所本案判決を無視した米国は、その後、ことある毎に国の内外から当該行為について大きな批判を受け、外交政策の見直しを迫られた[2]。南シナ海仲裁裁定を遵守するよう米国が中国に求めた際にも、米国は、過去の自国の立場についてあらためて説明責任を果たすことを求められている[3]。このように、国際社会における名誉を重んじるまたは名誉ある地位を占めたいと望む国ほど、国際法の不遵守は長期にわたる外交の足かせとなる（reputation costの問題）。国際法に違反する国を信頼して外交取引をしようとする国などどこにもいないこと、そして国際法に違反していることを自ら公然と認める国がいないのも、国際法が国際社会の常識・非常識を映し出す鏡としていかに大きな力を有しているかの証左といえるだろう。中国、ロシア、そして北朝鮮でさえ、特定の国際裁判判決・裁定や国連安保理決議の無効や問題点などを主張することはあっても、自国の行動が国際法自体に合致していることを繰り返し強調しているのである。

(3)国際社会の共通言語としての国際法

国際法はまた、国際社会の共通言語としての機能も有している。これは外交実務を大いに円滑にするものとして国際法の「信用力」を一層高めているもう一つの機能であるといえる。たとえば、日本の立場を対外的に説明するとき、日本の法に則してこれを行っても相手が納得してくれることはまずない。もちろん、その相手が日本の法に知悉していれば話は別であるが、通常そうしたことを期待することはできない。安全保障の文脈でいえば、たとえば日本の「集団的自衛権」や「武力の行使との一体化」「武器の使用」「特定海域」といった概念を対外的に用いる際には注意が必要だろう。日本の「集団的自衛権」は国際法上の集団的自衛権よりも限定的な意味しか有しておらず、さらに「武力の行使の一体化」や「武器の使用」「特定海域」に至っては、国際法上は未知の概念だからである(4)。これらは日本独自のものであるため、むしろこれらを国際社会の共通言語である国際法上の個別的・集団的自衛権や武力の行使、領海、公海の概念に翻訳してから説明する方が、自国の立場を他国に正確に伝えることができる。

(4)国際法は、国際社会のオペレーティングシステム(OS)である

このように国際法は、国際常識や共通言語として機能することで、国家をはじめとするさまざまなアクター同士を結びつける標準的なインターフェースを提供し、それらをコントロールしている。国際法とは、国際社会が社会たりえるためになくてはならない、いわばコンピュータにおけるWindowsやiOSのようなシステムソフトウェアなのである。諸国家によって国際法が信用され守られるのも、国際法でしか果たせないこうした非代替的な制度的機能が評価されているからにほかならず、国内法との比較でいくら国際法の法的性質に疑問が呈されたとしても、その意義が揺らぐことはない。国際法と安全保障を考える際には、何よりもまず、このことを理解しておかねばならない。

2 国際法と戦争

黒﨑将広

(1)ユース・アド・ベルム――戦争の違法化に関する国際法

(a)「戦争」から「武力の行使」へ

戦争は、かつて国家間の紛争を最終的に解決する手段として認められていた。各国は、国際法上いずれが正しいのかを、裁判所のような公平な第三者機関によってではなく、戦争という強者の暴力によって自ら決めることができたのである。

しかし、戦争を違法化（outlawry）し、平和的手段によって紛争を解決するよう国家に義務付ける国際法の展開が、一九〇七年の「国際紛争平和的処理条約」と「契約上ノ債務回収ノ為ニスル兵力使用ノ制限ニ関スル条約（ポーター条

約）」の成立を契機に生まれる。その後、戦争の違法化に関する国際法――ユース・アド・ベルム（jus ad bellum）とも呼ばれる――は、一九一九年の「国際連盟規約」と一九二八年の「戦争抛棄ニ関スル条約（不戦条約）」を経て大きな飛躍を遂げたが、その規制対象となる「戦争」は、宣戦布告などの戦意（animus belligerendi）の表明で始まり講和条約の締結で終わる形式的な戦争――法上の戦争（de jure war）――に限定されていた。このため、宣戦布告なく国家間で発生した実際の武力衝突――事実上の戦争（de facto war）――の規制という問題はまだ残されていた。

これを克服するため、一九四五年に成立した国連憲章では、「戦争」ではなく「武力（force）」という観点から戦争の違法化が強化された。かくして今日の戦争の違法化については、どこまで武力の行使が禁止されているのか、換言すれば、武力の行使を正当化する事由としていかなる場合が存在するのかに焦点が移っている。

国連憲章は、二条三項で国際紛争の平和的解決を加盟国に義務付け、続く四項で武力による威嚇または武力の行使を禁止している（武力行使禁止原則）。例外として同憲章が明文で加盟国に武力の行使を認めているのは、個別的および集団的自衛（五一条）、国連の軍事的強制措置（第七章）、そして旧敵国に対する措置（五三条・一〇七条）の場合である。ただし旧敵国に対する措置については、旧敵国とされたすべての国々が今では「平和愛好国」として国連に加盟し（四条）、平等の地位が保証されているため（二条一項）、現実に発動されるとは考えられていない。したがって、武力行使禁止原則の明文上の例外として実際に問題となるのは、自衛と国連の強制措置の場合となる。

（b）個別的および集団的自衛

国家が個別的自衛権に基づいて武力を行使するには、①武力攻撃の発生、②必要性、および③均衡性の要件をすべて満たすことが求められる。第一の要件である武力攻撃とは、一般的に他国による武力の行使の最も重大な形態に限定されると解されている（ただし、米国はこれに反対してすべての違法な武力の行使が武力攻撃になると広く理解している）。日本は、武力攻撃の発生を「武力攻撃の着手」と理解している。なお、自衛権を行使する国は他国からの武力攻撃が実際に発生するのを待つ必要はなく、それが急迫していればよいというのが近年の有力な見解である（先制的自衛権）。これは、急迫していない中で予防的自衛を認めるものではない。

第二の要件である必要性とは、武力攻撃を排除するには武力以外の措置では不十分であることを求めるものである。これは、武力以外に手段はない、つまり武力が最終手段でなければならないことまでを求めるものではない。

第三の要件である均衡性とは、必要な武力を武力攻撃（先制的自衛権の立場に立てばその急迫した事態）を終わらせるのに必要な限度にまで抑えることを求めるものである。これは、必ずしも相手が用いた武力攻撃の量と同じ量に武力を限定することを求めるものではない。

以上の三要件に加えて、国連憲章五一条は自衛措置を安保理に報告するよう加盟国に求めている。ただし、これは自衛権を行使する際の手続的義務を課すものにすぎず、この義務に違反し責任を負うことがあっても、それによって同条が認める「自衛の固有の権利」までもが否定されるわけではない。この「固有の権利」が奪われるのは、安保理が「国際の平和及び安全の維持に必要な措置をとるまでの間」であるが、その場合でも安保理は停戦命令を出すなどその旨を明示しなければならないとされる。

国家が集団的自衛権に基づいて他国のために武力を行使する際には、以上の個別的自衛権の要件および憲章上の報告義務に加えて、武力攻撃を受けたと宣言する被害国の援助要請を受けていることが求められる。この場合、被害国の要請または集団防衛条約などで認められた事前のもしくは一時的な同意の範囲内で武力を行使しなければならない。

さらに九・一一事件以降は、他国からの武力攻撃のみならず、外国にいる非国家主体からの攻撃も武力攻撃と認め、これに対して自衛のための武力の行使を認める国々が増えてきている。本来、非国家主体による外国からの越境攻撃は、同主体の位置する領域国が自国の国内法に基づいて対処すべき問題であるが、当該領域国がこれに対処する意思または能力を持たない場合、被害国が、以上の個別的および集団的自衛のための要件を満たす限り、武力を行使することを認めるとするものである。ただし、現時点において国際司法裁判所はこれを認めることに慎重である。

(c)国連の軍事的強制措置

国連憲章第七章に基づく軍事的強制措置が発動されるには、まず、対象となる事態が平和に対する脅威、平和の破壊、または侵略行為を構成するものと安保理が認定しなければならない(三九条)。その後、非軍事的措置(四一条)を実施しそれが不十分であると判断した場合、安保理は、加盟国に対し、軍事的措置として武力の行使を決定または許可(authorize)することができる。もっとも、軍事的強制措置は、安保理の要請と特別協定に従って編制される国連軍により行われることが当初予定されていたが(四三条)、今日に至るまでこれが実現したことはない。代わりに安保理は、加盟国の有志による多国籍軍または地域的機関によって行うことを慣例的に勧告または許可してきた(朝鮮戦争における朝鮮国連軍も本来の国連軍ではなく、安保理の勧告によって編制された多国籍軍である)。

(d)領域国の同意および人道的干渉

国連憲章が明文で認めた武力行使禁止原則の例外のほかに、慣習国際法上認められた例外も存在する。まず、国連平和維持活動のように領域国の同意(または要請)に基づいて外国軍隊がその国で武力を伴う活動をする場合は、武力行使禁止原則の例外をなすものと一般的に考えられている。問題は、この同意でも、自衛でも国連の軍事的強制措置でもない例外が存在するのかである。この点について長きにわたり論争を呼んできたのが、人道的干渉である。人道的干渉とは、外国で起きている自国民でない人々への重大な人権侵害を阻止するために、ある国がその外国に対して武力を行使することをいう（在外自国民を保護する場合は、伝統的に自衛権に結びつけて正当化がなされることが多い）。

これまでほぼ学説上の問題として争われてきたこの人道的干渉が国家実行上の問題として一躍脚光を集めたのが、一九九九年のＮＡＴＯによるコソヴォ空爆である。ＮＡＴＯ自身はその根拠として人道的干渉を援用したわけではないが、その加盟国である英国やオランダは人道的干渉の権利を主張した。近年では二〇一七と二〇一八年にもシリアでの化学兵器使用を受けて米国が同国に行った攻撃の合法性をめぐって人道的干渉の議論が再燃している。ただし、これを独立した武力行使禁止原則の例外として認めることには反対する国々も根強く存在し、一般的に認められた例外として確立するには至っていない。

(2) ユース・イン・ベロ――戦争の遂行に関する国際法

(a)「戦争」から「武力紛争」へ

戦争を扱う国際法の中には、戦争に訴えることがどの場合に許されるのかを扱う分野とは別に、その正当化事由にかかわらず、実際に発生した戦争の遂行――戦争の「やり方」――を扱う分野も存在する。前者はユース・アド・ベルム、後者はユース・イン・ベロ（jus in bello）と称される。かつてユース・イン・ベロは戦時国際法と呼ばれていたが、上述の戦争違法化の展開を受け、戦意の表明によって発生する戦争に適用される法から事実として発生する武力紛争（armed conflict）に適用される法へと変化を遂げた。現在では武力紛争法または国際人道法とも呼ばれる。

戦争違法化の歴史を経てもなお、現代国際法では一定の場合に武力を行使することが許容される以上、それによって引き起こされる武力紛争をいかに制御するかは、今も当事者にとって死活問題である。それは当事者の存亡をかけて行われるものであるため、ともすれば自己の破滅をもたらしかねない諸刃の剣にもなるからである。そうした破滅をもたらす事態をいかに回避し、自己の政治目的を達成するために武力紛争を終結へと導くか。武力紛争に限度を課す国際法の存在が独自の法規範として今なお必要とされるゆえんである。

(b)成立基盤――軍事的必要性と人道性

以上の目的を達成するために、ユース・イン・ベロは、軍事的必要性と人道性という二つの考慮のバランスの上に成り立っている。軍事的必要性(military necessity)とは、武力紛争被害の極小化と来たる次の紛争のための戦力温存を目的に、武力紛争当事者の持つ戦力源を紛争の早期終結(すなわち勝利)に必要な最小限度にまで抑えることを求める経済効率的考慮のことをいう(精力集中原則とも呼ばれる)。これに対して人道性(humanity)とは、人間の本質的感情に従い、敵対行為の正当な軍事目的(敵戦力の剥奪または弱体化)の達成に必要でない苦痛、傷害、破壊を禁じる倫理的考慮のことをいう。

軍事的必要性は、その名が示すとおり、ユース・イン・ベロを解釈する際、人道性と比べて武力紛争当事者の安全確保または損害回避に有利に働く。武力紛争のルールが実効性を持つかどうかは紛争当事者の意思にかかっている以上、その内容が戦力温存という彼らの重視する軍事的考慮に合致することは、遵守を促す上で不可欠だからである。むろん、これはあくまで法の解釈における作用(つまり法に内在する原理)であって、「必要は法を知らない」などといった国際法の持つ規範的性質の否定に連なるものでは決してない。

対照的に人道性は、武力紛争当事者に有利に働く軍事的必要性とは異なり、武力紛争の当事者とその犠牲者の双方に等しく作用する。ただし、人道性は、その倫理的性格にもかかわらず生命や自由の剥奪を伴う武力紛争の存在自体を肯定しているため、あくまで軍事的必要性とのバランスの中で作用するにすぎない。たとえば、軍事目標への攻撃による文民たる住民への付随的損害が「過度」でない限り国際法がこれを違法としないのもこのことを如実に示している。この意味において、ユース・イン・ベロにおける「人道」については、その言葉の持つ美しい響きに惑わされないよう注意が必要であるといえる。

ユース・イン・ベロは本来、武力紛争に従事する者（戦力）を守るルールであると同時に、武力紛争から犠牲者を守るルールでもなければならない。ルール解釈の際には、ときに衝突するこれらの命題を軍事的必要性と人道性とのバランスの中でどのように両立させるかが鍵となる。

(c)適用対象——国際的武力紛争と非国際的武力紛争

ユース・イン・ベロが適用される武力紛争の事態には、国際的武力紛争と非国際的武力紛争とが存在する。適用されるルールの内容は、一部の基本原則を除けば大きく異なるため、両者は区別されねばならない。

国際的武力紛争とは、国家間で行われる武力紛争と民族解放戦争（ジュネーヴ第一追加議定書一条四項）を指す。もっとも、この種の武力紛争が具体的にどのような条件で発生するのかについて明文規定は存在しない。ただ一般的には、国家が軍隊などによって他国に武力を用いるときに国際的武力紛争が発生するといわれ、用いられる武力の形態や規模（烈度）は問わないとされる（この点については異論も存在する）。

これに対して、非国際的武力紛争とは、それ以外のすべての武力紛争を指すものと解されている。したがって、内戦だけでなく、国家と外国の非国家主体との間の越境的武力紛争もまた、非国際的武力紛争に含まれることとなる点には注意が必要である。発生条件については、国際的武力紛争とは異なり、条約上の明文規定が存在し（ジュネーヴ第二追加議定書一条一項）、慣習法としても要件がある程度明確になっている。つまり、第一に、当事者が組織された武装集団であること、そして第二に、当事者の用いる暴力行為が一定水準の烈度に達するものであること、である。

こうして国際的武力紛争とは異なって明確な要件が非国際的武力紛争の場合に求められるのは、武力紛争の水準には至らない暴動などの騒乱や緊張といった国内事態とを区別するためである。本来、国内の事態はその国の治安を脅かす犯罪者が当事者となるため、領域国政府の法とそれを執行する警察組織が対処すべき国内問題であって、ユース・イン・ベロの出る幕ではない。しかし、その事態がもはや政府の手に負えない水準にまで悪化すると、そこから生じる被害も国際社会が無視できない深刻なものとなる（たとえば最近のリビアやシリア、マリの内戦など）。国際法の規制を要する国内事態として非国際的武力紛争という特別の枠組みが生まれたのはこうした理由による。

(d) 基本構成

ユース・イン・ベロは、伝統的に国家間の武力紛争を通じて発展してきたことから、その内容も、ほとんどが国際的武力紛争への適用を目的としたものとなっている。これを規律する関係条約は陸戦法規を中心に発展してきており、一八九九年「陸戦法規慣例条約」、一九四九年「ジュネーヴ諸条約（陸上傷病者保護条約、海上傷病者・難船者条約、捕虜条約、文民条約）」、一九七七年「ジュネーヴ第一追加議定書」などのさまざまなものが存在する。これに対して海戦法規や空戦法規は、慣習法を通じて発展してきている（ちなみに、現代において陸戦法規、海戦法規、空戦法規の区別は、ジュネーヴ第一追加議定書四九条三項に従い、攻撃目標の位置を基準になされる）。

ルールの内容については、①誰が戦うことができるのか（交戦者資格）、②どのように戦わねばならないのか（害敵方法・手段）、③誰を保護しなければならないのか（武力紛争犠牲者の保護）、④どのようにルールを守らせるか（履行確保）に大別できる。具体的には、①は敵対行為に直接参加する権利（戦闘員特権）が認められるための条件に関するもの、②は攻撃――とりわけ攻撃の際の軍事目標と非軍事目標の区別（軍事目標主義／区別原則）、非軍事目標への付随的損害（比例性原則）、および予防措置（予防原則）――、欺瞞戦術、捕獲、および兵器に関するもの、

③は傷病者、難船者、死者、捕虜、文民の被抑留者、占領地住民、難民、無国籍者、および離散家族などの保護に関するもの、④は戦時復仇（敵の先行違法行為に対して違法行為で対抗する自力救済措置）、第三者による監視、戦争犯罪人処罰、および国内実施に関するものなどを挙げることができる。

対照的に、非国際的武力紛争に適用可能なルールの内容については、本質的に同紛争が紛争地国の法によって規律される事態であるため、その国の国内法秩序と矛盾しない範囲で当事者間の暴力行為を抑制するものに限られている。たとえば、戦闘員や捕虜の特権は非国際的武力紛争の場合には存在しない。また、適用可能な条約規定としてはジュネーヴ諸条約共通三条と第二追加議定書を挙げることができるが、第二追加議定書はすべての場合に適用されるわけではなく、領域国の政府軍が一方の紛争当事者となる国内の事態に限定され、それ以外の組織された武装集団同士が当事者となる事態には適用されない。もっとも、少なくとも一九九八年国際刑事裁判所規程の締約国その他同裁判所の管轄権行使の対象国内で発生した非国際的武力紛争については、同規程八条二項（f）のゆえに、第二追加議定書自体の適用がなくても、組織された武装集団同士の事態に同議定書を反映した慣習国際法が適用されるとみることはできる。

いずれにせよ、近年では兵器規制に関する条約を中心に適用可能な規定が増えているとはいえ、非国際的武力紛争に適用可能な条約は、国際的武力紛争の場合と比べて決して十分とはいえない。これを補うべく、慣習法化を通じて国際的武力紛争のルールを非国際的武力紛争のルールに「移植」する動きも今日みられるが、広く支持されているとはいい難い。

3 国際法と空間——海洋・航空・宇宙法

石井由梨佳

(1) 海洋法

(a) 海洋法の法典化

海洋は国と国とをつなぐ交通路であり、豊富な天然資源を内包する空間でもある。海洋の利用に関する国家の権利義務に関しては、古くから国際法上の議論が蓄積されてきた。第二次世界大戦後、国際連合(総会の補助機関)一機関である国際法委員会は、海洋法の法典化を行うために草案を作成し、一九五八年の第一次国連海洋法会議でその草案に基づいて条約交渉が行われた。そしてその成果として「領海及び接続水域条約」「公海条約」「漁業及び公海の生物資源の保存に関する条約」「大陸棚条約」という四つの条約(海洋法に関するジュネーブ四条約)が採択された[5]。しかし同会議では領海の幅員について決定がなされず、一九六〇年の第二次国連海洋法会議でもそのための合意を得ることはできなかった。また、その後の海洋利用技術の進展に伴い、大陸棚の上部水域における天然資源の開発や管理、海底資源の分配、さらには海洋環境の保全や海洋の科学的調査などについて、新たな条約の規律が必要だと主張されるようになった。そこで、一九七三年から一九八二年にかけて第三次国連海洋法会議が開催され、その成果として「国連海洋法条約」が採択された。

国連海洋法条約は、海洋に関するさまざまな問題について規律を行う包括的な条約である。それはすでに国際慣習法として確立している規則を確認する効果を持つ規定あるいは、交渉段階では慣習法が形成されている段階にある規則を結晶化する効果を持つ規定を多く置いている一方で、慣習法としての地位を有さない創設的な効果を持つ規定も置いている。後者のうち、大陸棚の外側の海底にある深海底の資源を、国際的な管理に委ねることについては、米国をはじめとした一部の国が反対をした。しかし、一九九四年に条約の深海底に関する規定を実質的に修正する国連海洋法条約第一一部実施協定が採択され、日本を含めた先進国がこれを受け入れたことによって同条約が発効した。米国は未だに同条約を批准していないものの、通航権をはじめとする多くの権利義務が国際慣習法上確立しているという立場をとっている。

(b)域別規制の意義

海洋法秩序は「機能的秩序」といわれる。それは、海は共有可能な空間であって、ある目的のためだけに海域を利用する権利を国家に認めることができるからである。国連海洋法条約は海域を距離基準と地理的基準によって区分し、各海域に国家管轄権を配分する「域別規制」をとっているが、それはこの機能的秩序としての性質を色濃く反映したものである。以下では、「国連海洋法条約」で、各海域がどのように区分されているのかを説明する。[6]

「基線」とは、領海幅を測定するための基礎となる線である。通常基線は、沿岸国が公認する大縮尺海図に記載されている海岸の低潮線である。ただし、海岸線が著しく曲折しているか、または海岸に沿って至近距離に一連の島がある場所においては、適当な点を結ぶ直線基線の方法を用いることができる。直線基線は、海岸の全般的な方向から著しく離れて引いてはならず、また、その内側の水域は、内水としての規制を受けるために陸地と十分に密接な関連を有しなければならない。

基線の陸地側の水域は「内水」である。内水は国家領域の一部であり、原則として陸地と同じ扱いになる。ただし、直線基線がそれ以前には内水とされていなかった水域を内水として取り込むこととなる場合には、無害通航権は当該水域において存続する。

「領海」は、基線から測定して一二海里を超えない範囲で沿岸国が設定することができる。領海は沿岸国の国家領域の一部であって、領域主権が及んでいるが、他方で、外国船舶は領海において「無害通航権」を有しており、沿岸国はその受忍義務を負う。

無害通航権とは沿岸国の平和、秩序または安全を害しない限りにおいて、領海を通航する権利である。何を「無害」とするのかについては、船舶の船種、積載物等を基準とする「船種別規制」と、船舶が従事している行為のみを基準とする「行為態様別規制」との対立がある。前者の立場をとれば、軍艦や危険物質を搭載している船舶は無害通航権を享受しない（沿岸国の同意を得なければ通航できない）ことになる。

「国際海峡」は陸に挟まれており国際航行に用いられている海域を指す。このうち、原則として領海で覆われており、公海またはEEZを相互に結んでいる海峡で、他に便利な迂回路がないものにおいては、利用国には「通過通航権」が認められている。その場合、外国潜水艦の潜没航行と外国飛行機の上空飛行が許容される。[7]「領海及び接続水域に関する条約」では、国際海峡において「停止されない無害通航権」が認められていたが、領海を一二海里に拡張するにあたり、それまで公海部分が残っていた海峡が領海で覆われてしまうと、通航権が制約されてしまうため、海洋利用国の主導によって、通過通航制度が国連海洋法条約において新設された。一国の領海と公海または排他的経済水域を結ぶ海峡、あるいは、他に便利な迂回路がある海峡については「停止されない無害通航権」が認められている。

「接続水域」は、基線から測定して二四海里を超えない範囲で沿岸国が設定することができる。沿岸国は接続水域において、自国における通関、財政、出入国管理または衛生に関する法令の違反を防止するため、あるいは、すでに自国領海内で行われた違反を処罰するために、必要な規制を行うことができる。

「群島水域」とは、歴史的に一体として把握される群島において、その最も外側に位置する島を結ぶ直線の群島基線で囲まれる内側の水域を指す。沿岸国はこの群島基線の外側に領海を設定することができる。群島水域内では原則として外国船舶の無害通航権が認められる。また沿岸国は、また群島水域とそれに隣接する領海において航路帯とその上空における航空路を指定することができ、外国船舶と航空機はその航路帯と上空において群島航路帯通航権を享受する。

「排他的経済水域」は、領海の基線から二〇〇海里を超えない範囲内で沿岸国が設定することができる特別な法制度による水域である。排他的経済水域は機能的な水域であり、沿岸国は、天然資源（生物資源と非生物資源の双方を含む）の探査、開発、保存、管理のための主権的権利と、人工島、施設および構築物の設置および利用、海洋環境の保護および保全、海洋の科学的調査等に関する管轄権を有している。また沿岸国には、生物資源の利用に関して、漁獲可能量の余剰分がある場合には他国による漁獲を認める義務や、生物資源の管理や環境の保全について国際的な基準に則った適切な管理を行う義務が課されている。他方で、航行や上空飛行の自由などの公海の部の規定が、排他的経済水域の部に反さない限りにおいて適用される。このように、この水域は国家の排他的な権限が及ぶ水域でもなく、公海でもない、独自の（sui generis）水域として位置づけられている。

「大陸棚」は、領海基線から二〇〇海里までの海底およびその下である。地質上および地形上の一定の要件を満たす場合には、さらにその外側の一定の限界まで延伸が認められている。沿岸国は大陸棚の探査と天然資源の開発するために大陸棚に対して主権的権利を行使する。沿岸国は、大陸棚についてはその設定を行わなくても原初的にその権利を主張することができる。また大陸棚は排他的経済水域とは異なり、天然資源の余剰分の開発について、外国の参入を認める義務がない。

一九五八年の大陸棚条約では、自国に隣接して延長している大陸棚のうち開発可能なところまで沿岸国の主権的権利を認めていたが、国連海洋法条約では排他的経済水域および深海底制度との整合を図るため、二〇〇海里までは自然延長の有無にかかわらず大陸棚を認めることにした。大陸棚と排他的経済水域は重複しうるが、その場合には大陸棚の部の規定が優先する。

延伸をする場合、沿岸国は、領海の幅を測定するための基線から二〇〇海里を超える大陸棚の限界に関する情報を、国連海洋法条約附属書Ⅱに基づいて設置された大陸棚限界委員会に提出する。この委員会は、当該大陸棚の外側の限界の設定に関する事項について当該沿岸国に対し勧告を行う。沿岸国がその勧告に基づいて設定した大陸棚の限界は、最終的なものとし、かつ、拘束力を有する。

内水、領海、排他的経済水域、群島水域を除いた「公海」においては、すべての国が、航行、上空飛行、海洋の科学的調査といった海洋利用の自由を享受する。ただしそれらの国は公海の自由を行使する他の国の利益と、深海底における活動に関する権利に妥当な考慮を払って行使されなくてはならない。船舶は公海において旗国の排他的管轄権に服する（旗国主義）。いずれの国も、自国を旗国とする船舶に対し、行政上、技術上および社会上の事項について有効に管轄権を行使し、および有効に規制を行う義務を負う。この原則の例外は、海賊行為や無許可放送に対する刑事管轄権の行使や、所定の場合に認められる臨検の実施など、きわめて限定的にしか認められていない。

「深海底」は、国の管轄権の及ぶ区域の境界の外の海底およびその下である。深海底とその資源は「人類共通の遺産」（common heritage of mankind）とされ、いずれの国も深海底またはその資源について、主権または主権的権利を主張し、または行使してはならないとされる。

このように、国連海洋法条約は、領海を一二海里幅にすることと引き換えに、国際海峡において無害通航権よりも強化された通過通航権を認め、また、大陸棚と排他的経済水域において沿岸国に広域な天然資源開発の権利を認めつつ、深海底における鉱物資源を国際管理の下に置くなど、沿岸国、海洋利用国、内陸国を含めた途上国などの利益を慎重に調整しながら構築されたものである。他方で、条約の採択を可能にするために、見解の対立がありながらも、あえて明示規定を置いていない事項を残している。

また条約の採択以降も新たな問題が多岐にわたり生じている。たとえば、国際海峡についての通過通航制度は主に航行についてしか規律していないが同海域において沿岸国の環境保全の権利をどこまで認めるのか、排他的経済水域において漁業禁止地区を設定することはどの範囲で許容されるのか、深海底制度は鉱物資源のみを対象とした制度であるが、国家管轄権外区域に生存している生物の多様性をどのように保全、管理していくのかなどの問題が検討の対象となっている。

(2) 航空法

空域は領土と領海の上空である「領空」と、それ以外の空域に分かれる(8)。

領空には領域国(下位国)の排他的主権が及んでいる。外国航空機が領域国の許可なく領空に侵入した場合、領域国は領空主権に基づいて領土保全の侵害を防止して排除するために必要な措置をとることができる。航空機に対する武器の使用については、対象となる航空機が軍用機であるか民間航空機であるかによって相違がある。軍用機については、領空侵犯があった場合には武器の使用を差し控えるべきという規則はなく、必要性と相当性の範囲内で実力を行使することも許容される。これに対して民間航空機については、国際民間航空条約で、締約国が飛行中の民間航空機に対して武器の使用に訴えることを差し控えなくてはならず、また、要撃をする場合には、航空機における人命を脅かし、または、航空機の安全を損なってはならないことが義務付けられている。他方で、各国はその領域の上空を許可なく飛行する民間航空機に対して、指定空港に着陸するように要求する権利を有し、また、その民間航空機に対してそのような違反を終始させるその他の指示を与えることができることが定められている。また、領空侵犯が「武力攻撃」とみなしうる場合には、領域国は自衛権に基づく実力の行使ができる(国連憲章五一条)。もっとも、領空侵犯が軽微な領域の侵害である場合には、一般にはそれは自衛権の行使の要件である「武力攻撃」には該当しない。

これに対して、領空以外の空域においては、すべての国が公海における上空飛行の自由を享受する。そこで、沿岸国が防空識別圏（ＡＤＩＺ）を設定する場合、それが上空飛行の自由を侵害しないかが問題となる。防空識別圏は、一般に沿岸国は自国に入域する航空機の識別を行う空域である。防空識別圏は国際法上の制度ではなく、その設定によって国際法上の効果は生じない。沿岸国は自国に入域しない航空機に、自国規則の遵守を命じたり、飛行針路を変更させたりする権限は有していない。

一九四四年に締結された「国際民間航空条約（シカゴ条約）」を締結する際には、特に民間定期航空をめぐり、航空業界の自由競争を支持する米国と、規制に基づく発展を目指す欧州とが対立したため、民間定期航空についての統一的な条約を締結することができなかった。今日の定期航空は二国間航空協定に基づいて実施されていることが多い。それらの協定では当事国は①相手国の領空を無着陸で通過すること、②給油等の運輸以外の技術的な目的のために着陸すること、③自国で積み込んだ貨客を相手国で降ろすこと、④自国に向かう貨客を相手国で積み込むこと、⑤相手国と第三国との間で貨客の輸送を行うことを相互に合意することが一般的である。単に領空の通過や着陸についてだけではなく、輸送力などについても決めているのは、航空産業が強い国の「独り勝ち」を防止するためである。もっとも、一九九〇年代以降は、路線や輸送力を航空産業の決定に委ねるオープンスカイ協定が増加している。[9]

以上のように空域は海域のような機能的秩序ではなく、国家領域と国際領域の区別があるのみである。ただし飛行の安全確保のために様々な国際協力がなされている。

（3）宇宙法

宇宙法は宇宙空間において適用される法体系の総称である。宇宙空間を規律する最も重要な条約は、一九六七年の「宇宙条約」である。次いで一九六七年に「宇宙救助返還協定」、一九七二年の「宇宙損害責任条約」、一九七四年の「宇宙物体登録条約」、一九七九年の「月協定」が採択された。この「五条約」以降は、主に宇宙空間平和利用委員会とその下部組織である宇宙法律小委員会等において、ソフトロー（法的拘束力を有さない文書）を通じて法形成が行われている。[10]

宇宙条約は、天体を含む宇宙空間の探査および利用はすべての国の利益のために「全人類」が自由に行うことができること、宇宙空間に対しては、いずれの国家も領有権を主張することはできないことを定める。また、宇宙空間の平和目的利用義務、すなわち、核兵器など大量破壊兵器を運ぶ物体を、地球を回る軌道に乗せたり宇宙空間に配備したりしてはならないこと、また、月その他の天体はもっぱら平和目的のために利用されなくてはならないことを定める。しかし、これらの規定は軍事的利用を一切禁じるものではないと理解されているし、サイバー攻撃等の比較的新しい技術を用いた攻撃については明文規定を置いていない。そこで宇宙空間における軍事活動に既存の国際法がどのように適用されるかについて、有識者による検討作業が行われている。[11]

天体そのものの領有ができないとしても、天体で採掘した天然資源の所有権を、開発主体が取得できるかは見解の対立がある。これについては肯定する見解が有力であり、米国、ルクセンブルクなどが、事業者に所有権を認める国内法を制定している。この問題に関する国際的な調整は行われていない。[12]

宇宙デブリの管理と低減は宇宙法領域における最も重要な課題の一つである。宇宙条約は、宇宙物体の登録国が宇宙物体と乗員に対する管轄権を保持することを定めている。条約は管轄権の終了について定めを置いていないため、機能しなくなった宇宙物体についても登録国のみが管轄権を有する。もっとも、破砕されて登録国の判別が難しい宇宙デブリを第三国が除去できるかについては争いがある。２００７年に各国宇宙機関で構成される国際機関間スペースデブリ調整委員会（ＩＡＤＣ）が技術的事項についてデブリ低減指針を採択し、２０１０年に国連宇宙平和利用委員会が低減指針を採択するなど共通の基準を形成する努力が払われているが、残された課題は多い。

さらに、宇宙活動は危険性が高いので、損害が生じた場合の国家責任は厳格に定められている。宇宙活動を行うのが政府機関か非政府団体かにかかわらず、自国によって行われる活動については国家が国際的責任を負う。宇宙損害責任条約は地表で第三者に生じた損害について打ち上げ国に無過失責任を課している。宇宙ステーションや天体基地から放出された宇宙物体が地表損害を与えた場合にもこの規則が適用されるのかについては議論がある。また他の宇宙物体への損害については、打ち上げ国は過失責任を負うのに留まる。

以上の他に、宇宙の観光利用、軌道上の衛星取引等が特に議論されている。新たな条約締結の見込みがない以上、一般国際法と非拘束的な法規範による規律がなされることになる。

1 南シナ海仲裁については、西本健太郎「南シナ海仲裁判断の意義―国際法の観点から」『東北ローレビュー』Vol.4（二〇一七年）を参照。

2 ニカラグア事件については、小寺彰他編『国際法判例百選〔第二版〕』（有斐閣、二〇一一年）所収の内ヶ崎善英「紛争処理における安保理とＩＣＪの役割―ニカラグア事件（管轄権・受理可能性）」および浅田正彦「武力不行使原則と集団的自衛権―ニカラグア事件（本案）」を参照。

3 U.S. Department of State, John Kirby, Spokesperson, Daily Press Briefing, Washington, DC, July 12, 2016, at 〈https://2009-2017.state.gov/r/pa/prs/dpb/2016/07/259605.htm〉〈last accessed on January 4, 2018〉.

4 詳しくは、森川幸一他編『国際法で世界がわかる―ニュースを読み解く32講』（岩波書店、二〇一六年）所収の森肇志「集団的自衛権とは？―平和安全法制と国際法上の集団的自衛権」および黒﨑将広「自衛隊による『武器の使用』は『武力の行使』とは違う？―国際法上禁止される『武力の行使』と憲法の制約」を参照。「特定海域」とは、「領海及び接続水域に関する法律」に基づき、宗谷海峡、津軽海峡、対馬海峡東水道、対馬海峡西水道、大隅海峡について、領海の幅員を基線から三海里にとどめることで公海を残した水域をいう。

5 会議記録は国連のサイト〈http://legal.un.org/diplomaticconferences/〉で閲覧できる。また条約の批准状況や各国の関連国内法はＤＯＡＬＯＳのサイト〈http://www.un.org/depts/los/convention_agreements/convention_overview_convention.htm〉を参照。

6 林司宣・島田征夫・古賀衞『国際海洋法』（二〇一六年、有信堂）。最新の動向は他でフォローする必要があるが、海洋法の基本的な構造については、山本草二『海洋法』（一九九一年、三省堂）も参照。

7 国際海峡にかかわる諸問題については、坂元茂樹編『国際海峡』（二〇一五年、東信堂）所収の論文を参照。

8 航空法の概要については、池田良彦他編著『新航空法講義』（二〇〇七年、信山社）参照。特に防空識別圏については、石井由梨佳「公海と排他的経済水域における『上空飛行の自由』の意義」『国際安全保障』四二巻（二〇一四年）五七頁参照。

9 柴田伊冊『オープンスカイ協定と航空自由』（信山社、二〇一七年）参照。

10 青木節子『日本の宇宙戦略』（慶應義塾大学出版会、二〇〇六年）、小塚荘一郎・佐藤雅彦『宇宙ビジネスのための宇宙法入門』（二〇一五年、有斐閣）参照。

11 Manual on International Law Applicable to Military Uses of Outer Space, 〈https://www.mcgill.ca/milamos/〉とWoomera Manual project <https://law.adelaide.edu.au/woomera/home>がある。二〇一八年一月現在、プロジェクトは進行中である。

12 主要国の国内の宇宙関連法の和訳は、慶應義塾大学宇宙法研究センターのウェブサイト〈http://space-law.keio.ac.jp/datebase.html〉で入手可能である。

第15章 二一世紀の安全保障

神谷万丈

1 冷戦の終結

冷戦の終結により米ソ間・東西間の敵対関係がなくなったことは、世界全体に、従来対立してきた勢力間の軍事的緊張の解消や低減をもたらした。だが、冷戦の終結で、あらゆる緊張が緩和されたわけではない。世界中のすべての緊張が冷戦を淵源としていたわけではなかったからである。一九九〇年八月以降の湾岸危機と湾岸戦争は、そのことを象徴する出来事であった。この紛争の原因は、冷戦に由来しないイラクの領土的不満にあった。イラクの行動がクウェートへの露骨な侵略であったため、国際社会は国連の授権による多国籍軍を組織して対イラク軍事制裁を実行しえたが、ポスト冷戦期の世界がより平和で安定的になるとの希望的観測は、いきなり出鼻をくじかれた。冷戦終結により消滅したといえる危険は、米ソの全面核戦争にまでエスカレートしかねない「第三次世界大戦」型の戦争の可能性にすぎず、逆に、そのような大破局への口火となりかねないがゆえにそれまで封じ込められてきた世界各地の非冷戦由来型の紛争要因はかえって引火性を高める気配にあることを、人々はポスト冷戦期への門口で認識させられたのである。

冷戦終結の最大の特徴は、その唐突さにあった。その意味は、二〇世紀の二度の世界大戦の終わり方と比較してみると明瞭になる。二度の大戦は「熱戦」であり、いついかなる形で戦争が終わるかを大戦末期には推定できた。そのため、戦勝国側では終戦前から戦後世界の秩序を構想しえた。ウッドロー・ウィルソンによる国際連盟の提唱、F・D・ルーズヴェルトによる国際連合構想などはその例証である。ところが、冷戦の終結は八九年一一月にベルリンの壁が突如崩壊するまで予見されていなかったため、冷戦後の世界秩序は事前には議論されていなかった。

両大戦末期の戦後秩序構想は必ずしも時代適合的ではなく、国際連盟も国際連合も構想どおりには機能しなかった。それでも一九一九年と四五年には、新時代の平和の枠組みが一応は用意されたのだが、八九年にはそうではなかった。国際社会は、国連や同盟（たとえばＮＡＴＯ、日米同盟）など、冷戦期の安全保障工具（トゥール）を現実の変化に合わせて改編しつつ新秩序を模索せざるをえなかったが、その結論が出ないうちに二一世紀が訪れ、その最初の年である二〇〇一年に九・一一テロが起こる。それは、冷戦の終結以上に突発的であったため、ポスト九・一一に関する事前の議論などあるはずはなかった。

九・一一テロからでもすでに一七年が過ぎた。二一世紀の世界秩序については、依然として明確な姿がみえない状況が続いている。冷戦の終結からすでに三〇年近くになるにもかかわらず、世界で依然として「冷戦後」という語が使われ続けていることは、その表れであるといえよう。

2　脅威の性格の変化と安全保障への二種類のアプローチ

冷戦終結以降の安全保障をみる上で留意すべきは、安全保障上の脅威の性格が変化したことである。伝統的には、安全保障上の主要な脅威とは、国家による他国への軍事力行使に関するものであった。ところが、冷戦終結後、先進民主主義国を中心に多くの国にとって、自国を直接に脅かす外敵が見当たらない状況が出現した。その結果、安全保障上の伝統的脅威の切迫性は低下したが、他方で、従来は脅威性の認識が弱かったか、あるいは、安全保障問題とは認識されてこなかったような諸問題が、「新たな脅威」としてにわかに顕在化した。「新たな脅威」には多様な事象が含まれるため、その特徴をひとことで要約することはできないが、主要なものとして以下を列挙できる。

（1）国際テロリズムの脅威。テロの危険は、九・一一テロにより全世界的に認識され、国際社会あげての「テロとの戦い」の必要が唱えられるようになった。近年では、イスラミック・ステート（ＩＳ）系のイスラム過激派によるテロ活動が、世界各地で相次いでいる。

（2）民族、宗教、言語、歴史体験などの違いなどを強調する分離主義的な自決権主張が強まり、既存国家の断片化が進む危険。[1] 分離独立が強行されれば内戦型紛争を誘発しかねない。

（3）内戦型紛争などの結果政府が機能不全に陥った、「破綻国家」が引き起こす諸問題。破綻国家は人道危機を引き起こしやすく、周辺地域の不安定要因ともなり、国際テロリストの根拠地や人材供給地にもなりやすい。

（4）大量破壊兵器拡散の危険。①ソ連崩壊後の核物質や原子力専門家の国外流出、②北朝鮮やイランなど、米国が「ならず者国家」と呼ぶ国々による核開発、③印パと北朝鮮が核実験を行い、核拡散が実質的に進んだこと、④九・一一テロ後、アルカイダのような国際テロリスト集団の大量破壊兵器入手への懸念が高まったこと、⑤パキスタンの「核開発の父」Ａ・Ｑ・カーン博士を中心とする核関連物資・技術の国際闇市場の存在の発覚、などにより、大量破壊兵器拡散の脅威は冷戦期よりもはるかに深刻視されるようになった。核兵器の運搬手段であるミサイルが、中国や北朝鮮からの輸出により拡散傾向にある点も、核兵器、核物質の拡散にも劣らぬ問題をはらむ。

（5）通常兵器拡散がもたらす危険。冷戦後に目立つようになった内戦型紛争では、主に先進国から流入した大量の通常兵器が、紛争を悲惨なものとしている。

（6）難民問題。冷戦終結後に多発した各地の内戦型紛争は、難民問題の深刻化を伴った。難民は、「人間の安全保障」に関して劣悪な環境に置かれやすい。また、周辺地域への難民の流出は、不安定性の輸出を意味する。

（7）地球環境の悪化、麻薬の密輸、人権の抑圧、人口問題、飢餓、貧困といった、「地球規模の課題群（グローバル・イシューズ）」。これらは、いわば地球規模での社会的病理であり、従来は、重大ではあるが安全保障とは別の問題と理解されてきた。だが、こうした問題は、現実に各地で多くの人々の生存を脅かしている上、放置すれば人類の生存環境を緩慢にではあるが確実に悪化させる。そのため、冷戦後、伝統的な安全保障課題の緊急性が後退する一方で、これらを「非伝統的」な安全保障問題と位置づけることが一般的になってきた。すでにみたテロや難民の問題も、この範疇に含めることができる。こうした問題の多くは第三、あるいは第四世界を発生源とするが[2]、テロ、麻薬の密輸、途上国の急激な工業化による環境破壊・汚染などで明らかなように、その影響は国境を越えて先進世界にも浸透する。

むろん、こうした新たな脅威の顕在化はあっても、冷戦後も伝統的な国家の軍事力の脅威が消滅したわけではなかった。だが、冷戦が終結した後のしばらくの間、先進国を中心に多くの国にとって、ソ連の脅威なき世界における脅威は、より不特定で潜在的なものとなり、その顕在化の防止が安全保障上の関心事となった。そのため、敵性国との対決を基調とする従来の発想が後退し、潜在的な脅威たる国とも協調して紛争になりにくい状況を保つ「協調的安全保障」の必要性が強調されるようになった。

こうした変化の中で、冷戦後の安全保障においては、「臨床医学的手法」と「予防医学的手法」という二通りのアプローチがともに必要とされるようになった[3]。伝統的には、安全保障に対しては臨床医学的アプローチが中心であった。戦争や紛争を病気にみたてるならば、それぞれの病気にどう対処し、治療するかが安全保障の主要課題であり、そこでは軍事的な手法が中心とされていた。しかし、右にみたような脅威の性格の変化に伴い、病気が起こってからの治療だけでは不十分であり、病気の原因を根源から取り除き、国際社会の「体質改善」を図って病気にかかりにくくすることも必要だとの考え方が強まってきた。冷戦後に提唱されるようになった「地球の安全保障（グローバル・セキュリティ）」「人間の安全保障」「協調的安全保障」といった考え方には、安全保障上のさまざまな危険を、非軍事的手法をも用いて根源から除去し、紛争などが起こりにくい状態を作るという発想が共通してみられたのである。

こうした発想は過去にもなかったわけではないが、冷戦後に特にその重要性が強調されるようになったのには理由があった。内戦型紛争の根底にある民族・宗教問題や、先にみた「地球規模の課題群」には、紛争生起後の対応という臨床医学的な発想だけでは不十分であり、予防医学的な「体質改善」が不可欠である。そして、予防医学的な「体質改善」は軍事的手法だけで実現できるものではないため、貧困の除去、人権意識の向上、異なった民族や宗教の共存を実現するための教育、紛争当事者間の不信感の除去といった非軍事的手法が重視されることになる。さらに、そのための国家（政府）の対応能力には限界があるため、ＮＧＯ（非政府主体）や各国の「市民社会」の役割増大が必要だということになる。

軍事的安全保障の範疇でも、予防という発想が求められる局面が増大した。大量破壊兵器や通常兵器の拡散防止はその典型であり、協調的安全保障でも、信頼醸成措置などによる紛争予防の意義が強調されたのである。

ただし、安全保障への予防医学的アプローチには陥穽もある。まず、それは、ともすれば過度に理想主義的になりがちである。このアプローチで重視される非軍事的手法に、倫理的・道徳的な色彩の濃いものが多いためである。また、紛争の根源的要因の除去に非軍事的手法が重要であることは間違いないが、軍事的手法を中心とした臨床医学的アプローチが不要になったわけではない。さらに留意すべきは、予防医学的アプローチを重視する論者が唱えることの多い、「地球」や「人間」の安全保障論は、それぞれ安全の対象として最大、最小の単位に焦点を当てた議論だという点である。こうした議論では、中間的な単位、つまり「国家」や「国際」（国家間関係）レベルの安全保障が相対的に軽視されかねないが、現実には、これらのレベルでの安全保障をないがしろにすると、かえって「地球」レベル、「人間」レベルで大災厄が起こる。「地球」「人間」の安全保障論が傾聴に値するのは確かだが、それらは「国家（ナショナル）」あるいは「国際（インターナショナル）」の安全保障論を代替はしえないのである。

3　安全保障環境の地域的不均質性

冷戦終結以降の安全保障をみる上でもう一点重要なことは、安全保障環境の地域的不均質性が高まったことである。冷戦期にも、世界の安全保障環境が均質であったわけではない。米ソ間や欧州では東西対立は武力衝突に至らず、「長い平和（ロング・ピース）」が維持された(4)。だが、アジアでは、朝鮮戦争、ヴェトナム戦争、中印紛争、中ソ国境紛争、中越戦争など、地域紛争が相次いだし、東西対立よりも東東関係の方が険悪な時期も稀ではなかった。それでも、冷戦期には東西対立の影が全世界に差していた。ところが、ソ連崩壊後、地域ごとの違いがより目立ってきた。

冷戦後、欧州からは東西対立が一掃され、ＥＵ拡大やユーロ導入など、欧州統合が進展した。だが、冷戦期には封じ込められていた歴史的反目が旧東側各地で表面化し、内戦型紛争が多発した。一方、アジアには、朝鮮半島や台湾海峡に冷戦起源の緊張構造が残存している。中東やアフガニスタン、南アジア、東南アジアでは国際テロ集団が跳梁し、インドネシアなど分離主義勢力を抱える国（東ティモールは〇二年に独立）も多い。

冷戦の終結で国家間戦争の蓋然性が低下した欧州では、国防費削減と軍備縮小とが進んだ。だが、アジアでは、経済成長を背景として、中国を筆頭に、日本以外の大半の国の国防費が、冷戦後にかえって著増した。

ここにアフリカを加えれば、冷戦終結以降の世界における安全保障環境の不均質性は一層明瞭となる。冷戦後、アフリカでは、ルワンダ、リベリア、ソマリアなどで内戦型の武力紛争が相次ぎ、破綻国家も増加した。『フォーリン・ポリシー』誌が「平和基金会」と作成した二〇〇八年版の「破綻国家指標」では、「危機的（critical）」とされる二〇カ国中一一カ国、「危険（in danger）」まで含めれば四一カ国中二二カ国がアフリカにあった。(5) この指数は、二〇一四年版からは「脆弱国家指数」と改称されたが、その二〇一八年版でも、世界で脆弱度が最も高い国から二〇番目の国までのうち一四カ国、四一番目までをとれば二九カ国がアフリカの国であり、状況が改善されていない、あるいはむしろ悪化しているとさえいえることがわかる。(6) また、経済的にもアフリカは脆弱であり、世界銀行が二〇一八年現在で「低所得国」に分類する三一カ国（二〇一六年の一人あたり国民総所得が一〇〇五米ドル以下）のうち二七カ国がアフリカに集中している。(7) 近年、アフリカは経済成長により「最後のフロンティア」と呼ばれることもあるが、こうした数字は、少なからぬアフリカ諸国では、依然として自力では不安定の克服も低迷からの脱出も困難な情勢が継続していることを示している。

4　九・一一テロ・世界秩序・米国の役割

こうした変化が進みつつある中で起こった九・一一テロは、世界の安全保障状況にさらなる複雑性を付け加えた。その国際安全保障上の意味について、「世界秩序」あるいは「国際秩序」をキーワードとして考えておきたい。

九・一一テロを起こしたアルカイダの目的については、犯行声明すら出されなかったことなどから不明な点が多い。だが、彼らが、米国主導の既存の世界秩序を破壊しない限り、自らの信じる正義を実現することは不可能だとの確信から行動したことだけは明白である。テロは、ニューヨークの世界貿易センタービルと、ワシントンの国防総省本庁舎を破壊し、墜落したもう一機の航空機も、ホワイトハウスを標的にしていたとされる。それらは、米国の経済力と軍事力と政治力の象徴であった。事件はまさに、第二次世界大戦後の世界の平和と安定の基盤となってきた米国を中心とする自由や民主主義などの価値を基盤とする既存の世界秩序の中枢への直接的な攻撃だったのである。

冷戦後の唯一の超大国であった米国にそうした攻撃が行われたこと。しかもそれが、非国家主体の手で、乗っ取った民間航空機による自殺テロという衝撃的な形態をとったこと。それは確かに驚きであった。だが、事件がそれ以前には想像もつかなかったような、まったく「新しい」出来事だったのかといえば、実は必ずしもそうではない。

ハンス・モーゲンソーによれば、ある社会で平和と秩序が保たれるためには、①構成員が、既存の社会秩序の枠内で自らが正義だと信ずることが実現される十分な可能性があると信じ、社会のいかなる部分に対するものよりも全体としての社会に対して強い忠誠心を抱いているため、社会のまとまりを保つことを望み、その破壊を望んでいないこと、②軍事力や警察力のような圧倒的な物理的力と、社会に不満を抱く構成員を暴走させないように働く無形の社会的圧力という、社会秩序の破壊を不可能にする二種類の力が存在すること、の二条件が重要だという[8]。ところが国際社会は、これらの条件を欠いていることが以前から明らかであった。①については、世界には多様な価値観や思想を持つ国家や集団があり、その中に、米国中心の世界秩序の下では自らの信ずる正義は実現されえないと考える者たちがあることが知られていた。その典型が、アルカイダなどの国際テロリスト集団であった。②についても、国際社会は中央政府を欠くため(アナーキーであるため)圧倒的な物理的力が存在しない上、社会としてのまとまりが弱いために不満集団を抑える社会的圧力も弱いことは明白であった。そのため、世界秩序の打破を望む集団や国家が、その実行手段として大量破壊兵器や弾道ミサイルなどを持つことが、特に警戒されていたのである。

自殺テロという形式も、実は決して新しいものではない。パレスチナ人による対イスラエル自爆テロにみられるように、自らの大義のためには命を捨てる覚悟のある者が世界に存在することは、従来からわかっていたからである。

また、九・一一テロの背景には、二〇世紀の終盤以降グローバル化が加速する中で、冷戦後唯一の超大国となった米国が、政治、経済から文化まで、あらゆる面で全世界に影響を強めたことへの非先進地域の人々の反発があったとされる。だが実は、近代以降の世界史の中で、先進地域の価値観や文明の圧倒的影響力が非先進地域の暴力的反発を呼んだ例は稀ではない。幕末の日本でも、黒船の来航による「西洋の衝撃」に対し、尊皇攘夷の志士らがテロを繰り返している。

それでは九・一一テロの何が新しかったのか。最も重要な点は、技術進歩が世界にもたらした負の影響が露呈したことである。事件は、世界秩序に打撃を与えようとする者が、大量破壊兵器やミサイルなしでもすでに目的を相当に達成可能であり、テロ対策の最先進国である米国でさえそれを未然に防止しきれないことを明白に示した。

事件はまた、先進民主主義諸国の安全神話を崩壊させた。冷戦後、安全保障環境の地域的不均質性が拡大する中で、先進民主主義諸国では、自分たちの属する平和な地域とそれ以外の地域を区別して安全保障を考える傾向があった。先進民主主義諸国は、お互いが戦うことはもはや考えにくく、ソ連消滅後は差し迫った外敵もないため、今や「平和のゾーン」を形成しており、戦争や紛争は基本的にはその外の問題になったとする見方である。[9] だが、事件は、相互依存の進んだ世界では、先進民主主義国だけが外の地域から切り離された形で安全を享受することはできないことを示した。産業化・情報化した先進民主主義社会が、破壊活動に著しく脆弱なことも明らかになった。

九・一一テロが世界に突きつけたのは、「アナーキーで多様な価値観が並存する世界で、誰が、いかにして秩序を供給するのか」という古くからの課題に対し、こうした変化を前提としてどう答えるべきかという問題であった。ここでまず重要なのは、この事件が非国家主体により起こされたことの意味である。事件により、非国家主体が二一世紀の安全保障問題の重要な主体であることが明確化したとされるが、それは、非国家主体が世界秩序の構築に主要な役割を果たすという意味ではない。事件の処理が国家（あるいは国家により構成された国連などの国際機構）の手で行われるほかはなかったことからも明らかなように、世界秩序構築の中心的主体は今なお国家である。だが、秩序とは、それを構築しようとする者の努力だけでは安定しない。秩序に従う意思が社会の構成員に広範に存在して、はじめて安定が実現する。非国家主体が重要になったのはこの面においてである。従来、世界秩序の問題では、構築者としてもフォロアー（秩序に従う者）としてももっぱら国家が想定されてきたが、九・一一テロは、世界秩序のフォロアーとして今や非国家主体をも考慮する必要があり、非国家主体から秩序に従う意思をいかにとりつけるかが、今後の国際安全保障上の課題となることを明らかにしたのである。

次に重要なのは、将来の世界秩序の構築・維持における米国の役割の問題である。九・一一テロ後のアフガン攻撃では、湾岸戦争で明らかになっていた米国の軍事力の圧倒的優越性が一層はっきりした。それは、〇三年三月に始まったイラク戦争でさらに鮮明になった。いかなる社会でも、秩序は力の下支えなしには安定しえないことを考えれば、将来の世界秩序が米国の力を必要としていることは明白であった。また、国際テロ集団を撲滅し、大量破壊テロの再発を防ぐためには、全世界的な対応が必要であり、そこでも米国のリーダーシップは不可欠であると考えられた。よって、国際社会が、米国が世界秩序維持に力を活用することを九・一一テロ後も引き続き期待したのは当然であった。だが同時に、世界は、米国が力を「適切に」用いるどうかに不安を強めることとなった。第二次大戦後の米国は、その巨大な力を比較的自制的に行使することにより他国を安心させ、自らを中心とする世界秩序の比較的円滑な維持に成功してきた。米国は、自らが中心になって構築した国連、ＩＭＦ、ＧＡＴＴなどの国際的制度のルールによって他国の行動を縛るだけではなく、自らもそうしたルールを相当程度まで尊重し、国際協調を重視してみせた。米国は、常に控えめに行動したわけではないが、その力をもってすれば制度やルールを無視して行動できた時でも、多くの場合、制度やルールに従う道を選んだことは確かであった。米国によるそうした「戦略的抑制（strategic restraint）」の結果、ソ連陣営を別にして、世界の主要国は、米国中心の世界秩序を守るために米国と協力したが、これは、強大な国の出現は他国による警戒と均衡行動（バランシング）を引き起こすと説く勢力均衡理論の予測に背いた、特異な現象だったのである。[10]

だが、九・一一テロ後の世界には、米国のこうした抑制が弱まるのではないかとの懸念が広がることになった。なぜなら、自国の安全への不安感を極端に強めた米国が、G・W・ブッシュ政権の下で自らの強大な力に頼って単独行動主義的傾向を強めたからである。

実は、米国の単独行動主義は九・一一テロ後にはじめて観察された現象ではなかった。冷戦後の米国は、クリントン政権期から、多国間主義・国際協調主義と、国際協調に手を縛られることを嫌う単独主義・国益中心主義の間を揺れ動いていた。ソ連に代わる米国への脅威は当面不在との前提が、ロシアや日本が力を落とし米国単極の体制ができつつあるという認識、および自国経済の空前の好況への過剰な自信と結びついた時、米国の安全と繁栄にとって、国際協調は望ましくはあっても不可欠ではないと考えたからである。[11] ところが九・一一テロの直後には、ブッシュ政権は、国際的反テロ連合を構築すべく、テロが全人類への脅威であることを強調して、各国との首脳会談や国連、NATO、米州機構などの国際的枠組みへの働きかけなど、国際協調重視の外交を展開した。そして当初は、「米国外交が事件を境に従来よりもはるかに国際協調主義的傾向を強めたことは確か」といわれる状況が出現した。[12]

だが、それは長続きしなかった。早くも二〇〇二年初めには、米国外交に「単独行動主義への回帰」がみられ、[13]「今回米国に対して熱烈な連帯を表明した同盟諸国ですら、米国に背を向けてしまうという悲劇」を招きかねないことが指摘され始めていた。[14] そして、同年六月一日の陸軍士官学校卒業式でのブッシュ大統領の演説や九月に公表された『米国の国家安全保障戦略』で、[15] 国際テロ組織やイラク、北朝鮮などの「ならず者国家」の大量破壊兵器入手を阻止するためには、米国単独での行動や先制攻撃をも辞さないとする「ブッシュ・ドクトリン」が明らかにされ、それが、イラク戦争において国連決議を欠いたままの攻撃という形で実践されると、国際社会の対米懸念は急速に高まった。特に問題視されたのは、このドクトリンが、先制攻撃の概念を、国際法上合法とされる範囲を超えて拡張しようとした点である。国際法は、敵からの攻撃が差し迫っている場合の自衛のための先制攻撃を認めるが、差し迫った攻撃の危険がないうちに将来の脅威を取り除こうとする「予防攻撃」は非合法とする。ところがブッシュ・ドクトリンは、テロリストやならず者国家には抑止は無効なので事前に脅威の現実化を防止する必要があるとして、実質的には予防攻撃にあたる攻撃をも含め、「先制攻撃」を正当化した。これは、米国が国際法よりも自らの安全保障上の国益を優先する姿勢を明確にしたとも解釈できたため、国際社会から強い反発を招いた。

国際協調に手を縛られることを嫌う傾向は、米国の同盟政策にも表れた。ブッシュ政権は、テロとの戦いやイラク戦争などで、米国が、伝統的な同盟（同盟も他国との協調の制度的枠組みである）よりも、米国の主導する政策に賛同し、問題解決のために米国とともに（米国の方針に従って）行動する意思を示す国々からなる「有志連合（coalition of the willing）」をより重視するともみえるような態度を示したのである。

こうした単独行動主義への傾斜は米国の傲慢さの表れだとして、国際社会は厳しい批判を加えた。しかも、ブッシュ・ドクトリンを実践したイラクで、米国は、サダム・フセイン政権は容易に打倒しえたが戦後処理には失敗し、イラクが国際テロリストの温床になりかねない状況を招いた。その結果、国際社会における米国の人気と信頼性は、第二次大戦後最低の水準にまで下落した。ワシントンの世論調査機関ピュー・リサーチセンターが〇八年一二月に発表した「ブッシュ政権期のグローバル世論」（世界五四カ国とパレスチナ自治区を対象）によれば、米国は、九・一一テロ直後は世界の同情を集めたが、翌〇二年春までには国際的好感度が低下し始め、イラク戦争後にはさらに下落した。〇二年と〇七年にともに調査が行われた三三カ国中、日英独仏などを含む二六カ国で米国への肯定的意見が減少していたのである。「過去八年にわたる米国外交への不満の増大は、米国の力への懸念に転化した。世界の多くの見方では、米国は、他者の利益をほとんど考慮せずに力を振り回す校庭でのいじめっ子（bully）の役割を果たしてきているのだ」と同報告書は警告した。(16) このような状況の下で、従来米国を均衡行動（バランシング）の対象とはみてこなかった諸国の一部は、米国の力の濫用に備えたある種の均衡行動をとるようにさえなった[17]。

こうした問題は、ブッシュ政権末期には米国内でも深刻に認識されるようになり、傷ついた米国のソフトパワーと国際的リーダーシップをいかに回復すべきかについての議論が盛んになった。この論争に米国民がどのような結論を下すのかを、国際社会も注視した。テロとの戦いが深刻さを増す中で、リベラルな世界秩序をいかに守っていくかが九・一一後の国際政治の中心的な課題となったが、そのためには米国の外交姿勢が鍵になると考えられたからである。

テロとの戦いでは、国家と非国家主体をともに想定し、軍事・非軍事の多面的な手法を、臨床医学的アプローチと予防医学的アプローチの双方から駆使することが求められる。九・一一テロ後、日本を含む先進民主主義諸国が、米国のアフガン攻撃を支援したのは当然であった。首謀者が放置され、事件の再発が懸念される状況が長引けば、自由や「開かれた社会」といった根本的価値が維持できなくなるからである。しかし、先進民主主義諸国を含む国際社会には、それが一段落した後には、従来の世界秩序の問題点を洗い出し、可能な限り改善してテロの根本原因を除去することも重要であるとの認識も広く共有されるようになった。第二次世界大戦後の世界秩序は、米国や日本、欧州諸国などが大切にしてきた自由や民主主義などのリベラルな諸価値を基盤にしてきた。秩序とは、必ず何らかの価値観や正義観を基盤に築かれるものであるため、あらゆる価値観や正義観の持ち主を満足させる八方美人的な世界秩序はありえない。だが、他の価値観や正義観にも最大限配慮しつつ、不満や不正義の少ない秩序を実現するよう努力しなければ、リベラルな諸価値を基盤とした世界秩序を安定的に維持することはできないとの認識が、九・一一後の世界では一般化したのである。そのためには、軍事力を中心とした臨床医学的アプローチを国家中心に展開するだけでは不十分なのであった。

九・一一テロを、世界秩序という患者を突然襲った重大な病気にたとえるならば、まず病気を治して死を避けるために必要だったのがアフガン攻撃などの臨床的手法であり、次に必要となったのが、予防医学的手法により世界秩序の体質を改善し、病気の再発を防ぐことであった。そのためには、現在の世界秩序の中心になっている先進諸国が、世界中からのさまざまな不満に対してできるだけ耳を傾け、不正義を是正していく必要がある。そしてそれは、世界最強の米国のリーダーシップなくしては成功しえない。だが、国際的な秩序はリーダーシップのみによって維持できるものではない。他国が、リーダーについていく意志を持たなければ、秩序は維持できないからである。したがって、米国がいかに強大であっても、国際テロリズムの脅威から世界秩序を守っていくためには他国の協力をとりつける必要があるが、米国の外交姿勢が他国の反発を招き続けるならば、それが難しくなってしまう。米国が、他国の意思にも十分配慮し、国際協調を重視しつつ世界を主導する抑制的なリーダーに戻れるのかどうかが、将来の世界秩序を左右すると考えられたのである。

二〇〇八年の大統領選挙で、米国の国際的な指導力を回復させるとの目標を掲げつつ多国間協調主義への転換の必要性を強調するオバマ候補が当選したことは、世界を安堵させた。しかし実は、そうした方向への転換は、ブッシュ政権自身によってすでに開始されていた。同政権の二期目の後半になると、その外交政策は力まかせの単独行動主義という色彩を著しく薄めたのである。特に注目されたのは、ゲーツ国防長官が、〇六年末の就任以来、米国の外交・安全保障政策にとってのソフトパワーの意義を重視する姿勢をとり続けたことであった。たとえば、〇七年一一月二六日にカンザス州立大学で行った演説の中で、彼は、「元ＣＩＡ長官として、現在は国防長官として、七人の大統領に仕えた自身の経験に基づいて、私はここに、『ソフト』パワーを用いるわれわれの能力を強化し、それを『ハード』パワーとよりよく統合していくことへの賛成を主張する」と述べた[18]。米国のハードパワーの中核である軍事力の統括責任者たる国防長官が非軍事的なパワーによって他国を引きつけることを重視するソフトパワー概念の重要性を強調したことは、世界を驚かせた。このような人物が国防長官という政権の枢要なポストを占めていたことは、彼がブッシュ政権を厳しく批判して大統領に当選したオバマ政権でも二〇一一年七月までその職にとどまったこととあわせて、ブッシュ政権の終期には米国外交がすでに一時の単独行動主義から転換しつつあったことの証といえる。

5　平和と軍事力に関する発想転換の進行

ところで、冷戦終結後の世界では、特に九・一一テロ後に、平和と軍事力の関係に関して革命的といっても過言ではないほどの発想の大転換が進んだことも注目に値する。

かつては国連の平和維持活動を中心にしていたグローバルな安全保障協力は、二一世紀に入る頃までには、主に内戦型の紛争について、紛争終結後から平和への移行プロセスを援助するための諸活動へと大きく幅を広げ、国連の枠組みの外での活動をも包摂するようになりつつあった。この範疇には、平和構築、国家再建、人間の安全保障の促進といった諸活動が含まれ、その達成には、軍事・非軍事の両要素が必要とされた。

ところで、安全保障上の脅威とは、従来は、国対国の戦争に関するものが中心であった。ところが、グローバリゼーションと科学技術進歩は、伝統的な「戦争」とはまったく異なるタイプの脅威を浮上させた。中でも、九・一一テロ以降特に重大視されるようになったのが国際テロ集団の脅威であり、万一こうした集団が大量破壊兵器や弾道ミサイルを手にした場合の危険性であった。そのため、国際社会は、国際テロリズム、大量破壊兵器拡散、弾道ミサイル拡散といった脅威を、伝統的な国家間紛争以上に重視し始めたのであった。

このように脅威認識が変化する中で、内戦型の紛争が長引き政府が機能不全に陥った破綻国家がテロリストの根拠にされやすいという事実が、深刻に受けとめられるようになった。そして、特に先進諸国は、紛争地に「平和を作り出す」ための平和構築や国家再建といった国際協力活動を、世界秩序の維持を通じて自国の安全を守るためのテロとの戦いの一環として、国益上不可欠の活動とみるようになった。こうした活動を先進国の責務とみる考えも、従来以上に強まった。欧州諸国やカナダが犠牲に耐えてアフガニスタンに介入し続けた理由もそこにあった。

ところが、内戦型紛争を管理して平和を作り出すための活動では、軍事力に求められる役割が、従来の戦争の場合とはまったく異なる。かつての軍事力は、戦って敵を撃破することを主目的にしていた。ところが、現在の国際平和活動に従事する軍隊にとって、戦うことは主目的ではない。彼らは、治安回復、人道援助、復興開発協力といった、伝統的には軍が担わなかった役割を通じて平和を作り出すために紛争地に向かう。難民キャンプの設置、学校、道路などのインフラの建築、飲み水の供給といったまったく軍事的ではない機能が、中心的な重要性を持つことも多い。

だが、話はそこで終わらない。新たな国際平和活動に従事する軍隊には、必要があれば断固戦うことも依然求められているからである。国連のブラヒミ報告が述べたように、国家、国際組織、ＮＧＯなどの非軍事要員が安心して活動できる空間は、軍事力によってしか確保できない。あるＮＡＴＯの将官は、筆者らに対し、平和構築活動における軍は、「敵を殺すことを目標としないにもかかわらず、活動に銃口を向ける者は確実に殺せなくてはならない」と語ったことがある。

こうした認識の変化をふまえて、世界の主要国は、各地で「平和を作り出す」ための諸活動に従事するようになった。そして、その経験をもとに、二一世紀における平和と軍事力の関係を真剣に模索しているのである。

６　安全保障工具（トゥール）の新次元

冷戦の終結と九・一一テロは、いずれも予期せぬ突発事であった。そのため、これまでみてきたような国際安全保障環境の激変への対応には、さしあたり、冷戦期に平和を保つために用いられた工具を改編して用いるほかはなかった。その主なものは、①国際連合、②同盟（たとえばＮＡＴＯ、日米同盟）、③多数国間の地域的（縦断的）協力の仕組み（たとえばＣ［Ｏ］ＳＣＥ、ＡＳＥＡＮ）、④先進民主主義国間の地域を超えた（横断的）協力の仕組み（主要国サミット）、⑤諸レベルでの軍備管理・軍縮レジーム、および、⑥各国の軍事力、などであった。だが、これらの工具の改編は、必ずしも順調に進んできたわけではない。

たとえば、ソ連とワルシャワ条約機構の脅威に対抗する同盟であったＮＡＴＯは、冷戦後には、旧ユーゴなど欧州周縁部での地域紛争や国際テロリズムに対処すべく、ＮＡＴＯ「領域外」で発生し「同盟諸国の安全保障に影響を及ぼす危険の管理」をより重要な課題と位置づけた。同盟領域も「東方拡大」された。冷戦の産物たるＮＡＴＯが冷戦後に退場するどころか拡大したのは、その領域が欧州史上はじめて広大な不戦地域化していることに域外諸国が惹かれたからである。スイス、オーストリアなどの欧州の伝統的な中立・非同盟諸国や、旧ソ連圏諸国、旧ソ連構成諸国の多くがＮＡＴＯと「平和のためのパートナーシップ」協定を締結し、一部は後に加盟国となった。ロシアとの間にも「ＮＡＴＯ・ロシア常設合同理事会」が設置され、中東諸国とも協力の拡大が目指された[19]。

にもかかわらず、冷戦後のＮＡＴＯの歩みは平穏なものであったとはいえない。まず、ＮＡＴＯの東方拡大に対しては、ロシアが自国への安全保障上の脅威を増大させるものとして徐々に反発を強めた。さらに、九・一一テロをきっかけに、かねて専門家により指摘されてきた米欧間の軍事的能力格差が、一層切実な問題として認識されるようになった。ＮＡＴＯは、九・一一テロに際して、結成以来はじめて集団的自衛権の発動を決めたが、実際には、加盟諸国の軍事能力が、欧州を遠く離れたアフガニスタンやインド洋では役に立たないことが白日の下に曝されてしまったのである[20]。

だが、欧州側加盟国の多くは、財政上の理由、および世論に照らしてこれに十分に対応できなかった。そもそも九・一一テロ以前から、ボスニアやコソヴォでの経験は、欧州が米国の支援なしにはこうしたレベルの紛争にさえも満足に対応できないことを示していた。そのため欧州には、独自の軍事力を強化しなければ欧州周辺地域での紛争で政治力を発揮することさえできず、万事を米国頼みとせざるをえないという危機感が生まれ、EUに軍事力を持たせる構想が浮上した。だが、EUの軍事能力は、二〇〇五年の時点で「欧州防衛に関して当時検討されていた最も野心的な諸計画が完全に実現されたとしても、EUは欧州NATO戦力の二パーセントのみをコントロールする」にすぎないのが実情であった。[21] 米国は、欧州のこうした動きがNATOとEUの競合につながることに一定の警戒をみせはしたが、それ以上に、ボスニア紛争以来、力業は結局すべて米国任せといった風情の欧州勢に対する苛立ちを募らせていった。イラク戦争の開戦に至る過程では、米欧間の安全保障思考と同盟哲学の食い違いが誰の目にも明らかになった。[22] イラクに対する厳格な査察をうたった国連安保理決議一四四一可決の後も、対イラク武力行使には安保理による明確な授権が必要と唱えるフランスや、テロとの戦いには協力するが対イラク戦には一切参加しないとするドイツは、ブッシュ政権関係者の目には「弱虫」と映った。そのため、米国では、「ポスト・ポスト冷戦期」(=ポスト九・一一)に必要なのは形式的な同盟ではなく、むしろ「有志連合」なのだという声が高まることとなった。

日米同盟はどうか。九〇年代半ばの「日米同盟再定義」により、日米同盟は、ソ連という特定の敵性国に対抗する同盟から、不特定の秩序不安定化要因に対処してアジア太平洋の地域秩序を下支えする国際公共財的な同盟へと、性格を大きく転換した。九・一一テロ後には、その延長線上で、民主主義や自由といった価値観・理念の共有に立脚しつつグローバルな協力を進める「世界の中の日米同盟」という認識が示されるようになった。

だが、日本の安全保障政策には、集団的自衛権不行使や専守防衛などの冷戦期からの自主規制が依然として残っていた。日米同盟が、日本のみならずアジア太平洋地域やグローバルな安全保障にとっても重要な国際公共財であるとすれば、日本には、自らの判断に基づき自衛隊を米軍と積極的に協力させる姿勢が求められる。ところが、こうした自主規制の下では、日米共同行動の可否が、地域や世界の平和のための必要性よりも、憲法その他の法制上の理由によって決定されがちであった。この状況は、米国側に苛立ちを生じさせやすく、同盟の弱体化にさえつながりかねないことが懸念されていた。この状況を改善すべく、日本がようやく動き始めたのは、二〇一二年末に第二次安倍晋三政権が発足した後のことであった。「国際協調主義に基づく積極的平和主義」を日本の対外政策の基本方針として掲げた安倍首相は、政府の憲法解釈を日本による集団的自衛権の行使を可能にするものに改めた上で、二〇一五年に平和安全法制を成立させる（発効は翌一六年）などの安全保障政策改革を行ったのである。[23] ただし、集団的自衛権の行使が限定的なものにとどまるなど、日本の同盟政策には依然として自主規制も残る。

国連も、改編が現実の急進展に追いつけずにいる。国連は、第二次大戦の戦勝国が、戦後秩序の構築・維持のために当時の力のバランスを前提に設立した機構である。そのため、七〇年以上が経ち、力の分布も変貌した現代には適合的ではない。しかも国連憲章は、平和への脅威としてもっぱら国家による武力行使を想定している。国連創設時には、国際関係とは国家間関係を意味したからである。憲章には、内政不干渉もうたわれている。だが今日、国連は、テロや内戦型紛争に対応し、国家以外の主体をも相手に平和活動を行わなければならなくなっている。

こうした点を念頭に置いた国連改革の試みがなかったわけではない。だが、現実との不適合が最も明白である安全保障理事会の構成の修正でさえも、諸国の思惑の違いから、依然実現の見通しはない。

これとは別に深刻なのは、冷戦終結後も、安保理での五大国の協調（拒否権の不行使）が長続きしなかったことである。たとえばコソヴォ紛争では、人道的介入の必要性を唱える米英仏と内政不干渉を主張する中ロとが妥協できず、NATOは、安保理による授権のないまま、九九年三月に対セルビア空爆に踏み切った。イラク戦争でも、米英の望んだ武力行使容認決議は仏ロが拒否権行使を予告したために採択されなかった。

主要国サミット（G7、ロシアが参加していた時期にはG8）の場合には、改編作業がかえって現実との不適合を招いたといえる。サミットは、七五年の発足以来、先進民主主義諸国の協調枠組みとしてリベラルな世界秩序の維持に役割を果たしてきたが、冷戦後ロシアを加えたことで性格が不明瞭になった。それが先進民主主義国の枠組みだとすればロシアが加わっているのはおかしく、価値や理念とは無関係に世界の主要国の結集を図るのであれば、中国やインドが加わっていないのは奇妙なことにみえた。ロシアと他の参加国では利益認識や脅威認識にもかなりの相違があり、サミットの合意形成能力にも影を落とした。ロシアは結局、二〇一四年に、ウクライナ内戦に介入しクリミアを併合するという、リベラルな価値観とは相容れない行動をとってサミットへの参加を停止されて現在に至っている。

なお、〇八年のリーマン・ショックなどを契機とした世界的な金融危機に主要先進国だけでは十分に対応しきれなかったことから、主要国サミットの参加国、ロシア、中国、インド、その他の新興諸国、およびＥＵが参加するＧ20（「金融・世界経済に関する首脳会合」）も開催されるようになったが、ここでとり扱われるのは原則として経済や金融の分野の諸問題に限られている。

国家を担い手とする安全保障工具の改編とは別に、ポスト冷戦、ポスト九・一一の安全保障においては、特に予防医学的アプローチの担い手として、ＮＧＯの役割が顕著に増大した。ＮＧＯは、多くの場合、紛争勃発前から現地社会に活動拠点を設けており現地の諸勢力とも接触しやすいこと、国家と異なり、諸国との外交上の関係に起因する制約には縛られにくく、内政不干渉の壁があっても国家よりは動きがとりやすいこと、といった特徴を活かし、活動の幅を拡げている。だが、ＮＧＯは武力を持たないため、活動を実施するためには、国家あるいは国際機構の手によって、現地の軍事的安全が確保されていることが必要である。また、ＮＧＯの財政規模や人力規模には限界があるため、国家や国際機構との協力や役割分担が不可欠となる。両者がいかなる関係に立って平和活動に取り組むのが最も効果的であるのかという問題は、世界のさまざまな紛争地において、試行錯誤が続けられている。

7　国際的なパワー・バランスの変化とリベラル国際秩序の動揺

こうした流れの上に、二〇〇〇年代の終わり頃からの国際安全保障は、さらなる難しい挑戦に直面することとなった。それは、国際的なパワー・バランスの変動により、第二次世界大戦後の平和と繁栄の基盤となってきた自由で、開かれたルールを基盤としたリベラル国際秩序が動揺をみせ始めたことである。

この秩序は、戦後期を通じて、米国の一貫したリーダーシップの下で、リベラルな価値と原則を共有する日本や欧州諸国をはじめとする先進民主主義諸国の集合的な努力によって形成され、維持されてきた。米国のリーダーシップの下で作られた法的、経済的、および安全保障上の各種の取り決めの束が、リベラルなルールを基盤とする国際秩序の枠組みとして機能してきたことが、国際社会に平和と繁栄をもたらし、米国と先進民主主義諸国はむろん、世界中の国々に利益をもたらしてきた。

冷戦が終結した後には、米国が世界で唯一の超大国として他国に比べてはるかに大きな力を保持するようになり、この秩序を主導する能力も揺るぎないものとなったと考えられた。九・一一テロはこの秩序を破壊しようとする試みではあったが、先に述べたように、テロを起こしたアルカイダは非国家主体であり、既存のリベラルな秩序に代わる新たな世界秩序の構築を主導する力を持っていたわけではなかった。この事件の後、一時的に単独行動主義に傾斜して国際的な反発を招いてしまった米国外交も、すでにみたように、二〇〇六年末頃までには軌道修正が始まっていた。その結果、米国の国際的なリーダーシップが回復され、先進民主主義諸国の協力を得て国際秩序を再び安定化する努力が強化されることが期待された。

だが、〇八年のリーマン・ショックは、米国が他国を圧倒する力を持つ国になったという冷戦終結以来の国際社会における共通認識を、一気に動揺させる効果を持った。引き続いて起こった世界金融危機に米国が速やかには対応できなかったことから、世界には、にわかに米国衰退論が唱えられるようになった。[24] その一方で、この頃から、国際社会では、中国の国力が経済面でも軍事面でも著しく台頭し続けていることがそれまで以上に注目されるようになった。リーマン・ショックに中国は比較的うまく対応し、世界的な金融危機による損害をあまり受けずに切り抜けることができたからである。中国は、二〇一〇年には名目GDPで日本を追い抜き、世界第二位の経済大国となった。また、中国は、一九八九年以来軍事支出を毎年前年比二桁ないしそれに近い率で増加させるとともに軍事近代化を継続し、海洋進出を活発化させている。いうまでもなく、中国は、自由や民主主義、人権といったリベラルな諸価値を尊重する国ではない。これまでのリベラルな国際秩序の中心にいた米国の力が低下する中で、そのような国の力が伸長した時に、国際秩序にいかなる影響が及ぶのかについて、国際的な懸念がにわかに高まったのである。

国際社会では、それよりもかなり前、二一世紀に入る頃から、中国に既存の国際秩序を支持させようとする働きかけが行われてきていた。中国が既存の秩序やルールを尊重しない行動をとる場合には必要な対応がとれるように備えなければならないが（「ヘッジ」）、それと同時に、中国が既存秩序の維持を自らの利益とみなして米国、日本、欧州諸国などと協力するよう、さまざまな形で関係を深めて促さなければならない（「関与」）という考え方である。この発想は、日米などの外交・安全保障コミュニティでも主流であり続けてきた。

だが、二〇〇〇年代の終わり頃から、国際社会は、台頭する中国がますます自己主張を強め、このような働きかけに対して期待どおりの反応を示さないという現実に気づかされるようになった。特に南シナ海や東シナ海での挑発的行動のエスカレートにみられるように、中国の対外政策は自己主張を急速に強めてきており、国際社会で広く認められているルールに従うのではなく、増大しつつある自らの力によって現状を変更しようとする行動も目立ってきている。近年の南シナ海における人工島の建設はその典型的な例である。最近では、習近平国家主席を含む中国の指導者から、米国抜きの新たなアジア秩序構築を志向するかのような発言や、これからの世界秩序は中国が主導するといった発言もしばしば聞かれるようになっている。

ルールを基盤としたリベラルな戦後国際秩序に挑戦しているのは中国だけではない。欧州ではロシアが、特に二〇一四年以降、ウクライナやクリミアで、国際的なルールを踏みにじってでも力により現状を自らに都合のよい形に変更しようとする姿勢をあらわにしている。北朝鮮の核兵器と弾道ミサイルの問題も、本書の今回の改訂中に南北首脳会談や米朝首脳会談が行われたものの、解決の見通しがついたとは依然いえない。この問題が解決されずに残るということは北朝鮮による国際ルールを無視した行動に国際社会が十分に対応できないということであるため、ルールを基盤とした現在の国際秩序にボディ・ブローのようなダメージを与えるおそれがある。また、世界的にますます目立ちつつある反グローバリゼーションの動きも、リベラル国際秩序の将来にもう一つの重大な挑戦をもたらしている。ブレグジット（英国のEU離脱）や、欧米諸国における選挙で広くみられるポピュリストやナショナリストの台頭に最も典型的に示される、反グローバリゼーション、反自由貿易、反エリート、反移民といった主張は、放置されるならば、既存の国際秩序のリベラルな基盤の深刻な弱体化につながりかねない。筆者をリーダーとする日米共同研究グループは、一八年四月に発表した日米同盟の現状と将来に関する研究報告書の中で、「第二次大戦以降、開かれたルールを基盤とする国際秩序がこれほどまで不安定になり、これほどまでに多くの挑戦を受け、これほどまでに多くの競合する世界秩序観に直面させられたことはなかった」と警鐘を鳴らさなければならなかった[25]。

こうした状況が進展する中で、国際社会では、米国がこれまで担ってきた国際的なリーダーとしての役割を維持し、ルールを基盤としたリベラルな国際秩序を支え続ける意思を持ち続けられるのかどうかについて懸念が強まってきている。米国経済は、リーマン・ショック後の世界金融経済危機の中で二〇〇八年から〇九年にかけてはマイナス成長となったが、一〇年以降は立ち直ってプラス成長に転じた。懸念された米国の国力の衰退は実際には起こらなかったのである。しかし、米国の国力がもはや他国を圧倒する水準の強さにはないという意識は、指導層を含めた米国の国民の間に根強く残ったようである。オバマ大統領は、二〇一三年九月一〇日のホワイトハウスでのシリア情勢への米国の対応をめぐる演説の中で、「米国は世界の警察官ではない」と言い放って世界を驚かせた。「ひどいことは世界中で起こるのであり、あらゆる不正を正すことはわれわれには分不相応だ」と彼は続けた[26]。米国の大統領が、世界の平和と安全の問題に対応する自らの能力に限界があるとの認識をこれほどまであからさまに示したのははじめてのことであった。

それでも、オバマ大統領には、米国がリーダーシップをとってルールを基盤としたリベラルな国際秩序を守っていかなければならないという強い決意は疑いなくみてとることができた。たとえば、彼は、一四年春頃以降は、米国が日本との同盟によって中国の行き過ぎた自己主張を牽制しようとする意図を明確にした。同年四月のオバマ訪日に際して出された日米共同声明では、「日米両国は、威嚇、強制または力による領土または海洋に関する権利を主張しようとするいかなる試みにも反対する」ことがうたわれたが、これは、中国の台頭を前にルール基盤のリベラルな国際秩序を維持するために協力してリーダーシップを発揮するという、日米共同の意志表明として読むことができたのである。

だが、二〇一六年一一月の大統領選挙でトランプ候補が予想を裏切って勝利してからは、国際社会は、はたして米国がこれからもリベラル国際秩序維持のためのリーダーシップをとり続けるつもりがあるのかを、疑わなければならなくなっている。国際政治におけるリベラルとは、各国がさまざまな工夫により他国と協調を図っていけば、世界をよりよい場所に変えていけると信ずる立場のことである。世界から競争や対立をなくせないとしても、国際法などのルールを整備し、国際制度を発達させ、相互依存を深めるといったさまざまな努力や工夫を行えば、国際協調を相当に促進でき、国際問題のかなりの部分は緩和できるはずである。そして、そうした努力や工夫を進展させるためには、国際社会に自由、民主主義、人権といった価値や理念を啓蒙していくことが重要である。これが、国際政治におけるリベラル派の世界観なのである。ところが、トランプ大統領は、リベラルな価値や理念を好まない。国際協調主義を嫌い、多国間国際制度を疑う。戦後秩序の要である自由貿易にも敵対的で、貿易をゼロサム的なものとみる。また、米国の伝統的な同盟国、友好国との協調すら軽視するような発言を繰り返す。たとえば、二〇一八年六月に開催されたG7首脳会談では、「NATOはNAFTA（北米自由貿易協定。トランプ大統領は、米国に不利な協定であるとして非難を続けている）と同じくらい悪い」と述べたと伝えられているし[27]、同月下旬には、「EUは、むろん、米国につけ込んで、われわれの貯金箱を襲うために作られたものだ」とも発言している[28]。

ようするに、彼は、国際協調によって世界がよりよい場所に変わるとは思っていない。貿易にも外交にも勝ち負けがあり、協調ではなく二国間の取引こそが米国に利益をもたらすとみている。だからこそ、彼は、TPPからも地球温暖化対策に関するパリ協定からもいとも簡単に離脱してしまったし、貿易における競争相手と自らがみなす国に対して一方的な高関税を課したりする。リベラルな国際秩序への挑戦がかつてなく強まっている時に、米国の指導者が秩序維持のリーダーシップを放棄しかねない態度をとるようになったことで、この秩序の将来に対する不透明感がかつてなく高まっているのである。

かくして、二一世紀の安全保障についても、世界秩序のあり方についても、世界の平和と安全を保つための工具の整備についても、当分は一層の混迷が続くであろう。日本に求められるのは、国際安全保障への能動的関与を通じ、こうした状況の傍観者ではなく、状況を改善していくための一当事者となる姿勢であり、覚悟であろう。

1　この点について詳しくは、佐瀬昌盛「民族自決論の功と罪—欧州の場合」佐瀬昌盛・石渡哲編『転換期の日本そして世界』（人間の科学社、一九九五年）を参照。

2　第四世界とは、「後発開発途上国」あるいは「最貧国」と呼ばれる国々のことを指す。

3　安全保障に対する「臨床医学的手法」「予防医学的手法」という二つのアプローチの呼称は、本書の四つの旧版で、佐瀬昌盛と筆者が提唱してきたものである。

4　ジョン・L・ギャディス（五味俊樹他訳）『ロング・ピース—冷戦史の証言「核・緊張・平和」』（芦書房、二〇〇二年）。

5　The Fund for Peace, "Failed States Index Scores 2008," http://www.fundforpeace.org/web/index.php?option=com_content&task=view&id=292&Itemid=452; "The Failed States Index 2008," *Foreign Policy*, July/August 2008, http://www.foreignpolicy.com/story/cms.php?story_id=4350&print=1（ともに二〇〇八年一〇月一〇日アクセス、現在ではリンク切れ）。

6　The Fund for Peace, "Fragile States Index 2018," http://fundforpeace.org/fsi/data/（二〇一八年六月一九日アクセス）。

7　世界銀行（The World Bank）ホームページ "Country Groups," https://datahelpdesk.worldbank.org/knowledgebase/articles/906519（二〇一八年六月一九日アクセス）。

8　ハンス・J・モーゲンソー（現代平和研究会訳）『国際政治Ⅲ』（福村出版、一九八六年）第二九章「世界国家」を参照。

9　その典型が、「デモクラティック・ピース（民主主義諸国間の平和）」論であった。同論の代表的な日本語文献としては、ブルース・ラセット（鴨武彦訳）『パクス・デモクラティア—冷戦後世界への原理』（東京大学出版会、一九九六年）がある。

10　戦後米国の「戦略的抑制」について論じた代表的文献として、G・ジョン・アイケンベリー（鈴木康雄訳）『アフター・ヴィクトリー—戦後構築の論理と行動』（NTT出版、二〇〇四年）。

11　神谷万丈「国際的反テロ連合の構築—九・一一テロ後の米国外交」『国際問題』第五〇三号（二〇〇二年二月）二二—二五頁、神谷万丈「序論：米国の安全保障政策—冷戦終結から九・一一へ」『国際安全保障』第二九巻第二号（二〇〇一年九月）。

12　神谷「国際的反テロ連合の構築」二四頁。

13　加藤朗「単独行動主義への回帰—九・一一テロと米国の対外政策の展開」『国際問題』第五〇三号（二〇〇二年二月）。

14　神谷「国際的反テロ連合の構築」四一頁。

15 *The National Security Strategy of the United States* (Washington, D.C.: Whitehouse, September 2002), https://www.state.gov/documents/organization/63562.pdf（二〇一八年六月一九日アクセス）。

16 The Pew Global Attitudes Project, *Global Public Opinion in the Bush Years* (2001-2008), (Washington, D.C.: Pew Research Center, December 18, 2008), p.3.

17 たとえば、シカゴ大学教授のロバート・A・ペイプは、米国に対し、伝統的な軍事的な均衡行動（「ハード・バランシング」）とは異なる、外交・経済・制度などの非軍事的諸手段を用いての「ソフト・バランシング」がとられ始めていると論じた。Robert A. Pape, "The World Pushes back," *The Boston Globe*, March 23, 2003; Robert A. Pape, "Soft Balancing against the United States, *International Security*, 30-1 (Summer 2005).

18 Robert M. Gates, Secretary of Defense, Landon Lecture, November 26, 2007, Kansas State University website, https://www.k-state.edu/media/newsreleases/landonlect/gatestext1107.html（二〇一八年六月二〇日アクセス）。

19 以上のような冷戦終結後のＮＡＴＯの変容について、詳しくは、佐瀬昌盛『ＮＡＴＯ—21世紀からの世界戦略』（文春新書、二〇〇〇年）を参照。

20 この時期の米欧間の軍事能力格差に関しては、次の二文献が有益。David S. Yost, "The NATO Capabilities Gap and the European Union," *Survival*, 42-4, (Winter 2000-1); "The NATO Capability Gap," *Strategic Survey* 1999/2000."

21 Andrew Moravcsik, "Introduction: Europe without Illusions," in Moravsik, ed., *Europe without Illusions: The Paul-Henri Lectures, 1994-1999* (Lanham, MD: University Press of America, 2005), p.33.

22 米欧間の安全保障思考の食い違いに関しては、ロバート・ケーガン（山岡洋一訳）『ネオコンの論理—アメリカ新保守主義の世界戦略』（光文社、二〇〇三年）が有益である。同書の訳題は扇情的だが、原題の訳は、『天国と力について—新たな世界秩序の中の米国と欧州』である。

23 第二次安倍政権による安全保障政策の改革とその限界については、本書第2部のⅠ、Ⅱ、Ⅳ、Ⅷ、Ⅸを参照。

24 ただし、米国衰退論が唱えられたのはリーマン・ショック後がはじめてではない。たとえば、ヴェトナム戦争の戦況が米国にとって悪化し、米国経済にも陰りがみられた一九六〇年代末頃以降、米国経済が日本や西ドイツの追い上げにあえいだ八〇年代末から九〇年代初め頃にかけての二十余年の間にも、米国の国力が相対的に低下しつつあるという議論はさまざまな形で提起されている。

25　神谷万丈／ジェームズ・J・プリスタップ共同主査『日米共同政策レポート二〇一八：かつてない強さ、かつてない難題―安倍・トランプ時代の日米同盟』［日米共同研究プロジェクト「積極的平和主義の時代の日米同盟：平和的なルール基盤の国際秩序を支える実効性ある『スマート・パワー同盟』に向かって」研究会報告書］（日本国際フォーラム、二〇一八年）二―三頁、https://www.jfir.or.jp/j/activities/reseach/pdf/180412_j.pdf（二〇一八年七月一日アクセス）。

26　"Remarks by the President in Address to the Nation on Syria," The White House, Office of the Press Secretary, September 10, 2013, https://obamawhitehouse.archives.gov/the-press-office/2013/09/10/remarks-president-address-nation-syria（二〇一八年七月一日アクセス）。

27　Katelyn Caralle, "Trump reportedly told allies: 'NATO is as bad as NAFTA,'" *The Washington Post*, June 28, 2018, https://www.washingtonexaminer.com/politics/trump-reportedly-told-allies-nato-is-as-bad-as-nafta（二〇一八年七月四日アクセス）。

28　たとえば Josh Rogin, "Trump is trying to destabilize the European Union," *The Washington Post*, June 28, 2018, https://www.washingtonpost.com/opinions/global-opinions/trump-is-trying-to-destabilize-the-european-union/2018/06/28/729cb066-7b10-11e8-aeee-4d04c8ac6158_story.html?noredirect=on&utm_term=.da9bfb3c2218に引用されている（二〇一八年七月四日アクセス）。

第2部 日本の安全保障政策の基礎知識

Ⅰ　戦後日本の安全保障政策

冷戦期の日本の安全保障政策は、防衛目的に限定された軍事力の自己抑制の下での漸進的整備と、日米同盟の堅持を二本柱としていた。日本は冷戦後も、この枠組みを可能な限り維持しつつ、新たな国際情勢に対応しようとしてきた。

政府は戦後、日本は自衛に必要な最小限の軍事力のみを保持・行使するとして憲法と安全保障政策の整合を図り、さまざまな自主規制を行ってきた。専守防衛の原則の下、集団的自衛権の行使、「海外派兵」、目的や任務に武力行使を伴う国連などの国際共同行動への参加は違憲とされた。自衛隊の兵器も自衛のための必要最小限とされ、ＩＣＢＭ、攻撃型空母などの「攻撃的兵器」の保有は違憲とされた。非核三原則や武器輸出三原則などの自主的制約も採用された。中ソに近接する日本がこうした抑制的姿勢を貫けたのは、攻撃力や核抑止力などの、「自衛に必要な最小限」を超えるとされた軍事力を米国に依存できたからである。日米同盟の枠内での自衛への専念という安全保障政策の基本枠組みは、一九七六年の「防衛計画の大綱」で最終的に確立した。

ところが冷戦後、日本に経済力相応の安全保障上の貢献を求める国際世論が高まり、世界は日本の自衛への専念を望んでいるという、日本の抑制的姿勢の前提にあった考え方は崩れた。先の大戦の負の遺産を抱える日本にとり、日米同盟の枠内でそのような方向を模索するのが唯一の現実的な選択肢だったが、冷戦の終結は、日米同盟のあり方にも見直しを迫った。

日本の安全保障政策の転機となったのは湾岸戦争である。遠い海外の紛争に自国の積極的関与が期待されるなど想像もしていなかった日本人は、国力相応の貢献を求める国際世論に対し、財政支援以外ほとんど応えられなかった。金を出す以外何もしなかったという国際的な批判が日本人に衝撃を与え、世界平和のための能動的役割の模索が、以後本格化した。

その第一歩は、湾岸戦争直後の九一年四月の、海上自衛隊掃海部隊のペルシャ湾派遣であった。訓練などを除けば初の自衛隊の海外派遣だったが、心配された東アジア諸国の反応も概ね好意的であった。九二年六月には国際平和協力法が成立。国連平和維持活動（ＰＫＯ）などへの自衛隊派遣が可能になった。以後、カンボジア、モザンビーク、ルワンダ難民支援、ゴラン高原などでの自衛隊の活動は、高い国際的評価を得た。

ただし、同法では、自衛隊のＰＫＯ参加に国際的にみて特異な条件が付された。後方支援部門を除く平和維持軍（ＰＫＦ）の本体業務（停戦監視や緩衝地帯駐留など）への参加凍結のほか、ＰＫＯ参加五原則に基づき、武器使用を要員の生命などの防護目的に限定。武器や弾薬を守ることも認めなかった。もとよりPKOでは武力行使は自衛の場合に限られるが、国際的には「自衛」とは、要員の生命などの防護に加え、PKO活動への武力による妨害の排除を含むとされる。当時の日本の規定では、自衛隊は他国のPKO要員などが攻撃されても武器使用ができず、国際的な批判が少なくなかった。

こうした点がようやく改善されたのは、九・一一テロ後である。テロ対策特別措置法の成立などを背景にした〇一年一二月の国際平和協力法改正で、PKF本体業務の凍結は解除され、武器使用基準も緩和されて、「自己の管理下に入った」他国要員や国連・NGO職員（実際的には、自衛隊部隊の周辺にいる要員・職員等を意味した）などの防衛や、武器・弾薬の防護が可能になった。だが、PKO活動への妨害に対する武器使用は許されず、目的や任務に武力行使を伴う活動への自衛隊の参加も認められなかった。

冷戦後の日本の安全保障姿勢を明確にしたのは九五年に一九年ぶりに改定された新たな防衛計画の大綱（九五大綱）であった。九五大綱は、日本が以後も専守防衛の原則を貫き、各種の自己規制を維持すると明言。その上で、より能動的な安全保障政策をとり、自衛隊も活用して世界平和に貢献すると述べた。また、日米同盟は日本と周辺地域の安定に不可欠だとしてその重要性を旧大綱以上に強調し、日本周辺での有事の際に米国と協力する意思をはじめて表明した。

一方、九五大綱の策定と連動して日米同盟の再定義も進み、九六年四月の「日米安保共同宣言」と翌年九月の「九七ガイドライン（日米防衛協力のための指針）」決定で一段落した。冷戦後の日米同盟はアジア太平洋の秩序安定化装置と位置づけられ、同盟強化の必要性が強調された。同時に、日本に同盟国としてより積極的な役割を求める米国に応え、日米同盟を「普通の同盟」に近づける努力も払われた。①米国の日本防衛義務に対し、集団的自衛権を行使できない日本には同種の義務がなく、基地提供と在日米軍駐留経費の一部負担で応えてきた、②対米軍事協力に消極的な日本の世論を背景に、旧ガイドラインが七八年に決定された後でさえ、有事の際の共同計画が欠けていた、という日米同盟の特殊性に対し、米国の不満が高まっていたのである。九七ガイドラインでは、日本の憲法上の制約の範囲内で、日米が有事対応について共同計画策定をも含めて協力することや、日本周辺での有事には日本が米国に後方支援を行うことなどがうたわれた。

その後の出来事により、日本の安全保障政策はより現実的な方向に動いた。テポドン発射などの北朝鮮の挑発的行動は、日本人に、冷戦後も自国への脅威が残存することを印象づけた。こうした意識変化を受けて、偵察衛星の配備や日米ミサイル防衛協力が進展し、二〇〇三年には、積年の課題であった有事法制がついに成立した。また、九・一一テロ後、政府はテロ対策特別措置法を急遽成立させ、海自艦艇にインド洋で米軍への支援などを行わせた。自衛隊にとり初の、戦時下の海外での本格的活動であった。

これ以降、自衛隊の海外活動は、その範囲をさらに拡大した。〇二年には、東ティモールへの部隊派遣が実現。また、〇三年一二月には、イラク戦争後の人道復興支援を目的として自衛隊を現地に派遣するためのイラク特別措置法が成立。以後〇八年一二月までの間、陸自と空自が派遣され活動を行った。同法成立当時、イラクは、小泉純一郎首相が「主要な戦闘は終結したが、完全に戦闘状況が終わったとは見ていない」と認める「危険な地域もある」国であった。そのような国に日本が陸上部隊を派遣するのは戦後初であり、「自衛隊の役割に新たな歴史を切り開く」(『読売新聞』)と評された。

日本国民の間では、米国の対イラク開戦に対しては反対が過半であったが、自衛隊のイラク派遣については多数が支持を与えた。その後〇七年一月に、防衛庁の省昇格とともに、従来自衛隊法で自衛隊にとっては「付随的任務」と位置づけられてきた海外活動が「本来任務」化されると、小規模ながら、ネパールやスーダンなど、それまでは考えにくかった国々への自衛隊要員の派遣も行われるようになった。さらに、〇九年三月には、ソマリア沖の海賊対策として、海上自衛隊の艦艇派遣も実現した。こうした派遣にも国民の反対は少なかった。この頃までには、国民の間に、日本が自衛隊も活用して世界平和に役割を果たし、あるいは日本の死活的国益を守るべきだという点について、広汎な合意が形成されていたことを示す証左だったといえよう。

こうした変化の中で、〇四年には、九五年以来九年ぶりに新しい防衛計画の大綱が策定された。〇四大綱は、国際テロ、大量破壊兵器や弾道ミサイルの拡散などの「新たな脅威」への対処を優先課題と位置づけ、伝統的な国土の防衛に加えて、「国際的な安全保障環境を改善」することを日本の安全保障政策の目標とした。上述した自衛隊の海外活動の本来任務化は、この文脈の中で打ち出されたものである。同時に〇四大綱は、朝鮮半島や台湾海峡に「不透明・不確実な要素」があり、北朝鮮の軍事的動向が「重大な不安定要因」であり、中国の軍事的動向に「今後も注意していく必要がある」として、日本周辺に伝統的な国家の軍事的脅威が残存していることを指摘した。ただし、冷戦期に想定されたような「本格的な侵略事態生起の可能性」は低下し、「地域の安全保障上の問題」や「新たな脅威や多様な事態」への対応が求められているとして、自衛隊の装備や編成の見直しに言及した。

こうした環境の下での日本の安全保障政策のあり方について、〇四大綱は、日本自身の防衛努力と日米同盟による安全確保という従来の二本柱の方針を、日本自身の努力、日米同盟、国際社会との協力という三本柱に組み替えた。すなわち、①日本自身の防衛力を、専守防衛の方針を維持しつつ、多様な脅威に対応するため、「即応性、機動性、柔軟性及び多目的性を備え」た「多機能で弾力的な実効性のあるものとする」こと、②伝統的な課題にも新たな脅威への対応にも日米同盟が重要な役割を果たしているため、日米で戦略目標の認識共有を進めつつ、役割分担や在日米軍の兵力構成などに関する戦略対話・協議に取り組むこと、および③政府開発援助（ODA）の戦略的活用を含む外交の促進や、地域紛争や新たな脅威に対処するための国際平和協力活動を通じ、「国際社会との協力」を進めること、を打ち出したのである。この三本柱は、その後今日に至るまで、日本の安全保障政策の基本的枠組みとなっている。

〇四大綱は五年後の見直しを定めており、〇九年には、有識者懇談会の設置など、その作業が本格化しつつあった。ところが、同年八月末の総選挙の結果自民党が下野して民主党政権が誕生したことにより、大綱の見直しは一年先送りされることとなった。この間、〇九年の終わりから一〇年の前半にかけて、冷戦期から一貫して日本の安全保障政策の基軸となってきた日米同盟が混迷し、日本の安全保障政策全体が大きな困難に直面したことは記憶に新しい。米軍普天間飛行場の移設問題をめぐる迷走をはじめとする、鳩山由紀夫政権による同盟の不適切なハンドリングがあったためである。だが、この状況は一〇年六月の鳩山退陣後には急速に変化し、日米同盟はめざましく復調した。そうした中で同年一二月には新たな防衛計画の大綱（一〇大綱）が決定されたが、その最も画期的であった点は、日本の防衛力の将来のあり方として、「動的防衛力」を目指す方針が示されたことであった。

日本の防衛力のあり方については、一九七六年の最初の防衛大綱以来、「基盤的防衛力」と呼ばれる考え方がとられ（Ⅲ「防衛計画の大綱」で詳述）、防衛力を保持していること自体による抑止効果が重視されていた。だが、一〇大綱は、防衛力を単に保持するだけでは不十分であるとの認識に基づき、平時から「情報収集・警戒監視・偵察活動を含む」さまざまな形で防衛力を実際に運用し、「我が国の意思と高い防衛能力を明示」することによって抑止力・防衛力としての効果を得ようとする、「動的防衛力」の概念を採用したのである。その背景には、軍事力を急速に近代化し海洋での活動を活発化させる中国に対する脅威感の顕著かつ急速な高まりがあった。

一〇大綱はまた、日本が、敵の大規模な攻撃だけではなく、領土や経済権益等をめぐる平時と武力紛争の中間に位置するような「グレーゾーンの紛争」を含め、各種事態の発生に「シームレス」に対応する必要があることを強調した。これもまた、防衛力を単に保持するだけではなく必要に応じて活用しなければならないとの認識の表れであった。

こうした重要な変化が自民党ではなく民主党の政権の下で起こったという事実は、北朝鮮、中国、テロなどの問題の高まりを前に、安全保障政策をさらに現実的な方向に進めなければ日本の安全を保てないという認識が、党派を超えて共有されるようになってきたことを示すものであった。鳩山退陣後の民主党政権下では、ほかにも、自衛隊にとってはじめてのジブチへの海外拠点（基地）の設置（ソマリア沖の海賊対処行動のため）や武器輸出三原則の緩和など、日本の安全保障政策のあり方にかかわる重要な決断が下されている。

だがその後、二〇一二年一二月末に安倍晋三首相が政権に復帰するとともに、日本の安全保障政策はさらに大きな転換期を迎えることとなった。これまでにみてきたような冷戦後のさまざまな変化にもかかわらず、日本の安全保障政策には依然として解決されていない問題があった。それは、日本が残していた安全保障政策上の自己抑制の一部が、北朝鮮や中国の脅威への対応を強化して日本の安全を確保しつつ、世界平和にも能動的に貢献していくという新たな目標と不整合であったことである。たとえば、日米同盟強化や国連重視を唱えつつ、集団的自衛権を行使せず、国連の武力行使にも参加しない姿勢には矛盾があった。また、二〇〇〇年に国連が『ブラヒミ・レポート』（第7章参照）を発表して以降に設立されたPKOのほぼすべてが、憲章第七章に基づいて任務遂行や要員・現地人保護のための武力行使を認められていた（「強化されたPKO」）にもかかわらず、日本は憲法上そうした活動はできないとされていた。こうした問題点を解決して安全保障政策の改革をさらに進めようとしたのが安倍首相だった。

安倍首相は、政権復帰直後から、「国際協調主義に基づく積極的平和主義」を掲げて、日本が、自国のみならず国際社会の平和と安全のために、他国と協力して能動的に役割を担う国であるべきだとの方針を外交・安全保障政策の柱に据えた。一三年一二月には、総理大臣が主導して外交・安全保障政策を総合的に進めていくための司令塔として「国家安全保障会議」を創設し、同月には、積極的平和主義を基調とする内容を持つ日本ではじめての「国家安全保障戦略」を決定した。同時に、新しい防衛計画の大綱（一三大綱）も発表した。一三大綱は、「動的防衛力」を発展させ、陸海空三自衛隊の統合運用により機動性を高め、さまざまな活動を「シームレスかつ状況に臨機に対応して機動的に行い得る実効的なものとしていく」という「統合機動防衛力」を採用し、「刻々と変化するわが国を取り巻く安全保障環境に適応」することを目指した。これは、「メリハリのきいた防衛力の効率的な整備」を可能にしようとした（各年版『防衛白書』）ものであった。

その後、安倍政権は、「国家安全保障戦略」に沿った形でのさまざまな安全保障政策改革を矢継ぎ早に打ち出し、実現してきた。「国家安全保障戦略」は、日本が「平和国家としての歩みを引き続き堅持し、また、国際政治経済の主要プレーヤーとして、国際協調主義に基づく積極的平和主義の立場から、我が国の安全及びアジア太平洋地域の平和と安定を実現しつつ、国際社会の平和と安定及び繁栄の確保にこれまで以上に積極的に寄与していく」ことを宣言した。「平和国家としての歩みを引き続き堅持」するとは、日本が、本項の冒頭で述べた戦後の安全保障政策の基本姿勢、すなわち、防衛目的に限定された軍事力の自己抑制の下での漸進的整備という路線を、可能な限り維持するということを意味した。防衛省は、積極的平和主義の下での日本の防衛政策について、『戦略』、『大綱』を受けて、わが国は、憲法のもと、専守防衛に徹し、他国に脅威を与えるような軍事大国とならないとの基本理念に従い、日米安保体制を堅持するとともに、文民統制を確保し、非核三原則を守りつつ、実効性の高い統合的な防衛力を効率的に整備していきます」（防衛省ホームページ「防衛政策の基本」）と説明している。

しかし、すでにふれたように、日本の安全保障政策には、「我が国の安全及びアジア太平洋地域の平和と安定を実現しつつ、国際社会の平和と安定及び繁栄の確保にこれまで以上に積極的に寄与していく」という目標とは不整合な部分があった。安倍首相の安全保障政策改革は、そうした部分を修正しようとするものとして理解できる。

一四年四月には、従来の武器輸出三原則に代わるものとして防衛装備移転三原則が決定された。現代の世界では、武器等の高性能化により研究開発費や生産費が上昇し、国際共同開発・生産の必要性が増している。だが、武器輸出三原則は日本の参加を妨げてきた。その見直しが「国家安全保障戦略」に明記されたのに基づき、新三原則では、日本の安全に役立つなどの条件を満たした場合には防衛装備品等の輸出や技術移転が認められることとなった。

さらに安倍首相は、日本の安全と国際的な平和と安定のために、日本が他国と協力して行動しやすくするために、従来の憲法解釈の変更を含めた、以前ならば政治的タブーともみなされていたような政策変更を推し進めた。その核となったのが、一四年七月一日に行われた、「国の存立を全うし、国民を守るための切れ目のない安全保障法制の整備について」と題された閣議決定である。この決定では、「国民の生命、自由及び幸福追求の権利」を守るための「必要最小限度の『武力の行使』」は憲法上「許容される」との考え方に基づいて、「我が国と密接な関係にある他国に対する武力攻撃」が発生し、「我が国の存立が脅かされ」、そうした国民の権利が覆される明白な危険がある場合には、武力の行使が許されるとされたが、これは、集団的自衛権の限定的な行使を現行憲法の下で容認するとの憲法解釈の変更を意味した。この決定ではまた、自衛隊が国際的な平和協力活動に参加する際の武器の使用についても、離れた場所にいる他国の部隊や国連やNGOなどの要員を助ける「駆け付け警護」を認め、国際的には許されている「任務遂行のための武器使用」についても現行憲法下で限定的に可能とする方向性を打ち出した。

二〇一五年九月には、こうした内容を含んだ新しい安全保障法制（平和安全法制）が国会で成立し、翌一六年三月から施行された。また、これに先立ち、一五年四月には、日本が集団的自衛権を限定的に行使できるようになるとの前提で一八年ぶりに新たな日米防衛協力のための指針が策定されて、日本の安全保障政策と日米同盟協力は新たな段階に入ったといえる。

だが、日本の安全保障政策には問題も残る。集団的自衛権の行使が容認されたとはいえ、新たな憲法解釈と平和安全法制の下では、日本が集団的自衛権を行使できるのは自らの存立が脅かされる場合に限られている。逆にいえば、日本の平和と安全が脅かされると認定されない場合には、自衛隊は、たとえ同盟国である米国の軍隊から要請があっても武力を行使できない。日米同盟協力という観点からはたしてそれで十分といえるのかどうか、さらなる検討が必要であろう。また、国際平和協力活動における武器の使用についても、「任務遂行のための武器使用」の容認は限定的で、大きな問題とされてきた、ＰＫＯ活動等への武力による妨害に対する武器使用は依然としてできない。これで、「強化されたＰＫＯ」への貢献が十分にできるのかどうか、疑問なしとしない。

さらに、平和安全法制の成立過程で明らかになったのは、日本国民の間では依然として平和のために軍事力が果たす役割についての理解が進んでおらず、拒否反応が根強いという現実であった。こうした問題点が克服されうるのかどうかが、日本に積極的平和主義に基づく能動的な安全保障政策が定着していくかどうかを左右することになろう。（神谷万丈）

Ⅱ　積極的平和主義

第二次安倍晋三政権の下で、日本は国際協調主義に基づく積極的平和主義を外交・安全保障政策の基調に据えるようになった。だが、日本が平和主義を積極化させるとは一体どのような意味なのであろうか。

日本の戦後平和主義には次のような二種類の消極性が内在していた。

第一に、戦後日本の平和主義には、日本自身が平和のために、日本の領域の外で行動するという意思が欠如していた。敗戦直後の日本人にとって、平和国家とは、軍国主義を否定するための概念にほかならなかった。平和国家になるということは、二度と国家的野心のために武力を濫用せず、平和破壊者にならないことと同義だと理解された。狭義の自衛のための最小限度内でしか武力を用いない方針を貫くことこそが、新生日本の世界平和への最大の貢献だと考えられた。

第二に、戦後日本の平和主義には、平和を構築・維持する上で軍事力には不可欠の役割があり、平和を求める国家には時として軍事力を「使う」意思も求められるのだという点に関する認識が欠如していた。軍事力には二面性がある。それは、使い方を誤れば平和を破壊する道具になってしまう。だが、それがいかに危険であるからといって、軍事力なくしては国際的な平和を構築し、維持していくことはできない。危険な軍事力を平和のためにいかに使いこなすか。この問いから目を背けていては、世界に平和を実現していくことはできない。ところが、無謀な戦争による敗戦・占領を経験し、国策の手段としての軍事力の有効性と正統性に強い不信感を抱くようになった戦後の日本人には、平和と軍事を根本的に対立する関係ととらえ、平和のための軍事力の役割を認めようとしない傾向が強かった。ボストン大学のトーマス・バーガー教授が論じているように、戦後日本の平和主義は、ほとんど「反軍事主義」に近いものであった。

だが、現実には、力によって下支えされない平和や秩序というものは存在しえない。この常識にのっとって、国際社会は、経済大国となった日本に対し、平和のための正当な国際的活動には、自衛隊の派遣をも排除せず、他国と同質の貢献を軍事面も含めて行うよう求めるようになった。

日本がこうした国際的な声に応えようとするようになったのは冷戦後のことであった。冷戦終結直後に起こった湾岸危機・戦争への日本の対応が、金しか出さない「小切手外交」だと国際社会から批判された衝撃をきっかけに、日本は軍事力中心主義を引き続き排除しつつも、世界の平和と安全に関してより大きな責任を担っていかなければならないとの考え方が、日本の外交・安全保障専門コミュニティに拡がり始めたのである。これが「積極的平和主義」であった。具体的には、日本は国際平和への貢献を積極化させる（「第一の積極化」）とともに、平和のための軍事力の役割という発想を回復させる（「第二の積極化」）必要があることが提唱されてきた（なお、日本の戦後主義の消極性を前述の二種類に分けて理解し、湾岸以降のその積極化も、それに対応して二種類に分けて理解すべきだというのは、筆者のオリジナルの主張である）。

このうち、「第一の積極化」は、湾岸後の二十数年の間に顕著に進んだと評価することができる。湾岸危機の解決に一三〇億ドルという巨額の資金を拠出したにもかかわらず、人的貢献をほとんど行えず、厳しい国際的批判を浴びた衝撃により、日本では、自衛隊の海外への派遣を含め、世界平和のための自国の能動的役割（いわゆる「国際貢献」）を模索する動きがにわかに盛んになった。国際平和のための自衛隊の活用について、日本国民の間には、当初は強いためらいがあった。それが東アジア諸国の対日警戒感を呼ぶのではないかという懸念も根強かった。だが、カンボジアをはじめ世界各地での自衛隊の活動は、国際社会や地元住民から高い評価を受けた。その結果、日本国民の間には、国連ＰＫＯや国際的な人道救援活動のために自衛隊を海外に派遣することについては、速やかに支持が広がった。

しかし、ここで重要な点は、湾岸戦争の衝撃は、戦後日本人の抱く反軍事的な感情には、直接的には大きな変化をもたらさなかったということである。湾岸後の日本人は、日本の「国際貢献」を強化するために自衛隊を海外に派遣し、ＰＫＯや災害救援などの活動に従事させることには同意を与えるようになった。しかし、同時に、その活動内容が武力行使や戦闘参加とは厳密に一線を画すことを、神経質なほどに望んだのである。

その後、日本人の反軍事的態度は、湾岸とはまったく別の要因によって修正を迫られることになった。北朝鮮の核兵器や弾道ミサイルの脅威の増大、そして近年の中国の自己主張の強まりや尖閣諸島周辺での挑発的行動などをみて、日本人は、行き過ぎた反軍事的感情は国の安全を危うくするということを理解するようになった。その結果、日本人の安全保障に対する考え方や発想は、それまでに比べて著しく「普通化」した。日本人は、日本自身の安全のための軍事力の役割を、かなりの程度まで認めるようになってきたのである。

だが、「日本の領域を越えた国際平和のための軍事力の役割」についての認識に関しては、これに相当するような変化はみられない。日本人は、「平和のための軍事力の役割」と正面から向き合うことを依然として避け続けており、その結果、自衛隊の国際平和活動は「軍事」と極力距離を置くよう要求されつづけている。

このように、湾岸後今日までの間に、戦後平和主義の「第一の消極性」の克服はめざましく進展したが、「第二の消極性」の克服は依然として不完全なままにとどまり、日本人は、平和のための軍事力の役割を十分には認めることができずにいる。安倍首相による「積極的平和主義」の提唱は、戦後平和主義のこの「第二の消極化」の克服という日本に残された課題を、自らの政権の下で解決したいという決意表明として理解すべきだというのが筆者の解釈である。前述のとおり、積極的平和主義という考え方自体は安倍首相のオリジナルではない。だが、安倍首相は、それを政策として掲げたはじめての政治指導者であった。そして、第二次安倍政権下で進められてきた一連の安全保障改革は、集団的自衛権の限定的行使容認やＰＫＯ協力法への駆けつけ警護の盛り込みなど、いずれも平和のためには軍事力に不可欠の役割があるとの認識に基づくものである。

だが、日本国民の間には、平和のための軍事力の役割を認めることについて依然としてためらいがある。最近の平和安全法制の審議過程では、国民の間に、日本の軍事力（自衛隊）が日本の領域を越えて国際平和のために役割を果たすことへの強い抵抗感が残存していることがあからさまになった。

また、先に、「日本人は、日本自身の安全のための軍事力の役割は、かなりの程度まで認めるようになってきた」と述べたが、それは、「日本の軍事力」、すなわち自衛隊の役割に限ってのことのようである。日本の安全のために、自衛隊が他国（特に同盟国である米国）の軍事力と協力を深めることについては、集団的自衛権の限定的行使容認にかなりの反対があったことから明らかなように、好ましくないとみる国民が依然として少なくないのである。

なお、筆者の最近の研究によれば、日本の平和主義を積極化しなければならないという考え方は、実は一九六〇年代末にはすでに、当時の有力な知識人であった神谷不二によって提唱されており、「より能動的、積極的な平和主義」という言葉さえ使われていたことが判明している。だが、それから半世紀近く経った今日でも、日本国民の間にはなお平和主義の第二の消極性が根強く残存しているわけである。安倍首相による積極的平和主義の政策化がその克服の契機となるかどうかは、依然として予断を許さないように思われる。

（神谷万丈）

Ⅲ　防衛計画の大綱

一九五七年五月に「国防の基本方針」が閣議決定されて以降、日本の安全保障政策は、半世紀以上にわたり同方針に基づいたものであった。同方針は、「国力国情に応じ自衛のための必要な限度において、効果的な防衛力を漸進的に整備する」こと、および「外部からの侵略に対しては、将来国際連合が有効にこれを防止する機能を果たし得るに至るまでは、米国との安全保障体制を基調としてこれに対処する」ことをうたっていた。

国防の基本方針の下での日本の防衛力整備は、はじめ、五八年度から七六年度にかけての四次にわたる防衛力整備計画（一次防から四次防までと呼ばれる）を通じて進められた。その目標は、「通常兵力による局地戦以下の侵略」、すなわち、本格的な限定侵略までのあらゆる事態に対処しうる防衛力を整備することとされたが、現実には、四次防の終了間近になっても実現の見通しはまったく立っていなかった。七三年の第一次石油危機の影響で防衛予算には厳しい制約が課せられるようになっていたし、世界では米ソ間のデタントが進み、東アジアでも米中・日中の国交正常化など、緊張緩和の傾向が顕著であった。こうした中で、依然として日本の防衛力に厳しい目を向けていた国民からは、防衛力がどこまで拡大されるのか具体的な整備目標を示すべきだとの声も聞かれた。

そこで政府は、七六年一〇月、四次防後の日本の防衛力整備の指針として、「防衛計画の大綱」を閣議決定した。大綱では、周辺諸国の軍事力を基準にしてありうべき将来の脅威に十分対応できる防衛力の保持を目指すという従来の考え方

（所要防衛力構想）に代わり、「わが国に対する軍事的脅威に直接対抗するよりも、自らが力の空白となってわが国周辺地域における不安定要因とならないように、独立国として必要最小限の基盤的な防衛力を保有するという考え方」（〇八年度版『防衛白書』）である基盤的防衛力構想が採用された。日本の防衛力は、「平時において十分な警戒態勢をとり得るとともに、限定的かつ小規模な侵略までの事態に有効に対処し得る」と同時に、「情勢に重要な変化が生じ、新たな防衛力の態勢が必要とされるに至ったときには、円滑にこれに移行し得るよう配慮された」「基盤的なもの」でよいとされたのである。

この構想では、日本が独力対処する侵略の規模が、従来の本格的限定侵略から、限定的かつ小規模な侵略に引き下げられており、それ以上の事態に対しては、「米国からの協力をまってこれを排除する」とされていた。また、大綱が示した「整備すべき防衛力」の水準は、当時実際に保有されていた防衛力とほぼ同水準であり、以後の整備は防衛力の量的増大ではなく質の維持向上を主体とすべきだとの考えも示された。

こうして日本の防衛に際しての日米の責任分担がある程度明確になったことで、日米同盟の枠内での専守防衛という日本の安全保障政策の基本的枠組みが確立した。

しかし、大綱策定の前提であったデタントは、七〇年代末までには崩壊し、米ソは新冷戦と呼ばれる緊張状態に入った。この時期、米国がヴェトナム戦争の後遺症に苦しんでいたのに対し、日本は経済大国として世界的な存在感を大いに高めていた。米国は、日本に対し、同盟の中での役割の拡大を迫り、日本も、八〇年代に入ると、「西側の一員」という自己認識を強めた。こうした流れは、日本の防衛力拡大の抑制という大綱の元来の狙いとは、必ずしも整合しないものであった。

九〇年代に入ると、日本の安全保障政策を冷戦後の状況に即して見直すべきだとの認識が広がった。極東ソ連軍の軍縮の遅れから、日本政府による冷戦終結の確認は欧米よりも若干遅かったが、九二年一二月一八日の安全保障会議が、「ソ連の解体により東西冷戦が名実ともに終結した」として中期防衛力整備計画（九一―九五年度）の減額請求に踏み切ったことを嚆矢として、新たな安全保障政策の模索が開始された。

それは、大綱の見直しから始まった。その過程では、首相の私的諮問機関「防衛問題懇談会」が大きな役割を果たした（九四年二―八月）が、それを組織したのが非自民連立政権の細川護熙首相であったという事実が、当時安全保障政策見直しの声が国内でいかに広く共有されていたかを示している。

九五年一一月に閣議決定された「平成八年度以降に係る防衛計画の大綱」（九五大綱）は、まず、日本周辺を含めて国際情勢には依然として不透明・不確実な要素が残っているとの認識を示した上で、冷戦後の日本の安全保障政策は、専守防衛、他国に脅威を与える軍事大国にならない、日米安保体制の堅持、非核三原則といった従来の基本方針や自己抑制を堅持し、基盤的防衛力構想を踏襲したものとなることを明確にした。その上で、九五大綱は、日本の安全保障政策を狭義の自衛にとどまらず、世界の平和に貢献するためのより能動的なものとして位置づけ、そのために自衛隊を活用することを明記した。

また九五大綱では、旧大綱よりも日米防衛協力の重要性がはるかに強調された。日米安保体制が日本の安全と周辺地域の安定にとり不可欠だとの認識の下に、防衛協力の拡大がうたわれた。日本が攻撃を受けた場合についても、九五大綱は、旧大綱とは異なり、侵略規模の区別なしに「米国との適切な協力の下、防衛力の総合的・有機的な運用を図ることによって、極力早期にこれを排除する」としており、日米同盟の比重が相対的に重くなった結果と解釈できた。

その上で、防衛力の規模や機能については、九五大綱は、陸自の常備自衛官の定員を一八万人から一四万五千人に削減するなどの合理化・効率化・コンパクト化を進める一方で、「多様な事態に対して有効に対処し得」てしかも「事態の推移にも円滑に対処できるように適切な弾力性を確保」できるよう、必要な機能の充実と防衛力の質的向上を図る方針を示した。

九五大綱は、冷戦後の日米同盟の再定義と連動して策定された文書であり、以後九年間にわたり、日本の防衛政策の方向性を提示する役割を果たした。だが、この間、日本をとりまく安全保障環境はさらに急速な変容をみせた。特に、九八年の北朝鮮のテポドン一号発射と、〇一年の九・一一テロは、日本の防衛力のあり方にさらなる見直しを迫った。

政府が、「平成一七年度以降に係る防衛計画の大綱」(〇四大綱)を閣議決定したのは、〇四年一二月である。その内容についてはすでにⅠでも一部述べたが、重複を極力避けつつ述べるならば、①日本に対する本格的侵略の蓋然性の低下を認めた上で、日本が伝統的な脅威と「新たな脅威」にともに直面しているとの脅威認識を示したこと、②いわば「防衛力が存在することによる抑止効果を重視」(〇五年版『防衛白書』)してきた基盤的防衛力構想を見直し、「多機能で弾力的な実効性のある防衛力」を構築して、多様な脅威に有効に対処し、国際平和協力にも積極的に取り組むとしたこと、③日本自身の努力、日米同盟、国際社会との協力という三つのレベルで安全保障努力を行うとしたこと、④ミサイル防衛導入促進や国際平和協力のための陸自中央即応集団創設などの新たな防衛構想を、限られた予算と人員で実現するため、要員・装備・運用の効率化・合理化を図ったこと、などが主な特徴である。

〇四大綱には五年後の見直しが定められており、〇九年八月の総選挙で政権交代が起こって民主党政権が誕生したことによる一年の先送りはあったものの、一〇年一二月には新たな防衛計画の大綱（一〇大綱）が決定された。Ⅰで述べたように、その最も画期的であった点は、日本の防衛力の将来のあり方として、「動的防衛力」を目指す方針が示されたことであった。先にふれたように、日本の防衛力については、〇四大綱ですでに、基盤的防衛力構想を見直し「多機能で弾力的な実効性のある防衛力」を構築するとの方向性が打ち出されていた。一〇大綱では、さらに進んで、平時からさまざまな形で防衛力を実際に運用し、「我が国の意思と高い防衛能力を明示」することによって抑止力・防衛力としての効果を得ようとする、「動的防衛力」の概念が採用されたのである。

一〇大綱のもう一つの特徴は、日本が、平時から有事に至るまでのあらゆる事態に、平時でも武力紛争でもない「グレーゾーン」の事態を含めて「シームレス」に対応する必要が強くうたわれたことである。これらの新たな方針の背景にあったのは、軍事力を急速に近代化し海洋での活動を活発化させる中国に対する脅威感の高まりであり、また、尖閣諸島などの島嶼などが、武力攻撃には至らない侵害を受けるおそれが出てきているとの危機感の高まりであった。

その後、民主党が三年余りで政権を下り自民党が公明党と連立を組んで政権に復帰したことによって、民主党政権下で作られた一〇大綱は短命に終わり、一三年一二月には「積極的平和主義」を掲げる安倍政権の安全保障政策の方針をふまえた新たな大綱（一三大綱）が決定された。この大綱は、同日に日本政府がはじめて策定した「国家安全保障戦略」と連動していたのが特徴である。Ⅰでみたように、一三大綱は、「動的防衛力」を発展させ、陸海空三自衛隊の統合運用により機動性を高め、さまざまな活動を「シームレスかつ状況に臨機に対応して機動的に行い得る実効的なものとしていく」という「統合機動防衛力」を採用した。これは、「メリハリのきいた防衛力の効率的な整備」を可能にしようとした（各年版『防衛白書』）ものとされ、具体的には、敵に離島が占拠された場合に奪還作戦を行うために、陸上自衛隊に「水陸機動団」を新設して海上自衛隊と航空自衛隊の支援を受けつつ作戦を遂行できる態勢を築くことなどがうたわれた。明言はされていないが、ここで尖閣諸島などに対する中国の挑発行為が念頭に置かれていることは疑いがない。一三大綱には、日本が中国の軍事動向を「強く懸念」しているとの文言がある。

また、一三大綱では、北朝鮮の核兵器や弾道ミサイルの開発が「我が国の安全に対する重大かつ差し迫った脅威となっている」と明言した上で、北による弾道ミサイル攻撃への対応について、「発射手段に対する対応能力を検討し、必要な措置を講ずる」として、いわゆる「敵基地攻撃能力」の保持を検討することに含みを持たせた。

このように、一三大綱では、中国や北朝鮮の脅威が深刻さを増す中で、実質的な抑止・対応力を強化する方針が過去の大綱以上に明確に打ち出されたのが特徴だといえる。

なお、本稿準備中の二〇一八年一月二二日には、安倍首相が、国会での施政方針演説の中で、大綱を一八年末に見直す方針を表明した。その理由について、小野寺五典防衛大臣は、翌二三日の記者会見で、「北朝鮮の核・ミサイル技術の進展への対応など、わが国をとりまく厳しい現実に真正面から向き合い、従来の延長線上ではなく、国民を守るために真に必要な防衛力のあるべき姿を考える必要があることを踏まえたもの」と述べた。また、見直しの具体的な方向性については、まだ答える段階にはないと断った上で、「現実の脅威に真正面から向き合うとともに、サイバー・宇宙などの新たな領域における活動が死活的に重要になっていることを考え、これまで進めてきた南西地域の防衛の強化や、弾道ミサイル防衛の強化に必要な陸・海・空の装備の数だけでなく、こうした新たな領域における本格的な取組みについても検討課題になる」との見通しを示している。

（神谷万丈）

Ⅳ　国家安全保障戦略

国家安全保障戦略とは、国の安全保障政策について、基本理念や目標を設定した上で、目標達成のためにとられるべき政策アプローチを示そうとする包括的な文書であり、日本では、第二次安倍政権により二〇一三年一二月一七日にはじめて策定された。日本の防衛政策は、従来は一九五七年に決定された「国防の基本方針」に基づいて進められてきたが、二〇一三年の「国家安全保障戦略」（以下「戦略」）はこれに代わるものと位置づけられている。したがって、以後の「防衛計画の大綱」（以下「大綱」）や「中期防衛力整備計画」（以下「中期防」）は、「戦略」の内容をふまえて策定されることになる。

「戦略」は、冒頭で、「我が国の安全保障……をめぐる環境が一層厳しさを増している中、豊かで平和な社会を引き続き発展させていくためには、我が国の国益を長期的視点から見定めた上で、国際社会の中で我が国の進むべき進路を定め、国家安全保障のための方策に政府全体として取り組むことが必要である」と述べる。そしてその上で、「戦略」がよって立つ基本理念として、安倍首相が第二次政権発足以来唱え続ける「積極的平和主義」を掲げる。日本が「平和国家としての歩みを引き続き堅持し、また、国際政治経済の主要プレーヤーとして、国際協調主義に基づく積極的平和主義の立場から、我が国の安全及びアジア太平洋地域の平和と安定を実現しつつ、国際社会の平和と安定及び繁栄の確保にこれまで以上に積極的に寄与していく」ことを、「戦略」は宣言している。

次いで「戦略」は、日本の国益として、「我が国自身の主権・独立を維持し、領域を保全し、我が国国民の生命・身体・財産の安全を確保すること」「豊かな文化と伝統を継承しつつ、自由と民主主義を基調とする我が国の平和と安全を維持し、その存立を全うすること」「経済発展を通じて我が国と我が国国民の更なる繁栄を実現し、我が国の平和と安全をより強固なものとすること」「自由、民主主義、基本的人権の尊重、法の支配といった普遍的価値やルールに基づく国際秩序を維持・擁護すること」を列挙している。そして、「これらの国益を守り、国際社会において我が国に見合った責任を果たすため」に、国際協調主義に基づく積極的平和主義の理念に基づいて、以下の三つの目標の達成を目指すとしている。①日本自身の平和と安全を維持するために、抑止力や脅威への対応能力を整備すること、②日米同盟の強化やアジア太平洋地域内外のパートナー諸国との信頼・協力関係の強化等により、地域の安全保障環境を改善すること、③日本が普遍的価値やルールに基づく国際秩序の強化や紛争解決に主導的な役割を果たすことで、グローバルな安全保障環境を改善すること。

こうした目標を追求する上で、日本はさまざまな国際的な課題に直面している。「戦略」は、それを、グローバルなレベルとアジア太平洋地域のレベルに分けて記述している。「グローバルな安全保障環境と課題」として挙げられているのは、以下の六項目である。①国際社会におけるパワーバランスの変化。ここでは、中印等の新興国の台頭が国家間のパワーバランスを変化させているという問題と、グローバル化や技術革新の進展の結果、非国家主体の影響力が強まり、テロなどの脅威も増大しているという問題が指摘されている。②北朝鮮やイランなどの大量破壊兵器の拡散の脅威。③国際テロの脅威。④海洋、宇宙空間、サイバー空間といったグローバル・コモンズに対する自由なアクセスと活用を妨げるリスクが拡散し、深刻化しているという問題。⑤貧困、格差の拡大、感染症などの国際保健課題、気候変動などの環境問題、食料安全保障、内戦、災害等による人道上の危機といった、一国のみでは対処できない地球規模の問題が、人間の安全保障上の喫緊の課題となっていること。⑥ある国で起こった経済危機が世界経済全体に拡がりかねないことをはじめとするグローバル経済が抱えるリスク。

また、「アジア太平洋地域における安全保障環境と課題」として挙げられているのは、以下の三項目である。①地域の戦略環境の特性。ここでは、北東アジアに核兵器を保有あるいは開発する国を含め大規模な軍事力を有する国が集中しているにもかかわらず、アジア太平洋地域では安全保障協力の枠組みが十分に制度化されていないという問題や、域内諸国の政治・経済・社会体制に違いが大きく、安全保障観も多様であるという問題、さらには、そうした背景の下で領土等をめぐって平時でも有事でもないグレーゾーンの事態が生じやすいという問題などが挙げられている。②核兵器や弾道ミサイルを含む北朝鮮の軍事力の増強と挑発行為。③中国の急速な台頭とさまざまな領域への積極的進出。特に、中国が、東シナ海や南シナ海等で既存の国際法秩序とは相容れない独自の主張に基づいて力による現状変更を試みていること。

こうした課題に対処して国の安全保障を確保するためには何が求められるのか。「戦略」は、「経済力及び技術力の強化に加え、外交力、防衛力等を強化し、国家安全保障上の我が国の強靭性を高めること」が、「アジア太平洋地域を始めとする国際社会の平和と安定につながる」という。そして「国家安全保障上の課題を克服し、目標を達成するためには、国際協調主義に基づく積極的平和主義の立場から、日米同盟を基軸としつつ、各国との協力関係を拡大・深化させるとともに、我が国が有する多様な資源を有効に活用し、総合的な施策を推進する必要がある」と述べる。その上で、日本が具体的になすべきこととして、以下の六項目を列挙している。①外交の強化、総合的な防衛体制の構築、領域保全の取り組み強化、海洋安全保障の確保、サイバーセキュリティの強化、テロ対策の強化など、幅広く「我が国の能力・役割の強化、拡大」を図ること。②「国家安全保障の基軸」でありアジア太平洋地域の平和と安定にも不可欠な「日米同盟の強化」を図ること。③米国以外の「国際社会におけるパートナーとの協力強化」を図ること。④国際協調主義に基づく積極的平和主義の立場からの「国際社会の平和と安定のための国際的努力への積極的関与」。これには、国連によるPKOなどの平和のための取り組みへの寄与や、国際社会における法の支配を強化するための国際的なルール作りへの積極的な参画などが含まれる。⑤「地球規模課題解決のための普遍的価値を通じた協力の強化」。特に、国際社会の平和と安定および繁栄の基盤を強化するために普遍的価値の共有や開かれた国際経済システムの強化を図ることや、国際社会の平和と安定を阻害しかねない先に挙げたような地球規模の諸問題に取り組んで人間の安全保障の実現を目指すことがうたわれている。⑥「国内基盤の強化と内外における理解促進」。外交力、防衛力等が効果的に発揮されるためには、それを支える国内基盤を整備することや、国内外での理解を得ることが不可欠であるとして、防衛生産・技術基盤の維持・強化、日本の安全保障政策についての国内外への情報発信の強化、安全保障に関する知的基盤の強化などをうたっている。

以上が二〇一三年の「国家安全保障戦略」の概要であるが、「戦略」が、日本が目指すべき安全保障政策のあり方を日本の対外政策の基本理念に基づいて示そうとした点は、高く評価してよかろう。そうした態度は、これまでにも、大綱が策定される際に設けられた私的懇談会の報告書などでは示されてきたものであるが、政府の公式文書としては、今回の「戦略」がはじめてであったからである。

「戦略」が、日本がとるべき安全保障政策の手段を論ずる前に、追求すべき目標を示そうとした点も評価できる。そうした態度は、当然であるようにみえて、日本では多年にわたり必ずしもそうではなかったからである。戦後の日本では、安全保障政策を考える際に、国として何を目指すのかという目標論よりも、ある手段が合憲かどうかといった観点からの手段論ばかりが先走る傾向が強くみられた。「戦略」は、この傾向を修正し、日本の安全保障政策が目標に応じた手段によって成り立つべきであるとの方向性を打ち出したのである。

そして、それらの目標を達成していくための方策として、外交力や防衛力だけではなく、経済力や技術力なども含めた総合的なアプローチを打ち出していることも、今回の「戦略」の大きな特徴の一つである。それは、安全保障を広くとらえる姿勢の表れといえ、二一世紀の複雑な国際環境の下では適切なものといってよかろう。

ただし、日本において、「国家安全保障戦略」が実際の政策、予算、および調達についての意思決定の土台にどの程度までなっていくのかは必ずしも明確ではない。一三年の「戦略」は、はじめての策定であったという事情もあって、本来はそれをふまえて書かれるべき「大綱」および「中期防」と同日に発表されたものであったからである。

（神谷万丈）

V　日本の安全保障政策の原則

（1）日本国憲法の諸原則と安全保障政策

日本国憲法は、法の支配（または法治主義）、権力分立、国民主権・民主制および基本的人権の尊重という基本原則に従って編成され、「国の最高法規」（九八条一項）である。これら憲法の基本原則や個別規範に反しないように安全保障政策を形成・実施することが求められ、国内法上の制約条件となっている。特に防衛・安全保障の分野において基本にあるのは、文民統制の原則である。その基本原則は、内閣総理大臣その他の国務大臣が「文民」であること（憲法六六条二項）を前提に、内閣総理大臣が内閣を代表して自衛隊の最高指揮監督権を行使し（憲法七二条、自衛隊法七条）、防衛大臣が隊務を統括すること（自衛隊法八条）、国家安全保障会議の安全保障政策決定への関与（国家安全保障会議設置法）、国会による防衛関連予算の承認（憲法八三条、八六条）、自衛隊の出動に関する国会承認（自衛隊法七六条・武力攻撃事態対処法九条等）、衆参の委員会（特に安全保障委員会、外交防衛委員会）による統制等によって法制度化され、安全保障政策の形成と実施の過程が規律されている。

日本国憲法が基礎としている諸原則のなかでも、安全保障政策の内容に直接に関係する原則が平和主義である。日本国憲法の前文では、「政府の行為によつて再び戦争の惨禍が起ることのないやうにすること」の決意についてふれつつ、平和主義の理念がうたわれている。その理念は、国際社会との関係では、国際協調主義（前文）および条約誠実遵守義務（九八条二項）の要請に従って追求されなくてはならず、また、日本国憲法の制約の下で、その時々の国際環境をふまえて具体化されてきた。現在では、二〇一三年の国家安全保障戦略において積極的平和主義として政策上の方針として具体化されている（その内容については、ⅡおよびⅣを参照）。

（2）戦争・武力の行使の禁止、戦力の不保持（憲法九条一項、二項）

平和主義の理念の実現の方法に関する憲法上の制約が、戦争放棄・戦力不保持である。憲法九条では、「日本国民は、正義と秩序を基調とする国際平和を誠実に希求し、国権の発動たる戦争と、武力による威嚇又は武力の行使は、国際紛争を解決する手段としては、永久にこれを放棄する。」（一項）「前項の目的を達するため、陸海空軍その他の戦力は、これを保持しない。国の交戦権は、これを認めない。」（二項）と定められている。この二つの条項は、平和という目標の追求の手段について、戦争、武力による威嚇および武力の行使の禁止（一項）そして戦力の不保持（二項）という二つの側面から、日本の安全保障政策に制約を課している。

憲法九条の解釈について見解が複雑に分かれているが、自衛のための武力の行使、および戦力の保持が許されるか否かという防衛・安全保障問題の根幹にかかわる争点に対する結論の違いに着目すると、主要なものとしては、次の見解に分かれる。

①学説の見解　第一説は、憲法九条は、その目的を問わず、一切の戦争および武力の行使を禁止し、また、戦力の保持を禁止していると考えるもので、日本の憲法学説では、通説的地位を占めてきた。これには、二つの系統の議論がある。一つは、第一項にいう「国際紛争を解決する手段としては」という文言が放棄の範囲を限定する意味をもたないと考え、第一項は、侵略のためのみでなく自衛のための戦争および武力の行使さえも否定していると結論づける説である（第一－①説）。もう一つは、第一項にいう「国際紛争を解決する手段としては」という文言が放棄の範囲を限定する意味を持っているので、第一項は、自衛のための戦争および武力の行使を禁止しているわけではないが、第二項で、「前項の目的」――この説では、第一項の「正義と秩序を基調とする国際平和を誠実に希求し、」という動機――を達成するために一切の戦力保持を禁止している結果として、日本国の自衛のための武力の行使ができないことになると結論づける説である（第一－②説）。

第二説は、第一項で放棄されているのは、侵略のための戦争および武力の行使のみに限定されると考えた上で、第二項で「前項の目的」——この説では、第一項の「国際紛争を解決する手段としては、……放棄する」（＝侵略のための戦争および武力の行使を放棄する）という目的——を達成するために戦力の保持が禁止されているのであるから、自衛のための戦力の保持は禁止されないと結論づける（第二説）。

これ以外にも、憲法九条の意味については、いくつかの論点および見解がある。とりわけ、憲法九条の特徴を問う別の視角からの学説がみられ、理論的に重要な指摘を含んでいる。一つには、日本をとりまく内外の情勢や国民の意識の変化等から、同条の意味が制定当時から変化したこと（いわゆる「憲法変遷」）を認める見解である（憲法変遷説）。また、憲法九条を日本国民の平和への意思を内外に示した政治的宣言とみる説（政治的マニフェスト説）や、憲法九条は法規範ではあるが政治部門を規律する規範であるにとどまると考えて、裁判規範としての性格を否定する学説もある（政治規範説）。もっとも、これらの見解は、受容されるには至っていない。

②政府の憲法解釈　自衛隊の創設時以降の政府解釈は、次のとおりである。憲法九条一項は、独立国家として当然に保有する自衛権を否定していないので、日本国に対する武力攻撃が存在する場合に、自衛のために武力の行使をすることは、憲法に違反しない。そして、憲法九条二項では、「前項の目的」——自衛権を否定していないという、第一項全体の趣旨——を達するために「戦力」の保持が禁止されているから、この場合に保持が禁止される「戦力」は、「自衛のための必要最小限度を超える実力」を意味すると考えられる。このような論理の下、「自衛のための必要最小限度」を超えない実力としての「自衛力」は、第二項で保持が禁止される「戦力」ではないと結論づけた。こうして、自衛力としての自衛隊の設置および日本国の自衛のための武力の行使は、日本国憲法九条には反しないとされた。

また、憲法九条二項によれば、「国の交戦権は、これを認めない」とされ、「交戦権」の意味も、憲法九条解釈の一つの争点であるが、政府見解によれば、「交戦権」とは、「戦いを交える権利」という意味ではなく、交戦国が国際法上持つ権利の総称を意味し、そこには相手国兵力の殺傷や破壊、占領地行政の権利、敵性船舶の拿捕、および中立国船舶の臨検等が含まれる。自衛権の行使に伴う自衛行動の一環として相手国兵力を殺傷し破壊することは、「交戦権」の行使とは異なると説明されている。

その後、憲法の解釈適用に関して最終的な権威を持つ最高裁は、一九五九年の砂川事件判決において、「わが国が、自国の平和と安全を維持しその存立を全うするために必要な自衛のための措置をとりうることは、国家固有の権能の行使として当然のことといわなければならない」と判示したが、この判決で争点となったのは、日米安全保障条約の合憲性の問題であって、自衛隊の合憲性等の重要論点については、最高裁の有権解釈がほとんど示されていない。そのため、内閣法制局の検討を経た、政府の憲法解釈が重要な意味を持ち、これに従って安全保障政策の形成と実施がなされてきた。

（3）専守防衛政策

戦後日本の防衛政策は、政府の憲法解釈に基づいて、専守防衛を基本にしている。専守防衛とは、保持する防衛力およびその行使の様態を自国の防衛のための必要最小限度に限り、相手国から武力攻撃を受けた場合またはその着手があった場合にはじめて防衛力を行使する、受動的な防衛戦略の姿勢をいう。このような基本戦略は、次にみるように、武力の行使の条件および地理的範囲並びに自衛隊が保有しうる装備・兵器等に広範に関係している。

①必要最小限度の武力の行使　かつての政府見解によれば、憲法九条一項にいう「武力の行使」――基本的には国家の物的・人的組織体による国際的な武力紛争の一環としての戦闘行為――は、①日本国に対する急迫不正の侵害（武力攻撃・組織的・計画的な武力の行使）があること、②これを排除するために他の適当な手段がないこと（補充性）、③必要最小限度にとどまるべきこと（必要最小限度性）という三要件を満たす場合に限られ（旧三要件）、日本国は国連憲章五一条で加盟国の「固有の権利」とされる集団的自衛権――政府の定義によれば、自国と密接な関係にある外国に対する武力攻撃を、自国が直接攻撃されていないにもかかわらず、実力をもって阻止する国際法上の権利――を保有するが、その行使は憲法で禁止されていると説明されてきた。その理由として、一九七二年に参議院決算委員会に対して政府が提出した資料「集団的自衛権と憲法との関係」では、憲法九条は、戦争および戦力を放棄しているが、日本国憲法が「全世界の国民が……平和のうちに生存する権利」（前文）および「生命、自由及び幸福追求に対する国民の権利」（憲法一三条）を定めていることからすれば、それが外国の武力攻撃によって根底から覆されるという急迫不正な事態に際して、日本国の自衛のために必要最小限度の範囲で武力の行使することを禁止されないが、集団的自衛権はその限度を超えるという論理が挙げられた。二〇一四年の閣議決定では、その基本的論理を引き合いに出しこれを踏襲した上で、変化した国際環境にその論理を適用する（「あてはめる」）と、上記①の要件に加えて、新たに、①「我が国と密接な関係にある他国に対する武力攻撃が発生し、これにより我が国の存立が脅かされ、国民の生命、自由及び幸福追求の権利が根底から覆される明白な危険があること」という要件の下における武力の行使も、「必要最小限度」の武力の行使に含まれると考えられた（新三要件）。このような考え方に基づいて、集団的自衛権の行使が一部可能とされることになった。

自衛隊の武力の行使の地理的範囲は、この三要件を満たす限り、日本国領域（領土・領海・領空）のみでなく、公海および公空にも及びうる。これに関して、一九五四年に参議院では、「自衛隊の海外出動を為さざることに関する決議」もなされ、武力の行使の目的をもって武装部隊を他国領域に派遣する「海外派兵」は、一般に自衛のための必要最小限度を超えるものとして禁止されると考えられるようになった。もっとも、誘導弾による攻撃等急迫不正の侵害に対して他に手段がないと認める場合に必要最小限の範囲で他国領域にある敵基地を攻撃することは、憲法で許される自衛の範囲に含まれる。また、武力の行使を目的とする「海外派兵」とは異なって、武力の行使を目的としない「海外派遣」は、憲法に違反しないと考えられた。自衛官の在外公館における海外駐在や軍用輸送機による邦人輸送、また、国際平和協力法および国際平和支援法等に基づく自衛隊の派遣も、政府見解によれば、憲法で禁止されていない。

②必要最小限度の実力の保持　憲法九条二項が「陸海空軍その他の戦力」の保持を禁止しているので、自衛隊は「自衛のための必要最小限度の実力」でなければならないことになる。このような憲法上の制約は、自衛隊の規模や装備・兵器の上限を規定し、他国に脅威を与える「攻撃用兵器」の保持は禁止され、たとえば、ＩＣＢＭ、ＩＲＢＭ、中距離弾道弾、長距離爆撃機および攻撃型空母等の保持が禁止されると考えられてきた。このような制約がある点で、自衛隊は、国内法においては、通常の観念で考えられる軍隊とは区別されてきた。

（4）一体化の禁止

政府の憲法九条一項解釈によれば、日本国自身の武力の行使は、自衛権行使の三要件を満たさない限り、禁止される。これに加え、日本国自身による直接の武力の行使でない場合であっても、他の主体（外国軍、多国籍軍および国連軍等）による武力の行使と一体化したと法的に評価される行動も禁止されていると考えられ（「一体化の禁止」）、武力の行使を任務とする他の主体に日本が参加・協力する際の憲法的制約となってきた。

一体化の有無は、①他国の戦闘活動との地理的関係、②行動の具体的内容、③武力の行使にあたる者との関係の密接性、④協力対象となる相手の活動の現況等の諸般の事情を総合的に勘案して個別具体的に判断される（いわゆる「大森四要素」）。安全保障関連法律では、一体化が生じないことを担保するために制度的枠組みが設けられている（自衛隊の活動地域を「現に戦闘行為（国際的な武力紛争の一環として行われる人を殺傷し又は物を破壊する行為）が行われている現場」以外に限定）。

また、国連の組織等との協力が一体化の禁止に反しないか否かも問題とされてきた。政府見解によれば、国連が平和維持活動のために編成した平和維持隊等の組織の目的・任務が武力の行使を伴うものであれば、その司令官の指揮下でその一員として行動すること（「参加」）は許されないが、その組織外において「参加」に至らない形で「協力」することは、その武力の行使と一体化しない限りで許される。また、国連平和維持隊の任務・活動によっては、任務の遂行を実力を持って妨げる企てに対抗するための武器使用が許可される場合があるが、それが国または国に準ずる組織に対して使用された場合には、日本国憲法九条一項にいう武力の行使に該当するおそれがあると考えられ、それに自衛隊が「参加」することは、一体化の禁止に該当するのではないかが懸念された。そのような考えから、国連平和協力法では、いわゆる「参加五原則」の条件を満たさなければ、国連の統轄の下で実施される国連平和維持業務に参加できないこととされ、日本国自身の武力の行使に加え、平和維持隊等との一体化が生じないことを担保するための規定が法律で設けられた。なお、参加五原則とは、①紛争当事者間における停戦合意が存在すること、②平和維持隊の活動およびその活動に対する日本国の参加について紛争当事者の同意があること、③平和維持隊の中立性が維持されること、④①から③までの条件が満たされない場合には日本国から参加した要員を撤収すること、⑤武器の使用は要員の生命・身体の防護に必要な最小限度に限られることである。

(5) 武器使用基準

憲法九条一項に関する政府解釈によれば、日本国が同条項にいう武力の行使――「武器の使用」のうち人的・物的組織体による国際紛争の一環としての戦闘行為――を禁じられる場合であっても、国際平和協力活動、国際平和支援活動および重要影響事態における後方支援活動等に従事する自衛官等がその生命・身体を防護するために必要最小限度の範囲で「武器使用」をすることは、「いわば自己保存のための自然権的権利」の行使であって、憲法九条一項が禁止する武力の行使には該当しないと考えられた。この考え方に従って、それぞれの安全保障関連法律では、自衛官等には、自己等の防護のための武器使用の権限が認められている（いわゆる「自己保存型」の武器使用）。このタイプの武器使用によって防護することが法律上許されている対象には、任務・活動の違いに応じていくぶんの違いが設けられ、生命・身体が危険にさらされた「自己又は自己と共に現場に所在する他の」自衛隊員等（国際平和協力法第二五条一項ないし三項、国際平和支援法一一条一項、重要影響事態法一一条一項）、「その職務を行うに伴い自己の管理の下に入った者」（国際平和協力法第二五条一項ないし三項、国際平和支援法一一条一項、重要影響事態法一一条一項）に及び、さらには、宿営地に所在する者の防護のための外国軍隊の部隊の要員との共同の武器使用の規定が設けられた（国際平和協力法二五条七項、国際平和支援法一一条五項、重要影響事態法一一条五項）。

これとは別に、自衛隊法では、職務上武器等の警護にあたっての、自衛隊の武器等の防護のための武器使用の権限が認められている（九五条）。その権限は、二〇一五年の平和安全法制の成立によって、自衛隊と連携して日本の防衛に資する活動に現に従事している米軍等の部隊の武器等の防護のためにも認められるようになった（九五条の二）。いずれについても、政府答弁によれば、日本国の防衛力を構成する重要な物的手段を破壊・奪取から守るための受動的・限定的な必要最小限度の武器使用として、憲法九条一項が禁止する武力の行使には該当しないと説明されてきた。

これらの武器使用は、事態に応じて合理的に必要と判断される限度でのみ許される（武器使用要件）。特に、相手に危害を加えることが許されるのは、刑法が定める正当防衛または緊急避難の要件を満たす場合に限られる（危害許容要件）。また、武器使用の判断を個々の隊員に委ねることで武器使用の統制が失われ、かえって事態が混乱し、隊員の生命・身体が危険にさらされるおそれがあるが、そのことを避け、武器使用の適正を図るために、原則的に上官の命令に従って武器を使用することとされることがある（国際平和協力法二五条四項・五項、国際平和支援法一一条二項・三項、重要影響事態法一一条二項・三項）。

以上の武器使用に加え、最近になって、任務遂行のための武器使用（いわゆる「任務遂行型」の武器使用）が新たに付け加えられた。このタイプの武器使用は、国または国に準ずる組織に対して使用された場合、憲法九条一項が禁止する武力の行使に該当するおそれがあると考えられたので、自衛隊の海外派遣に関する法制では、長らく認められてこなかった。しかし、二〇一五年の平和安全法制の整備によって、国または国に準ずる組織が登場しないという前提があれば、「任務遂行型」の武器使用も、憲法九条一項が禁止する武力の行使に該当することはないという考え方の下、その前提が確保されている場合に自衛隊の活動の場面を限ることを法律で担保した上で認められることになった（在外邦人等の保護措置のための武器使用〈自衛隊法九四条の五〉、安全確保業務およびいわゆる「駆けつけ警護」業務遂行のための武器使用〈国際平和協力法二六条〉）。

(6) 防衛装備移転三原則

武器輸出に関しては、政策上の方針として、かつては武器輸出三原則が存在していた。武器を輸出するためには、法令に基づき経済産業大臣の許可が必要であるが（外国為替および外国貿易管理法並びに輸出貿易管理令）、一九六七年に佐藤内閣は、これら法令の運用方針として武器輸出三原則を表明し、①共産圏向けの武器輸出、②国連決議により武器等の輸出が禁止されている国向けの武器輸出、③国際紛争当事国または国際紛争のおそれのある国向けの武器輸出を許可しないことを明らかにした。その後、一九七六年に三木内閣が三原則に関連して発した「武器輸出に関する政府統一見解」によれば、国際紛争を助長することを避けるために、三原則の対象となる地域以外についても武器の輸出を慎む、武器製造関連設備も武器に準じて取り扱う等、武器輸出に一層慎重を期する態度が明らかにされた。

しかし、その後、①のような時代にそぐわない点が生じた点に加え、上述の経緯の下で実質的にすべての地域に対して武器輸出を認めないこととなったため、武器輸出に関する例外措置が積み重ねられてきた。このようななか、国家安全保障戦略で示された積極的平和主義の下で、新たな安全保障環境に適合する原則として、武器輸出三原則等が担ってきた役割と例外化の経緯をふまえ、二〇一四年に防衛装備移転三原則が定められた。これによれば、防衛装備――武器および武器技術――の移転の必要性が、平和貢献・国際協力への機動的・効果的実施を通じた国際平和の積極的推進、および同盟国等との防衛・安全保障上の協力の強化、並びに防衛装備品等の共同開発・生産等への参画による日本の防衛力の向上という観点から認められたが、他方で、防衛装備移転が国際社会において安全保障、社会、経済および人道上の影響が大きいことに鑑みて、次のような防衛装備移転の管理が行われることとなった。移転を禁止する場合の明確化、移転を認めうる場合の限定および厳格審査、目的外使用および第三国移転にかかる適正管理の確保等である。禁止される移転は、わが国の締結した条約等に基づく義務に違反する移転、国際連合安全保障理事会の決議に基づく義務に違反する移転、または、紛争当事国への移転であり、認められうる移転は、平和貢献・国際協力の積極的な推進に資する場合における移転、同盟国たる米国をはじめわが国との間で安全保障面での協力関係がある諸国との国際共同開発・生産の実施、同盟国等との安全保障・防衛分野における協力の強化、並びに装備品の維持を含む自衛隊の活動および邦人の安全確保の観点からわが国の安全保障に資する場合における移転等である。

(6) 非核三原則

政府見解によれば、自衛のための必要最小限度にとどまる限り、核兵器を保有することも、通常兵器の場合と同様に、憲法の法理の上で可能とされる。しかし、一九六七年に佐藤内閣の下で、一切の核兵器を「持たず、作らず、持ち込ませず」という原則（非核三原則）が表明され、日本の政策上の方針とされてきた。また、原子力基本法は、原子力の開発・利用を平和目的に限っているので（二条）、核兵器を保持することは法律上もできないし、さらに、一九七六年に日本は核不拡散条約を批准し、核兵器の製造・取得等を行わない国際法上の義務も負っている（二項）。

(7) 防衛費一パーセント枠？

日本国憲法九条二項に関する政府解釈によれば、自衛のための必要最小限度にとどまっているかどうかが日本の防衛力の上限を画する基準とされ、その限界は、科学技術や国際情勢の変化等の条件に依存するので、数量的には表現できないとされる。自衛のための必要最小限にとどまっているかどうかは、国民の代表者である国会が予算等の審議を通じて判断することになる。

もっとも、かつて三木内閣は、一九七六年に、防衛予算はその年度の国民総生産（ＧＮＰ）の一パーセントに相当する額を超えないことを閣議決定し、その政策上の方針は、その後の防衛政策策定に影響を及ぼすことになった。しかし、その後、一九八七年に中曽根内閣の下でこの方針が撤廃され、中期防衛力整備計画において決定された防衛費総額の範囲内で防衛費を決定するという方式に変更された。一九八七年度予算では、ＧＮＰ一パーセント枠をはじめて突破した（一・〇〇〇四パーセント）。そして、その後、一パーセント枠の指標として国内総生産（ＧＤＰ）が用いられるようになった。防衛費は、現在に至るまで、概ねＧＤＰ一パーセントの枠内で推移している。

（山中倫太郎）

Ⅵ　平和安全法制

平和安全法制とは、二〇一五年に成立した平和安全法制整備法（「我が国及び国際社会の平和及び安全の確保に資するための自衛隊法等の一部を改正する法律」）および国際平和支援法（「国際平和共同対処事態に際して我が国が実施する諸外国の軍隊等に対する協力支援活動等に関する法律」）を指す。これによって、日本の安全保障法制は大きな転期を迎えることになった。

まず、平和安全法制整備法は、一〇本の安全保障関連法律（自衛隊法、国際平和協力法等）の一括改正を内容とした法律であり、存立危機事態に関する法制の新設、周辺事態安全確保法および国際平和協力法の改正のほか、自衛隊法の改正によって、在外邦人等の保護措置（八四条の三）、米軍等の部隊の武器等防護のための武器使用（九五条の二）等の規定が設けられ、安全保障法制のさまざまな領域で大きな変革がもたらされた。

次に、国際平和支援法は、それまで存在していた安全保障関連の特別措置法がその都度の時限つきであり、派遣のための法律の根拠に「切れ目」が生じる可能性があったことから、自衛隊の迅速かつ円滑な派遣を可能とするために、それまでの派遣実績をふまえ、一般法として制定されたものである。

以上のような平和安全法制は、自衛隊の活動範囲や権限を拡大する方向性を有するもので、わが国をとりまく安全保障環境が厳しいものとなったことへの認識をふまえ、積極的平和主義の基本方針に基づき、従来から必要性が指摘されてきた事項の改正を実現に移すもので、とりわけ、国民の平和と安全を守るためのシームレスな対応を実現することが基本構想に据えられた（法律の内容については、Ⅶの「日本の安全保障関連法制」を参照）。

（山中倫太郎）

Ⅶ　日本の安全保障関連法制

一九五四年六月に防衛庁設置法および自衛隊法が制定され、防衛省・自衛隊の任務、組織編成、行動、権限および防衛公務員の服務関係等、防衛省・自衛隊の設置運営に必要となる法的枠組みの基盤が整備された。一九九〇年代以降、自衛隊の任務が防衛から国際平和協力へと広がってゆくなかで、防衛法制は、日本の防衛にとどまらず、国際社会の平和と安全を目的とするものへと射程の拡大をみせ、安全保障法制と呼ぶべき内実を備えるようになった。日本では、憲法改正によらずに憲法解釈とそれに基づいた法律の制定によって防衛法制・安全保障法制が構築され、自衛隊の「任務」のみでなく、「行動」および「権限」は法律で定められている。そのためもあって、安全保障法制が法律で定められている部分が大きい。

安全保障に関する日本の国内法は、その目的の違いに応じて大きく区別すると、（1）日本国および国民の平和と安全の確保を目的とする法制、（2）国際社会の平和および安全の確保を目的とする法制に分類できる。

（1）日本国および国民の平和と安全の確保を目的とする法制

①防衛法制　自衛隊法では、「我が国の平和と独立を守り、国の安全を保つため、我が国を防衛すること」を自衛隊の主な任務とし（三条一項）、防衛出動時における武力行使の権限（八八条一項）が定められている。防衛出動は、武力攻撃事態・存立危機事態において内閣総理大臣が下令するが（七六条一項）、出動には、原則として事前の国会承認を要する（武力攻撃事態対処法九条四項）。出動時の自衛隊による武力行使は、「国際の法規及び慣例」を遵守しかつ「事態に応じ合理的に必要と判断される限度をこえてはならない」（自衛隊法八八条二項）。

なお、他の自衛隊の任務として、公共秩序の維持（自衛隊法三条一項）、重要影響事態への対応（三条二項一号）および国際社会の平和および安全の維持に資する活動（同二号）がある。このうち、公共秩序の維持は、一次的には警察・海上保安庁の任務であるが、治安出動時（七八条、八一条）および海上警備行動時（八二条）等においては、自衛隊も公共秩序の維持に従事する。また、弾道ミサイル破壊措置（八二条の三）は、相手国の武力攻撃の意図が確認できない場合にも日本に飛来する弾道ミサイルを破壊し、もって国内の公共秩序の維持を図る活動であり、警察権の行使として位置づけられている。また、二〇〇九年に海賊対処法（「海賊行為の処罰及び海賊行為への対処に関する法律」）が制定され（また、自衛隊法八二条の二も参照）、公海を含む海上における海賊行為の対処のための自衛隊の海賊対処行動および権限の法的根拠となっている。

②有事法制　戦争、内乱、大規模災害および経済恐慌等の緊急事態（または非常事態）に対処することを目的とする法制は、緊急事態法制（または非常事態法制）といわれる。このうち、災害に関する法制については、すでに一九六〇年代に災害対策基本法が制定されたのに対して、特に戦時（ここでは、日本が武力攻撃を受けた場合）に関する国内法制――日本では、有事法制といわれる――は、戦後長らく整備されず、タブー視されてきたところもあった。しかし、とりわけ一九九八年の北朝鮮による弾道ミサイル発射や不審船事案等を契機に有事法制の必要性がより広く認識され、一連の有事関連法制が整備されていった。

有事関連法制の基本法として、二〇〇三年に武力攻撃事態対処法（現在では、「武力攻撃事態等及び存立危機事態における我が国の平和と独立並びに国及び国民の安全の確保に関する法律」）が制定された。この法律は、武力攻撃事態を「武力攻撃が発生した事態又は武力攻撃が発生する明白な危険が切迫していると認められるに至った事態」と定義し、この事態に対処するに際しての基本理念、対処措置を統轄する組織の編成、および国と地方公共団体の役割分担、並びに武力攻撃事態の認定手続きおよび基本計画の策定手続き等、武力攻撃事態対処に関する基本事項が規定されている。この法律は、集団的自衛権の行使の一部容認を受けて、二〇一五年の平和安全法制の整備によって、存立危機事態へと規律対象が拡張された。

武力攻撃事態対処措置の中心には、日本に対する外国の急迫不正な侵害を排除する活動（侵害排除活動）がある。この侵害排除のために、防衛出動時の武力行使権限が自衛隊に認められているが、さらに、侵害排除活動の一環として拘束した紛争相手国の戦闘員等の捕虜資格認定手続き等につき、「武力攻撃事態及び存立危機事態における捕虜等の取扱いに関する法律」が、外国軍用品等の海上輸送の規制のための停船検査および回航措置の手続き等に関しては、「武力攻撃事態及び存立危機事態における外国軍用品等の海上輸送の規制に関する法律」が、それぞれ定めを置いている。

これら諸法律に基づく自衛隊の侵害排除活動は、日米安全保障条約の下で米軍との連携によって実施されるが、侵害排除に際して米軍が円滑かつ効果的に行動するための諸措置を定めるのが、「武力攻撃事態等及び存立危機事態におけるアメリカ合衆国等の軍隊の行動に伴い我が国が実施する措置に関する法律」である。

武力攻撃事態対処に関して、侵害排除と車の両輪の関係にあるのが文民保護である。文民保護は、日本国内の文民である住民を武力攻撃に起因する災害から保護する活動を指す。この活動に関しては、二〇〇四年に国民保護法（「武力攻撃事態等における国民の保護のための措置に関する法律」）が制定され、国民保護措置の実施に際して国が拠るべき基本理念、対処措置を統轄する組織、国と地方公共団体の役割分担および国民保護措置の権限・手続き等を規律している。同法には、国民保護活動の具体的内容として、警報の発令、住民避難、警戒区域の設定、および災害の拡大防止・防除等の諸措置が定められている。また、自衛隊法によれば、自衛隊は、防衛出動時に加え（九二条）、防衛出動下令前にも、国民保護等派遣（七七条の四）として国民保護活動の一部を実施できる。

③重要影響事態に関する法制　一九九六年の日米安保共同宣言では、冷戦終結という国際環境の変化をふまえ、日米安保制は、アジア太平洋の地域的な平和と安定に寄与するものと位置づけられた。これを受けて、一九九七年の日米ガイドラインでは、周辺事態における日米協力が盛り込まれ、一九九九年に周辺事態法（「周辺事態に際して我が国の平和及び安全を確保するための措置に関する法律」）が制定された。この法律は、周辺事態――そのまま放置すれば日本に対する直接の武力攻撃に至るおそれのある事態等、日本周辺の地域における日本の平和および安全に重要な影響を与える事態――において日米安全保障条約の効果的な運用に寄与し、日本の平和および安全の確保に資するために、自衛隊が米軍に対する後方支援や捜索救助活動をすることを可能とした。また、同様の目的から、周辺事態における経済制裁措置の実効化のために国連の決議または旗国の同意に基づいて自衛隊の部隊等が実施する船舶検査活動の法的根拠および手続き等を定める法律として、船舶検査活動法（「周辺事態に際して実施する船舶検査活動に関する法律」）が制定された。

周辺事態法は、二〇一五年の平和安全法制によって重要影響事態法（「重要影響事態に際して我が国の平和及び安全を確保するための措置に関する法律」）に改正された。これにより、周辺事態が重要影響事態へ変更され、後方支援等をすることができる場合に関する地域的制約がより明確に否定されることになった。その他に、米国以外の外国との防衛協力へと法律の射程が拡大されたこと、また、後方地域という区切りによって一律に自衛隊の活動区域を限定することにはしないことになったことが変更点として挙げられる。重要影響事態法は、二〇一五年四月のガイドライン改定によりアジア太平洋のみでなくグローバルな視野を持つようになった日米防衛協力体制の一環を成しているが、日本の平和および安全の確保という目的を基本に据えている。また、船舶検査活動法も改正され（「重要影響事態等に際して実施する船舶検査活動に関する法律」）、重要影響事態のほか、国際平和共同対処事態にも適用が予定されることになった。

（2）国際社会の平和および安全の確保を目的とする法制

一九九〇年代以降には、日本が国際社会の平和および安全の実現のために積極的に人的貢献をすることの必要性が認識されるようになり、一九九二年六月には、国際平和協力法（「国際連合平和維持活動等に対する協力に関する法律」）が制定され、国際平和協力業務を実施する際の基本原則、協力業務の実施組織、実施手続きおよび実施権限等が定められた。同法が予定する国際平和協力業務の一つの柱となる国連平和維持活動は、紛争当事国間の停戦合意の遵守の確保、武力紛争終結後における統治組織の設立の援助等、紛争に対処して国際平和と安全を維持する活動であり、安保理または国連総会の決議に基づいて、国連の統轄の下で参加原則に従って実施されることとされた。二〇一五年の平和安全法制の成立によって国際平和協力法が改正され、ヨーロッパ連合その他の地域的機関等の要請に基づいて実施される「国連非統括型」の国際連携平和安全活動への参加に途が開かれたほか、また、国際平和協力活動の多様化および発展に対応して、住民への危害の防止等の安全確保業務、および他国のＰＫＯ活動関係者等を保護するための業務（いわゆる「駆けつけ警護」）が追加され、そのための「任務遂行型」の武器使用も認められるようになった。

また、国際社会の平和および安全を脅かす事態に対処する他国軍隊に対する支援の法制が発展してきた。二〇〇一年一〇月にはテロ対策措置法（「平成十三年九月十一日のアメリカ合衆国において発生したテロリストによる攻撃等に対応して行われる国際連合憲章の目的達成のための諸外国の活動に対して我が国が実施する措置及び関連する国際連合決議等に基づく人道的措置に関する特別措置法」）が制定され、他国軍隊に対する協力支援活動、戦闘遭難者の捜索救助活動および被災民救援活動の根拠および手続きが定められていた。この法律は、三度の延長の後に期限満了のため失効したが、その後二〇〇八年には、インド洋におけるテロ対策海上阻止活動に従事する外国軍艦船に対する給油活動を継続するために、補給支援特措法（「テロ対策海上阻止活動に対する補給支援活動の実施に関する特別措置法」）が制定された。また、二〇〇三年には、イラク特措法（「イラクにおける人道復興支援活動及び安全確保支援活動の実施に関する特別措置法」）が制定され、安全確保支援活動および人道復興支援活動が予定された。これらの法律は、特別措置法として時限つきのものであったので、いずれも失効した。二〇一五年の平和安全法制の整備に際しては、国際平和支援法が制定され、法律上の根拠が一般法として設けられるようになった。この法律は、「国際社会の平和及び安全を脅かす事態であって、その脅威を除去するために国際社会が国際連合憲章の目的に従い共同して対処する活動を行い、かつ、我が国が国際社会の一員としてこれに主体的かつ積極的に寄与する必要があるもの」(「国際平和共同対処事態」)において、その活動を実施する諸外国の軍隊等に対する協力支援活動(物品・役務の提供)および戦闘参加者の捜索救助活動の実施の根拠および手続きを定めている。

(山中倫太郎)

Ⅷ 日米同盟

日米安全保障関係は、今日では当然のように「同盟」と呼ばれる。だが、あらゆる軍事的なるものに警戒的だった戦後日本国民は、同盟という軍事的意味を持つ語を長く忌避した。代わって用いられたのが、日米安保体制という呼称であった。この状況は、冷戦終結後の九〇年代半ばになってもあまり変わらなかった。@ニフティの新聞・雑誌記事横断検索によれば、日米同盟再定義前後の九四―九六年に、朝日・読売両紙には、日米同盟の二六三回に対し、日米安保体制は一二一四回、日米安保は三四九〇回も登場した。こうした事情は、日米同盟史を理解する上で、記憶されるべきである。

日米同盟の起源は、五一年九月八日にサンフランシスコ講和条約が締結された直後に、同市内の米軍施設で署名された旧日米安保条約にある。だが、この条約は、敗戦後独立を失ったままの日本が、占領者たる米国との間で結んだものであったため、日本に不利な点を多く含んでいた。まず、日本は米国への基地提供を義務づけられ、米国はそれを「極東における国際の平和と安全の維持」の場合を含めて使用できるとされたが、米国の日本防衛義務は明確に規定されていなかった。米軍の基地使用に制約がなかったため、日本が知らないうちに核兵器が持ち込まれることなどへの懸念もあった。また、旧安保には、米国が、「日本国における大規模の内乱及び騒じょうを鎮圧するため」の「援助」のためにも在日基地を使用できる旨が定められていた(「内乱条項」)が、対等な独立主権国家間の関係にはふさわしくないとして批判された。さらに、条約終了に関する規定がない点も問題であった。

こうした欠陥を修正したのが、六〇年の安保改定により成立した新安保条約である。新安保では、米国の日本防衛義務が明記され、内乱条項は撤廃された。また、米軍の基地使用について、「事前協議」の制度が設けられた。新安保は、旧安保とほぼ同じ「極東における国際の平和及び安全の維持に寄与するため」という表現で、米軍が日本の領域を超えた安全保障問題に対応するために在日基地を使用できることを定めたが、同条約付属の交換公文により、米国は、①合衆国軍隊の日本国への配置における重要な変更、②装備における重要な変更、③日本国から行われる戦闘作戦行動、については、日本政府との間に事前協議を行うこととされたのである。さらに新安保には、条約の効力終了に関する規定も設けられた。

しかし、安保改定を経てもなお、日米同盟には、通常の同盟にはみられない特異な特徴が残った。その第一は、日米同盟が、非対称的な双務性の上に成立してきた点にある。同盟においては、参加国が集団的自衛権に基づいて相互に領土の防衛を約束し合うのが普通だが、日米同盟はそうなっていない。新安保条約は、米国の日本防衛義務を規定するが、日本には米国に対してそのような義務はない。日本政府が、多年にわたり、日本は憲法上集団的自衛権を行使できないとしてきたためである。その一方で、米国が日本に基地を置き軍隊を駐留させることを認められているのに対し、日本には米国に基地を設ける権利はない。

この構造を、米国だけが相手国防衛の義務を負わされている片務的体制であり日本はそれに「タダ乗り」してきたとする見方があるが、妥当ではない。日米同盟では、双方にそれぞれ果たすべき義務があり、両国はこの関係に利益を見いだしてきた。だからこそ、この同盟はかくも長期にわたり継続しえたのである。日本にとって米国の軍事的保護が重要であった一方、米国とっての在日基地の戦略的価値ははかりしれなかった。また、国内に大規模な外国軍基地が置かれることにはさまざまな問題が伴うが、日本はそれに耐えただけでなく、在日米軍の駐留経費の多くを負担し続けてきた。

日米同盟は確かに双務的である。だが、日米が別種の義務を負うという点で、その双務性は非対称的なものであった。通常の同盟が、「人と人との協力」（相手が攻撃を受けた際の軍隊による支援を約束し合う）に立脚するのに対し、日米同盟の双務性は、長年にわたり、「物と人との協力」（日本が基地を、米軍は軍隊を提供する）を本質としてきたのである。

日米同盟が通常の同盟と異なっていたもう一つの点は、対米防衛協力に警戒的な日本の世論を背景に、それが長く共同計画を欠いた同盟だったことである。七六年度版『防衛白書』で、坂田道太防衛庁長官は、「有事の際の防衛協力については これまで日米間で何ら話し合われたこともなく、またその作戦協力について協議する機関もなかった……私としては、これは全く意外であり、驚きであった」と述べている。

この状態は、七〇年代後半にようやく変化した。ヴェトナム戦争後の米国の対外コミットメントの信頼性にかげりが生じたことにより、日米安保体制の実効性を高めるために両国の防衛協力を推進すべきだとの考えが日本側でようやく強まったのに対し、米国側も、アジアにおける米国の戦略的後退に歯止めをかけるために日米防衛協力態勢を作る必要があると認識したためである。七八年一一月に決定された「日米防衛協力のための指針（ガイドライン）」は、「侵略を未然に防止するための態勢」「日本に対する武力攻撃に際しての対処行動等」「日本以外の極東における事態で日本の安全に重要な影響を与える場合の日米の協力」の三項目からなり、有事の際の日本防衛のための共同作戦の研究や、共同訓練の実施などを定めたものであった。日本防衛に際し、自衛隊は防勢作戦、米軍は攻勢作戦を担当するという責任分担も明記された。

ガイドラインの策定以降、ソ連の極東における軍事力増強などを背景に、日米防衛協力は着実に前進した。共同作戦研究、シーレーン防衛研究、自衛隊と米軍の相互運用性の研究などが共同で実施されたほか、共同訓練の回数や規模が拡大された。また、八〇年代に入ると、日米は、日本周辺一千海里のシーレーン防衛について本格的協力を開始した。

かくして、ガイドライン策定は、日米同盟に「人と人との協力」を導入したという意味で大きな節目であった。だが、そこには限界もあった。まず、日米は、有事の際の共同作戦研究は行ったが、実際の共同作戦を持つことはなかった。また、日米の協議は、日本が攻撃を受けた場合（日本有事）にとどまり、日本以外の極東で平和が脅かされた場合（極東有事）については、ほとんど話し合われなかった。日本の世論が、依然として対米防衛協力に慎重だったためである。

日米同盟にとって、転機となったのが冷戦の終結である。冷戦後の日米同盟の存在意義は、「物と人との協力」という特異性ゆえに、日米双方にとってわかりにくいものとなった。日本国民には、米軍基地が国内に維持されることの利益がソ連の脅威消滅で理解しにくくなり、基地問題などの負担ばかりが目立ち、米国が同盟から一方的に受益しているのではないかとの不満が高まった。一方、米国民には、在日基地の戦略上の価値がみえにくくなり、日本が軍事的保護にタダ乗りしているという誤った認識が広がりやすくなった。

また、日米の政府関係者は、九四年の第一次北朝鮮核危機をきっかけに、米国が日本周辺で地域紛争を戦うことになった場合、集団的自衛権を行使できない日本は米国にいかに協力しうるのかという疑問と不安を共有するようになった。

九四年秋頃から始まり、九六年四月の日米安保共同宣言で一段落した日米同盟再定義のプロセスの中で、両国は日米同盟を、ソ連という特定の敵に対抗する同盟から、アジア太平洋地域内の不特定の秩序不安定化要因に対処して地域秩序を下支えする国際公共財へと、大きく規定し直した。

それを受けて、両国間では、日米同盟を地域秩序の安定化装置として機能させるための同盟関係のあり方の見直しも行われた。九七年九月に出された新たな日米協力の指針（九七ガイドライン）では、「平素から行う協力」「日本に対する武力攻撃に際しての対処行動等」、および「日本周辺地域における事態で日本の平和と安全に重要な影響を与える場合（周辺事態）の協力」について、「日米両国の役割並びに協力及び調整の在り方について、一般的な大枠及び方向性」が示された。七八ガイドラインと異なり、九七ガイドラインでは、協力の力点が日本有事から周辺事態に移され、その内容も、研究に基づいた具体的な計画に踏み込むものとなっていた。日本は、日本周辺で日本に対する攻撃を伴わない紛争が起こった場合にも、米軍に協力して行動する方針を明確にし、日米同盟における「人と人との協力」の比重をさらに高めたのである。

だが、日米同盟には大きな問題が残されていた。それは、この同盟が、実際の有事に機能しうるかどうかの「テスト」を一度も経ていないことであった。九・一一テロが、そのテストを、誰も想定していなかった形で突如として日米に突きつけたとき、日本は対米支援のための法整備から始めなければならなかった上、国際的な安全保障問題のために自国がリスクを冒すことに関する国民的合意も未成熟であった。そのため、日本が十分な支援を行えるかどうかについては、特に米国で悲観論が強かった。しかし、小泉純一郎首相のリーダーシップにより、日本はテロ特措法を急遽成立させ、海自艦艇にインド洋で米軍への支援などを行わせて、こうした懸念を払拭した。その後、イラク戦争後の人道復興支援でも、日本は陸自部隊の派遣を含め積極的に米国と協力したので、米国側の日米同盟への信頼は顕著に高まった。小泉首相とブッシュ米大統領の首脳会談で「世界の中の日米同盟」という言葉が使われたことも、同盟関係強化の表れであった。

同じ時期に、日米は、増大する北朝鮮の核・ミサイルの脅威を前に、ミサイル防衛システムの構築や、米国の「核の傘」を含む抑止態勢の整備でも協力を深めた。自衛隊と米軍は、相互運用性（インターオペラビリティー）の向上や、作戦計画や日常の演習における統合化の推進、情報共有の促進などをも進めていった。こうした流れの中で、日米は、〇五年二月には、新たな脅威への対応を含めた地域と世界における共通の戦略目標を発表するに至り、同年一〇月の文書「日米同盟：未来のための変革と再編」でそれを達成するための両国の役割、任務、能力と、在日米軍および関連する自衛隊部隊の再編についての具体的方向性について合意に達し、翌〇六年五月の文書「再編実施のための日米のロードマップ」では、在日米軍再編を実施するための詳細も示された。その中で、沖縄を中心とする基地問題の緩和・解決を進めるための方策も合意された。特に、沖縄米軍基地問題の象徴ともいえる普天間飛行場の移設と返還については、九六年四月の両国指導者の政治的決断による合意にもかかわらず停滞していた状況を打破すべく、在沖米海兵隊の一部をグアムの米軍基地に移転することなどが決まった。小泉首相が政権を退くまでには、日米双方に、これらの施策が実行されれば同盟関係は新たな段階に入ることが期待されるとの見方が広がっていた。

こうした同盟強化プロセスには、米国側も期待を強めていた。冷戦後唯一の超大国となった米国はその圧倒的な力で世界を思うままに運営できるという一時の「米国単極論」には、単独行動主義的なブッシュ外交がはかばかしい成果をもたらさず、〇七年のサブプライムローン問題や〇八年のリーマンショックを引き金としてグローバルな金融・経済危機が深刻化する中で、疑念が急速に強まっていた。そうした中で、米国は、日本をはじめとする同盟国の国際的な役割の拡大に期待を高めたのである。だが、ポスト小泉の日本はほぼ一年ごとに首相が交代するという不安定な政治状況に陥って、弱い政治的リーダーシップの下で「決められない政治」が続いたために、前述の日米同盟強化に関する合意の実行は遅々として進まず、米国側をいらだたせた。さらに、〇九年八月の総選挙の結果、民主党政権が誕生すると、鳩山由紀夫政権による同盟の不適切なハンドリングにより、米国側のいらだちはさらに強まった。鳩山首相は、「より対等な同盟」「より深化した同盟」といったレトリックをたびたび口にしたが、その意味ははっきりしなかった。また、「東アジア共同体」構想を好んで唱えたが、それは米国抜きの外交構想とも受けとれるものだった。そこに普天間飛行場の移設問題をめぐる迷走が重なって、同盟関係はどん底状態に陥ってしまった。

だが、この状況は一〇年六月の鳩山退陣以降急速に変化し、日米同盟はめざましく復調した。その要因としては、特に以下の四点が重要であった。

第一は、中国の行動である。一〇年九月の尖閣中国漁船衝突事件や南シナ海での中国の振る舞いは、国力を伸ばし自信を深めつつある中国の自己主張が過度に強まりつつあるのではないかという懸念を日米に抱かせた。それは、こうした傾向が放置されれば、自由で開かれたルールを基盤とする現在のリベラルな国際秩序を弱めかねないとの懸念にもつながった。日米には、台頭する中国の自己主張の強まりに対応するためには両国の連携が重要であるとの認識が共有されるようになり、一一年六月に合意された新たな日米共通戦略目標はそのことを強く意識した内容になった。

第二は、北朝鮮の行動である。北は、核実験や人工衛星と称しての長距離弾道ミサイルの発射を繰り返すことに加え、一〇年には韓国海軍の天安艦を撃沈し延坪島を砲撃するなど、挑発的行動をエスカレートさせていた。北朝鮮の脅威の増大も、日米に、安全保障上の協力を強化する必要性をあらためて感じさせる出来事であった。

第三に、東日本大震災後に米国が行った「トモダチ作戦」の成功と日本人に与えた心理的影響にも特筆すべきものがあった。それは、日米同盟と在日米軍が米国の世界戦略のためだけではなく、いざという時には日本のために働く存在なのだということを、日本人に対してはじめて具体的に示したからである。先に述べたように、米国にとっていざという時に日米同盟が頼りになる存在であることは、九・一一テロ後の日本の対応によって「テスト」ずみだった。三・一一は、米国に、日本から約一〇年遅れで同様のテストを突きつけたわけである。米国はそれに合格し、内閣府が一二年一月に実施した世論調査では、日米安全保障条約が「日本の平和と安全に役立っている」との回答がそれまでで最高の八一・二％に達した。また、実はそれまで、自衛隊と米軍は、大規模な作戦行動を共同で実施したことがなかったのであるが、トモダチ作戦では、両組織間の相互運用性やコミュニケーションに問題がなく、効果ある共同行動がとれることが証明された。これは、日本と地域の安全保障にとっての日米同盟の抑止効果を高めることにもつながる結果だった。

そして第四に、日本の政治に強いリーダーシップを発揮できる指導者が戻ってきたことが、米国の日本に対するいらだちを鎮め、同盟の立ち直りにつながった。まず、民主党政権最後の野田佳彦首相の役割は、日本では過小評価されがちだが、同盟の復調に大きく貢献した。野田首相は、日米同盟重視の外交方針を明確に打ち出しつつ、自衛隊の南スーダンＰＫＯへの派遣や武器輸出三原則の緩和、さらには環太平洋パートナーシップ協定（ＴＰＰ）交渉への参加表明など、日本にとって必要だと自らが信ずる政策を実行する意志をさまざまな機会に示してみせた。米国側は、野田を、ポスト小泉の日本に長く欠けていた政治的リーダーシップと実行力を備えた指導者と認め、同盟関係の一層の好転につながった。

その後、一二年末に民主党から自民党への政権交代により再登板した安倍晋三首相は、政権復帰直後から日米同盟を強化する強い意志を表明し、野田首相以上の強い政治的リーダーシップを発揮して、そのための具体的な行動を起こし続けた。現行憲法下でも集団的自衛権の限定的な行使は容認されるとする憲法解釈の見直しに踏み切り、それに基づいた新たな「平和安全法制」を一五年九月に成立させたのはその最も明確な表れだった。安倍首相はまた、「積極的平和主義」をこれからの日本の対外的な基本姿勢として掲げ、その方針に沿って日本としてはじめての「国家安全保障戦略」を策定し、「防衛計画の大綱」も改定した。武器輸出三原則に代わる、新たな防衛装備移転三原則も決定した。そして、こうした安倍政権の積極的な安全保障政策を基盤にして、一五年四月には、「日米防衛協力のための指針」が一八年ぶりに改定された。

新指針は、冒頭で、日米防衛協力の目的を、「平時から緊急事態までのいかなる状況においても日本の平和及び安全を確保とする」こと、および「アジア太平洋地域及びこれを越えた地域が安定し、平和で反映したもの」とすることだと宣言している。アジア太平洋地域を越えた場所とは、すなわち世界全体という意味である。

このうち、日本の安全を守るための協力については、平時から有事までの「切れ目のない」協力を打ち出したのが特徴である。日米の協力については、「平時からの協力」「日本の平和及び安全に重要な影響を与える事態への対処」「日本に対する武力攻撃への対処行動」「日本以外の国に対する武力攻撃への対処行動」に分けて、その内容が示されている。

このうち、「平時」には、「日本に対する武力攻撃を伴わない時の状況」が含まれることが明記された。これは、「グレーゾーン事態」と呼ばれる状況で、日本が武力で攻撃されているわけではないが、外国により領土や主権が侵害され、警察権では対処できなくなっているという状態のことだ。具体的には、尖閣諸島のような離島に外国の武装集団が不法に上陸したケースなどが想定されている。従来の指針では、こうした事態での日米協力については何も定められていなかった。

また、「日本の平和及び安全に重要な影響を与える事態」とは、放置すれば日本の安全が脅かされかねない事態のことで、そうした事態がどこで起こるかは「地理的に定めることはできない」とされている。たとえば、日本の原油の総輸入量の約八割はホルムズ海峡を通過して運搬されてくるため、同海峡の機雷封鎖は日本の平和と安全に深刻な影響を及ぼす。従来の指針では、平時からの協力と日本が攻撃を受けた場合の協力以外では、「日本周辺における事態」に際しての協力が定められているだけだった。これに対して新指針では、世界のどこであっても、日本の安全が脅かされるような事態が起こった場合には、日本は米国と協力すると定められたのだ。ただし、新指針は「日本の行動及び活動は、専守防衛、非核三原則等の日本の基本的な方針に従って行われる」としており、日本が戦闘行動に加わることは考えられていない。日本の対米協力は、後方支援などを中心にして行われる。

日本が武力攻撃を受けた場合の協力について、新指針で注目されるのは、「島嶼」に対する協力についての記述があることだ。これは、中国の脅威を受けている尖閣諸島などを想定している。また、新指針は、米国が「打撃力の使用を伴う作戦」を実施する場合に、自衛隊が必要に応じ支援を行うことができるとした。日本は、専守防衛の方針の下で打撃力については米国に依存せざるをえない。だが今後は米国の打撃力の行使に何らかの形でかかわることができるということだ。

以上に引き続き、新指針は、日米が「米国または第三国」に対する武力攻撃に対処するために行う協力についても定めている。そこでは、一四年七月一日に安倍政権が行った憲法解釈の変更に基づき、日本が今後は集団的自衛権を限定的に行使していくことが示されている。具体的な協力の事例としては、ホルムズ海峡のような国際海峡を念頭に置いたシーレーン防衛のための機雷掃海についての協力や、米国に向けて飛ぶ弾道ミサイルを日本が撃ち落とすことを念頭に置いたミサイル迎撃での協力などが挙げられている。

日本の安全を守るための協力のほかに、新指針は、「地域の及びグローバルな平和と安全のための協力」と、「宇宙およびサイバー空間における協力」についても定めている。「地域の及びグローバルな平和と安全のための協力」については、国連の平和維持活動に参加した際の日米の協力や、国際的な人道支援・災害救援活動での協力、東南アジア諸国などのパートナー諸国の能力構築支援などが盛り込まれている。

安倍政権がこのように積極的な同盟強化策を打ち出すのと時を同じくして、米国では、オバマ政権がアジア太平洋地域への「リバランス」政策を唱えて日米同盟をあらためて重視する姿勢をとるようになった。特に、一四年春頃以降は、日米は、両国間の同盟によって中国の行き過ぎた自己主張を牽制しようとする意図を明確にした。同年四月の訪日に際し、オバマ大統領は、尖閣諸島が日米安全保障条約第五条の適用対象だと明言した。この時の首脳会談では、共同声明に、「日米両国は、威嚇、強制又は力による領土または海洋に関する権利を主張しようとするいかなる試みにも反対する」ことがうたわれたことも注目された。日米は、従来から、中国の台頭を前にルール基盤のリベラルな国際秩序を維持することが重要である旨を強調してきたが、そのために日米が協力してリーダーシップを発揮するとの意志表明がなされたのである。

かくして、日米同盟はかつてなく強固なものとなった。日本が集団的自衛権を限定的に行使できることを前提にした新たな日米防衛協力のための指針の下で、両国間のパートナーシップはかつてなく強く対等なものとなったと評されるようにもなった。一六年一一月の米大統領選挙で「米国第一」を唱えるトランプ候補が当選したことは同盟の将来に不安を抱かせたが、安倍首相はトランプ大統領と密接な個人的関係を築くことに成功し、深刻化する北朝鮮の核・ミサイル問題への対応などで、日米同盟は結束の強さを示し続けている。

だが、日米同盟には新たな不安要因もある。日米が共同で守ろうとしてきたはずのリベラルな国際秩序が米国の利益になっていないと信ずる人物が米国の大領領になったからだ。また、日米間には、日米同盟再定義の頃から、同盟に対する日本国民の支持確保のためには、沖縄を中心とする基地問題の緩和・解決が不可欠だとの共通認識がある。ところが、その象徴ともいえる普天間飛行場の移設と返還については、鳩山政権下での迷走をきっかけに日本政府と沖縄県の間の軋轢が再燃している。かくして、かつてなく強固な日米同盟だが、その将来には楽観しきれない面もある。

（神谷万丈）

Ⅸ 集団的自衛権

集団的自衛権は、国際法上の概念として、一九四五年六月に第二次大戦の戦勝国（連合国）が署名した国際連合憲章中ではじめて定立された。同憲章第七章第五一条に、「この憲章のいかなる規定も、国際連合加盟国に対し武力攻撃が発生した場合には、安全保障理事会が国際の平和及び安全の維持に必要な措置をとるまでの間、個別的又は集団的自衛の固有の権利を害するものではない」と定められたのがそれである。集団的自衛権の英語（国連憲章正文）表記は"right of collective self-defese"、独語は"kollektives Selbstverteidigungsrecht"、仏語（正文）は"droit de légitime défense collective"であり、「固有の」に相当する形容詞は英語で"inherent"（生来の）、仏語で"naturel"（自然の）、独語で"naturgegeben"（自然に与えられた）である。中国語（正文）では、全体が「集体自衛之自然権利」である。

国連憲章の原型をなした一九四四年一〇月のダンバートン・オークス提案には、そもそも自衛権規定がなかった。同会議の参加者は、他国に攻撃された国家が自国を防衛する権利（個別的自衛権）を持つのは当然と認識していた。一方、攻撃を受けた国家への他国の援助については、安全保障理事会の監視の下、地域的集団安全保障体制を構築する取極（憲章第八章に規定）に基づいてのみ認めることを予定していた。

同提案の方針とは、国際の平和と安全について、国連による一般的集団安全保障（その「主要な責任」は安全保障理事会が負う）を主たる手段とし、地域的集団安全保障（上述の地域的取極による）を従たる手段として維持していくというものであった。ところがこの方針は、ソ連の要求で安保理常任理事国に拒否権が認められたことにより、修正を余儀なくされた。大国の拒否権行使で安保理が麻痺し、平和破壊国に対し、国連が何らの行動もとりえない事態も想定されることになったからである。その結果、特に地域的取極を重視したラテンアメリカ諸国の主張に基づき、安保理が機能しない間にも平和の破壊や侵略行為に対処できる根拠として、個別的自衛権と並び集団的自衛権を明記する憲章第五一条が、四五年六月のサンフランシスコ会議で急遽採用されたのである。

集団的自衛権行使は態様としては「他衛」となるため、当初は、それを自衛概念としていかに説明するかについてさまざまな学説があった。だが、北大西洋条約（NATO条約）、ワルシャワ条約など多くの同盟条約に集団的自衛権条項が盛り込まれる中で、国際法上の概念として定着して久しい。

日本についてみても、集団的自衛権は、一九五一年のサンフランシスコ平和条約で連合国によりその保有が承認された（第五条C項）のをはじめ、同時に締結された（旧）日米安全保障条約（前文）、五六年の日ソ共同宣言（三第二段）、六〇年に改訂された現行の日米安全保障条約（前文）においてその保有が確認されてきた。特に後二者では締結国が――つまり日本も――その保有を確認した。ところが、当初はこれらの規定が特に問題視されなかったのに、六〇年安保改定時に社会党が激しく反対したのを契機に政府見解は次第に制限的なものへと変質し始め、一九七二年に至って、日本は集団的自衛権を国際法上は保持しているが憲法上行使はできない、とする解釈の原型に行きつくことになった。同年一〇月一四日に参議院決算委員会に提出された政府資料（水口宏三委員［社会党］要求）に、「わが国は国際法上いわゆる集団的自衛権を有しているとしても、国権の発動としてこれを行使することは、憲法の容認する自衛の措置の限界をこえるものであって許されない」と記されたのがそれである。

その後の日本政府見解では、「国際法上、国家は、集団的自衛権、すなわち、自国と密接な関係にある外国に対する武力攻撃を、自国が直接攻撃されていないにもかかわらず、実力をもって阻止する権利を有しているものとされている」ので、「わが国が、国際法上、このような集団的自衛権を有していることは、主権国家である以上、当然である」とされるが、他面で、「憲法第九条の下において許容されている自衛権の行使は、わが国を防衛するため必要最小限度の範囲にとどまるべきものであると解しており、集団的自衛権を行使することは、その範囲を超えるものであって、憲法上許されないと考えている」と説明された。（稲葉誠一衆議院議員［社会党］の質問主意書に対する昭和五九年五月二九日の答弁書）。

この説明は、二〇一四年七月一日に安倍晋三政権が現行憲法下での集団的自衛権の行使が限定的に可能であるとする閣議決定を行うまで多年にわたり維持された。だが、旧日米安保条約前文は、サンフランシスコ平和条約と国連憲章に言及しつつ「すべての国が個別的及び集団的自衛の固有の権利を有する」ことを指摘した上で、直ちに続けて「これらの権利の行使として、日本国は、その防衛のための暫定措置として、日本国に対する武力攻撃を阻止するため日本国内及びその附近にアメリカ合衆国がその軍隊を維持することを希望する」としていた。このことに照らせば、日本は集団的自衛権を「国際法上保有するが、その行使は憲法上許されない」との説明が、当初からのものではなく、解釈変遷の結果であったことは否定できない。また、仮にそれが当初からの政府見解であったとすれば、憲法上行使できない権利をなぜ国際条約でうたったのかとの疑問に、説得力のある答を見いだせない。さらに、個別的自衛権と集団的自衛権の行使の差は、国際的には直接的な自衛か他衛かの差（態様の差）とみなされているのに対して、わが国では、自国防衛のための「必要最小限度の範囲」を超えるか超えないかの差（量的な差）と理解された。この点も、解釈として特異であった。

このように、日本の集団的自衛権行使の可否をめぐる政府解釈にはいくつもの論理構成上の疑問が付きまとったが、最大の問題は「国際法上保有、憲法上行使不可」の一見精緻な論理のかたわら、「憲法上は集団的自衛権を保有するのか否か」という核心の一点の吟味が回避されてきたことにあった。仮に答が「非保有」であるなら「行使不可」をいう必要はないはずであり、憲法上保有しない権利の保有をいくつもの国際条約でうたったのはなぜかとの疑問が一層深刻な形で浮上する。逆に仮に答が「保有」なら、「憲法上保有する権利を、憲法上行使不可とするのはなぜか」という難問が待ち構えている。つまり、「憲法上保有」「憲法上非保有」のいずれの答の場合でも、結果として「国際上保有するが憲法上行使できない」との解釈はほとんど無意味化するのであった。

冷戦時代にも、日米安保体制下の防衛政策面からくる要請に絡んで、米艦艇護衛は許されるか、有事において海上交通の安全確保はどこまで許されるかなど、集団的自衛権行使にかかわりそうな事態をめぐって議論は錯綜した。しかし政府は前掲見解を確定して後には、自衛隊のとりうる行動をすべて個別的自衛権で説明し、集団的自衛権行使違憲論に終始した。

ところが、皮肉にも冷戦終結後に、政府の集団的自衛権解釈をめぐる国内論議はかえって白熱化した。そのきっかけは、一九九四年の北朝鮮の第一次核開発疑惑に際し、対北攻撃を真剣に考慮した米クリントン政権から日本に対し、米軍の行動に対して日本はどのような支援措置をとりうるかについて密かに打診があったことであった。一九九七年の新「日米防衛協力のための指針」およびそれを受ける「周辺事態安全確保法」（九九年）は、いわゆる「周辺事態」でも日本が集団的自衛権を行使できないとの前提に立ちつつも、従来は個別・集団の判定困難とされた灰色領域にも踏み込んで対米後方支援を行う旨をうたった。だが、米国側には日本の集団的自衛権行使を望む声が強く、二〇〇〇年一〇月に超党派専門家グループによって出された第一次アーミテージ・ナイ報告書は、集団的自衛権を行使するか否かは日本人自身が決める問題であるとしながらも、従来の日本による行使の禁止が日米同盟協力の「制約」になっているとの見解を示した。二〇一二年八月に出された第三次アーミテージ・ナイ報告書では、この表現はさらに強まり、「集団的自衛の禁止は、この同盟にとっての障害物である」と述べられていた。

九〇年代の半ば以降、北朝鮮の核・ミサイルの脅威が深刻化し、さらには二〇〇〇年代の終わり頃から台頭する中国の尖閣諸島周辺などでの行動が日本の安全保障に対する重大な挑戦と受け止められるようになるにつれて、日本にとっての対米同盟の重要性が強く認識されるようになったことに加え、こうした報告書の影響もあってか、わが国でも集団的自衛権行使是認が必要との声が与野党で台頭するようになった。九・一一テロ後の国際安全保障情勢の激動の中で、インド洋での給油、イラクでの戦後復興支援など、自衛隊の海外での活動が活発化するとともに、集団的自衛権行使の可否をめぐる論争の機会も増えた。そうした中で、〇七年五月、安倍晋三首相は「安全保障の法的基盤の再構築に関する懇談会（安保法制懇）」を発足させ、①公海における米軍艦艇の防護、

②米軍を狙った弾道ミサイルの迎撃、③国際的な平和活動における武器使用、④国連PKOでの他国部隊の後方支援、のいわゆる「四類型」について、集団的自衛権行使に関する憲法解釈見直しをも含めた事例研究を指示した。同懇談会は、翌〇八年六月に、すべての類型について、集団的自衛権問題を含め政府の現行憲法解釈では日本をめぐる新たな安全保障環境に適切に対処できないため解釈変更が必要であるとした報告書を提出した。だが、安倍首相が前年の〇七年九月に突如政権を投げ出す形で辞任してしまっていたこともあり、報告書は、それを受理した福田康夫首相により、事実上棚上げにされた。

しかしその後、一二年一二月に政権に復帰した安倍首相は、日本の外交・安全保障政策の指針として国際協調主義に基づく「積極的平和主義」を掲げつつ安保法制懇を再開した。同懇談会は、〇八年の報告書発表以降に日本をとりまく安全保障環境に生じた激変をふまえ、同報告書の四類型に限ることなく「我が国の平和と安全を維持し、その存立を全うするために採るべき具体的行動、あるべき憲法解釈の背景となる考え方、あるべき憲法解釈の内容、国内法制の在り方」などについて検討を行い、二〇一四年五月に、従来の政府の憲法解釈を変更して、安全保障法制の再構築を求める提言を行った。報告書は、次のように述べて、集団的自衛権の行使は自国防衛のための「必要最小限度の範囲」を超えるので違憲であるとする従来の憲法解釈を全面的に変更することを求めた。

「……憲法第九条一項の規定（「日本国民は、正義と秩序を基調とする国際平和を誠実に希求し、国権の発動たる戦争と、武力による威嚇又は武力の行使は、国際紛争を解決する手段としては、永久にこれを放棄する」）は、我が国が当事国である国際紛争の解決のために武力による威嚇または武力の行使を行うことを禁止したものと解するべきであり、自衛のための武力の行使は禁じられておらず、また国連PKO等や集団安全保障措置への参加といった国際法上合法的な活動への憲法上の制約がないと解すべきである」

「……『必要最小限度』の中に集団的自衛権の行使も含まれると解すべきである」

すなわち、安保法制懇は、安倍政権に対し、集団的自衛権の完全な行使容認を求めたのである。だが実際には、政府・与党内でこれほど大幅な憲法解釈の変更を行うことをためらう空気が強かったために、この提言が安倍首相によってそのまま採用されることはなかった。安倍政権は、同年七月一日の閣議決定「国の存立を全うし、国民を守るための切れ目のない安全保障法制の整備について」において、日本による集団的自衛権の行使は、「我が国の存立」が脅かされた場合には、自衛のための「必要最小限度」の範囲内にあるので許容されるとした。すなわち、集団的自衛権の行使容認は、限定的なものにとどめられたのである。

その後、翌一五年九月に、「我が国と密接な関係にある他国に対する武力攻撃が発生し、これにより我が国の存立が脅かされ、国民の生命、自由及び幸福追求の権利が根底から覆される明白な危険がある事態」（存立危機事態）には集団的自衛権を限定的に行使できるとする平和安全法制が成立し、一六年三月に施行された。また、これに先立って一五年四月には、この憲法解釈の変更を反映した形で新たな日米防衛協力のための指針が策定されている。

これにより、日本はまがりなりにも集団的自衛権の行使を禁止するという長年の政策から脱却し、日米の同盟協力も新たな段階に進んだが、課題も残されている。特に大きな問題は、日本が集団的自衛権を行使できるのが、自らの存立が脅かされる場合に限られているということである。言い換えれば、新たな憲法解釈の下であっても、日本の平和と安全が脅かされると認定されない場合には、自衛隊は、たとえ同盟国である米国から要請があっても武力を行使できないことになる。日米同盟協力という観点から果たしてそれで十分といえるのかどうか、今後さらなる検討が必要であろう。

なお、日本では、日本が個別的自衛権の行使以外に他国と協力して軍事力を行使する事態を、すべて集団的自衛権問題として理解する向きが依然として少なくないが、正しくない。国連ＰＫＯを含め、国際的な平和協力活動における武力行使は、そもそも自衛権の行使ではない。

また、集団的自衛権と集団安全保障も混同されやすい。集団安全保障とは、第1章と第7章で詳述したように、複数の国々によって構成される集団（国連のように世界全体を想定するものも、地域的なものもありうる）において、メンバーが相互武力不行使を約束した上で、勝手な武力行使を行ったメンバーには他の全メンバーが協力して制裁を加えるというものである。一方、「自国と密接な関係にある外国」（最も普通には同盟国）に対する外部からの攻撃を、自国に対する攻撃とみなして共同で実力により阻止することを「集団防衛」という。集団的自衛権は、その基礎となる権利である。通常、同盟はこの権利の相互行使の約束に基づく。日米同盟において、日本の集団的自衛権行使不可の憲法解釈が問題になってきたのはそれゆえである。集団安全保障とは、ある集団のメンバー相互間の平和が崩れることを防ごうとする仕組みである（平和に対する脅威としては、集団内部のメンバーによる武力行使が想定されている）のに対し、集団防衛は、集団の外部からの攻撃を想定して平和を守ろうとする仕組みであるという違いがあることが、理解されなければならない。

［なお本項の特に前半の記述は、新訂第4版までの担当者の一人であった佐瀬昌盛に依るところが大きい］　（神谷万丈）

X　日本の国際平和協力活動

戦後日本は戦争を放棄し軍備の保有を認めない憲法第九条を掲げる一方、国連加盟以来「国連中心主義」を外交の基本にして国際平和協力を通じた国際社会における地位向上を目指してきた。戦後の日本は、憲法第九条と国際平和協力の両者をどのように両立させるかという点に腐心してきた。

国連は本来集団安全保障体制であり、加盟国は「国際の平和及び安全の維持に必要な兵力、援助及び便益を安全保障理事会に利用させること」を約束している（憲章第四三条）。日本の国連加盟にあたって日本国内では、「兵力を持たずに国連の義務を履行できるのか」がすでに論争になっていた。日米安全保障体制と自衛隊の発足にあたって、この点はさらに議論され、一九五四年には「自衛隊の海外出動をなさざることに関する決議」が採択された。国連の集団安全保障措置への日本の参加には、強い制約が設けられた。

その後、国連において常設軍設置の機運が盛り上がった際や、日本が国連安保理の非常任理事国に選出された際などに、国会において国連軍への日本の自衛隊の参加が取り上げられることがあった。しかし、国連において憲章第四三条の特別協定が締結されることはなく、本来の形での国連軍が形成されることはなかった。

一方国連は、憲章の集団安全保障の枠組みとは別に平和維持活動（ＰＫＯ）を展開しており、日本でも一九七〇年代になると国連平和維持活動への日本の自衛隊の参加の可否が問題となった。一九八三年の有識者による研究会の提言のなかでもＰＫＯへの人的な協力の必要性が指摘された。

一九八八年以降、国連が「再活性化」し、ＰＫＯが世界各国で行われるようになると、日本は少数の文民をＰＫＯに派遣し始めた。アフガニスタン・パキスタン仲介ミッション（ＵＮＧＯＭＡＰ）や、イラン・イラク軍事監視団（ＵＮＩＩＭＯＧ）、ナミビアの独立支援グループ（ＵＮＴＡＧ）などに外務省職員などが派遣されている。

日本の国際平和協力のあり方を大きく揺るがしたのが一九九〇年からの湾岸危機および湾岸戦争である。日本は四回にわたって合計一三〇億ドルもの資金協力を行ったが、国際社会からの評価は芳しくなかった。政府は九〇年一〇月に急きょ国連平和協力法案を提出したが、国会審議の過程で早々に廃案となった。戦争終結後の九一年四月にはペルシャ湾へ掃海艇を派遣したが、国際的に注目されることはなかった。

しかし、湾岸戦争をめぐるこうした一連の動きは国際平和協力に関する議論を活発化させた。その結果、自民、公明、民社の三党は「日本の国連に対する協力が人的な面で必要」と確認し、新規に立法を行うことを約束した。これが結実する形で一九九二年六月「国際連合平和維持活動等に対する協力に関する法律（国際平和協力法、いわゆるＰＫＯ法）」が制定された。同法では国連の平和維持活動（国連ＰＫＯ）、人道的な国際救援活動、国際的な選挙監視活動、の三つの活動への協力が規定されている。

ＰＫＯに関しては、参加原則（ＰＫＯ五原則）が設けられた（第2部Ⅴ−（4）参照）。このほか、部隊による停戦監視や駐留巡回などのいわゆるＰＫＯの「本隊業務」への参加については当面の間凍結することを規定した。

同法成立後、アンゴラにおける選挙監視など、二七の国際平和協力活動に延べ約一万二五〇〇人余りが派遣されてきた（二〇一七年七月現在）。このうちカンボジア（ＵＮＴＡＣ）、モザンビーク（ＯＮＵＭＯＺ）、ゴラン高原（ＵＮＤＯＦ）、東ティモール（ＵＮＭＩＳＥＴ、ＵＮＭＩＴ）、ネパール（ＵＮＭＩＮ）、スーダン（ＵＮＭＩＳ）、ハイチ（ＭＩＮＵＳＴＡＨ）、南スーダン（ＵＮＭＩＳＳ）の国連ＰＫＯには自衛官が派遣されている。また、ルワンダ難民を救援するため、隣国ザイール（現コンゴ民主共和国）のゴマに人道的な国際救援活動を目的として自衛隊が派遣された。ＰＫＯ法成立以後、自衛隊のＰＫＯへの参加は国内において一定の評価を獲得した。

しかし、九〇年代半ば以降アメリカは国連離れを起こし、地域紛争に対して国連を経由しない形で対処することが多くなった。同時にＰＫＯの構成も従来の「ミドル・パワー」諸国中心から発展途上国を主力とするようになり、ＰＫＯへの協力に対する国際的な評価も変化した。その上、地域紛争が軍閥や犯罪者集団などが入り混じる混沌とした様相を示すようになり、伝統的なＰＫＯを念頭に置いたＰＫＯ法では十分な対処ができなくなった。

二〇〇一年の九・一一テロ事件とその後のアフガニスタンにおける対テロ戦争、そして二〇〇三年のイラク戦争は九〇年代の日本の国際平和協力活動を再検討させる機会となった。これまでのＰＫＯ法ではＰＫＯを「国際連合の統轄の下に行われる活動」と規定しているため、イラク戦争や対テロ戦争などにおける国際軍事活動（多国籍軍）は対象に含まれていない。このため時限立法として「テロ対策特別措置法」や「イラク人道復興支援特別措置法」が制定された。

二〇〇一年一一月にはＰＫＯの本体業務への参加の凍結が解除された。そして武器の使用による防衛対象を拡大し、自衛官個人だけでなく職務遂行上自己の管理下に入った者も防衛対象に加えられた。また、武器などを防護するための武器の使用も可能となった。

二〇〇四年一二月に閣議決定された『防衛大綱』では、防衛力の役割として、「国際的な安全保障環境の改善のための主体的・積極的な取組」が掲げられた。そして自衛隊法が改正され、これまで付随的任務とされてきた国際平和協力活動が本来任務とされるようになった。こうした流れを受け、陸上自衛隊は二〇〇七年三月に組織改編を行い、新たに中央即応集団（Central Readiness Force：CRF）を設置した。CRFには国際活動教育隊（IPCATng）が設けられ、国際平和協力活動に関する教育訓練を担任・支援した。海外へ派遣される部隊はCRF隷下となり、CRFは先遣隊を派遣して派遣部隊を指揮する体制をとった。

文民の国際平和協力への参加も活発になった。これまで日本の国際平和協力は自衛隊の参加に注目が集まっていた。しかし紛争地域における平和構築には、NGO、専門家、国際機関、国内の開発機関などさまざまな人材の参加が必要とされている。従来こうした人材の育成は個人の自己研鑽に任されてきた。二〇〇七年外務省は平和構築の担い手たる文民の人材育成を目的として広島平和構築人材育成センター（HPC）を設置して人材育成事業を開始した。二〇一五年度からは事業内容をさらに刷新・拡大し「平和構築・開発におけるグローバル人材育成事業」を実施している。

平和維持・平和構築のあり方が多角化するにつれて、紛争地域において海外の軍隊や自衛隊とNGOなどの文民組織の間の連携・協力（民軍連携、民軍協力）も行われるようになった。そして連携・協力の是非に関する根源的な議論から、より効率的な連携・協力のあり方に関するノウ・ハウまでさまざまな議論が行われるようになっている。中でも出身国政府内の軍、外務省、開発機関などがさまざまなレベルで事前、事後に調整を行い、より効果的で成果の見込まれる活動を行う「全政府アプローチ」の必要性が注目されてきた。日本でも東ティモールやイラク、ハイチ、南スーダンなどの活動において「オールジャパン」の掛け声の下、自衛隊、外務省、JICAおよびNGOがさまざまな形で連携し、平和維持から平和構築、開発に至る支援活動を実施した。

こうして約二〇年の間、実行に合わせて徐々に発展してきた日本の国際平和協力活動の制度に関しては、大きく二つの問題点が指摘されていた。一つは「一般法（恒久法）」制定の問題である。先述のとおり従来のPKO法では活動対象を国連PKO（および人道支援・選挙監視）に限定していたため、イラク戦争やアフガニスタン戦争などの多国籍軍は対象に含まれていなかった。このためイラク戦争や対テロ戦争への協力は特別措置法という時限立法によって実施されてきた。小泉首相（当時）の下に開催された国際平和協力懇談会は二〇〇二年に報告書を提出し、より幅広い平和協力活動に取り組むことを目的とし、こうした多国籍軍への協力を定めた「一般法」の制定を検討すべきだと提言した。

二つ目の問題点は武力行使に関する「駆け付け警護」「宿営地の共同防衛」の問題である。前述のとおり、二〇〇一年の制度改正により自衛官個人だけでなく職務遂行上自己の管理下に入った者も防衛対象に加えられた。また、武器などを防護するための武器の使用も可能となった。しかし、自衛隊の近くで活動するＮＧＯなどが暴徒などに襲撃されたときに、襲撃されたＮＧＯなどの要請を受けて駆け付けて保護をすることはできなかった。また、自衛隊と他国の部隊の共同宿営地が、暴徒などによる襲撃を受けた場合、一緒にいる自衛隊と他国の部隊がともに危険と判断し、連携して防護活動を行うこともできなかった。

二〇一五年に制定、二〇一六年に施行された平和安全法制では、国際連合平和維持活動等に対する協力に関する法律（国連ＰＫＯ協力法）が改正され、国連が統括するもの以外の人道復興支援活動や安全確保活動等の国際的な平和協力活動への参加が可能となった。また、国連ＰＫＯ等において実施できる業務が拡大し、駆け付け警護も実施可能となった。二〇一六年一二月には駆け付け警護と宿営地の共同防衛といった新任務が付与された部隊が南スーダンに派遣された。しかし、二〇一七年五月にＵＮＭＩＳＳに派遣されていた部隊は「一定の区切りをつけることができ」たとして撤収することとなり、駆け付け警護などの新任務が実際に行使されることはなかった。二〇一八年三月現在日本が国連ＰＫＯに派遣している人数はＵＮＭＩＳＳの司令部要員四人となっている。

二〇一八年、陸上自衛隊はそれまでの編成を大きく変更し新たに陸上総隊を設置した。これに伴いこれまでＰＫＯの訓練、派遣などを統括してきた中央即応集団も解体され陸上総隊に編入されている。国際活動教育隊は統合幕僚学校国際平和協力センターに吸収、統合される予定となっている。二〇一七年の南スーダンからの大規模部隊の撤収以降、日本の国際平和協力活動への参加規模は縮小している。他方、アフリカ諸国がＰＫＯ要員の教育訓練を行うＰＫＯセンターなどに日本の自衛官を講師などとして派遣するすることが行われるようになっている。二〇〇八年から八カ国に三一名が派遣されている。また、二〇一五年に編纂公表された『国連ＰＫＯ工兵部隊マニュアル』の作成においては日本がインドネシアとともに指導的役割を果たしている。

『国家安全保障戦略』（二〇一三年）では「国際協調主義に基づく積極的平和主義の立場から、我が国に対する国際社会からの評価や期待も踏まえ、ＰＫＯ等に一層積極的に協力する」と示されている。縮小した日本のＰＫＯへの要員提供の規模が再び拡大するかどうかは不明であるが、日本の国際平和協力はさまざまな形で継続して進められていくだろう。

（久保田徳仁）

XI　日本の地域安全保障協力

戦後の日本は、「アジアの一員としての立場の堅持」を、「自由主義諸国の一員」と「国際連合中心」と並ぶ外交原則に掲げながら、アジアにおける大国間のパワー・ポリティクスに巻き込まれることを回避してきた。経済協力を通じて地域の繁栄に貢献する一方で、「平和に徹し軍事大国にならない」ことで、日本自身が地域の平和と安全に対する撹乱要因にならないよう努めてきた。こうした地域安全保障への消極的関与の背景には、「大東亜共栄圏」の建設を目標に掲げて敗北した第二次世界大戦への深い反省があった。

福田ドクトリン（一九七七年）でアセアンとインドシナのかけ橋となることを模索した日本が、地域安全保障で積極的姿勢に転じる契機となったのは、カンボジア和平プロセスであった。八八年、竹下首相が「国際協力構想」の一つとして「平和のための協力」を目標に掲げると、日本はカンボジア紛争の解決に向けた積極的関与を開始した。九〇年六月、カンボジア和平東京会議を主催した日本は、地域紛争にはじめて外交的イニシャティブを発揮し、九二年には、自衛隊をカンボジアでの国連平和維持活動（ＰＫＯ）に派遣した。二〇〇二年には東チモールに過去最大規模の自衛隊を派遣し、〇八年にはネパールに軍事監視要員を派遣した。こうして、国連という枠組みを通じて、外交と軍事の両面で地域の平和と安全に関与する糸口をつかんだ。以下のような三つのアプローチで日本は地域安全保障協力に取り組む一方で、一六年には、二つの大陸（アジアとアフリカ）と二つの大洋（太平洋とインド洋）を一体として捉える外交構想として、「自由で開かれたインド太平洋戦略」を発表した。

第一の柱は、不特定で不明確な脅威に対抗するための危機対応型の安全保障協力である。冷戦期のアジアには、北大西洋条約機構（ＮＡＴＯ）のような多国間の集団防衛体制ではなく、米国を中心とする「ハブ・アンド・スポーク」と呼ばれる二国間の同盟網が存在してきた。冷戦後のアジアにおいて、これらの同盟網は、特定の脅威に対抗する集団防衛から不特定の脅威に備えた危機対応機能を担うようになった。地域の安定化装置として米軍のプレゼンスを維持するため、日本は日米同盟を強化するとともに、他の米国の同盟諸国との協力を強化した。

一九九六年四月の「日米安全保障共同宣言」において、冷戦後の日米同盟の目的は「アジア太平洋地域の平和と安定の維持」と再定義され、翌年には「日米防衛協力の指針」を改訂（新ガイドライン）して「周辺事態の協力」が確認された。こうして、冷戦期には進展しなかった日米安保条約の「極東条項」を「周辺事態」という形で活性化させた。〇五年二月、在日米軍再編に向けたロードマップの第一段階として、アジア太平洋地域の平和と安定の強化を含む日米両国間の共通戦略目標が確認された。一五年に発表されたガイドラインの見直しでは、日米両国が、三カ国および多国間の安全保障および防衛協力を推進・強化していくことがうたわれた。

北朝鮮によるテポドン・ミサイルの発射がきっかけとなり、

九九年に日米韓三カ国政策調整グループ（TCOG）が発足した。米国を共通の同盟国としながら、相互協力の枠組みを欠いてきた日韓両国が、はじめて手にした協議体制であった。一六年には懸案の「日韓秘密軍事情報保護協定」が締結されたことで、一六年以降は日米韓の枠組みで弾道ミサイル情報共有訓練や対潜戦協働訓練が実施されるに至った。

〇七年三月には、「安全保障協力に関する日豪共同宣言」が発表され、人道支援・災害救援、防衛・安保、テロ対策、東南アジアにおける日米豪三カ国間の協力を推進してきた。すでに日豪間では「日豪物品役務相互提供協定」「日豪情報保護協定」「日豪防衛装備品・技術移転協定」などが締結され、「特別な戦略的パートナー」に位置づけられた。その後、米国を含めて日米豪三カ国の協力枠組みで、一六年に「日米豪防衛当局間情報共有取決め」に署名したほか、さまざまな共同訓練・演習を通じた連携の強化が図られている。

一六年以降、戦略的パートナーシップを結ぶ日印間では、一五年一二月に、「防衛装備品・技術移転協定」および「日印秘密軍事情報保護協定」がそれぞれ署名された。〇七年から参加してきた米印主催の多国間海上共同訓練（マラバール）は、一七年から日米印三カ国で主催することになった。

また、テロとの戦いを進める米国主導の有志連合の一員として、二〇〇一年から日本はインド洋での海上補給活動を継続し、〇三年からは「拡散に対する安全保障構想（PSI）」にも参加してきた。ソマリア沖、アデン湾での海賊対処では、一五年と一七年に第一五一連合任務部隊（CTF一五一）司令部に対して、司令官および司令部要員を派遣するなど、自衛隊が中心的役割を担っている。

第二の柱は、不特定で不明確な脅威との紛争予防型の安全保障協力である。安全保障対話と防衛交流、さらには共同演習や共同訓練などを、脅威となるかもしれない国と行うことを通じて相互不信を軽減することで、紛争を未然に防止するための協調的安全保障協力である。冷戦終結後、紛争予防型の安全保障協力は、一九九〇年代の草創期、二〇〇〇年代の発展期、二〇一〇年代の深化期に分けられる。九〇年代は留学生の交流、研究教育交流、防衛当局・各軍種間の実務者交流、部隊間交流および艦艇・航空機の相互訪問と親善訓練にとどまっていたが、二〇〇〇年代には非伝統的安全保障と後方分野の協力が開始され、一〇年代には能力構築支援、防衛装備協力、運用面の協力強化へと発展した。

多国間レベルでは、一九九四年、アジア太平洋地域で唯一の広域安全保障対話の枠組みとして設置されたアセアン地域フォーラム（ARF）に、日本は当初から積極的に関与してきた。日本はARF議長の権限強化を提案するなど、信頼醸成から予防外交の段階へ安全保障協力を発展させる努力をしてきた。九七年にアセアン一〇カ国と日中韓が参加して発足したアセアン+3では、日本の提案で国際海賊対策会議が決定し、関係諸国との間で海賊対策のための合同演習や合同訓練が行われてきた。さらに、〇七年には、日本の提案で、アセアン＋3とは切り離して日中韓首脳会議を定例化することが決まった。一〇年に創設された拡大ASEAN国防相会議（ADMMプラス）の専門家会合では、一一年には防衛医学、一四年には人道支援・災害救援の分野で日本は共同議長を務めた。一四年には、日本の提案で初の日ASEAN防衛担当大臣会合が開催された。一六年には、日ASEAN防衛協力の指針として「ビエンチャン・ビジョン～日ASEAN防衛協力イニシャティブ～」を提示した。

二国間レベルでも、九二年のロシアを皮切りに、中国（九三年～）、インドネシア（九七年～）、シンガポール（九七年～）、タイ（九八年～）、ヴェトナム（〇一年）などと安全保障対話を行ってきた。特に日中間では、「戦略的互恵関係」の構築を政治レベルで再確認したのを契機に、長年の懸案であった日中間の海空連絡メカニズムが一八年にようやく合意に至った。日露間では、一三年に、初の外務・防衛閣僚会議「2＋2」が実施されたのを皮切りに、陸軍種間の部隊間交流および演習オブザーバー相互派遣の定例化が始まった。

第三の柱は、国際レジームを通じた特定の脅威との紛争解決型の安全保障協力である。北朝鮮の核不拡散体制からの脱退宣言に端を発した朝鮮半島の第一次核危機において、日本は一九九五年に発足した朝鮮半島エネルギー開発機構（KEDO）に参加し、北朝鮮の核開発の凍結・廃止を目的とするエネルギー支援を行った。二〇〇二年、北朝鮮によるウラン濃縮計画の発覚によって第二次核危機が発生すると、〇三年八月に北東アジアで初の協議体制として、六カ国協議が設置された。日本は、米国、韓国、中国・ロシア、北朝鮮と対等な立場で参加し、対話による核問題の解決に協力するとともに、日朝国交正常化のための作業部会を主催した。

以上のように、日本の地域安全保障協力は、危機対応、紛争予防、紛争解決という側面に応じた多角的なアプローチを採用してきた。これらは機能的には相互補完関係にある。しかし、日本自身の安全が日米同盟に大きく依存している現実をふまえた上で、地域安全保障協力を効果的なものとするには、日米間の緊密な協力が引き続き不可欠である。

（武田康裕）

XII　日本の軍縮・不拡散政策

この問題は政府内では、外務省の総合外交政策局にある軍縮不拡散・科学部の各課が所掌しており、在外公館として在ジュネーブの「軍縮会議（CD）日本政府代表部」が調整や交渉にあたっている。

軍縮・不拡散に対する政府の基本的な考え方は、第一に、憲法の平和主義から世界の平和と安全を強く希求していること、「唯一の戦争被爆国」として核兵器の廃絶や、核使用の惨禍を訴える使命に基づいていること、第二に、日本の周囲に大規模な軍事力が存在し、かつ国際的な争点がある中で、日本の安全保障を確保するための外交努力として軍縮・不拡散を位置づけていること、第三に、兵器の破壊力、殺傷力が向上して戦争での惨禍が増大しているので、人道主義的なアプローチに依拠していること、そして第四に、「人間の安全保障」という一人ひとりの安全という観点を保持していることである。

まず核兵器については、日本は「非核三原則」を堅持しながら、世界の核軍縮・不拡散を訴えてきた。特に、核不拡散条約（ＮＰＴ）の運用と、包括的核実験禁止条約（ＣＴＢＴ）の早期発効に向けての各国への働きかけには力を入れて、核兵器国と非核兵器国の橋渡しに主導的な役割を果たしている。国連総会では毎年核兵器廃絶決議を提出してきた。だが、廃絶と言いつつ、核兵器禁止条約には加入せず、同盟国の核の傘にも頼るので、日本は矛盾しているのではないかという指摘もある。日本が目指す核兵器のない世界は長期目標であり、魔法のように核は一斉に消滅しない。核を使用させまいとし、新たに開発しようとする国を抑制したりする試みは、廃絶のプロセスでは決して無益ではなく、同時に国家として当面の安全保障を無視するわけにもいかない。核廃絶を目指すことと、同盟国による核の傘を当面必要とすることは政策的に矛盾しないと思われる。

軍縮・不拡散は核兵器に限ったことではない。日本は、一九八二年に生物兵器禁止条約（ＢＷＣ）を、九五年に化学兵器禁止条約（ＣＷＣ）を批准した。後者については査察等に取り組む化学兵器禁止機関（ＯＰＣＷ）に常に要員を派遣しており、オウム真理教の一連の事件の後、そのサリン製造施設第七サティアンを申告したこともある。条約を遵守するために、旧日本軍の遺棄化学兵器の処理も中国で長年実施している。

通常兵器の国際的規制では、その初期の取り組みである国連軍備登録制度の立ち上げにあたって、日本はＥＵと共同提案をした。これと同じく一九九〇年代には、小火器と軽兵器の密造、密売、密輸が世界中の紛争地で横行している問題に国連が取り組む過程で、日本は、武器の定義や論点などを調整し報告書を取りまとめる中心的な役割を果たした。これらの試みは、二〇一四年に発効する武器貿易条約に結実していくが、日本は同条約の未締約国への働きかけを行っている。対人地雷も小型の通常兵器の一つになるが、対人地雷禁止条約に加入するだけでなく、埋設された地雷の除去のための支援を続けてきた。

また、輸出管理も、不拡散に取り組んでいると国際社会に示すには不可欠の実務になる。これは経済産業省の所管になり、外為法を根拠としており、その下に各種の省令、通達が発せられている。特に、大量破壊兵器と通常兵器のキャッチオール規制の導入によって（前者は二〇〇二年、後者は二〇〇八年）、兵器開発に用いられる製品の輸出は大臣許可制になった。他国に対しても輸出管理の導入や効果的な運用を促している。

（宮坂直史）

XIII　日本の危機管理体制

日本政府において危機管理とは「国民の生命、身体又は財産に重大な被害が生じ、又は生じるおそれがある緊急の事態への対処及び当該事態の発生の防止」（内閣法第十五条）である。ここでいう緊急の事態は次のように分類されている。①大規模自然災害、②重大事故（航空、海上、鉄道、道路、危険物事故、大規模火災、原子力災害）、③重大事件（ハイジャック、人質、NBC・爆弾テロ、重要施設に対するテロ、サイバーテロ、不審船、ミサイル）、④武力攻撃事態、⑤その他（邦人救出、大量難民流入、新型インフルエンザ、核実験、海賊）――括弧内は例示――である。

もともと危機管理（crisis management）という概念は、キューバ危機（一九六二年）のような戦争の瀬戸際において、それをいかに回避するかという文脈で生まれた。戦後日本はそのような究極の経験こそしなかったが、ハイジャックや過激派による首都騒乱、石油危機、ミグ25事件、多数の自然災害などの危機にたびたび遭遇した。だが長年、「水と安全はタダ」のような風潮があって、危機管理の重要性は意識されず、政府の対応も内閣一元化ではなく各省任せの様相が強かった。

それを一変させたのは、一九九五年の阪神淡路大震災と東京地下鉄サリン事件である。この時の村山内閣は、リーダーシップを発揮して一大事を乗り切るという姿勢を示さなかった。以後、官邸の機能強化の必要性が指摘された。一九九八年に設置された「内閣危機管理監」はその流れの中の改革になる。緊急事態が発生した場合には、とるべき初動措置について判断し、内閣各部局を指導して、政府内での総合調整を行う。このポストは代々警察官僚出身者で占められており、三人いる内閣官房副長官の下に位置し、給与は各省事務次官より上である。

内閣危機管理監を補佐するのが、内閣安全保障・危機管理室長の枠を使って二〇〇一年に新設された「内閣官房副長官補（安全保障・危機管理担当）」になる。同副長官補は、代々防衛省出身者であり、給与は各省事務次官と同額である。そして「副長官補付」という名称の部署があり、各省庁から出向してきた審議官、参事官、事務官等が多数配置され企画や調整にあたっている。

危機管理では、迅速な初動対処が重要になる。一九九六年に「内閣情報集約センター」（二四時間体制）が開設し、緊急事態が発生した際にマスコミ報道や関係省庁からの情報がここに集約される。重大な情報は、首相、官房長官、官房副長官、内閣危機管理監、副長官補らと同時に「官邸危機管理センター」（二四時間体制）にも第一報が送られる。そして事案ごとに各省内からあらかじめ編成されている緊急参集チームが、官邸に駆けつけることになっている。たとえ非常呼集がかからなくても、自動的に参集されるケースは、東京二三区内で震度五強以上、それ以外の地域で震度六弱以上の地震発生を知ったとき、津波警報が発令されたときなどである。彼らは定められた時間内に到着するために居住場所も官邸から概ね二キロメートル以内に制約されている。

その後、初動措置の総合調整を行うために「官邸対策室」（室長は危機管理監）、事案に関係した省庁の局長級が集い初動措置の情報を集約する「緊急参集チーム」が立ち上がり、「政府対策本部」の設置という流れになる。

かつて、政府には「安全保障会議」（旧「国防会議」）を継承し、一九八六年に設置）があった。そのメンバーは内閣総理大臣を議長とし、総務大臣、外務大臣、財務大臣、経済産業大臣、国土交通大臣、防衛大臣、国家公安委員会委員長、内閣官房長官から構成された。ここで諮られる事項は、防衛力整備計画や自衛隊の海外派遣に関するもの以外にも緊急事態への対処もあった。たとえば一九九九年三月の能登半島沖の不審船発見時に海上自衛隊による「海上における警備行動」の発令を承認した。二〇〇一年の九・一一テロ発生時、二〇〇六年七月の北朝鮮によるミサイル発射を受けても召集されている。

安全保障会議は、二〇一三年に「国家安全保障会議」に改組された。４大臣会合（総理大臣、官房長官、外相、防衛相）、９大臣会合（前身の安全保障会議メンバーと同じ）、緊急事態大臣会合の三つから成り、中長期的な戦略や政策の方針のほかにも、時の地域情勢や、日本人が巻き込まれたテロ事件、ミサイル発射や核実験など危機事案も審議している。「国家安全保障会議」のための事務局機能は「国家安全保障局」が担っている。同局長は内閣危機管理監と同位にあり、現在の初代局長が外務省出身で、対外的な折衝、交渉にもかかわっている。

危機管理は、以上のような組織的な外形を整えれば機能するというわけではない。危機は突発的に生じるものとはいえ、重大事故以外の多くは、すでに問題として顕在化していたり、予兆があったり、調査・監視対象だったりする。危機管理の成否は、対処にあたる人々の能力のみならず、危機が起きるまでの関連情報をどこまで把握していたかによっても左右される。内閣には内閣情報調査室（いわゆる内調）があり、内閣情報会議や合同情報会議を開催し、内閣衛星情報センターを抱えて画像情報の分析も行っている。現在の内調のトップ

「内閣情報官」は総理大臣に頻繁に面会し報告を入れている。

また、国民に対して情報を迅速に伝達するために、消防庁のJ－ALERT（全国瞬時警報システム）があるが、自然災害から弾道ミサイルの飛来まで緊急重大情報を人工衛星を通じて全国の自治体に一報し、防災行政無線を自動起動（職員の手を介さず時間短縮）させ、住民に知らせる仕組みである。一方、海外で邦人がテロや危険に巻き込まれないために、外務省は渡航先の情報を提供するアプリ「たびレジ」の登録を奨め、利用者の手元に情報を届けている。

もちろん、危機管理は政府の専権事項ではなく「企業の危機管理」「学校の危機管理」「自治体の危機管理」など多元的に取り組むべきものとされ、狭い意味での安全保障だけでなく、たとえば「健康危機管理」が感染症や食中毒、薬害を対象にしたものであるように、さまざまな領域で、平素からの予防と発生時の迅速な対処のあり方が重視されるようになった。

（宮坂直史）

XIV　日本のテロ対策

日本は一九七〇年代に国際テロ組織「日本赤軍」による度重なるハイジャックや大使館占拠事件の対応に追われた。日本国内でも同時期に、数多くの企業に対する爆弾テロ事件や、成田空港絡みの襲撃や放火が相次いだ。九〇年代にはオウム真理教による生物・化学テロ事件（有名な東京地下鉄サリン事件と松本サリン事件のみならず、大阪・VXガス殺人、横須賀と東京でボツリヌス菌散布、東京亀戸で炭疽菌噴射、東京新宿で青酸ガス未遂事件）、海外ではペルー日本大使公邸人質事件（一九九六―九七年）、エジプト・ルクソール事件（九七年）のような大規模テロに巻き込まれた。すべての事件を挙げられないほど内外多数のテロで、日本人の死傷者、人質被害が出ている。

にもかかわらず、日本のテロ対策は常時、総合的に取り組まれることはなかった。それが変わったのが、二〇〇一年の九・一一テロと米炭疽菌手紙郵送事件以降である。特に、批准せずに放置していた爆弾テロ防止条約とテロ資金供与防止条約のために急いで国内法を整備した。テロの形態や活動が多岐にわたるので、その対策にも多数の省庁が取り組み始めた。警察や外務省のほかにも、国土交通省（航空、鉄道、港湾セキュリティ）、厚生労働省（バイオテロ）、金融庁（テロ資金規制）、文部科学省（対テロの科学技術開発支援）、経済産業省（サイバーテロ、輸出管理）、防衛省（部隊の海外派遣）、公安調査庁（内外情勢の調査分析）、法務省（入国管理）、財務省（税関）、総務省消防庁（国民保護）、そして内閣官房副長官補（安全保障・危機管理）付による総合調整、さらには全国の地方自治体、医療関係など多数の機関がテロ対策・対処の一翼を担っている。福島原発事故後に原子力規制庁が発足したが、そこは核セキュリティ、核テロ対策の所管になる。しかし、テロ対策全体を統括するリード・エージェンシー（主導官庁）は不在である。

二〇〇四年一二月、国際組織犯罪等・国際テロ対策推進本部は「テロの未然防止に関する行動計画」を発表した。日本のテロ対策として今日でもまず挙げるべきものがこの「行動計画」とその実施になる。策定のきっかけは「リオネル・デュモン」事案であった。国連のアルカイダ・タリバン制裁リストに掲載され、かつ脱獄囚として国際指名手配をされていたこのフランス人が、日本で出入国を繰り返していたことが判明し、政府に衝撃を与えたのである。「行動計画」では「今後速やかに講ずべきテロの未然防止対策」として一六項目を挙げ（出入国管理の強化、生物テロや爆弾テロに使われるおそれのある原料の管理に関する措置ほか）、関連する法改正などを行ってきた。

一方、重大なテロが発生してしまった場合の対処としては、「国民保護法」（二〇〇四年六月）に基づき、国、都道府県、市区町村が縦の連携のもと、指定公共機関（電気・ガス、運送、放送の各事業者、日本赤十字社など）の協力を得ながら住民の避難、救援、災害対処にあたる。国民保護の主たる対象は「武力攻撃事態」なのだが、全国で実施している国民保護訓練で想定しているのは「緊急対処事態」すなわち重大なテロが多数である。つまり、国民保護は全国津々浦々までテロ発生時の初動対処のあり方を関係者に意識させるものとして機能しているのである。

また、テロ対策には科学技術の開発と導入が促されている。文部科学省の「安全・安心な社会の構築に資する科学技術政策に関する懇談会」の最終報告書（二〇〇四年四月）で犯罪・テロが重視され、特に、危険物・有害物質検知、不審者・不審物の検知・追跡システム、被害予測シミュレーションの研究開発が重点課題として挙げられた。それを受けて、「第三期科学技術基本計画」（二〇〇六年）でもテロ対策が政策課題として定着し、大学や民間・政府研究機関においてテロ防止や迅速な対処に役立つ研究開発が行われてきた。

テロ対策の国際協力も多分野にわたり活発である。国連やさまざまな分野を管轄する国際機関、地域機構は各国に対してさまざまなテロ対策の導入を要請している。しかし、国によって対策レベルに差がある。そこで日本はテロ対策の分野別に能力向上（キャパシティ・ビルディング）支援を行っている。セミナーの開催による人的交流、研修を通じた実務ノウハウの提供、ODAを利用した巡視船の供与、国境警備のための機器財の提供、イスラム学校の教師を日本に招待して異文化に触れるプログラムなど多様である。

また、二〇一三年頃から、日本人が海外のテロで犠牲になる事件が集中的に発生した。それを受けて政府は国際テロ情報の収集を強化するために、二〇一五年に外務省内に「国際テロ情報収集ユニット」を立ち上げた。北アフリカ、中東、南西アジア、東南アジアというテロ多発地域での情報収集に、在外公館とともにあたる。これは外務省内の組織であるが、他の関係省庁からも異動し配置されている。もう一つは、関係省庁の局長級以上がメンバーとなる「国際テロ情報収集・集約幹事会」と、その幹事会の事務局として内閣官房に「国際テロ情報集約室」が新設された。さまざまな取り組みや組織改革を簡単に、短期間に評価できるものではないが、政府が何かをやること以外にも、市民一人ひとりが身近での異変を察し、適正に行動することがテロの防止と、テロ発生時の被害局限化に重要である。

（宮坂直史）

XV　ミサイル防衛

日本は、米国の同盟国の中でもいち早く、米国とのミサイル防衛協力に着手し、米国からの迎撃システム導入を決めた国である。冷戦終結期の湾岸戦争を契機に、米国は、ソ連の大量の大陸間弾道ミサイル（ＩＣＢＭ）や潜水艦発射弾道ミサイル（ＳＬＢＭ）ではなく、途上国世界を中心に拡散していた短距離・中距離ミサイルの量的には限られた使用に、ミサイル防衛計画の重点を移行した。大量破壊兵器（ＷＭＤ）および弾道ミサイルの拡散を脅威の筆頭に掲げたＢ・クリントン政権は、一九九三年の発足後まもなく、戦域ミサイル防衛（ＴＭＤ）と本土ミサイル防衛（ＮＭＤ）を二本柱とする弾道ミサイル防衛（ＢＭＤ）計画を打ち出し、日本など同盟国に開発への協力を求めた。その後、米国の協力を得て技術的な実現可能性の研究を進めた日本は、九八年八月の北朝鮮によるテポドン発射を機に、翌九月、当時は「海軍戦域防衛」と呼ばれたイージス艦に搭載されるＳＭ‐３ブロックⅡＡの共同技術研究開始で米国と合意した。

二〇〇一年に発足したＧ・Ｗ・ブッシュ政権は、前クリントン政権が消極的であったＮＭＤも含めたミサイル防衛の積極推進を掲げ、九・一一事件後の同年一二月には弾道弾迎撃ミサイル（ＡＢＭ）制限条約からの脱退をロシアに通告した。本土防衛用の迎撃システムへの制約を取り払ったのである。翌〇二年一二月には、本土防衛用の地上配備ミッドコース（ＧＭＤ）システムやイージスＢＭＤシステムの配備が決定された。〇三年三月に始まったイラク戦争では、短・中距離ミサイル用のパトリオットＰＡＣ‐３が実戦配備された。日本にもかなり強力なＰＡＣ‐３の導入圧力がかけられ、同年末、日本は、ＰＡＣ‐３とイージスＢＭＤシステム（ＳＭ‐３ブロックＩＡ）の導入を決定した。ＳＭ‐３ブロックⅡＡの共同技術研究も継続され、〇六年からは共同開発の段階に進んだ。

二〇〇七年から順次両システムの配備が進められ、一七年までに、ＰＡＣ‐３は航空自衛隊の一八の高射隊に、ＳＭ‐

3は海上自衛隊のイージス艦四隻に配備されるに至っている。PAC－3は下層での迎撃を担い、防衛範囲は半径二〇キロ程度といわれる。上層での迎撃を担うSM－3ブロックⅠAの防衛範囲は半径数百キロに及び、イージス艦二～三隻で日本全土をカバーできるといわれる。イージス・システムで撃ち漏らしたミサイルをPAC－3で迎撃するという多層防衛が想定されているが、撃ち漏らしたミサイルが数の限られたPAC－3の狭い防衛範囲内に落ちてくるとは限らない。これまでのところ、PAC－3は自衛隊の基地にしか配備できないため、北朝鮮の予告つきミサイル発射実験に際しても、予想される飛翔経路の十分近くには配備できていない。また北朝鮮の核・ミサイル開発問題のように、緊張状態が長期間続くような場合、イージス艦の常時運用は特に大きな負担となる。

そのため日本は、二〇一七年末、イージス艦の迎撃システムを地上に配備するイージス・アショア二基の導入を決定した。迎撃ミサイルには、SM－3ブロックⅡAが導入される見込みである。SM－3を搭載するイージス艦も八隻に増える予定である。PAC－3の能力向上型であるPAC－3MSEの導入も決まっており、いずれかのPAC－3を運用する高射隊の数も二八まで増やす予定となっている。また、巡航ミサイルの脅威に備え、一三年に米空軍が示した「統合防空ミサイル防衛」（IAMD）構想を米国と同様に実践していく必要性も説かれるようになっている。イージス艦またはイージス・アショアで運用すれば広範囲で巡航ミサイルを迎撃できるとされるSM－6も、いずれ導入されることになるであろう。

このように日本のミサイル迎撃能力は着々と強化されてきているが、それでも、北朝鮮が一〇〇発以上保有しているといわれるノドン・ミサイルなどを同時に大量に発射する「飽和攻撃」には十分に対応しえないといわれる。また、ムスダンなど日本を攻撃するには本来射程の長すぎるミサイルを「ロフテッド軌道」で撃ち込まれれば、迎撃はより難しくなる。そのため、敵ミサイルを発射前に破壊するための策源地攻撃能力が必要であると論じる向きも絶えない。武器輸出三原則の緩和にも一役買ったミサイル防衛は、ここでも日本の防衛政策を大きく変えることになるかもしれない。

（石川　卓）

XVI　非伝統的安全保障への取り組み

伝統的安全保障が、国家と軍事を中心とする枠組みであるとすれば、非伝統的安全保障は、非国家もしくは非軍事の要素を含む広範な問題領域を対象とする。日本は、八〇年代には「総合安全保障」、九〇年代末以降は「人間の安全保障」という理念を掲げて、①「経済安全保障」（国家に対する非軍事的脅威)、②「地球的規模の諸問題」(人間に対する非軍事的脅威)、③「非伝統的脅威」(非国家主体からの軍事的脅威)という三つの政策課題に重点をシフトさせてきた。

第一に、日本が、国家戦略として非伝統的安全保障にはじめて取り組んだのは、大平内閣時代の総合安全保障政策であった。一九八〇年に首相の政策研究グループがまとめた報告書「総合安全保障戦略」には、「国民生活をさまざまな脅威から守る」ため、軍事的侵略からの防衛だけでなく、エネルギー・食料の安定確保、自由貿易体制の維持、大規模地震への備え等が列挙された。同年一二月には鈴木内閣の下で総合安全保障関係閣僚会議が設置され、続く中曽根内閣も「国際国家日本の総合安全保障政策」(八四年)を打ち出した。

他国に先駆けて総合安全保障という概念を日本が打ち出した背景には、七〇年代の二度の石油危機を契機に、海外依存度の高い日本経済の脆弱性が、強く認識されたためである。その結果、総合安全保障政策に盛り込まれたエネルギーや食料の安全保障は、近年追加された海上の安全と漁業資源の確保とともに「経済安全保障」として一括りにされてきた。

エネルギー安全保障については、〇二年にエネルギー政策基本法を制定し、安定供給の確保に取り組んできた。省エネ、エネルギー源の多様化、備蓄の確保などでは一定の成果をあげてきた。〇六年の「新・国家エネルギー戦略」では、数値目標を掲げて、輸入エネルギー源の自主開発と供給源の多角化に取り組むとしている。原油価格の高騰をはじめとする厳しいエネルギー情勢の中で、資源外交、エネルギー環境協力を含む総合的エネルギー戦略が模索されている。

食料安全保障に関しては、一九九九年、三七年ぶりに農業基本法が見直され、国内生産の増大と輸入および備蓄を通じた食料の安定供給を目指してきた。しかし、国内自給率の長期低下傾向は改善していない。世界的な食料需要の拡大と価格高騰に直面するなか、一方で食品の安全性に配慮しつつ安定供給を確保し、他方で世界の食料安全保障との調和を図るという戦略的対応が求められている。

ただし、「経済安全保障」への取り組みは、エネルギー安全保障は経済産業省と資源エネルギー庁、食料安全保障は農林水産省という具合に、関係省庁の管轄下で個別に処理された。総合安全保障という概念が定着する一方で、「経済安全保障」を戦略的・包括的に取り組む体制は構築されなかった。実際、八六年に設置された参議院の「外交・総合安全保障に関する調査会」は九二年に廃止され、八〇年に設置された総合安全保障関係閣僚会議も九三年には廃止された。

第二に、一九九八年、小渕内閣によって日本の外交理念として打ち出されたのが「人間の安全保障」であった。「人間の安全保障」とは、「人間の生存、生活、尊厳を脅かすあらゆる種類の脅威を包括的にとらえ、これらに対する取り組みを強化する考え方」と定義された。アジア通貨危機を契機に、非軍事分野での地域協力の必要性が認識され、日本の「人間の安全保障」への取り組みは、「恐怖からの自由」よりも「欠乏からの自由」に重点が置かれた。その結果、環境破壊、人権侵害、国際組織犯罪、薬物、難民、貧困、対人地雷、感染症などの「地球的規模の諸問題」への取り組みを強化した。「人間の安全保障」への日本の取り組みとして特筆すべき点は、推進体制の構築と概念の普及に対する外交努力であろう。九八年には、この分野で国連関連機関が事業を展開するための資金協力として「人間の安全保障基金」を設置した。〇一年には、日本の提案で、国連に人間の安全保障委員会が設置された。また、主要な国際会議において、人間の安全保障に立脚した協力を宣言文に盛り込むことにも成功した。

しかし、九・一一米国同時多発テロを契機に、従来は「地球的規模の諸問題」とされてきたテロや大量破壊兵器拡散は、「国際社会の平和と安定」に対する深刻な脅威とみなされるようになった。同時に、「人間の安全保障」の重点は、「欠乏からの自由」から「恐怖からの自由」にシフトし、「平和の定着」に焦点を当てた紛争への包括的取り組みが重視されるようになった。その一方で、二〇〇一年以降、外交青書における「人間の安全保障」の扱いは大幅に後退した。

九・一一以降の優先課題として浮上した国際テロ、大量破壊兵器拡散、国際組織犯罪、海賊などは、いずれも所在のはっきりしない非国家主体による意図的かつ暴力的な「非伝統的脅威」である。こうした新しい脅威に対し、抑止の論理に基づく伝統的な国家安全保障のアプローチでも、軍事的手段を排除した「人間の安全保障」のアプローチだけでも対処は困難であり、より総合的な取り組みが必要とされた。〇四年に「安全保障と防衛力に関する懇談会」が提示した「総合安全保障戦略」は、「予防」と「統合性」という観点から、非伝統的安全保障政策を取り込んだものであった。

国際テロ対策を例にとれば、内閣官房長官を本部長に、国家公安委員会、法務、外務、財務、厚生、経済産業、国土交通の各省庁で構成される国際組織犯罪等・国際テロ対策推進本部が「テロの未然防止のための行動計画」を策定し、国内のテロ対策を強化した。その一方で、テロ対策特措法や補給支援特措法に基づき海自艦船をインド洋に派遣するなど、テロと闘うための幅広い国際協力に着手した。また、ODAを活用して途上国のテロ対処能力の向上を支援してきた。

（武田康裕）

XVII　ODAの戦略的活用

平和憲法の下、軍事力の行使に制約を抱える日本にとって、政府開発援助（ODA）は主要な外交手段の一つであった。二〇一五年二月、日本は一九九二年と二〇〇三年に次いで三度目となる大綱を改定し、これを「外交手段の最も重要な手段の一つ」と位置づけた。従来の「ＯＤＡ大綱」から「開発協力大綱」と改名された現大綱には、「平和、繁栄、そして、一人ひとりのより良き未来のために」との副題がつけられた。ここには、経済・社会開発を中心としてきたＯＤＡの射程を拡張し、「平和で安定し、繁栄した国際社会の構築」とともに「日本の国益の確保」に資するＯＤＡの戦略的活用が意図されていた。

大綱改定の直接の契機となったのは、二〇一三年一二月に閣議決定された国家安全保障戦略であった。本戦略は、海洋、宇宙、サイバー、エネルギー等と並んでＯＤＡ分野の政策に指針を与え、ＰＫＯとの連携に加え、地球規模課題への対応と「人間の安全保障」の実現に資するＯＤＡの戦略的・効果的な活用を求めた。

こうして「国益の確保」と「戦略性の強化」を前面に押し出した現大綱には、少なくとも二つの新たな取り組みが見て取れる。

第一に、従来の国別および課題別の指針に加えて、地域および準地域レベルの重点方針が策定されることとなった。これにより、外交・安全保障戦略に連動したＯＤＡの戦略的活用の幅が広がる。

たとえば、二〇一六年に安倍首相が発表した「自由で開かれたインド太平洋戦略」において、ＯＤＡは「二つの大陸」（成長著しいアジアと潜在力に溢れたアフリカ）と「二つの大洋」（自由で開かれた太平洋とインド洋）の交わりから生まれるダイナミズムを促進する役割が期待された。実際、ロヒンギャ問題を抱えるミャンマーに対して、日本は難民の帰還支援として総額約二六億円の拠出を約束した。これはミャンマーに批判的な欧米の立場とは一線を画すものではあるが、「自由で開かれたインド太平洋戦略」の一環として、ミャンマーの対中傾斜に歯止めをかける一助になることが期待されている。

第二に、軍隊の非戦闘分野への協力に踏み込んだ。現大綱は、「民生目的、災害援助等非軍事目的の開発協力に相手国の軍又は軍籍を有する者が関係する場合には、その実質的意義に着目し、個別具体的に検討する」として、「開発協力の適正性確保のための原則」の中に書き込んだ。ただし、「民生目的、災害援助等の非軍事目的の支援であれば、軍が関係しているがゆえに一律に排除すべきではなく、その実質的意義に着目しつつ、効果・影響等につき十分慎重な検討を行い、実施を判断すべき」と「基本方針」の第一に掲げた有識者懇談会の報告書より後退した感は否めない。とはいえ、「軍事的用途および国際紛争助長」を懸念して従来忌避してきた軍隊への協力や支援に道を開いた意義は大きい。

二〇一四年五月、安倍首相は外務省が所管するＯＤＡ、防衛省・自衛隊による能力構築支援、防衛装備協力などを組み合わせることで、東南アジア諸国連合（ＡＳＥＡＮ）諸国の海洋安全保障能力への支援を訴えた。こうしたさまざまな支援メニューをパッケージとして戦略的に活用する取り組みが、ようやく緒に就こうとしている。しかし、文民組織を対象としてきたＯＤＡと、軍組織への能力構築支援とを組み合わせた戦略的活用のハードルは依然として高い。その一方で、スリランカの沿岸警備庁に対して、ＯＤＡの枠組みで巡視艇が供与され、海上保安庁の人材育成による海上保安能力の強化が図られた。これは、二〇一八年一月、海上保安庁とインド沿岸警備隊との海賊対処共同訓練に、これまで対中関係を重視してきたスリランカがはじめてオブザーバー参加するという成果に結びついた。

　二〇一六年度の二国間ＯＤＡの地域別供与実績をみると、東アジアと南西アジアが全体の六一・二％を占め、中南米の一八％、サブサハラアメリカが一〇・四％、中東・北アフリカが九％と続く。また、二〇一五年度の二国間援助支出純額の上位一〇カ国は、ヴェトナム、インド、バングラデシュ、ミャンマー、イラク、アフガニスタン、アンゴラ、ケニア、ヨルダン、ウズベキスタンと続く。このうち、イラク、アフガニスタン、ヨルダンを除く七カ国は、日本が最大の援助供与国となっている。上記一〇カ国の援助合計額は三九億六千万ドルで、開発途上国への合計六一億一六〇〇万ドルの約六五％を占める。さらに、人間の安全保障を実現するための二〇一六年末までの支援実績も、アフリカに一億四五〇〇万ドル、アジア太平洋と中央アジアに一億三五〇〇万が供与され、支援総額の六三％を占める。プロジェクト案件でも、それぞれ六九件と九六件で、全体の二三八件のうち両地域で六九％を占める。こうした配分実績をみる限り、地域と国を選択・集中する戦略的活用の素地は整っている。

　その一方で、外務省がまとめた二〇一七年度の開発協力重点方針には、地域別の重点課題が掲げられている。たとえば、南アジアおよび東南アジアでは、海上の安全確保や司法制度や法執行能力の強化であり、中東・北アフリカではテロ対処能力の向上と地域の安定化である。これらの課題を達成するには、単に援助を重点配分するだけではなく、受け手となる被援助国政府に供与した援助を、その目的に沿って有効に活用されるよう条件づける必要がある。いわゆるコンディショナリティである。条件を満たした場合の援助額の拡大や、条件を満たさない場合の援助の減額や停止などを柔軟に適用する必要がある。ＯＤＡの戦略的活用とは、開発協力政策の目標の策定、目標の実施体制といった援助する側の問題だけでなく、被援助国に対するアプローチや働きかけにおいても、効果と効率を重視した戦略性が求められるのである。

（武田康裕）

XVIII 日本の領土・領海・排他的経済水域・大陸棚

(1)領土

日本は六八五二の島から成る島国である。明治維新の後、一八七一年の廃藩置県によって、それまで幕藩体制の下にあった北海道の一部、本州、四国、九州、沖縄本島が、明治新政府の統治下に置かれることになった。その後、政府は他国が領有権を主張していない周辺の諸島嶼を日本領に編入していった。一八九五年に編入した尖閣諸島はその一例である。また、竹島は遅くとも一七世紀半ばには日本が領有権を確立していたところ、一九〇五年にそれを確認する目的で国内に編入したというのが日本政府の立場である。

第一次世界大戦後、国際連盟の下で、日本による南洋諸島の委任統治が開始されたことを契機にして、日本政府は南太平洋の諸島についても調査を開始し、同様に自国への編入を行った。その後、戦間期から第二次世界大戦にかけて、日本は自国領土の拡大を試みたが、一九五一年に採択されたサンフランシスコ平和条約ではそれらの領土に対する権原は放棄している。

今日、日本は①一九四五年以降、ロシアとの間で択捉、国後、歯舞、色丹（北方領土）の領有権と、②一九五一年以降、韓国との間で竹島の領有権をめぐる紛争を抱えている。また日本は、中国および台湾との間で一九七一年以来、尖閣諸島の領有権に関して見解の相違を有しているが、同諸島については解決するべき領有権紛争は存在しないという立場を堅持している。

(2)領海・国際海峡

一九七七年、日本は「領海及び接続水域に関する法律（領海法）」を制定して、領海幅を基線から一二海里と設定した。ただし、国際的な航行に用いられている宗谷海峡、津軽海峡、対馬海峡東・西水道、大隅海峡の五海峡に関しては、領海幅を基線から三海里とした（特定海域については、第2部XIX参照）。

(3)大陸棚・排他的経済水域

一九五八年に大陸棚条約が採択された。同条約では、定着種族も大陸棚制度の一部とされているところ、日本は甲殻類がそれに含まれうることを懸念して批准しなかった。しかし、日本は慣習法上の大陸棚制度は受容した（東京高判昭和五九年三月一四日東京高等裁判所［民事］判決時報三五巻一―三号四五頁）。

国連海洋法条約を批准した一九九六年、日本は「排他的経済水域と大陸棚に関する法律」を制定し、二〇〇海里の排他的経済水域と大陸棚を設定した。この法律は、境界が未画定の海域では日本は中間線から日本側の水域において主権的権利および管轄権を行使できることを定めている。これは中間線以遠の権原を放棄したということではなく、境界が画定されるまでの間、中間線までの水域で行政権を行使することを定めたものである。

日本は二〇〇八年に二〇〇海里を越える大陸棚を設定するための申請を大陸棚限界委員会に提出し、四国海盆海域および沖大東海嶺南方海域等について、二〇一二年に計約三一万平方キロメートルの大陸棚延長を認める勧告を受領した。ただし、中国と韓国が沖ノ鳥島の島としての法的地位に疑義を主張したことを受けて、九州パラオ海嶺の大陸棚に関しては、勧告は先送りされた。

(4)境界未画定海域等

日韓間では、一九七四年に日本海北部の大陸棚に関しては基本的に中間線を境界として画定がなされている。これに対して、南部に関しては、韓国が自らの大陸棚が九州南西の沖縄トラフまで自然延長をしていることを主張したため境界画定に至らず、同じく一九七四年に共同開発を行うことで合意をみたが、商業的な開発生産は行われていない。

日中間では、中国は東シナ海の大陸棚が中国本土から沖縄トラフまで自然延長していることから、中国の大陸棚が沖縄トラフまで認められるべきと主張している。日本政府はこれに対して、国連海洋法条約の関連規定および国際判例に照らせば、このような水域において境界を画定するにあたっては、中間線を基に境界を画定することが衡平な解決となることを主張している。

東シナ海の資源開発に関しては、二〇〇八年に採択された、日中間の協力について定める二つの合意がある。いずれもその実施についてはさらなる協議が予定されていたが、日中間の関係が悪化したことを受けて、その後の協議は行われていない。二〇〇〇年代末から中国は東シナ海における資源開発を本格化させており、日中の地理的中間線の中国側、かつ、日本が潜在的な権原を有する領域において、これまでに計一七基の構造物が確認されている。日本はこのような一方的な開発行為に対して抗議を行っている。

日本は、中国と韓国との境界未画定海域においては、両国とそれぞれ漁業協定を締結し、日本海および東シナ海に漁業水域を設定して、同水域内では旗国および漁民の国籍国が管轄を持つことに同意している。

（石井由梨佳）

XIX 日本の海洋政策

日本は海洋利用国でもあり、沿岸国でもあることから、航行、漁業、環境保全、安全保障など、さまざまな海洋政策の課題を有している。二〇〇八年に「海洋基本法」が制定され、総合海洋政策本部が設置された上で、包括的な基本計画を実施していく体制が整えられた。本節では、安全保障にかかわる課題を紹介する。

(1)通航権・航行の自由

日本は主要な五海峡では領海幅を三海里に設定し(特定海域)、間に公海部分を残している。一九七七年の領海法制定時のみならず、一九九六年の国連海洋法条約の批准時においても、日本政府は、その理由として当国連海洋法条約が採択されておらず、通過通航制度に関して国際法規則が確立していないところで、これらの海峡についても領海を設定すると、日本の国際法上の権利義務関係に影響が出るという懸念を挙げている。

日本は二〇〇八年に「領海等における外国船舶の航行に関する法律」を制定して、「通航」の要件を国内法上定めたが、通航の「無害性」に関する法律は制定していない。無害性に関しては、船種や荷物などを無害性の基準とする船種別規制と、具体的な行為を基準とする行為態様別規制の対立がある。日本政府は、軍艦は無害通航権を享受するとしながらも、「非核三原則」に基づき核兵器搭載艦船が日本の領海に入ることは許容しないという立場を示しており、厳密には船種別規制をとっている。

一般に沿岸国は、無害でない通航を防止するため、自国の領海内において「必要な措置」をとることができる。日本の場合、海上保安庁法が、外国船舶と思料される船舶であって、かつ、無害通航でない航行を日本の内水または領海において現に行っていると認められる場合に、武器の使用を認めている。しかし、当該外国船舶が公船(軍艦および各国政府が所有し、または運航する船舶であって、非商業的目的のみに使用されるもの)である場合は除くとされている。尖閣諸島において、中国公船等が侵入し、自国の漁船の漁業活動を保護したり、領土権の主張などの通航に直接関係しない行為を行ったりしているのに対処する必要性が強くなっているが、それを実施する国内法は制定されていない。

日本は、通過通航制度を国内法上定めていない。しかし、国連海洋法条約が定める通過通航制度が適用されるための地理的基準を満たす海峡は、五海峡のほかに六〇以上あり、トカラ海峡など、国際航行に用いられている海峡も存在する。他国がこれらの海峡において潜没航行や上空飛行をする可能性があるが、日本は国内法上それについての備えを有していない。以上のように、領海警備に関する日本の国内法には、整備するべき箇所が未だ残っている。

(2)北極圏の開発

地球温暖化の影響で北極海氷が融解し、一定期間水面が露出するようになったことを受けて、その利用に関する協議が増加している。

特に、北極海航路が実際に用いられるようになったことを受けて、この海域における航路の利用、資源の開発、環境規制についての協議がさまざまなフォーラムで進行している。東アジアから北極海航路を通って欧州に抜けると、東南アジアを経由するよりも燃料が四割ほど削減できるという。そこで、日本のほかに、中国と韓国も、この航路の開発に強い関心を示している。とりわけ中国は、二〇一四年に示した「一帯一路構想」の中に北極海の航路開発を含めている。

北極海については、北極圏八カ国の間で、北極評議会（AC）が一九九六年に設立されており、北極における持続可能な開発、環境保護といった共通の課題について協力等を促進することになっている。ただし、協議会では、軍事・安全保障に関連する事項は扱わないこととされている。日本は設立以来参加してきたが、二〇一三年、中国と韓国とともに、正式にオブザーバーとしての地位を獲得した。

北極海については国連海洋法条約を基礎とするべきであり、北極海独自のレジームは形成するべきではないという考え方が強い。しかし、国連海洋法条約は、一定期間氷結している水域の環境規制等に関しては、沿岸国により大きな裁量を認めているのにとどまる。そこで近年では北極海に特化した規範作りが進められている。ACでは、北極海における科学的調査、遭難救助、油濁汚染の防止等に関して条約が採択されている。また、国際海事機関は「極海で運航する船舶のための国際基準（International Code for Ships Operating in Polar Waters）」を採択するとともに既存の関連条約の改正を行った。さらに二〇一五年以降、日本も含めた一〇カ国の間で、北極海公海における漁業規制に関する国際協力が協議されている。

日本では、二〇一五年に総合海洋政策本部が北極政策を決定した。そこでは、未利用生物資源の開発については科学的根拠に基づく資源の持続性を確保しつつ、食料安全保障確保のための必要性を勘案して進めること、海洋生物資源の開発については、北極の環境に配慮し持続可能な利用のための保存管理の枠組みを関係国と連携して検討することなどが示されている。

北極海の大陸棚資源および漁業をはじめとした天然資源の開発についての協議は今後本格化することが予定されている。

（石井由梨佳）

XX　日本の宇宙政策

日本では一九七〇年代以来、衛星やロケット等の開発がなされてきたが、一九九八年の北朝鮮によるミサイル打ち上げを一つの契機として、安全保障政策の必要性が意識されるようになった。

その後、より積極的に宇宙空間の利用を可能にするために、二〇〇八年に宇宙基本法が制定され、日本の宇宙開発利用に関する施策の総合的かつ計画的な推進を図ることが決められた。二〇一三年の国家安全保障戦略でも、安全保障の観点からも宇宙空間の安定的利用が重要であると指摘されている。

第一に、宇宙の平和利用についてである。一九六九年、宇宙開発事業団法が成立し、日本の宇宙開発を担う目的で特殊法人である宇宙発事業団（現ＪＡＸＡ）の設立がなされた。同法の附帯決議において、衆参両院は、宇宙開発・利用を「平和の目的」に限ることを明文化した。事業団法の修正案を提案する四党代表議員の趣旨説明では、「平和」の意味は、一般的に「非侵略」および「非軍事」の両方がありうるが、同法では「非軍事的」を意味することが確認されている。これは、「非侵略」を意味するとする国際法上支配的な見解とは乖離するものであった。

その後「平和の目的」に関しては、一九九八年に防衛庁（当時）と自衛隊による宇宙技術利用を部分的に認める次の政府見解が打ち出された。

まず、宇宙技術を運用する民生主体が公平かつ無差別にサービス提供する義務を負う場合に、サービス提供を受ける防衛庁が一般の者と同様の地位においてサービス提供を受けることは宇宙開発事業団法にいう「平和の目的」に反しないとする「無差別・公平原則」が示された。これによって、防衛庁による電電公社（当時）の公衆回線の利用が可能とされた。

また、軍事利用および民間利用を問わず広く一般的に利用される機能を持つ技術であれば、それを自衛隊が利用しても「平和の目的」に反しないとする「一般化原則」が示された。そして、情報収集衛星の機能は一般化しているので、自衛隊がこれを用いることも妨げられないとされた。もっとも、その後も衛星の開発と運用の主体は内閣官房（情報調査室）の管轄とされ、防衛庁の介入は排除され、二〇一三年にはじめて防衛省所有の衛星打ち上げが決定した。

二〇〇八年に制定された宇宙基本法では、宇宙の開発利用が宇宙条約などの国際条約および「日本国憲法の平和主義の理念にのっとり」行われることが明記され、宇宙の開発利用が「非軍事」基準ではなく憲法の専守防衛の基準に従って実施されることが示された。もっとも、防衛省は宇宙の開発利用に積極的であったとはいえず、顕著な変化は生まれていないという批判もある。

第二に、宇宙空間の範囲についてである。どこまでが国家領域である領空で、どこからが宇宙空間であるのかについては国際法上定まっていない。政府は、日本上空を通過した北朝鮮のミサイルに関して、それが大気圏外を飛行したために日本の領空を侵犯したとはいえないという見解を示したことがある。これは大気圏説を支持していることの表れと解される。

以上に加えて、政策面の課題は多い。一九九〇年代以降、宇宙空間が混雑するようになっており、衛星破壊実験や人工衛星間の衝突による宇宙ゴミ（デブリ）が増加している。これは安定的な宇宙空間の利用を妨げるリスクとして認識されている。そこで、安全保障面では、情報収集衛星の機能の拡充および強化を図ることで、宇宙空間の状況監視体制の確立が試みられている。

また、仮に自国衛星が攻撃されたとしても他のアセットで補完するなどして、宇宙通信機能等を低下させない、宇宙アセットの抗堪性の向上も目指されている。日米同盟の文脈では、日本が米国のＧＰＳと共通運用が可能な信号を利用することによって、米国の衛星が攻撃されても日本のアセットを提供できるようにしている。

日本政府は、宇宙空間における法の支配の重要性をふまえ、衛星破壊実験の防止や、衛星衝突の回避を目的とする国際行動規範の策定を積極的に推進する姿勢をみせているが、具体化はしていない。

（石井由梨佳）

XXI　日本のサイバー安全保障政策

世界各国によるサイバー空間への依存度は、モノのインターネット（ＩｏＴ）の発展に象徴されるＩＴ化の進展とともに国民生活や社会経済活動のあらゆるレベルで高まっており、その勢いは官民を問わずとどまるところを知らない。情報の自由な流通はわれわれの生活を一層豊かにするが、今やサイバー空間はその情報を膨大かつ迅速に伝送・伝達することを可能にする環境を提供している。しかしその一方で、サイバー空間を利用した不正アクセスなどのさまざまな侵害行為もまた年々増加の一途をたどっており、とりわけ近年では、ランサムウェアをはじめとする世界規模でのサイバー攻撃の脅威からいかに自由な情報の流通を確保するかが国際社会における安全保障上の喫緊の課題となっている。

サイバー攻撃は、ＩＰスプーフィング（なりすまし）に典型的な、高い匿名性を有し、また、時間的かつ地理的な制約にもとらわれない。しかもサイバー空間は、各種端末を通じてすべての個人や集団にも開かれており、国家によって独占されるものではない。サイバー空間では、これまで多様な主体が連携しつつ自律的なガバナンスを通じて秩序が緩やかに形成されてきたが、今では、国際社会全体の連携や協力を必要としつつも、国家を基軸とした秩序構築が模索されている。

こうした状況をふまえて、日本は、二〇一五年九月に自国の政策の基本となる閣議決定「サイバーセキュリティ戦略」を打ち出した。これは、「自由、公正かつ安全なサイバー空間」の創出に努め、もって「経済社会の活力の向上及び持続的発展」「国民が安全で安心して暮らせる社会の実現」「国際社会の平和・安定及び我が国の安全保障」に寄与することを目的とするものである。そこでは、①情報の自由な流通の確保、②法の支配、③開放性、④自律性、⑤多様な主体の連携、が基本原則とされる。

このうち、「国際社会の平和・安定」を達成するために、日本は現在、サイバー空間における法の支配の確立および強化に向けて次の三つを柱に外交政策を推し進めている。すなわち、国際的なルール作り、各国との協力および信頼醸成の促進、そして開発途上国に対する能力構築支援である。

まず、第一の柱である国際的なルール作りについて、日本はかねてよりサイバー空間においては従来の国際法が適用されるという立場を堅持し、二〇一六年伊勢志摩サミット成果文書「サイバーに関するG7の原則と行動」などを通じて諸外国とこの見解を共有してきた。もっともこれに対しては、従来の国際法の適用に慎重な立場を崩すことなく国家主権に基づく国内管理を優先する立場をとる中国やロシアなどの国々も存在する。しかしそれでも日本は、国連サイバーGGE（Group of Governmental Experts）と呼ばれる国連政府専門家会合や、NATOサイバー防衛協力センター（NATO CCDCOE: NATO Cooperative Cyber Defence Centre of Excellence）、サイバー空間に関する国際会議（GCCS: Global Conference on Cyber Space）などへの参加を通じ、官民一体となって国際社会全体のレベルでの国際規範（国際法その他非拘束的規範）の形成に積極的に取り組んでいる。

第二の柱である各国との協力および信頼醸成の促進については、サイバー空間での紛争予防、さらには平時における透明性と安定性の確保推進のため、さまざまな国々と二国間サイバー協議を実施し、さらにこれと並行してEUやASEAN、日中韓といったマルチの枠組みでも同様の協議を実施してきた。

第三の柱である能力構築については、途上国におけるセキュリティホールが日本を含む世界全体にとってのリスク要因となっていることをふまえて、途上国を対象とした能力構築支援と人材育成を実施している。

ひるがえって「サイバーセキュリティ戦略」のもう一つの目的である「我が国の安全保障」に目を向けると、国家機密などを窃取し損壊する標的型攻撃、さらには外国政府などによる武力攻撃の一環として行われるサイバー攻撃などのように、外国政府の関与が疑われる国家レベルのサイバー攻撃が発生した場合について日本全体としての対応の強化を図ることが重要視されている。その一環として、二〇一四年三月には、防衛省・自衛隊においてサイバー防衛隊が新設された。これは、自衛隊指揮通信システム隊（防衛大臣直轄の通信部隊）の隷下に置かれた陸海空自衛隊の共同の部隊である。同部隊は、全自衛隊の共通ネットワークである防衛情報通信基盤（DII: Defense Information Infrastructure）を主体に、防衛省・自衛隊のネットワークの監視およびサイバー攻撃発生時の対処を二四時間体制で実施するとともに、サイバー攻撃に関する脅威情報の収集、分析、調査研究などを一元的に行うことを任務としている。

なお、日本の「サイバーセキュリティ戦略」の国内実施拠点としての役割を現在担っているのが「内閣サイバーセキュリティセンター（NISC: National center of Incident readiness and Strategy for Cybersecurity）」と呼ばれる組織である。同組織は、官民における情報セキュリティ対策の推進にかかる企画や立案、総合調整を行うことを目的として二〇〇〇年二月に内閣官房に設置された「情報セキュリティ対策推進室」を起源としている。同推進室はその五年後に「情報セキュリティセンター」として改組されたが、組織としてより主体的に行動することを可能にすべく、二〇一五年一月より「内閣サイバーセキュリティセンター」という現在の形となった。NISCはまた、二〇一四年一一月に成立したサイバーセキュリティ基本法に基づき設置された、いわば日本のサイバーセキュリティ政策の司令塔となる「サイバーセキュリティ戦略本部」（内閣官房長官を本部長に、関係大臣および有識者で構成）の事務局としての機能も併せ持っている。

（黒﨑将広）

XXII　国家安全保障会議

国家安全保障会議とは、日本の安全保障に関する内閣の審議機関である。二〇一三年（平成二五年）に設置された。日本版NSCとも呼ばれるとおり、アメリカの国家安全保障会議に倣う形で設置された。議長は内閣総理大臣が務める。

本書の各所で述べられているとおり、現代の安全保障問題は軍事のみに限局されず、産業、交通、治安など社会のさまざまな側面と関連を持つ。安全保障政策の策定、実行は社会との複雑な関係を調整してはじめて可能となる。国家安全保障会議は大臣レベルでの省庁間調整を通じて安全保障政策の策定、実行を可能にする議論の場である。

国家安全保障会議設置以前にも安全保障政策に関する高次の省庁間調整の場は存在した。一九五四年に設置された国防会議、そして、それを継承した安全保障会議である。従来設置されていた安全保障会議は九大臣会合（総理、副総理、官房長官、総務大臣、外務大臣、財務大臣、経産大臣、国交大臣、防衛大臣、国家公安委員会委員長）を基本とし、安全保障・防衛に関する方針を広範な文民組織の代表によって審議するというものであった。これは日本のシビリアンコントロールを体現するものであったといえよう。しかし、外交・防衛政策のスピードアップが要請され、さらに、専門のスタッフの不在が問題視されていた。

こうした問題点は以前から指摘されてきていたが、国家安全保障会議設置までには紆余曲折を経た。第一次安倍政権下では二〇〇六年に国家安全保障に関する官邸機能強化会議が設置された。この会議の報告書に基づき、二〇〇七年には安全保障会議設置法等の一部を改正する法案が国会に提出されたが、継続審議の末廃案となった。その後、民主党政権下でもNSC設置が提言されることはあったものの、具体化することはなかった。第二次安倍政権となった二〇一三年一月、アルジェリアで日本人一〇名を含む人質事件が発生した（アルジェリア人質事件）。この事件ではアルジェリア政府の行動や邦人の安否に関する情報の収集が困難であり、内閣の指定等機能の強化の必要性を再び浮き彫りにすることとなった。そこで「国家安全保障会議の創設に関する有識者会議」が開催され、この会議の提言に基づき新たに「国家安全保障会議を創設するための関連法案」が国会に提出された。この法案は自民、公明、民主、みんな、維新、などの賛成により可決された。

二〇一三年に新設された国家安全保障会議では従来の九大臣会合を維持しつつ、平素から機動的安定的な安全保障の司令塔機能を果たすため、四大臣会合（総理、官房長官、外務大臣、防衛大臣）を開催する体制を整えた。この四大臣会合は、当初の想定では月二回程度とされていたが、平成二七年、二八年には年間計四〇回以上開催されている。大臣級会議に先立って各省庁の局長級の会議も開催され、事務レベルで省庁間調整が行われている。

加えて、内閣官房内に国家安全保障局が設置され、官僚組織として国家安全保障会議を恒常的にサポートする体制がとられている。初代局長として元外務事務次官の谷内正太郎（国家安全保障担当内閣特別顧問を兼務）が任命された。また、首相を直接補佐する立場で会議に出席し、意見を述べることができる国家安全保障担当補佐官を常設している。

自衛隊の統合幕僚長などの関係者は総理の許可を得て国家安全保障会議に出席し、意見を述べることができる。現行の内閣制度では、統合幕僚長などの現役自衛官が閣議に参加することはできない。国家安全保障会議は自衛隊の制服組が参加できる最高度の会議の一つといえる。

なお、自然災害やテロ、ハイジャック、武装不審船、新型インフルエンザの発生などの事態対処のオペレーションは、危機管理の専門家たる内閣危機管理監等が対応することになる。他方、緊急事態下においても、高度に政治的な判断を求められる重要事項などについては国家安全保障会議の緊急事態大臣会合（総理、官房長官、あらかじめ内閣総理大臣により指定された国務大臣によって構成）が審議を行い、事態対処について総理に建議をすることになる。このため、内閣危機管理監と国家安全保障局長は平素から緊密に連携することになる。

これまでに達成された国家安全保障会議の一つの成果として平成二五年一二月に実施された国家安全保障戦略、防衛大綱、中期防の策定が挙げられる。それまでは日本の安全保障の方針を示す文書として防衛大綱が存在したが、防衛政策が中心となっていた。外交政策と防衛政策の両方をまとめた上位文書としての『国家安全保障戦略』が国家安全保障会議で議論され、それに整合的な形で防衛大綱、中期防が制定された。

このほか、二〇一四年のウクライナ危機においても国家安全保障会議の役割が重要だったとされる。日本政府は先進国の一員としてロシアの侵略に対する批判をしつつ、日露の特殊な二国間関係を過度に悪化させないような配慮が要請された。こうした難しい事案において、複雑な調整を可能にしたのも国家安全保障会議だったとされる（本項は政策シンクタンクPHP総研「国家安全保障会議検証」プロジェクト『国家安全保障会議——評価と提言』〈二〇一五年〉を参照した）。

（久保田徳仁）

参考文献

本書を読了後、安全保障についてさらに研究を深めたい読者のために、各章ごとに文献を紹介しておく。参考にしていただきたい。

第1章　安全保障の概念

①山本吉宣・納家政嗣・井上寿一・神谷万丈・金子将史「国際社会の拡大と国際安全保障」PHP「日本のグランド・ストラテジー研究会」編『日本の大戦略（グランド・ストラテジー）―歴史的パワーシフトをどう乗り切るか』（PHP、二〇一二年）第三章。
②高坂正堯「二一世紀の国際政治と安全保障の基本問題」『外交フォーラム』（緊急増刊）第九巻第七号（一九九六年六月）。
③田中明彦「二一世紀に向けての安全保障」『国際問題』第四三六号（一九九六年七月）。
④山本吉宣「協調的安全保障の可能性―基礎的な考察」『国際問題』第四二五号（一九九五年八月）。
⑤中西寛「安全保障概念の歴史的再検討」赤根谷達雄・落合浩太郎編著『改訂増補版「新しい安全保障論」の視座』（亜紀書房、二〇〇七年）。
⑥『国際安全保障』（国際安全保障学会）第三〇巻第一・二号合併号（二〇〇二年九月）「特集　九・一一以後の国際安全保障」。

安全保障の概念自体が曖昧なのでそれについての議論もさまざまであるが、ここでは、初学者にも理解しやすいと思われるオーソドックスな日本語文献を数点挙げておくことにする。①は、本章の筆者を含む研究グループが二一世紀の国際社会の変動の中での日本の大戦略を構想しようとしたプロジェクトの成果物の一部であるが、二〇一〇年代初頭時点での安全保障に関する概念的な見取り図を知るのに便利である。まず、これから読み始めることを奨める。②と③は、二〇世紀末の時点で日本の代表的な安全保障専門家が、新たな世紀に向けて日本の安全保障を原理的に考察したもの。④は、協調的安全保障を中心に、冷戦終結後に提出された新しい安全保障の諸概念について理論的に分析したもの。⑤は、過去の安全保障概念の展開を歴史的に整理したもの。⑥は、安全保障の専門学会の機関誌が、九・一一テロ後の安全保障について特集したものであり、安全保障の概念に関する有用な論文が複数掲載されている。なお、安全保障の概念についてさらに本格的に研究した い読者には、本章の注に挙げられている諸文献が参考になるはずである。

第2章　戦争と平和の理論

①猪口邦子『戦争と平和』（東京大学出版会、一九八九年）。
②ジェフリー・ブレィニー（中野泰雄他訳）『戦争と平和の条件―近代戦争原因の史的考察』（新光閣書店、一九七五年）。
③加藤朗、長尾雄一郎、吉崎知典、道下徳成『戦争―その展開と抑制』（勁草書房、一九九七年）。
④ポール・Q・ハースト（佐々木寛訳）『戦争と権力―国家、軍事紛争と国際システム』（岩波書店、二〇〇九年）。
⑤ジョージ・モデルスキー（浦野起央・信夫隆司訳）『世界システムの動態―世界政治の長期サイクル』（晃洋書房、一九九一年）。
⑥日本政治学会編『年報政治学―内戦をめぐる政治学的考察』（岩波書店、二〇〇〇年）。
⑦メアリー・カルドー（山本武彦・渡部正樹訳）『新戦争論―グローバル時代の組織的暴力』（岩波書店、二〇〇三年）。

①は、戦争形態の歴史的変遷から戦争生起のメカニズムに至るまで、戦争現象を多角的・包括的に解説している。②は、戦争の諸原因に関する通説を豊富な一次資料に基づく歴史的証拠によって検証した大著である。③は、国家、国内政治、国際社会、技術、倫理の視点から戦争の制約要因を考察した研究書。④は、一七世紀から二一世紀に至る国際システムの変化の中に、国家と戦争を位置づけて、基本的な力学を論じたもの。⑤は、大戦争の長期サイクルを、大国のリーダーシップやグローバル経済などの変化と関連させて考察したもの。⑥は、内戦を特集した学会誌の論文集で、内戦が包摂する諸相を政治学の視点から解明している。⑦については第8章⑤の解題を参照。

第3章　国際協力の理論

①山本吉宣『国際レジームとガバナンス』（有斐閣、二〇〇八年）。
②Kenneth A. Oye, "Explaining Cooperation under Anarchy: Hypotheses and Strategies," *World Politics*, Vol. 38, No. 1, October 1985, pp. 1-24.
③Joseph M. Grieco, "Anarchy and the Limits of Cooperation: A Realist Critique of the Newest Liberal Institutionalism,"

International Organization, Vol. 42, No. 3, Summer 1988 , pp. 485-507.
④Robert Axelrod and Robert O. Keohane, "Achieving Cooperation under Anarchy: Strategies and Institutions," *World Politics*, Vol. 38, No. 1, October 1985 , pp. 226-254.
⑤日本国際政治学会編『国際政治』第一〇六号（一九九四年）「システム変動期の国際協調」。
⑥トーマス・シェリング（河野勝訳）『紛争の戦略―ゲーム理論のエッセンス』（勁草書房、二〇〇八年）。

①は、国際レジームの概念と理論を包括的に説明すると同時に、国際協力をめぐる諸学説を理解する上で最適な書。②は、ネオ・リベラリズムの立場から、国際協力の障害となる約束遵守問題を克服する処方箋をゲーム論を用いて解説した論文。③は、ネオ・リアリズムの立場から、ネオ・リベラリズムの主張を批判し、国際協力にとって相対利得問題がより深刻な障害となることを指摘した論文。④は、ネオ・リベラリズムからネオ・リアリズムへの反論を試みた論文で、②と③と一緒に読み進めることを推奨する。⑤は、国際協力の可能性について、理論と実証の両面から分析した論文を所収した国際政治学会誌の特集号。⑥は、ゲーム理論を用いて戦略的意思決定に付随するさまざまな問題を解き明かした古典的名著。

第４章　安全保障とパワー

①ジョセフ・Ｓ・ナイ（山岡洋一・藤島京子訳）『スマート・パワー―二一世紀を支配する新しい力』（日本経済新聞出版社、二〇一一年）。
②神谷万丈「ポスト九・一一の国際政治におけるパワー―変容と持続」『国際問題』第五八六号（二〇〇九年一一月号）。
③石津朋之編『戦争の本質と軍事力の諸相』（彩流社、二〇〇四年）。
④ポール・ゴードン・ローレン、ゴードン・Ａ・クレイグ、アレキサンダー・Ｌ・ジョージ（木村修三他訳）『軍事力と現代外交［原書第四版］』（有斐閣、二〇〇九年）。
⑤ポール・ケネディ（鈴木主税訳）『大国の興亡　上巻・下巻』（草思社、一九八八年）。
⑥ポール・ポースト（山形浩生訳）『戦争の経済学』（バジリコ、二〇〇五年）。
⑦北岡元『インテリジェンス入門―利益を実現する知識の創造』（慶應義塾大学出版会、二〇〇三年）。
⑧土屋大洋『情報による安全保障―ネットワーク時代のインテリジェンス・コミュニティ』（慶應義塾大学出版会、二〇〇七年）。

⑨"The U.S. Army Robotic and Autonomous System Strategy," The U.S. Army, March 2017, http://www.arcic.army.mil/App_Documents/RAS_Strategy.pdf（二〇一八年七月五日アクセス）。

①は、ハードパワー、ソフトパワー、スマートパワーの概念を提唱した米国を代表する国際政治学者による著作。②は、現代の国際政治の変動とパワー概念の変容・持続の関係を論じたもの。③は、軍事力の諸相を多角的に分析した論文集。④は、外交史家や戦略専門家がスタンフォード大学での授業内容を基に、安定した国際システム維持のための軍事力と外交の意義に焦点を当てて作った教科書。⑤は一六世紀以降の大国の興亡を、経済の変遷と戦争の相関関係から読み解いた歴史書。⑥は、経済と戦争の関係を経済理論で解説した教科書。⑦はインテリジェンスの「理論」をふまえ、歴史、実務経験（外務省）を組み合わせ次々に書籍を出しているインテリジェンス研究の第一人者の最初の作品。⑧の著者はＩＴの技術的な進展に詳しく、安全保障や戦略の観点からインテリジェンス世界の諸問題を論述している。⑨は、米陸軍が刊行した米陸軍のロボット技術や無人自律システム（ＲＡＳ）の利用に関する戦略を記した文書で、科学技術の軍事への利用の具体例を知ることができる。

第5章　勢力均衡と同盟

①モーゲンソー『国際政治―権力と平和』全三巻（原彬久監訳）（岩波書店、二〇一三年）。
②土山實男『安全保障の国際政治学―焦りと傲り』第二版（有斐閣、二〇一四年）。
③久保文明編『アメリカにとって同盟とはなにか』（中央公論新社、二〇一三年）。
④船橋洋一編『同盟の比較研究―冷戦後秩序を求めて』（日本評論社、二〇〇一年）。

①は勢力均衡論の古典の一つ。②は勢力均衡、同盟についての最新の学説までを学ぶことができる。③は米国が結んでいる諸同盟の実態や今日的課題を浮き彫りにする。④は少々古いが、それ以外の同盟も取り上げた国際的な共同研究の成果。

第6章　覇権

①田中明彦「アメリカの覇権」「ポスト覇権」田中明彦『新しい「中世」―二一世紀の世界システム』（日本経済新聞社、

一九九六年）第三章、第四章。

②山本吉宣・納家政嗣・井上寿一・神谷万丈・金子将史「超長期の力の移行」ＰＨＰ「日本のグランド・ストラテジー研究会」編『日本の大戦略（グランド・ストラテジー）―歴史的パワーシフトをどう乗り切るか』（ＰＨＰ、二〇一二年）第四章。

③田中明彦「近代世界システムにおける長期サイクル論（一）、（二）」田中明彦『世界システム』（東京大学出版会、一九八九年）第六章、第七章。

①は、米国の覇権についてその衰退の可能性を含めて論じた文献であるが、覇権安定論のエッセンスがわかりやすく説明されている。②は、第1章の参考文献でも挙げた研究グループのプロジェクトの成果物の一部であるが、パワー・トランジッション論と覇権サイクル論について、本章の筆者らがより詳しく記述している。③は、覇権サイクル論について、モデルスキー以外のものも幅広くとり上げて紹介している。

第7章　集団安全保障と国連

①「国際の平和と安全」（http://www.unic.or.jp/activities/peace_security/）国際連合広報センターウェブページ（二〇一八年七月五日アクセス）。

②香西茂『国連の平和維持活動』（有斐閣、一九九一年）。

③ロメオ・ダレール（金田耕一訳）『なぜ、世界はルワンダを救えなかったのか―ＰＫＯ司令官の手記』（風行社、二〇一二年）。

④山下光「ＰＫＯ概念の再検討―『ブラヒミ・レポート』とその後」『防衛研究所紀要』第八巻第一号（二〇〇五年一〇月）。

⑤清水奈名子『冷戦後の国連安全保障体制と文民の保護―多主体間主義による規範的秩序の模索』（日本経済評論社、二〇一一年）。

⑥五十嵐元道『支配する人道主義―植民地統治から平和構築まで』（岩波書店、二〇一六年）。

①は、国際連合広報センターウェブサイト内のページ。安全保障分野における国際連合の活動が簡潔に紹介されている。ＰＫＯに関するさまざまな資料の翻訳も掲載されている。同センターは資料検索に関するガイダンスも行っており、ガイダンスの情報も同ウェブサイトに掲載される。②は、冷戦期の国連平和維持活動を分析した第一人者による著作。平和維持活動

がどのように制度として形成し、定着したかを知ることができる。③は、冷戦後の国連ＰＫＯの転換点の一つとなったルワンダのＰＫＯにおいて司令官を務めた著者が、当時の状況を回顧して記述した手記。④は、二〇〇〇年八月の「ブラヒミ・レポート」の発表後を中心に、ガリ構想挫折以降の国連ＰＫＯのあり方を考察した最良の論文。⑤は、国連ＰＫＯが「文民の保護」を任務として含むようになった経緯を分析し、規範の醸成とその背景にあるＮＧＯなどの働きかけについて分析を行っている。⑥は、人道主義が支配の道具として機能する側面に注目する。そして国連などによる平和構築活動を「平和構築トラスティーシップ」と呼び、植民地支配との共通性（と変化）を歴史的に描くことで、国際社会による人道目的の介入や暫定統治に対する警鐘を鳴らす。

第8章　現代紛争の管理と「平和のための介入」

①上杉勇司・長谷川晋『紛争解決学入門―理論と実践をつなぐ分析視角と思考法』（大学教育出版、二〇一六年）。
②Oliver Ramsbotham et al., *Contemporary Conflict Resolution*, 4th edition (Cambridge: Polity Press, 2015).
（本書は第四版であるが、第二版の邦訳としてオリバー・ラムズボサム他（宮本貴世訳）『現代世界の紛争解決学―予防・介入・平和構築の理論と実践』（明石書店、二〇一〇年）がある）
③Peter Wallensteen, *Understanding Conflict Resolution*, 4th edition. (London: Sage, 2015).
④David Backer et al., eds., *Peace and Conflict 2017*, Routledge 2017.
⑤メアリー・カルドー（山本武彦・渡辺正樹訳）『新戦争論―グローバル時代の組織的暴力』（岩波書店、二〇〇三年）。
⑥エドワード・ルトワック（奥山真司訳）『戦争にチャンスを与えよ』（文春新書、二〇一七年）。
⑦水田愼一『紛争後平和構築と民主主義』（国際書院、二〇一二年）。

現代の（武力）紛争の発生や解決、対処を理解するためには、安全保障論を超え、文化人類学や心理学の知見を含んだより広い視角からの分析が必要である。こうした視点は「紛争解決学」と呼称されることもある。①は、こうした現代の紛争解決学の入門的な教科書であり、②は、より本格的な教科書となっている。③は、タイトルこそ類似しているが、国際関係論、安全保障論からの視点を中心としている。④は、現代の武力紛争を統計データから分析する概説書。カラーの図表がついて読みやすいが学術的にみても本格的な内容となっている。⑤は、現代の戦争と平和の境界の曖昧化を「新しい戦争」と規定し、多角的な視点から分析する。ただし、本文中で述べたとおり、こうした「新しい戦争」と「旧来の戦争」という区分が有効か否かについては論争がある。⑥は、『フォーリン・アフェアーズ』に掲載された有名な同名の論文"Give War a Chance"を収録している。ある意味では過激ともいえる内容であるが、国際社会が武力紛争を無理に止めてしまうことがかえって問題を長引かせる可能性があるという側面を描き出している。⑦は、紛争後の平和構築において民主化を進めるという方向性と、敵対関係を緩和、終結させるという方向性が必ずしも一致していないという点に注目し、民主化と和解の順序の重要性を示した文献。

第9章　核と安全保障

①ローレンス・フリードマン「核戦略の最初の二世代」ピーター・パレット編（防衛大学校「戦争・戦略の変遷」研究会訳）『現代戦略思想の系譜―マキャヴェリから核時代まで』（ダイヤモンド社、一九八九年）。
②土山實男「抑止失敗の外交政策理論」『国際政治』（第九〇号、一九八九年三月）。
③梅本哲也『アメリカの世界戦略と国際秩序―覇権、核兵器、ＲＭＡ』（ミネルヴァ書房、二〇一〇年）。
④岩田修一郎『核拡散の論理―主権と国益をめぐる国家の攻防』（勁草書房、二〇一六年）。

①②は、冷戦期の核戦略の展開、またそれを理解するための基本的な概念や論理を学ぶことができる。③は、やや難解だが、特に冷戦後における核兵器の位置づけにみられる変化と継続性を描き出す良書。④では、近年の核拡散の実態と国際社会の対応を理解できる。

第10章　軍備管理・軍縮

①黒澤満編著『軍縮問題入門　第四版』（東信堂、二〇一二年）。
②山本武彦・庄司真理子編『軍縮・軍備管理』（志學社、二〇一七年）。
③日本軍縮学会編『軍縮辞典』（信山社、二〇一五年）。
④足立研幾『オタワプロセス―対人地雷禁止レジームの形成』（有信堂高文社、二〇〇四年）。
⑤黒澤満編『大量破壊兵器の軍縮論』（信山社、二〇〇四年）。

⑥会川晴之『核に魅入られた国家―知られざる拡散の実態』(毎日新聞出版、二〇一六年)。
⑦古川勝久『北朝鮮核の資金源「国連捜査」秘録』(新潮社、二〇一七年)。

①は、核、化学、生物、通常兵器までバランスよく記述された格好の入門書。②は、核、化学、生物、通常兵器、テロ、宇宙まで各専門家が最新の課題を取り上げた論文集。③は一二四人の執筆者によって八二〇語を網羅した本格的な辞典。④は、軍縮条約形成のまったく新しい方式であるオタワプロセスをとりあげて、NGOやカナダ政府の動きなどを詳細かつ包括的に分析している貴重な学術研究書。⑤は、国際安全保障の観点から軍備管理・軍縮の中で現在課題になっているテーマを広範囲にとりあげたそれぞれの領域の第一人者たちの手による論文集。⑥は、パキスタンやイランの核開発を取材して不拡散問題を掘り下げた、この問題では一級のジャーナリストによる著作。『独裁者に原爆を売る男たち』(文春新書、二〇一三年)の続編にあたる。⑦は、国連安保理北朝鮮制裁委員会専門家パネルに在籍した著者の経験に基づく著作。国連制裁および制裁破りの実態、それを突き止めていく過程など類書がない。

第11章　政軍関係

①S・アンジェイエフスキー(堺達朗訳)『軍事組織と社会』(新曜社、二〇〇四年)。
②サミュエル・ハンチントン(市川良一訳)『軍人と国家』(原書房、一九七八年)。
③三宅正樹『政軍関係研究』(芦書房、二〇〇一年)。
④L・ダイアモンド、M・F・プラットナー編(中道寿一監訳)『シビリアン・コントロールとデモクラシー』(刀水書房、二〇〇六年)。
⑤廣瀬克哉『官僚と軍人：文民統制の限界』(岩波書店、一九八九年)。
⑥佐道明広『戦後日本の防衛と政治』(吉川弘文館、二〇〇三年)。
⑦彦谷貴子「冷戦後日本の政軍関係」添谷芳秀・田所昌幸編『日本の東アジア構想』(慶応義塾大学出版会、二〇〇四年)。

①は、軍事組織と社会構造との関係を広範な時代と地理的範囲にわたって独自に考察した古典的研究。②は、政軍関係の基礎理論を学ぶ上での必読文献。③は、本書で紹介した代表的理論家の諸説を比較的平易に解説した文献。④は、発展途上国

やポスト共産主義国の政軍関係研究の入門書。⑤⑥⑦は、戦後日本の政軍関係を研究する際の重要参考文献。

第12章　安全保障の非軍事的側面

①篠田英明・上杉勇司編『紛争と人間の安全保障』（国際書院、二〇〇五年）。
②赤根谷達雄・落合浩太郎編著『「新しい安全保障」論の視座　増補改訂版』、（亜紀書房、二〇〇七年）。
③村山裕三『経済安全保障を考える―海洋国家日本の選択』（NHKブックス、二〇〇三年）。
④関井裕二『市場化時代の経済と安全保障』（内外出版、二〇〇八年）。
⑤ジョセフ・S・ナイ（山岡洋一訳）『ソフト・パワー』（日本経済新聞社、二〇〇四年）。
⑥長谷川将規『経済安全保障―経済は安全保障にどのように利用されているのか』（日本経済評論社、二〇一三年）。

安全保障の非軍事的側面を体系的に説明している邦語文献は残念ながら存在しない。①は、「人間の安全保障」を、武力紛争下あるいは紛争後の社会が求める現実的課題として考察したもの。②は、安全保障概念の史的変遷と分析枠組みを論じた上で、人間の安全保障、環境安全保障、経済安全保障、情報安全保障などを考察した最新の論文集。③は、経済安全保障を経済と安全保障の重なり合う領域ととらえ、海洋国家日本として経済と安全保障をいかに統合し、バランスをとるべきかを論じている。④は、経済の安全保障とエネルギーの安全保障について、市場経済化の中の国家の役割という観点から分析したもの。⑤は、文化、価値観、外交といった非軍事的なパワーの源泉を駆使して、いかにして国家の選好を変化させることができるかを論じたもの。⑥は、安全保障のための経済的手段に関して、八つの類型化を通じた分析枠組みに従って包括的に解説した著作。

第13章　「新たな脅威」と非伝統的安全保障

①宮坂直史「テロリズムの原因と対策」グローバル・ガバナンス学会編『グローバル・ガバナンス学Ⅱ』（法律文化社、二〇一八年）。
②サーミー・ムバイヤド（高尾賢一郎、福永浩一訳）『イスラーム国の黒旗のもとに』（青土社、二〇一六年）。
③モイセス・ナイム（河野純治訳）『犯罪商社.ＣＯＭ』（光文社、二〇〇六年）。

④ティエリ・クルタン（上瀬倫子訳）『世界のマフィア―越境犯罪組織の現況と見通し』（緑風出版、二〇〇六年）。
⑤ヨアン・グリロ（山本昭代訳）『メキシコ麻薬戦争』（現代企画室、二〇一四年）。
⑥日本国際連合学会編『グローバル・コモンズと国連』（国際書院、二〇一四年）。
⑦『国際安全保障』（国際安全保障学会）第四四巻第二号（二〇一六年九月）「特集　テロ対策と大量破壊兵器の不拡散」。

この章でとりあげているテーマは一つひとつ個別に異なる面があり、非伝統的安全保障について一つの文献の中ですべての諸問題を扱うことはできない。①は、テロリズムの原因を一般化し、その原因論に基づきテロ対策をガバメントとガバナンスの両面から論じたもの。②は、イスラーム過激主義の淵源からイスラーム国の成立までを論じたシリア人筆者によるもの。③の筆者は、外交問題専門誌で有名な「フォーリン・ポリシー」編集長。武器、麻薬、人身売買、マネーロンダリングその他犯罪のグローバル化を分析。主権の空洞化に警鐘を鳴らす。④は、フランスの司法官が執筆したもので九七年初版だが、この翻訳は第四版。越境犯罪組織の定義や代表的な組織に焦点を当てている。⑤は、現代の戦史に残るメキシコ麻薬戦争について、メキシコ出身・在住者のジャーナリストによる社会的に深い論述。⑥は、一般向けに販売している学会誌。グローバル・コモンズの概念から、各公共圏での問題を分析している。⑦は、核セキュリティ、バイオテロ対策、大規模イベント対策、CBRNテロの傾向などの論文を編纂した学会誌。

第14章　国際法と安全保障

①中谷和弘・河野桂子・黒﨑将広『サイバー攻撃の国際法―タリンマニュアル2.0の解説』（信山社、二〇一八年）。
②Terry D. Gill and Dieter Fleck (eds.), *The Handbook of the International Law of Military Operations*, 2nd Edition (Oxford: Oxford University Press, 2015).
③Nicholas Tsagourias & Alasdair Morrison, *International Humanitarian Law: Cases, Materials and Commentary* (Cambridge: Cambridge University Press, 2018).
④林司宣・島田征夫・古賀衞『国際海洋法 第二版』（有信堂、二〇一六年）。
⑤Donald R. Rothwell & Tim Stephens, *The International Law of the Sea*, 2nd Edition (Oxford: Hart Publishing, 2016).
⑥小塚荘一郎・佐藤雅彦（編著）『宇宙ビジネスのための宇宙法入門　第二版』（有斐閣、二〇一八年）。

⑦青木節子『日本の宇宙戦略』（慶應義塾大学出版会、２００６年）。

①は、サイバーの文脈で書かれたものであるが、ユース・アド・ベルムおよびユース・イン・ベロに関する最新の教科書として初学者でも使用することのできる日本語文献である。②は、軍事行動を規律する国際法を実務的観点から広く解説したもの、③は、ユース・イン・ベロに関する最新の概説書である。いずれも専門性の高い英語文献であるが、安全保障に関する国際法をさらに深く学習したい人に適した基本的文献である。さらに、現行海洋法の全体像を把握するための概説書として④と⑤を挙げる。特に、⑤は海洋法の基本的構造をふまえつつ、環境、資源保全、安全保障などにも目配りをしながら最新の動向までを網羅した、このテーマを詳しく学ぶためには必読の文献である。⑥⑦は、現行宇宙法の構造を、国際公法や国際取引法などの観点からわかりやすく解説した良書。

第15章　二一世紀の安全保障

①平和・安全保障研究所編『アジアの安全保障』一九九〇～一九九一年度版以降の各年度版（朝雲新聞社刊）。

②The International Institute for Strategic Studies (IISS), ed. *Strategic Survey 1990/91* (London: Oxford University Press, 1991). およびそれ以降の各年版。（近年は出版社がRoutledgeに代わっていることに注意）。

③防衛省防衛研究所『東アジア戦略概観』一九九六～一九九七年版（創刊号）以来の各年版。防衛研究所ホームページ（http://www.nids.mod.go.jp/publication/east-asian/index.html［二〇一八年七月五日アクセス］）から、二〇〇一年版以上は日本語版と英語版の全文が、それ以前の版については日本語と英語での要約がダウンロードできる。書籍版の購入も可能。

④日本経済調査協議会地政学リスク委員会『地政学リスクの時代と日本経済』（一般社団法人日本経済調査協議会、二〇一八年）。日本経済調査協議会のホームページ（http://www.nikkeicho.or.jp/）内の「調査研究活動の成果」からダウンロードできる。

①と②は、日英をそれぞれ代表する安全保障・戦略問題の研究所である平和・安全保障研究所とＩＩＳＳの年報であり、各年度版をつなぐと、アジアと欧州を中心に冷戦終結から二一世紀の現在にかけての世界の安全保障環境がどのように変遷したかがリアルタイムで見事に描き出される。③は、二一世紀の東アジアの安全保障環境の変化を追うのに便利。④は、本章の筆者も加わった研究プロジェクトの最終報告書で、同委員会の「講師講演録」（上記ＵＲＬで公開）とあわせて読めば、

二〇一〇年代半ば過ぎ頃の安全保障を含めた国際情勢について、リアルタイムで日本で何が問題にされていたのかを概観するのに有用である。

執筆者紹介

責任編集者紹介

武田康裕　防衛大学校国際関係学科・総合安全保障研究科教授
（第2章、第3章、第4章2、3、第8章、第12章、基礎知識Ⅺ、XVI、XVII）

神谷万丈　防衛大学校国際関係学科・総合安全保障研究科教授
（第1章、第4章1、5、第6章、第7章、第8章、第15章、基礎知識Ⅰ、Ⅱ、Ⅲ、Ⅳ、Ⅷ、Ⅸ）

著者紹介（掲載順）

宮坂直史　防衛大学校国際関係学科・総合安全保障研究科教授
（第4章4、第10章、第13章、基礎知識Ⅻ、XIII、XIV）

久保田徳仁　防衛大学校国際関係学科・総合安全保障研究科准教授
（第4章5、第7章、第8章、基礎知識Ⅹ、XXII）

石川　卓　防衛大学校国際関係学科・総合安全保障研究科教授
（第5章、第9章、基礎知識XV）

河野　仁　防衛大学校公共政策学科・総合安全保障研究科教授
（第11章）

黒崎将広　防衛大学校国際関係学科・総合安全保障研究科准教授
（第14章1、2、基礎知識XXI）

石井由梨佳　防衛大学校国際関係学科・総合安全保障研究科准教授
（第14章3、基礎知識XVIII、XIX、XX）

山中倫太郎　防衛大学校公共政策学科・総合安全保障研究科教授
（基礎知識Ⅴ、Ⅵ、Ⅶ）

新訂第5版
安全保障学入門

1998年 2 月25日　第1版第1刷発行
2001年10月25日　新版第1刷発行
2003年 5 月30日　最新版第1刷発行
2009年 6 月25日　新訂第4版第1刷発行
2018年 9 月10日　新訂第5版第1刷発行
2019年 7 月 8 日　新訂第5版第2刷発行

編著者　防衛大学校安全保障学研究会
責任編集　武田康裕　神谷万丈

発行所　株式会社亜紀書房
〒101-0051
東京都千代田区神田神保町1-32
電話……(03)5280-0261
FAX ……(03)5280-0263
http://www.akishobo.com
振替　00100-9-144037

印刷　株式会社トライ
http://www.try-sky.com

装幀　石間　淳

Printed in Japan
ISBN978-4-7505-1543-4 C0031

亜紀書房の本

安全保障のポイントがよくわかる本

防衛大学校安全保障学研究会［編著］

武田康裕［責任編集］

ますます混沌とする国際状勢を「安全保障」の視点から読み解き、国際社会における日本の立場と将来像を浮き彫りにする。

二五〇〇円

増補改訂版

「新しい安全保障」論の視座

人間・環境・経済・情報

赤根谷達雄・落合浩太郎［編著］

ここ十数年、環境破壊や過度の輸出攻勢までも安全保障に取り込む動きが台頭している。安全保障概念の歴史を辿り、新思潮の是非を検証する。

二四〇〇円

＊価格は税別です。